COMPREENDENDO A LEITURA

Aviso ao leitor

A capa original deste livro foi substituída por esta nova versão. Alertamos para o fato de que o conteúdo é o mesmo e que esta nova versão da capa decorre da alteração da razão social desta editora e da atualização da linha de *design* da nossa já consagrada qualidade editorial.

 EDITORA S.A.

S647c Smith, Frank
       Compreendendo a leitura: uma análise psicolingüística da
    leitura e do aprender a ler / Frank Smith ; trad. Daise Batista .–
    Porto Alegre : Artes Médicas, 1989.

       1. Psicolingüística. 2. Leitura I. Título.

               CDU 028.02

    Catalogação na publicação: Neiva Vieira CRB 10/563

COMPREENDENDO A LEITURA

Uma análise psicolingüística da leitura
e do aprender a ler

FRANK SMITH
4ª edição

Tradução:
DAISE BATISTA

Supervisão e revisão técnica:
INAJARA RODRIGUES

Apresentação à edição brasileira:
TELMA WEISZ

2ª reimpressão

2003

Publicado originalmente em inglês sob o título
UNDERSTANDING READING
© 1988 by Frank Smith

Capa:
Mário Röhnelt

Reservados todos os direitos de publicação, em língua portuguesa, à
ARTMED® EDITORA S.A.
Av. Jerônimo de Ornelas, 670 - Santana
90040-340 Porto Alegre RS
Fone (51) 3330-3444 Fax (51) 3330-2378

É proibida a duplicação ou reprodução deste volume, no todo ou em parte,
sob quaisquer formas ou por quaisquer meios (eletrônico, mecânico, gravação,
 fotocópia, distribuição na Web e outros), sem permissão expressa da Editora.

SÃO PAULO
Av. Rebouças, 1073 - Jardins
05401-150 São Paulo SP
Fone (11) 3062-3757* Fax (11) 3062-2487

SAC 0800 703-3444

IMPRESSO NO BRASIL
PRINTED IN BRAZIL

SUMÁRIO

APRESENTAÇÃO À EDIÇÃO BRASILEIRA, XI

PREFÁCIO À 4ª EDIÇÃO, XIII

INTRODUÇÃO, XVIII

Capítulo 1
CONHECIMENTO E COMPREENSÃO, 21

Estrutura Cognitiva, 21
A Teoria do Mundo em Nossas Mentes, 22
A Estrutura de Conhecimento, 24
Categorias, 24
Regras para Afiliação a Categorias, 27
Inter-relações das Categorias, 28
Cenas, Cenários e Histórias, 29
A Dinâmica da Estrutura Cognitiva, 32
A Abrangência da Previsão, 32
A Necessidade de Previsão, 33
Previsão e Compreensão Inter-Relacionadas, 35
Pensamentos e Metapensamento, 36
Condição para o Pensamento, 38
Metacognição, 39
Sumário, 39

Capítulo 2
LINGUAGEM: FALADA E ESCRITA, 41

Dois Aspectos da Linguagem, 42
Estrutura Aparente e Estrutura Profunda, 42
O Problema com as Palavras, 44
Palavras e Significados, 45
Compreensão Através da Previsão, 48
Algumas Implicações Práticas, 49
Três Gramáticas de Linguagem, 51
Linguagem Escrita e Linguagem Falada, 53
A Especialização da Linguagem, 54
Uma Diferença Diferente da Linguagem, 55
A Organização dos Textos e Compreensão, 59
As Convenções da Linguagem, 62
Linguagem Sobre a Linguagem, 66
Sumário, 67

Capítulo 3
INFORMAÇÃO E EXPERIÊNCIA, 68

Informação e Incerteza, 69
Tomada de Decisões, 70
Compreensão e Informação, 72
Erros e Ruído, 73
A Relatividade da Informação e da Compreensão, 74
Redundância, 75
Limites de Utilidade da Informação, 77
Acertos, Falhas e Critérios, 78
Informação e Experiência, 80
Sumário, 83

Capítulo 4
ENTRE OS OLHOS E O CÉREBRO, 84

Os Dois Lados da Leitura, 85
A Transação Entre a Informação Visual e Não-Visual, 85
Tornando a Leitura Difícil, 87
Limitações da Visão, 88
O Cérebro não Vê Tudo, 88
Taquistoscópios e Visão em Túnel, 91
Ver Toma Tempo, 94
Ver é Algo Episódico, 96

Fixações e Regressões, 98
Implicações Para a Leitura, 101
A Leitura Deve Ser Rápida, 101
A Leitura Deve Ser Seletiva, 102
A Leitura Depende da Informação Não-Visual, 103
Vendo ao Contrário, 104
Um Pouco mais de Fisiologia, 106
Sumário, 109

Capítulo 5
AFUNILAMENTOS DA MEMÓRIA, 111

Três Aspectos da Memória, 112
Armazenamento Sensorial, 113
Memória a Curto Prazo, 114
Memória a Longo Prazo, 116
Superando as Limitações da Memória, 119
Memória sem Afunilamentos, 122
Sumário, 125

Capítulo 6
IDENTIFICAÇÃO DAS LETRAS, 127

Teorias de Reconhecimento de Padrão, 128
Combinação por Gabarito, 130
Análise por Características, 131
Equivalência Funcional e Conjuntos de Critérios, 134
O Identificador de Letras Humano, 137
A Identificação da Letra em Ação, 139
O que é uma Característica?, 141
Sumário, 142

Capítulo 7
IDENTIFICAÇÃO DE PALAVRAS, 144

Três Teorias Sobre a Identificação de Palavras, 144
Uma Alternativa Analítica de Características, 148
Redundância Entre Características Distintivas, 153
Equivalência Funcional para Palavras, 154
Aprendendo a Identificar Palavras, 156
Algo mais Sobre as Palavras, 159
Sumário, 160

Capítulo 8
FONÉTICA E IDENTIFICAÇÃO MEDIADA DE PALAVRAS, 162

Os Objetivos e Complexidade da Fonética, 164
Regras e Exceções, 164
A Eficiência da Fonética, 167
O Custo da "Reforma", 170
Ortografia e Significado, 171
Estratégias de Identificação Mediada de Palavras, 173
Estratégias de Identificação Alternativas, 173
Identificação por Analogia, 175
Significado mais Fonética, 176
Aprendizado de Estratégias de Identificação Mediada de Palavras, 178
Sumário, 179

Capítulo 9
A IDENTIFICAÇÃO DO SENTIDO, 180

Utilização do Sentido na Leitura, 181
Uma Constante Preocupação, 182
A Prioridade do Sentido, 184
A Compreensão e a Redução da Incerteza, 186
Utilização da Informação Não-Visual, 188
Captando o "Sentido", 190
Lendo em Voz Alta e em Silêncio, 191
Previsão e Significado, 192
Aprendendo a Identificar o Sentido, 193
A Expectativa do Sentido, 193
O Direito a Ignorar, 194
Identificação Mediada do Sentido, 195
Sumário, 197

Capítulo 10
LENDO, ESCREVENDO E PENSANDO, 198

Sobre as Definições da Leitura, 199
Leitores e Escritores, 202
Previsões Globais e Focais, 202
O Ponto de Vista do Escritor, 205
Convenções Globais e Focais, 206
A Especificação de um Texto, 207
Leitura Fluente e Leitura Difícil, 209
Conseqüências da Leitura, 211

Leitura e Pensamento, 213
Sumário, 214

Capítulo 11
APRENDENDO SOBRE O MUNDO E SOBRE A LINGUAGEM, 216

Construindo uma Teoria do Mundo, 217
O Problema do Gato e do Cachorro, 217
Aprendendo Pela Experiência, 219
Aprendendo Sobre a Linguagem, 220
Dando Significado à Fala, 220
Três Aspectos do Aprendizado, 223
Aprendendo Todo o Tempo, 224
Subestimando o Aprendizado, 224
Os Riscos e Recompensas do Aprendizado, 226
As Condições do Aprendizado, 226
Demonstrações, 227
Engajamento, 228
Sensibilidade, 229
Aprendizado - Um Evento Social, 232
Aprendendo por Outras Pessoas, 232
Afiliação ao Clube da Linguagem Falada, 233
Sumário, 235

Capítulo 12
APRENDENDO A UTILIZAR A LINGUAGEM ESCRITA, 236

A Importância da Informação Não-Visual, 236
Conhecimento 1: A Escrita é Significativa, 240
Conhecimento 2: A Linguagem Escrita é Diferente da Fala, 242
Sobre Métodos de Instrução, 244
O Lugar dos Computadores, 245
O Ensino da Leitura, 246
O Ponto de Vista da Criança, 247
Ensinando Pelo Modo mais Difícil, 248
Os Primeiros Passos, 250
Testes, 252
O Clube de Alfabetização, 255
Sumário, 257

GLOSSÁRIO, 360
BIBLIOGRAFIA, 367
ÍNDICE DE AUTORES, 408
ÍNDICE REMISSIVO,
NOTAS, 258

APRESENTAÇÃO À EDIÇÃO BRASILEIRA

Este é um livro sobre leitura e sua aprendizagem a abordar a questão de forma muito diferente da habitual. Escrito por um psicolingüista e dirigido principalmente aos professores, ele se diferencia de saída por não tratar do ensino da leitura. Não discute métodos, não defende métodos e, principalmente, não reconhece nos métodos — quaisquer que sejam — o poder de produzir aprendizagem. O que não significa, como pensam alguns, uma defesa do espontaneísmo pedagógico, muito pelo contrário. A posição do autor, que perpassa o texto do início ao fim, é de reconhecimento da importância da intervenção pedagógica do professor na aprendizagem da criança. E é justamente por reconhecer a importância desta intervenção que ele se propôs, através deste livro, a oferecer aos professores os conhecimentos sobre o processo de leitura e sua aprendizagem necessários a uma ação pedagógica consciente.

O autor compartilha uma posição que vem ganhando cada vez mais espaço no debate educacional, a de que a ação docente é um permanente exercício de tomada de decisões e que, para que haja um mínimo de coerência, de eficácia nestas decisões, os passos e prescrições de um método de ensino são de pouca ou nenhuma valia, pois não oferecem ao professor aquilo de que ele precisa: compreensão do objeto de conhecimento que está oferecendo aos alunos e do processo através do qual se dá a sua aprendizagem. E, sem esta compreensão, a ação docente fica reduzida a um triste jogo de "cabra cega", um jogo onde não há vencedores, todos são perdedores: os alunos porque fracassam em proporções inaceitáveis — seja através da repetência que é a oficialização do fracasso, seja através da repulsa à leitura e à escrita que os que aparentemente não fracassam desenvolvem ao longo de sua experiência escolar — e os professores porque, desprofissionalizados, reduzem-se à condição de mão-de-obra barata.

A quantidade e qualidade das pesquisas sobre o processo de leitura, a forma pela qual a mente humana extrai, produz significado a partir de um texto escrito e sobre o processo pelo qual se aprende a ler cresceram de modo espantoso nas últimas décadas. O acesso a esta produção científica, de fundamental importância para o professor, é no entanto, muito difícil por sua dispersão e tecnicalidade.

O grande mérito de Frank Smith neste livro é tornar disponível aos não iniciados o conhecimento produzido nos mais avançados centros de pesquisa de forma clara e legível, sem descaracterizar nem diluir a produção teórica que se propõe difundir. Desafio que ele enfrentou e ultrapassou, pois o que o leitor vai encontrar nas próximas páginas é um texto que permite três tipos de leitura, três diferentes abordagens e três diferentes usos. Ele introduz e apresenta as questões no corpo do texto, aprofunda e discute nas notas aos capítulos ao longo das quais o especialista e o pesquisador encontram um verdadeiro mapa bibliográfico, questão por questão, controvérsia por controvérsia.

Este livro que nos chega com quase duas décadas de atraso mas, felizmente, em edição atualizada em relação à produção científica contemporânea, pode e deve cumprir um papel importante na discussão dos educadores que, em número cada vez maior, lutam por uma escola democrática. Uma escola que seja o lugar da produção da aprendizagem, do acesso ao conhecimento como direito social e não o lugar da discriminação e da produção do fracasso.

Telma Weisz

São Paulo-1989

PREFÁCIO À
4ª EDIÇÃO

    Se tivéssemos que identificar um único fator como sendo a influência predominante na pesquisa e teoria da leitura, durante os anos 80, para o bem ou para o mal, este fator seria o computador. Os computadores têm sido empregados em diversas áreas da psicologia e da educação, por várias décadas, mas, nos últimos anos, a tecnologia determinou a maneira como muitas pessoas pensam sobre a alfabetização e seu ensino. Freqüentemente, esta influência simplesmente não é suspeitada - a base implícita de novos modos de se conceitualizar a leitura e o ensino - com conseqüências que podem, às vezes, ser inapropriadas ou mesmo enganosas.

    A influência da tecnologia do computador pode ser dividida em três áreas de preocupação deste livro. A primeira delas é a instrução. Todos os importantes editores de materiais didáticos de leitura, além de muitos outros, produzem, agora, programas baseados no computador, geralmente enfatizando exercícios de repetição, testes freqüentes e elaborando arquivos de registros e outros modos de "dirigir a sala de aula". Muitos administradores educacionais e pesquisadores da didática parecem crer que qualquer coisa feita pelo computador deve ser mais eficaz do que os métodos de ensino tradicionais. Os temas principais são considerados no final deste livro.

    A segunda área na qual os computadores tornaram-se proeminentes é a pesquisa de laboratório para a leitura, principalmente em uma revisão de análise detalhada dos movimentos oculares e da percepção visual, como também em estudos de compreensão e memória. Ainda teremos que esperar para ver o que tais pesquisas poderão acrescentar à compreensão geral da leitura, além das questões especializadas relacionadas ao que os olhos estão fazendo enquanto o cérebro ocupa-se em dar sentido para aquilo que está impresso. Porém, a tendência a restringir-se o pensamento sobre a leitura, memória e compreensão a procedimentos experimentais que podem ser conduzidos por computador, exige que tenhamos cautela. Recentes descobertas contribuíram com novas referências para vários dos capítulos no presente volume.

A influência mais abrangente dos computadores surgiu indireta e quase imperceptivelmente através de uma nova disciplina acadêmica chamada de *ciência cognitiva*, envolvendo muitas das áreas acadêmicas mais estabelecidas da psicolingüística e psicologia cognitiva, e incluindo especialistas em planejamento de sistemas de computadores e inteligência artificial. Muitos dos mais ativos teóricos e experimentadores da leitura, hoje, são "cientistas cognitivos". A nova disciplina preocupa-se, primariamente, com questões altamente abstratas de como as organizações complexas do conhecimento podem ser mais eficientemente construídas, armazenadas e utilizadas, especialmente através da linguagem. Os psicólogos estão naturalmente interessados nestas questões, por causa da compreensão que podem obter sobre como os seres humanos adquirem e empregam o conhecimento. Os especialistas em informática estão vitalmente preocupados com tais questões, na busca de um computador de "quinta geração", capaz de compreender e produzir a linguagem humana. A fim de fazer isto, o computador deve entender o que os seres humanos falam, o que significa que devem compartilhar o conhecimento com os humanos. Não se compreende muito bem como este "conhecimento" pode ser melhor representado nos computadores, e como podem adquiri-lo, de modo que os programadores de computadores estão interessados no que a psicologia pode dizer-lhes sobre o saber e o aprender, especialmente através da linguagem.

O resultado — quase que imperceptível e insidiosamente — tem sido o de que os cérebros humanos e os computadores estão, mais e mais, sendo reconhecidos como sistemas similares. O computador está mudando a maneira como muitas pessoas pensam sobre a leitura, sobre leitores e sobre o aprender a ler. Tem havido um significativo intercâmbio de metáforas. O computador é visto como um sistema "pensante", que possui uma "memória", "lê" instruções e apresenta outras características humanas. Por outro lado, o cérebro humano começou a ser considerado como um dispositivo de processamento de informações, que recebe, armazena e opera sobre dados, de acordo com "programas" e procedimentos formalizados. A palavra "processo" tornou-se ambígua na literatura de investigação educacional e psicológica, com leitura, escrita, compreensão e pensamento quase que invariavelmente sendo chamados de *processos*, que podem ser divididos em seqüências lineares de operações automatizadas. Os estados e atos mentais são vistos nos mesmos termos que a representação e manipulação dos dados em computadores.

Os modelos e metáforas do computador podem distorcer as percepções da natureza da leitura e outros aspectos da vida mental. Felizmente, um ponto de vista alternativo e contrastante também tornou-se proeminente durante esta década, atraindo a atenção de investigadores de campos tão diversos como a psicologia, lingüística, sociologia e antropologia, mas não da ciência da computação. Esta perspectiva alternativa relaciona-se à maneira como as pessoas aprendem a ler, ou se tornam geralmente alfabetizadas. O aprendizado é visto não como uma conseqüência de instrução específica, mas de demonstrações e colaboração de outras pessoas, um fenômeno sócio-cultural. A partir deste ponto de vista, muito do trabalho realizado na ciência cognitiva - e na neurofisiologia - torna-se um tema colateral, interessante, algumas vezes, mas, ocasionalmente, irrelevante e até mesmo enganoso. O foco, nos estudos do aprendizado, voltou-se para o que as pessoas em torno do aprendiz estão fazendo. O aprendizado, reconheceu-se, é um fenômeno social.

A ciência cognitiva não me levou a fazer alterações radicais nos temas relativos às teorias sobre leitura, na atual edição de *Compreendendo a Leitura*, embora me tenha tornado mais cauteloso na utilização de palavras como "informação". Mas as considerações sócio-culturais sobre como a alfabetização desenvolve-se encorajaram-me a expandir consideravelmente minhas discussões do aprendizado geral e do aprendizado da leitura, em particular. Em razão destas tendências recentes, e para enfatizar o que considero como os aspectos mais importantes da leitura, abri esta nova edição com o tópico de compreensão. Detalhes adicionais de alterações na quarta edição são fornecidos no início das Notas, no final do livro.

OBJETIVOS

Meu objetivo, nesta quarta edição de *Compreendendo a Leitura*, continua a ser o que era, quando a primeira edição foi publicada, em 1971: tentar lançar luz sobre aspectos fundamentais do complexo ato humano da leitura - lingüísticos, fisiológicos, psicológicos e sociais — e sobre o que está envolvido no aprendizado da leitura. Um tópico, inseparável da leitura, que, talvez, não tenha sido coberto na extensão que deveria, é o da escrita. A negligência deve-se principalmente ao fato de eu ter discutido o tema em profundidade, em um outro volume, *Writing and the Writer* - "A Escrita e o Escritor" — (Smith, 1982).

Não existe qualquer comparação de métodos didáticos, nem qualquer esforço para promover um programa instrucional às expensas de outro.

Minhas primeiras pesquisas persuadiram-me de que o aprendizado de leitura resultava de interações práticas e significativas entre professores e alunos em vez de exercícios e lições. A conseqüente experiência com muitas centenas de professores e salas de aula, e as pesquisas de um crescente grupo de pesquisadores "naturalistas" confirmaram que o elemento essencial, na instrução da alfabetização, é o professor. A alfabetização não é conseguida através de controles externos de programas prescritos e testes formalizados, mas através de professores sensíveis, que compreendem o que ensinam e que, também, entendem os estudantes por cujo aprendizado são responsáveis.

A leitura não pode ser compreendida sem levarem-se em consideração os fatores perceptivos, cognitivos, lingüísticos e sociais, não somente da leitura, mas do pensamento e aprendizado em geral. A leitura desafia uma análise simplista, exatamente como o ensino desta confunde soluções simplistas. A leitura é algo complexo, mas também o são os atos de caminhar, falar e dar um sentido para o mundo em geral - e as crianças são capazes de conseguir realizar tudo isso, desde que as circunstâncias ambientais sejam apropriadas. O que é difícil de ser descrito não é, necessariamente, difícil para aprender. Uma consideração, enfatizada por este livro, é a de que as crianças não são tão desamparadas e indefesas, em face do aprendizado da leitura, como freqüentemente se pensa.

Uma vez que uma compreensão da leitura requer uma familiaridade com as pesquisas em uma variedade de disciplinas, mais de metade deste livro é dedicada a tópicos gerais como a linguagem, memória, aprendizado, desenvolvimento da capacidade para a linguagem falada e fisiologia dos olhos e cérebro. O objetivo é tornar estes tópicos compreensíveis, com a presunção de que muitos leitores não terão nem o tempo nem a experiência para levar avante um estudo profundo ou especializado destas áreas. Com o risco de ofender especialistas, diversas áreas foram cobertas somente à extensão em que são relevantes para a leitura. Para aqueles que desejam desenvolver ainda mais o tópico, algumas fontes introdutórias estão relacionadas nas Notas. Em geral, este livro é planejado para servir como um auxílio para professores de linguagem, um texto universitário para um curso básico sobre a psicologia da leitura, um guia para a literatura relevante das pesquisas sobre leitura, e uma introdução à leitura como um aspecto do pensamento e aprendizado.

Tentei proporcionar uma discussão integrada da leitura, uma posição teórica coerente, em vez de um compêndio sobre pesquisas. Não tentei cobrir todas as pesquisas contemporâneas e teorias sobre a alfabetização, mas tentei, sim, indicar pelo menos uma fonte específica de evidência para cada afirmação feita por mim e, ocasionalmente, um ponto de vista alternativo. Em geral, tentei prorrogar as múltiplas citações e discussões detalhadas até a seção extensiva de Notas no final do livro, onde as referências gerais para uma leitura adicional sobre os tópicos principais também são encontradas.

A maneira como interpretei as evidências e tentei construir um quadro coerente reflete, basicamente, meu próprio pensamento. Meu guia, em todas minhas excursões pelas vastas florestas das pesquisas de linguagem, pensamentos e aprendizado, foi sempre minha compreensão, obtida a partir de observadores a quem este livro é dedicado - os professores e aprendizes da alfabetização.

Frank Smith

INTRODUÇÃO

Não há nada de especial na leitura, a não ser tudo que nos possibilita fazer. O poder que a leitura proporciona é enorme, não somente por dar acesso a pessoas distantes e possivelmente mortas há muito, mas também por permitir o ingresso em mundos que, de outro modo, não seriam experimentados, que, de outro modo, não existiriam. A leitura permite-nos manipular o próprio tempo, envolvermo-nos em idéias ou acontecimentos em uma proporção e em uma seqüência de nossa própria escolha. Não possuímos este poder quando escutamos alguém falar, ou quando vemos um filme.

Não existe, porém, qualquer coisa de especial sobre a leitura, em termos do que o leitor deva fazer. A leitura não faz quaisquer demandas exclusivas ou esotéricas sobre o cérebro. Não existem quaisquer tipos de movimentos únicos que os olhos devam realizar na leitura que não realizem quando examinamos uma fotografia ou olhamos para uma sala de aula. Não é exigido qualquer tipo ou grau de habilidade visual para discriminar-se entre letras ou palavras impressas. E, também, nada existe de excepcional, na linguagem que lemos. A linguagem escrita não é a mesma que a falada; cada uma possui suas próprias características e convenções. Mas não há nada que o cérebro deva fazer para a compreensão da escrita, que não faça para compreender a fala. Não há nada de distintivo, sobre o aprendizado da leitura. Ler não demanda qualquer talento especial ou um desenvolvimento único do cérebro. Qualquer criança que possa ver bem o bastante para distinguir um rosto de outro, em uma fotografia, e que possa entender a linguagem familiar de sua família ou amigos, possui a capacidade para aprender a ler.

A dificuldade que algumas crianças experimentam quando aprendem a ler freqüentemente é atribuída a alguma espécie de dano cerebral mínimo ou indetectável, mas inexistem evidências convincentes de que uma parte particular do cérebro seja unicamente responsável pela leitura. Naturalmente, é possível — embora de modo algum não tão comum quanto algumas autoridades em leitura sugerem — que uma determinada criança tenha uma lesão cerebral que afete sua capacidade para a linguagem, mas esta lesão não interferiria com a leitura e, ainda, deixaria a compreensão da fala intacta. As crianças podem ter, obviamente, defeitos visuais que interferirão com a leitura, mas estes são problemas que também apresentarão seus reflexos em outras atividades visuais. Nada disto quer dizer que é impossível que uma criança deixe de aprender a ler, apesar de uma visão perfeitamente adequada e capacidade para a linguagem falada; existem suficientes exemplos disto em nossas escolas. Mas existem muitas razões possíveis para a dificuldade de leitura, além de danos cerebrais hipotéticos. Conflitos pessoais, sociais ou culturais podem interferir criticamente com a motivação de uma criança ou com sua capacidade para aprender a ler, e também é possível que algo dê errado durante a instrução. As crianças podem desenvolver hábitos de leitura que tornam a compreensão impossível.

Todas as afirmações feitas até aqui são reflexões sobre a perspectiva teórica deste livro. Existem outros pontos de vista. Existe, por exemplo, uma crença tradicional de que a leitura é simplesmente uma questão de "decodificação" de letras de palavras escritas em sons da fala, que este é, basicamente, um processo mecânico, e de que ensinar às crianças a ler deve envolver levá-las ao reconhecimento e mescla dos sons das letras. Mas a análise das relações existentes entre a impressão e a fala mostra que as "regras" relacionadas à pronúncia dos sons da fala, em inglês, são incomumente complicadas e não-confiáveis e também que estas regras são amplamente irrelevantes em qualquer língua. Ler é menos uma questão de extrair sons de letras impressas do que de dar significado a estas letras. Os sons, que supostamente devem revelar o significado de seqüências de letras, não podem, na verdade, ser produzidos, a menos que um significado provável possa ser determinado com antecedência. É fato universal que o esforço para ler através da decodificação é amplamente fútil e desnecessário.

O ponto de vista deste livro é o de que a leitura e o aprendizado da leitura são atividades essencialmente significativas; que estas atividades não são passivas ou mecânicas, mas dirigidas ao objetivo e racionais, dependendo do conhecimento anterior e expectativas do leitor (ou aprendiz). A leitura é uma questão de dar sentido a partir da linguagem escrita, em vez de se decodificar a palavra impressa em sons.

PERSPECTIVA

Esta é uma questão sobre quem é o responsável. A partir do ponto de vista da decodificação, o leitor está sob o controle do texto e deve identificar, mecanicamente, todas as letras e palavras em frente a seus olhos. Mas a perspectiva significativa sustenta que aquilo que acontece por trás dos olhos é o fator crítico. A leitura é vista como uma atividade construtiva e criativa, tendo quatro características distintivas e fundamentais — é *objetiva, seletiva, antecipatória,* e baseada na *compreensão,* temas sobre os quais o leitor deve, claramente, exercer o controle.

A natureza objetiva da leitura é central, não só porque normalmente as pessoas lêem por uma razão, seja para encontrar um número telefônico, ou para saborear um romance, mas porque a compreensão que um leitor deve trazer para a leitura somente pode ser manifestada através das intenções do próprio leitor. Uma pessoa que não põe qualquer finalidade em sua leitura pode trazer nada a esta, e a atividade está destinada a ser inútil. A leitura é seletiva, porque normalmente somente prestamos atenção àquilo que é relevante aos nossos objetivos. A leitura de qualquer tipo de texto, sem qualquer discriminação, seja um romance ou um conjunto de instruções, é tão inútil quanto a leitura de cada número de um catálogo telefônico, quando estamos procurando somente um deles. A leitura é antecipatória, porque raramente surpreendemo-nos por aquilo que lemos — nossos objetivos definem nossas expectativas. E a leitura está baseada na compreensão, porque, a despeito da sempre presente possibilidade de ambigüidade, o ato (se não o conteúdo) raramente nos deixa confusos. A compreensão é a base, não a conseqüência da leitura. Todos esses temas formam a preocupação geral ao longo de todo este livro.

Estes temas também servem para enfatizar o fato de existir mais leitura do que os olhos lêem. Na verdade, por causa de certas características fundamentais do sistema visual humano e da linguagem, a leitura fluente depende da habilidade de utilizar os olhos tão pouco quanto possível. Tal habilidade não é ensinada. É adquirida pelas crianças, à medida que empregam suas habilidades perceptivas e cognitivas comuns a muitos aspectos do dia-a-dia, para extraírem um senso do mundo visual.

PREVISÃO

Uma vez que a leitura não deve ser considerada como um tipo especial de atividade, mas como algo que envolve aspectos muito mais amplos do pensamento e comportamento humano, uma compreensão da leitura não pode ser adquirida sem levar em conta a natureza da linguagem e as várias características de operação do cérebro humano. Conseqüentemente, a primeira metade deste livro é dedicada a tópicos tais como a compreensão, conhecimento, linguagem, visão e memória. Estes capítulos iniciais não pretendem, de modo algum, ser discussões abrangentes ou mesmo dirigidas a um equilíbrio, sobre os temas abordados, este não é um livro sobre fisiologia, lingüística ou psicologia cognitiva. Em vez disso, os capítulos oferecem o mínimo de fatos básicos e teorias, necessários e relevantes para uma análise da leitura. São feitas algumas sugestões nas Notas, no final do livro, para que os leitores interessados possam saber o caminho para fontes mais detalhadas.

Uma abordagem tão ampla à leitura apresenta algumas vantagens incidentais. Quanto mais se diz sobre tópicos gerais, no começo, menos existe para ser acrescentado quando se inicia uma análise mais detalhada da leitura na segunda metade deste livro, quando a maior parte das bases já terão sido abordadas. As questões relacionadas ao aprendizado e a como a leitura deveria ser ensinada, são deixadas para os capítulos finais, em parte porque a ênfase pedagógica deste livro é a de habilitar os professores para que tomem decisões baseadas nas informações, em vez de dizer-lhes o que fazer e, em parte, porque as inferências sobre como a leitura deve ser ensinada tornam-se mais claras à medida que a própria leitura torna-se mais completamente entendida. A principal implicação didática da análise deste livro é a de que as crianças aprendem a ler, lendo e ouvindo outros lerem. Lições, exercícios e o aprendizado decorado têm pequena participação no aprendizado da leitura e, na verdade, podem interferir com a compreensão, dando uma idéia distorcida da natureza da leitura. A função dos professores não é tanto *ensinar* a ler quanto ajudar as crianças a lerem. A maneira como isto pode ser feito — e a resolução do paradoxo de que as crianças devem ler para aprenderem a ler — deve, eventualmente, ser encarada. Mas, por enquanto, é mais apropriado retardarem-se os temas máximos e olhar para o curso pelo qual as porções conclusivas deste livro são alcançadas.

Capítulo 1. "Conhecimento e Compreensão" examina a natureza e organização do conhecimento que todos nós levamos em nossas cabeças, e discute a maneira como é utilizado para a compreensão do mundo, seja através da linguagem ou mais diretamente.

Capítulo 2. "Linguagem: Falada e Escrita" considera as demandas especiais que a linguagem, em todos seus aspectos, coloca sobre os ouvintes e leitores, e também as diferenças bastante sutis existentes entre a fala e a palavra impressa.

Capítulo 3. "Informação e Experiência" mostra como os aspectos de informação da leitura (e outras formas de linguagem) podem ser conceitualizados tecnicamente e até mesmo medidos. Mas existe muito mais, quanto à leitura do que a aquisição de informações, que exerce somente um papel pequeno e até incidental em muitos tipos de leitura, por "prazer" ou para experiência.

Capítulo 4. "Entre os Olhos e Cérebro" vai por trás dos olhos para discutir a grande contribuição que o "conhecimento anterior", já adquirido pelo leitor, deve fazer para a leitura. Também existem limitações sobre como o cérebro pode lidar com o que está ocorrendo no mundo além dos olhos, com o resultado de que a leitura deve ser rápida, seletiva e antecipatória.

Capítulo 5. "Memória e Suas Fraquezas" diz respeito a uma outra grande força do cérebro, mas também a suas limitações, novamente enfatizando a importância crítica, na leitura, daquilo que o leitor já sabe de antemão, sobre o texto que lê.

Capítulo 6. "Identificação de Letras" é o primeiro dos quatro capítulos que formam uma análise teórica detalhada sobre a leitura, baseado nas discussões anteriores. Para uma melhor exposição, os tópicos destes quatro capítulos começam com letras e terminam com o significado, que é o contrário à ordem na qual a leitura é normalmente obtida ou aprendida. Os leitores geralmente focalizam suas intenções no significado, e se tornam preocupados com palavras individuais e, ocasionalmente, letras, somente quando a compreensão deixa de ser obtida. Mas uma análise de identificação de letras demonstra o possível mecanismo pelo qual as palavras e mesmo significados complexos podem ser extraídos.

Capítulos 7. "Identificação de Palavra" mostra como as palavras podem ser identificadas "como um todo", sem a identificação anterior de letras individuais. O capítulo também demonstra como é mais econômico e geralmente essencial reconhecerem-se palavras inteiras "imediatamente", como unidades perceptivas, em vez de construí-las a partir de letras individuais.

Capítulo 8. "Identificação Fonética e Mediada da Palavra" preocupa-se com as alternativas disponíveis quando as palavras não podem ser reconhecidas como todo. O sistema "fonético", um sistema que supostamente constrói a identificação das palavras a partir dos sons de letras individuais, tem provado ser confuso e não confiável. Existem alternativas mais produtivas disponíveis aos leitores, quando as palavras não podem ser identificadas imediatamente.

Capítulo 9. "A Identificação do Significado" é dirigido para a finalidade máxima da leitura — a compreensão do texto da maneira relevante às finalidades do leitor com a leitura, em primeiro lugar. Ele mostra como os "significados" podem ser identificados sem a identificação anterior de palavras individuais, somente à medida que as palavras podem ser identificadas sem a identificação das letras que a compõem.

Capítulo 10. "Lendo, Escrevendo e Pensando" une todo o quadro, resumindo e elaborando sobre o ato da leitura, e também discutindo as relações entre a leitura e a escrita. Estes dois atos são "atividades do pensamento", e o pensamento é um tópico complexo em si mesmo. O capítulo conclui com uma breve tentativa de relacionar a leitura e escrita a aspectos mais gerais do pensamento.

Capítulo 11. "Aprendendo sobre o Mundo e Sobre a Linguagem" esboça alguns princípios básicos do aprendizado, uma vez que as crianças não precisam — nem podem deixar de ter — habilidades únicas para o aprendizado da leitura. Em vez disso, devem utilizar abordagens bastante fundamentais para aprenderem a solucionar problemas particulares que a alfabetização apresenta. O capítulo enfatiza a natureza social do aprendizado.

Capítulo 12. "Aprendendo a Ler e a Escrever" revisa as condições sob as quais as crianças tornam-se alfabetizadas (novamente, a leitura e escrita não podem ser separadas) e inclui uma breve discussão sobre a relevância de diferentes tipos de instrução, por professores e por computadores.

1
CONHECIMENTO E COMPREENSÃO

O entendimento, ou *compreensão,* é a base da leitura e do aprendizado desta. A que serve qualquer atividade, se a esta faltar a compreensão? A compreensão pode ser considerada como o fator que relaciona os aspectos relevantes do mundo à nossa volta — linguagem escrita, no caso da leitura — às intenções, conhecimento e expectativa que já possuímos em nossas mentes. E o aprendizado pode ser considerado como a modificação do que já sabemos, como uma conseqüência de nossas interações com o mundo que nos rodeia. Aprendemos a ler, e aprendemos através da leitura, acrescentando coisas àquilo que já sabemos. Assim, a compreensão e o aprendizado são fundamentalmente a mesma coisa, relacionando o novo ao material já conhecido. Para entendermos tudo isto, devemos começar considerando o que "já temos em nossas mentes" que nos permite extrair um sentido do mundo. Devemos começar compreendendo a compreensão.

ESTRUTURA COGNITIVA

Existem vários termos que podem ser utilizados para referirmo-nos ao conhecimento que trazemos em nossas mentes durante todo o tempo. Poderei falar em *conhecimento prévio* ou *informação não visual,* armazenados no cérebro, possibilitando que extraiamos sentido da *informação visual* que nos chega através dos olhos quando lemos. Poderei examinar a *memória a longo prazo,* nossa fonte permanente de compreensão do mundo. Mas os diferentes termos não se referem a áreas distintas do cérebro: são sinônimos.

O conhecimento que já devemos possuir, a fim de compreendermos a linguagem escrita (como o conhecimento que necessitamos para entender a fala) deve residir na memória a longo prazo. E a recordação do sentido que tiramos de experiências passadas é a fundação de toda nova compreensão da linguagem e do mundo. Em contextos mais gerais, esta base do entendimento é também chamada, pelos psicólogos, de *estrutura cognitiva*. O termo é bastante bom, porque "cognitivo" significa "conhecimento" e "estrutura" implica organização, e isto é o que, na verdade, temos em nossas cabeças — uma organização do conhecimento.

Certamente, seria simplista sugerir-se que o que levamos em nossas mentes é somente "memória". O cérebro não é um álbum de lembranças cheio de fotografias e gravações de segmentos do passado. No mínimo, teríamos que dizer que o cérebro contém memórias com um significado: nossas memórias estão relacionadas a tudo o mais que conhecemos. A estrutura cognitiva é muito mais como um sumário de nossas experiências passadas. Não quero lembrar de que em 16 de julho sentei-me em uma cadeira, e que em 17 de julho sentei em uma cadeira e que, em 18 de julho, sentei em uma cadeira. Quero lembrar-me de que as cadeiras foram feitas para nos sentarmos, um sumário de minha experiência. Lembramo-nos de eventos específicos somente quando são exceções às nossas regras de sumário, ou quando possuem significado emocional particularmente dramático ou forte. E, mesmo então, nossas recordações, quando as "lembramos", tornam-se altamente coloridas por nossas intenções e perspectivas atuais sobre o mundo (Barlett, 1932). Memórias específicas, que não podem ser relacionadas ao nosso sumário, à nossa compreensão geral na atualidade, farão pouco sentido, o que pode ser a razão por que podemos recordar tão pouco de nossa primeira infância.

Mas também seria uma supersimplificação, se sugeríssemos que nossas mentes estão cheias de um acúmulo de fatos e regras. O cérebro não é como uma biblioteca, onde fatos e procedimentos úteis estão guardados sob títulos apropriados para possível futura utilização. E, certamente, o cérebro humano não é como um banco, onde guardamos pedaços de informações depositadas por professores e livros. Em vez disso, o sistema de conhecimento, em nossas cabeças, é organizado em um modelo de trabalho intrincado e internamente consistente do mundo, construído através de nossas interações com o mundo e integrado em um todo coerente. Sabemos bem mais do que jamais nos ensinaram.

A TEORIA DO MUNDO EM NOSSAS CABEÇAS

O que possuímos em nossas cabeças é uma *teoria* sobre como é o mundo, uma teoria que é a base de todas as nossas percepções e compreen-

1. Conhecimento e Compreensão   23

são do mundo, a raiz de todo o aprendizado, a fonte de esperanças e medos, motivos e expectativas, raciocínio e criatividade. E esta teoria é tudo que temos. Se podemos extrair sentido do mundo, isto ocorre devido à interpretação de nossas interações com o mundo, à luz de nossa teoria. A teoria é nosso escudo contra a perplexidade.

Enquanto olho para meu mundo, consigo distinguir uma multiplicidade de objetos significativos que apresentam toda espécie de relações complicadas uns com os outros e comigo. Mas nenhum destes objetos, nem suas inter-relações, são auto-evidentes. Uma cadeira não se anuncia a mim como uma cadeira: tenho que reconhecê-la como tal. As cadeiras são uma parte de minha teoria. Reconheço uma cadeira quando meu cérebro decide que uma cadeira é aquilo para o que estou olhando. Uma cadeira não me diz que foi feita para os outros sentarem-se, nem me diz que posso colocar meu casaco ou pés sobre ela, ou ficar de pé sobre ela para consertar uma lâmpada, ou apoiá-la contra uma porta que não desejo ver aberta. Tudo isto é parte de minha teoria. Somente posso extrair sentido do mundo em termos do que já sei. Toda a ordem e complexidade que percebo no mundo à minha volta devem refletir uma ordem e complexidade em minha própria mente. Qualquer coisa que eu não possa relacionar à teoria do mundo em minha mente, deixará de fazer sentido para mim. Ficarei perplexo e confuso.

O fato de a perplexidade ser um estado incomum para a maioria de nós, apesar da complexidade de nossas vidas, é uma indicação de que nossa teoria do mundo é muito eficiente. A razão por que em geral não temos consciência sobre esta teoria é que ela funciona perfeitamente. Exatamente como um peixe vê a água com naturalidade, até que se vê privado dela, assim nos tornamos conscientes de nossa dependência da teoria em nossas cabeças apenas quando esta prova ser inadequada, e o mundo deixa de fazer sentido. O fato de ocasionalmente nos tornarmos perplexos somente serve para demonstrar o quão eficientemente nossa teoria em geral funciona. Quando foi a última vez que você ficou perplexo, por algo que leu ou ouviu? Nossa teoria sobre o mundo parece estar de prontidão até mesmo para extrair sentido de quase tudo que podemos experimentar, na linguagem falada e escrita — uma forte teoria, na verdade.

E, ainda assim, quando foi a última vez que você viu um bebê perplexo? Os bebês também possuem uma teoria sobre o mundo não tão complexa quanto aquela dos adultos, mas, também, as crianças ainda não tiveram muito tempo para tornarem suas teorias complexas. As teorias das crianças, porém, parecem funcionar muito bem para suas necessidades. Mesmo as crianças menores parecem ser capazes, na maior parte do tempo, de extrair um sentido do mundo, em seus próprios termos; raramente parecem confusas e inseguras. A primeira vez em que muitas crianças abordam uma situação que não podem, possivelmente, relacionar a qualquer coisa que já conheçam, é quando ingressam na escola, um período em que podem ficar consistentemente perplexas, se são confrontadas por circunstâncias que não fazem qualquer sentido para elas. As crianças geralmente deixam de receber crédito, pelo muito que sabem. Mas, na verdade, a maior parte de nosso conhecimento sobre o mundo — do tipo de objetos que contém e do modo como estão relacionados — e a maior parte de nosso conhecimento sobre a linguagem, já estão em nossas cabeças antes de ingressarmos na escola. Aos cinco ou seis anos, a estrutura já está lá, e o resto é principalmente uma questão de preencher esta estrutura com detalhes.

No restante deste capítulo, falo um pouco mais sobre como esta teoria da mente é organizada, e, depois, discuto como é utilizada, de modo que podemos compreender o mundo.

A compreensão é mais do que o entendimento sobre as circusntâncias nas quais estamos; é o modo pelo qual aprendemos. Esta é a razão por que coloquei o tópico da compreensão no início deste livro, deixando o aprendizado para o final. Isto pode ser o contrário da situação em geral existente nas escolas, onde as crianças freqüentemente devem aprender, a fim de entenderem. Mas o aprendizado é mais um resultado da compreensão do que sua causa. Aprender a ler é, literalmente, uma questão de "entender a leitura".

A ESTRUTURA DO CONHECIMENTO

O sistema de conhecimento, que é a teoria do mundo em nossas cabeças, possui uma estrutura, exatamente como qualquer outra teoria ou sistema de organização de informações, tais como uma biblioteca. Os sistemas de informação possuem três componentes básicos — um conjunto de categorias, algumas regras para a especificação de relações das categorias, e uma rede de inter-relações entre as categorias — e examinarei brevemente cada componente por vez.

Categorias

"Categorizar" significa tratar alguns objetos ou eventos como iguais, ainda que diferentes de outros objetos ou evento. Todos os seres humanos categorizam, instintivamente, desde o nascimento. Nada existe de excepcional sobre esta propensão inata para a categorização, uma vez que os organismos vivos não poderiam sobreviver se, de fato, não tratassem alguns objetos ou eventos como iguais, ainda que diferentes de outros objetos ou eventos.

Nenhum organismo vivo poderia sobreviver se tratasse tudo, em sua experiência, como igual; não haveria uma base para a diferenciação e, portanto, não haveria base para o aprendizado. Não haveria a possibilidade de ser sistemático. Exatamente como um bibliotecário não pode tratar todos os livros como sendo iguais, quando os coloca nas estantes, do mesmo modo os seres humanos devem diferenciar ao longo de toda a vida. Em nossa cultura, pelo menos, espera-se que todas as pessoas sejam capazes de distinguir cães de gatos, mesas de cadeiras e a letra A da letra B.

Mas, de modo similar, nenhum organismo vivo poderia sobreviver se tratasse tudo, em sua experiência, como se fora diferente. Se não existe uma base para a similaridade, ainda não existe uma base para o aprendizado. Assim, o bibliotecário deve tratar alguns livros como sendo iguais em alguns sentidos — de modo que todos os livros de química são organizados na mesma área — embora estes livros possam diferir em tamanho, cor e nome do autor. Do mesmo modo, todas as pessoas, pelo menos em nossa cultura, devem ignorar muitas diferenças, a fim de tratar todos os cães como iguais, todos os gatos como iguais, e muitos formatos diferentes, como A, $\mathcal{A}$, a, a, $\mathcal{a}$, como a letra "a".

Em outras palavras, a base para a sobrevivência e aprendizado é a capacidade para ignorar muitas diferenças potenciais, de modo que certos objetos[1] sejam tratados como iguais, ainda que diferentes de outros objetos. Todos os objetos que pertencem a uma categoria são tratados como iguais, e, ainda assim, como diferentes de objetos pertencentes a outras categorias.

As categorias que todos observamos, que são parte de nossas teorias do mundo, são visualmente bastante arbitrárias; não são, geralmente, impostas a nós pelo próprio mundo. O mundo não nos força a categorizar animais em cães e gatos, e assim por diante — poderíamos dividi-los de outras maneiras, por exemplo, tratando todos os animais de olhos verdes como iguais, em contraste àqueles com outras cores de olhos, ou diferenciando aqueles com determinada altura daqueles outros, de altura inferior. O bibliotecário poderia muito bem organizar os livros com base nas cores de suas capas, ou em seu tamanho, ou no número de páginas. Mas, em geral não podemos inventar categorias para nós mesmos — daí a qualificação "em nossa cultura, pelo menos", nos parágrafos anteriores. A razão por que dividimos os animais em gato e cachorro, e não com base no tamanho ou cor de olhos, é que as categorias que possuímos são parte de nossa cultura. As categorias são *convenções*. Em parte, compartilhar de uma cultura significa compartilhar a mesma base categórica para organizar a experiência. A linguagem reflete a maneira como uma cultura organiza a experiência, sendo por este motivo que muitas das palavras são um indício para as categorias de nossas categorias compartilhadas do mundo. Temos as palavras "cão" e "gato", mas não uma palavra para animais com olhos verdes ou com menos de determinada

---

[1]- Deste ponto em diante, abstenho-me da prática confusa de falar todo o tempo em "objetos ou eventos". Mas cada referência a objetos aplica-se também aos eventos em geral.

altura. Quando temos que aprender novas categorias, a existência de um nome na língua tende, freqüentemente, a ser o primeiro indício da existência de uma categoria.

Não que as palavras sejam pré-requisitos essenciais para o estabelecimento de categorias. Bem ao contrário — podem existir categorias para as quais não temos nomes. Posso, facilmente, distinguir certos pássaros com manchas marrons e pássaros cinzentos que vêm ao meu jardim todas as manhãs, mas não tenho um nome para eles. Saber-se um nome, sem uma compreensão da categoria que rotula, é inútil. Na verdade, a existência de uma categoria é um pré-requisito para aprender-se como utilizar as palavras, uma vez que estas rotulam categorias, em vez de objetos específicos. O que chamamos de "cachorro" é qualquer animal individual que colocamos na categoria com o nome de "cachorro".

O sistema de categorias, que é parte de nossa teoria do mundo em nossas cabeças, é essencial para a extração de um sentido do mundo. Qualquer coisa que façamos, que não possamos relacionar a uma categoria, não fará sentido; ficaremos perplexos. Nossas categorias, em outras palavras, são a base de nossa percepção do mundo. A percepção deve ser considerada como uma tomada de decisão. Nós "vemos" o que o cérebro decide que estamos olhando, o que significa a categoria à qual a informação visual está alocada. Se vejo uma cadeira em minha frente, então devo ter uma categoria para cadeiras em minha teoria do mundo, e devo ter decidido que estou olhando para algo que pertence a esta categoria. Se posso ver a palavra "gato", quando leio, então devo ter uma categoria para aquela palavra, bastante independente de meu conhecimento de seu nome ou possíveis significados, exatamente como devo possuir categorias para as letras *g*, *a*, *t*, e *o*, se as posso distinguir na palavra. Interessantemente, não podemos ver coisas em mais do que uma categoria de cada vez; não é possível verem-se as letras g", "a", "t" e "o" e a palavra "gato" simultaneamente na configuração visual "gato"; por isso, talvez, as crianças considerem mais difícil aprender a ler se se exige que se concentrem nas letras individuais das palavras. Geralmente, a pessoa somente vê aquilo que está procurando, permanecendo bastante desatenta a outras possibilidades. Se peço a você que leia o endereço "4IO LION STREET" você provavelmente não perceberá que os numerais IO, em "4IO" são os mesmos caracteres que as letras IO, em "LIONS". Quando você presta atenção na categoria de numerais, você vê numerais, e quando presta atenção à categoria de letras, você vê letras. Mesmo agora, que você está consciente do que estou fazendo, não consegue olhar para IO e ver tanto números quanto letras simultaneamente, assim como não pode ver rostos e o vaso, simultaneamente, na ilustração ambígua da figura 1.1. O cérebro pode tomar decisões somente sobre uma categoria por vez, em relação a uma única configuração visual (embora pudéssemos ver os rostos e o vaso simultaneamente, se não compartilhassem de um contorno comum).

1. Conhecimento e Compreensão 27

E, se não existe uma categoria à qual possamos relacionar um objeto ou evento aos quais somos expostos, o cérebro não consegue absolutamente tomar alguma decisão; o mundo não terá sentido para nós. O cérebro, como qualquer executivo, necessita de categorias a fim de tomar decisões, categorias que envolvem não somente visões e sons, mas paladares, odores, sentimentos e sensações, bem como muitos tipos de eventos, padrões e relacionamentos.

FIGURA 1.1. Informação visual ambígua.

Regras para Afiliação a Categoria

As categorias, por si mesmas, não são o suficiente. A categoria "livros de química" é inútil, se um bibliotecário não possui meios de reconhecer um livro de química, quando confrontado com um, exatamente como uma criança não pode utilizar a informação, se existem gatos e cães no mundo, sem alguma noção de como distinguir um do outro. Uma criança que consegue recitar o alfabeto estabeleceu um conjunto de 23 categorias, na língua portuguesa, mas pode não ser capaz de reconhecer uma única letra. Para cada categoria que empregamos, deve haver, pelo menos, um modo de reconhecermos membros daquela categoria. Cada categoria deve ter, pelo menos, um conjunto de regras, uma especificação, que determina se um objeto (ou um evento) pertence àquela categoria. Algumas vezes, uma única categoria pode possuir mais do que um conjunto de regras — podemos distinguir um objeto como uma cebola, por sua aparência, odor e gosto. Podemos reconhecer a letra "a" em um número de diferentes apresentações. Mas exatamente como devemos ter uma categoria para cada objeto que podemos distinguir no mundo, também devemos ter pelo menos um conjunto de regras — uma relação de atributos significativos ou *características distintivas* — para localizarmos aquele objeto dentro de uma determinada categoria.

Estas, em geral, não são regras que podemos colocar em palavras, não mais do que podemos abrir uma janela em nossos cérebros e inspecionar as categorias que temos ali. O conhecimento desta espécie é *implícito* — podemos somente inferir que temos as categorias ou regras, pelo fato de que podemos fazer uso delas.

A questão sobre o que constitui as regras que diferenciam as várias categorias que empregamos na leitura e linguagem, geralmente demanda uma boa quantidade de atenção nos capítulos posteriores — especialmente quando vemos que "ensinar" é, às vezes, pouco mais do que dizer às crianças que certa categoria existe, deixando para elas a descoberta sobre quais são as regras.

Inter-relações das Categorias

As regras permitem que as categorias, em um sistema, sejam utilizadas, mas não asseguram que o sistema faça sentido. Uma biblioteca não faz sentido simplesmente porque todos os livros de química estão arranjados em um só lugar e todos os livros de poesia em outro local. O que torna uma biblioteca um sistema é o modo pelo qual as várias categorias estão relacionadas umas às outras, e este também é o modo como o sistema em nossas cabeças faz sentido.

Não é possível listarem-se todas as diferentes inter-relações entre as categorias na teoria do mundo em nossas cabeças. Fazer isso seria documentar a complexidade do mundo como o percebemos. Tudo o que conhecemos está direta ou indiretamente relacionado a tudo o mais, e qualquer tentativa para ilustrar estas relações arrisca-se a tornar-se interminável.

Por exemplo, consideremos uma cebola. Sabemos como é chamado este objeto em particular — em mais do que um idioma, talvez — e também os nomes de vários tipos de cebola. Também sabemos como uma cebola se parece, cheira e que gosto tem, talvez, novamente, em mais do que um modo. Sabemos de onde vêm as cebolas — como crescem — e provavelmente temos uma boa idéia sobre como chegam ao lugar onde as compramos. Sabemos quanto temos que pagar para obtê-las, assim como são usadas na cozinha, assim como, talvez, outros usos — como chás, por exemplo. Podemos conhecer meia dúzia de diferentes modos de cozinhar cebolas (com nomes diferentes) e, certamente, conhecemos algumas coisas que podem ser comidas juntamente com cebolas. Conhecemos um número de instrumentos para lidar com cebolas — facas, raladores e picadores, por exemplo. Não somente sabemos o que podemos fazer com as cebolas, mas também o que elas podem fazer por nós, tanto cruas quanto cozidas. Conhecemos pessoas que adoram cebolas e pessoas que as detestam; pessoas que sabem como prepará-las e aquelas que não fazem a mínima idéia sobre como fazer isso.

Até mesmo podemos saber o papel das cebolas na história. Uma imensa ramificação de nosso conhecimento sobre cebolas está relacionada ao fato de podermos chamá-las por mais de um nome. Uma cebola também pode ser chamada de vegetal, o que significa que tudo que sabemos acerca de vegetais, em geral, aplica-se às cebolas em particular. Na verdade, cada vez que relacionamos uma cebola a algo mais — a uma faca, a uma frigideira ou a uma pessoa em particular — descobrimos, então, que o que sabemos a respeito das cebolas é parte do que sabemos sobre facas, frigideiras e pessoas. Não existe um fim para isso.

Muitas inter-relações cognitivas pertencem ao sistema de linguagem, que é parte tão importante da teoria do mundo de todas as pessoas. Um conjunto complexo de inter-relações é chamado de *sintaxe,* cujas regras determinam como os elementos da linguagem devem estar relacionados uns aos outros na fala ou escrita. As regras sintáticas possibilitam-nos colocar as palavras juntas de um modo às vezes chamado de "gramatical", embora as pessoas cuja fala é freqüentemente chamada como "não-gramatical" não deixem de ter uma sintaxe; estas pessoas seguem outras regras. Um outro conjunto de inter-relações é chamado de *semântica,* que envolve a maneira como a linguagem está relacionada ao mundo em geral (ou melhor, à percepção do mundo). A riqueza semântica das palavras determina, até certo ponto, a complexidade com que percebemos o mundo. As culturas com muitas palavras para diferentes tipos de neve, por exemplo, vêem a neve diferentemente dos indivíduos que conhecem, para esta, somente uma palavra (Whorf, 1956). O conhecimento da linguagem também deve incluir uma compreensão extensiva sobre as maneiras convencionais nas quais a linguagem e outros sistemas de comunicação são utilizados em ocasiões particulares, algumas vezes chamado de "pragmático" ou "semiótico". E uma boa quantidade de nosso conhecimento do mundo é mantido, na verdade, em forma de linguagem, em *descrições* verbais de coisas que conhecemos. Nossas cabeças também podem conter uma gama de *proposições,* variando desde os fatos simples (Paris é a capital da França, duas vezes dois é quatro), passando pelos provérbios e outros grupos compactos de idéias ou senso comum, até as complexas fórmulas verbais e, até mesmo, segmentos inteiros de prosa e poesia. Todo este conhecimento verbal anterior pode tornar-se disponível a nós, em ocasiões relevantes, ajudando-nos a compreender e mesmo trazer à tona conjuntos particulares de circunstâncias.

Cenas, Cenários e Histórias

Muitos conjuntos de relações cognitivas importantes são representações mentais de lugares e cenas, aos quais estamos familiarizados. Trazemos, em nossas cabeças, especificações detalhadas da organização espacial de áreas territoriais e localizações familiares — a praia onde nos divertíamos quando crianças, e sala de estar da família ou nossa primeira sala de aula. Temos consciência imediata se algo, em um ambiente familiar, alterou-se (mesmo se não podemos, imediatamente, determinar o quê, exatamente, está diferente). Além destas imagens "fotográficas", nossa teoria também contém muitas representações simbólicas adicionais, tais como mapas (que é o primeiro modo pelo qual a maioria de nós compreende a geografia do mundo, e de países e cidades familiares) e diagramas, alguns dos quais nós construímos em nossas mentes, mesmo sem jamais colocá-los no papel.

Mas nossas cabeças também contêm representações extensivas de padrões ou regularidades mais gerais, que ocorrem em nossa experiência. Estas representações são chamadas de *esquemas*. A maioria de nós possui um esquema "genérico" complexo para como as salas de aula são formadas, por exemplo. Podemos reconhecer e extrair sentido de salas de aula que jamais vimos antes, simplesmente porque contêm arranjos familiares de elementos também familiares. Nossas estruturas cognitivas, similarmente, incluem esquemas de lojas de departamentos e restaurantes, por exemplo, o que nos possibilita extrair sentido de novas experiências e nos comportarmos apropriadamente. Muitas experiências demonstram que nossa capacidade para reconhecer cenas, e para as recordarmos, depende da extensão até onde estas conformam-se às nossas expectativas de como estas cenas devem ser, aos esquemas que já temos em nossas cabeças.

Os leitores desenvolvem e necessitam de um grande número de esquemas espacialmente organizados, relacionados ao modo pelo qual os livros e outros tipos de textos escritos estão organizados. Entre estes esquemas estão aqueles de *gêneros* específicos — os jornais não são expostos do mesmo modo que livros, revistas e romances. Todos estes esquemas, ou especificações para vários tipos de textos, são convencionais. A aparência e organização de um livro ou de um jornal podem variar consideravelmente de uma comunidade ou cultura para outra, e seus esquemas nos devem ser conhecidos a fim de fazerem sentido. Outras regras convencionais de *estrutura de discurso* escrito incluem a organização em parágrafos, capítulos ou seções, com títulos e outras espécies de cabeçalhos, que os leitores, bem como escritores, devem observar e esperar.

Os exemplos de esquemas, que dei até agora, são espaciais, a maneira como as coisas são apresentadas primariamente para a compreensão visual. Nossos cérebros também contêm inumeráveis esquemas para outras modalidades sensoriais — para arranjos de sons, paladares e odores, e uma variedade de sensações táteis muitos dos quais intimamente relacionados uns aos outros e a padrões de eventos no mundo visual.

Muitos de nossos mais importantes esquemas, porém, são, também, apresentados na forma de tempo, possuindo uma organização em série ou temporal. O tempo e a mudança são aspectos essenciais da maneira como percebemos o mundo — de outro modo, como poderíamos entender a linguagem, a música ou mesmo uma partida de futebol? Os esquemas que apresentam uma base temporal, bem como uma base espacial, são freqüentemente chamados de cenários ou *scripts*. Um *script* de uma loja de departamentos estabelece padrões esperados e convencionais de comportamento para nós mesmos e para outros, quando vamos às compras, mesmo quando estamos adquirindo itens não familiares em lojas nas quais jamais estivemos antes. Uma ausência ou desajuste de *script* pode resultar em confusão, embaraço e mal-entendidos. Coletivamente, os *scripts*, cenários e esquema são, algumas vezes, chamados de *conhecimento do evento* (Nelson, 1986).

O conhecimento de esquemas relevantes é, obviamente, essencial, se desejamos ler qualquer espécie de texto com compreensão. Uma criança que não possui um cenário sobre fazendas tende a não compreender uma história sobre fazenda, ou uma referência a uma fazenda, em um livro. Mas existem tipos especiais de esquemas de linguagem, os quais os leitores necessitam particularmente. Se somos leitores, ou desejamos nos tornar leitores, nossas teorias do mundo em nossas cabeças devem conter *esquemas de histórias*, especificações sobre como as histórias são organizadas e como se desdobram. Devemos saber que as histórias compreendem tipos de tramas particulares, personagens e episódios. Quão bem uma história é compreendida e recordada depende de quão bem esta se conforma aos esquemas tradicionais para as histórias — e quão bem o leitor está familiarizado com estes esquemas.

O tempo e a mudança também são uma parte essencial da maneira como os indivíduos operam sobre o mundo. Uma coisa tem que seguir-se à outra de um modo particular, em uma seqüência invariável, freqüentemente em um momento ou cadência específicos. Esquemas seriais e temporais complexos incluem a multiplicação de *habilidades* que todos os seres humanos adquirem, dependendo de suas capacidades físicas, experiência e interesses — alimentar e vestir a si mesmo, atar gravatas, andar de bicicleta, jogar xadrez, programar computadores — e, naturalmente, ler e escrever.

A complexidade da estrutura cognitiva no cérebro humano é, na verdade, magnífica. Nosso conhecimento prévio resiste a todos os esforços anteriores para catalogá-la ou para reduzi-la a umas poucas categorias simples. As tentativas para "simplificar" a organização ou operação do cérebro podem somente levar a erros, especialmente se se tornam a base de práticas instrutivas ou diagnósticas na educação. O incrível poder de cada cérebro freqüentemente é ignorado, se existe uma ênfase nas "fraquezas" ou "incapacidades". Pense, por um momento, na complexidade do mundo no qual vivemos, na multidão de indivíduos com diferentes personalidades, papéis e padrões de comportamento; na multidão de objetos animados e inanimados no mundo, e em todos os modos multifatoriais nos quais estas pessoas e objetos podem estar relacionados uns aos outros. Qualquer circunstância ou situação à qual não podemos trazer uma estrutura cognitiva relevante — incluindo categorias, conjuntos de características distintivas e uma multiplicidade de relações espaciais, temporais e outras relações cognitivas — provavelmente causará confusão ou perplexidade. Nossa habilidade para extrair sentido do mundo, como nossa habilidade para recordar eventos, para agir apropriadamente e para prever o futuro é determinada pela complexidade do conhecimento que já possuímos.

Minha ênfase, neste livro, está sobre os muitos tipos de coisas que o cérebro de qualquer pessoa é capaz de fazer bem. Uma dessas habilidades soberbas, mas comuns, é o armazenamento de vastas quantidades de conhecimento prático, de compreensão potencial, como resultado tanto da experiência quanto da imaginação criativa. Uma outra capacidade poderosa e ainda constante e rotineira, do cérebro, é a utilização de todo este conhecimento prévio, o tópico para o qual agora me volto.

A DINÂMICA DA ESTRUTURA COGNITIVA

A estrutura cognitiva, a teoria do mundo em nossas cabeças, pode ter parecido, até aqui, com um lugar atravancado e estático, não muito diferente, em essência, de uma coleção de fatos e procedimentos. Mas a teoria do mundo em nossas cabeças é *dinâmica*, e não somente no sentido de que está constantemente sendo aumentada e mudada, particularmente durante o ativo período de intensa exploração e aprendizado a que chamamos de infância. Podemos fazer muito mais, com a teoria do mundo em nossas cabeças, do que extrair sentido do mundo e interagir com ele. Podemos viver na própria teoria, em mundos existentes somente em nossa imaginação. Dentro desta teoria, podemos imaginar e criar, testando soluções provisórias para problemas e examinando as consequências de possíveis comportamentos. Podemos explorar nossos próprios novos mundos, e podemos ser levados a outros mundos, por escritores e artistas.

Mas o aspecto da imaginação, com o qual estaremos mais envolvidos, é mais mundano, embora no primeiro encontro possa parecer bastante exótico. Podemos utilizar a teoria do mundo em nossas cabeças para prever o futuro. Esta capacidade para predizer ou prever é tanto abrangente quando profunda, uma vez que é a base de nossa compreensão do mundo, incluindo nosso entendimento da linguagem escrita e falada. A leitura depende da previsão.

A Abrangência da Previsão

Todas as pessoas fazem previsões — incluindo as crianças — todo o tempo. Nossas vidas seriam impossíveis, relutaríamos até mesmo a sair de nossas camas pela manhã, se não tivéssemos qualquer expectativa sobre o que o dia

1. Conhecimento e Compreensão

trará. Nunca poderíamos passar da porta, se não tivéssemos alguma idéia do que pode estar do outro lado. E todas nossas expectativas, nossas previsões, podem ser derivadas somente de uma fonte, a teoria do mundo em nossas cabeças.

Geralmente, não temos consciência de nosso constante estado de antecipação, pela simples razão, novamente, de nossa teoria do mundo funcionar tão bem. Nossa teoria é tão eficiente que quando nossa previsão falha ficamos surpresos. Nós não atravessamos a vida prevendo que todas as coisas acontecerão — na verdade, isto seria contrário à previsão, e, neste caso, nada nos poderia surpreender. O fato de que alguma coisa sempre poderia rinoceronte pegar-nos de surpresa — como a palavra *rinoceronte*, no meio da última sentença — é evidência de que, na verdade, sempre podemos prever, mas que nossas previsões são, geralmente, acuradas. Sempre é possível que nos surpreendamos, ainda que nossas previsões sejam geralmente tão apropriadas que a surpresa é uma ocorrência bastante rara. Quando você se surpreendeu pela última vez?

Nós dirigimos em uma cidade onde jamais estivemos antes, e nada do que vemos nos surpreende. Não há nada surpreendente nos ônibus e carros e pedestres na rua principal; eles são previsíveis. Mas não prevemos que poderíamos ver alguma coisa — ficaríamos surpresos se víssemos camelos ou submarinos na rua principal. Não que exista qualquer coisa por demais surpreendente ou imprevisível sobre camelos e submarinos em si mesmos — não nos surpreenderíamos ao ver camelos se estivéssemos visitando um zoológico, ou ao ver submarinos em uma base naval. Não prevemos que qualquer coisa acontecerá, nem prevemos que algo *certamente* ocorrerá, se isto somente é *provável* de ocorrer (não ficamos mais surpresos pela ausência de um ônibus do que pela presença de um), e prevemos que muitas coisas certamente não apresentam a probabilidade de ocorrerem. Nossas previsões são imensamente acuradas — e também aquelas das crianças. É raro ver-se uma criança surpresa com o mundo à sua volta.

A Necessidade de Previsão

Por que devemos prever? Por que não esperarmos que algo aconteça todo o tempo, e assim livrarmo-nos de qualquer possibilidade de surpresa? Posso pensar em três razões. A primeira, é que nossa posição no mundo no qual vivemos muda constantemente, e estamos geralmente bem mais preocupados com o que provavelmente acontecerá no futuro próximo e distante do que com o que está acontecendo exatamente agora. Uma diferença importante, entre um motorista experiente e um aprendiz, é que o motorista experiente é capaz de projetar o carro em um futuro, enquanto a mente do aprendiz está mais apegada a onde o automóvel está agora — quando geralmente já é muito tarde para evitar acidentes. A mesma diferença tende a diferenciar leitores experientes e iniciantes, ou de qualquer pessoa que tem dificuldade com qualquer peça de leitura. Os leitores preocupados diretamente com as palavras na frente de seus olhos terão problemas para realizarem previsões — e terão problemas para a compreensão do texto.

A segunda razão para a previsão é que existe demasiada ambigüidade no mundo, muitos modos de interpretação sobre praticamente qualquer coisa com a qual nos confrontamos. A menos que excluamos algumas alternativas de antemão, tendemos a ficar perplexos com as possibilidades. Das muitas coisas que conheço sobre cebolas, não desejo preocupar-me com o fato de que são extraídas do solo, ou que causam alergia em meu primo George, se tudo que desejo é um tempero para meu hambúrguer. O que vejo está relacionado àquilo que procuro, não a todas as possíveis interpretações. As palavras possuem muitos significados, mas há somente um significado com o qual estou envolvido, que prevejo, se alguém me diz para arranjar meus livros sobre a mesa — com "arranjo", aqui, podendo ser verbo ou substantivo, tendo vários significados. Todas as palavras rotineiras de nosso idioma possuem muitos significados, e freqüentemente várias funções gramaticais, mas se prevemos a gama de possibilidades que uma palavra tende a apresentar, simplesmente não nos tornamos conscientes das ambigüidades potenciais.

A razão final para a previsão é que, de outro modo, existiriam demasiadas alternativas a partir das quais escolher. O cérebro necessita de tempo para tomar suas decisões sobre o que os olhos estão olhando e o tempo necessário depende do número de alternativas apresentadas. Levamos mais tempo para decidir que estamos olhando para a letra *A* quando esta poderia ser qualquer uma das letras do alfabeto do que quando sabemos que é uma vogal, ou que é *A* ou *B*. Levamos muito mais tempo para identificar uma palavra isoladamente, se comparada com uma palavra dentro de uma sentença significativa. Quanto mais escassas as alternativas, mais rápido será o reconhecimento. Se existem muitas alternativas com as quais os olhos devam confrontar-se, então é bem mais difícil ver ou compreender.

A previsão é o núcleo da leitura. Todos os esquemas, *scripts* e cenários que temos em nossas cabeças — nosso conhecimento prévio de lugares e situações, de discurso escrito, gêneros e histórias — possibilitam-nos prever quando lemos, e, assim, compreender, experimentar e desfrutar do que lemos. A previsão traz um significado potencial para os textos, reduz a ambigüidade e elimina, de antemão, alternativas irrelevantes. Assim, somos capazes de gerar uma experiência abrangente das imagens inertes da impressão.

A previsão não é a adivinhação inconseqüente, nem envolve apostar ao acaso qualquer coisa quanto ao resultado mais provável. Não atravessamos a vida dizendo: "Na próxima esquina poderei encontrar um ônibus", ou "A próxima palavra, neste texto, será *rinoceronte*". Realizamos previsões abrindo nossas mentes para o provável e desconsiderando o improvável. Aqui está uma definição formal: *Previsão é a eliminação anterior de alternativas improváveis*. É a projeção de possibilidades. Realizamos previsões para reduzir nossa incerteza e, portanto, para reduzir a quantidade de informação externa de que necessitamos. Nossa teoria sobre o mundo fala-nos sobre as ocorrências mais prováveis, deixando que o cérebro decida entre aquelas alternativas restantes, até que a incerteza seja reduzida a zero. E somos tão bons para prever somente as alternativas mais prováveis que raramente somos surpreendidos.

Colocado mais informalmente, a previsão é uma questão de se fazerem perguntas específicas. Não perguntamos: "O que é aquele objeto ali?", mas "Podemos colocar nossos livros sobre ele?", ou o que quer que desejemos fazer. Não olhamos para uma página impressa sem qualquer expectativa quando aquilo que leremos a seguir; em vez disso, perguntamos: "O que o herói fará, agora?", "Onde o vilão se esconderá?" e "Será que ocorrerá uma explosão, quando o líquido A for misturado com o pó B?". E, uma vez que a resposta repouse dentro da gama esperada de alternativas — o que geralmente ocorre, se estamos lendo com compreensão —, então não temos presente qualquer dúvida ou ambigüidade. Não somos nem chocados nem surpreendidos.

Previsão e Compreensão Inter-relacionadas

Agora, finalmente, previsão e compreensão podem ser interligadas. A previsão significa fazermos perguntas, e compreensão significa sermos capazes de responder a algumas das questões formuladas. À medida que lemos, à medida que escutamos alguém falando, enquanto atravessamos a vida, estamos constantemente fazendo perguntas, e, se somos capazes de encontrar respostas para tais perguntas, então compreendemos. A pessoa que não compreende como consertar um rádio é aquela que não consegue perguntar e encontrar respostas para questões tais como "Quais desses fios vão onde?", em momentos apropriados. E a pessoa que não compreende um livro ou artigo de jornal, é aquela que não consegue encontrar questões e respostas relevantes concernentes à próxima parte do texto. Existe, quanto à compreensão, um *fluxo*, com novas questões constantemente sendo geradas a partir das respostas que procuramos.

Tal visão sobre a compreeensão difere da maneira como a palavra freqüentemente é utilizada nas escolas. Os assim chamados testes de compreensão, nas escolas, em geral são dados após um livro ter sido lido e, como conseqüência, parecem-se mais com testes de memória a longo prazo. Uma vez que o esforço para memorizar pode interferir drasticamente com a compreensão, o teste pode acabar por destruir aquilo que pretendia medir. Se eu digo que compreendo um determinado livro, não faz sentido darem-me um teste e argumentarem que não o compreendo. Além do mais, a nota que eu receber em um desses testes não me convencerá de que realmente compreendi um livro ou um palestrante, se meus sentimentos me dizem que não o fiz.

A própria noção de que a compreensão é relativa, de que depende das questões que um indivíduo fizer, não é facilmente aceita por todos os educadores. Alguns desejam argumentar que você pode não ter compreendido um livro, mesmo se você não tiver quaisquer dúvidas ao final deste. Eles perguntarão: "Mas você compreendeu que o fracasso do espião para roubar os planos secretos era, na verdade, um símbolo da inevitável fragilidade do ser humano em face do destino manifesto?" E, se você disser, "Não, simplesmente me entreti com a história", eles lhe dirão que você não compreendeu *realmente* sobre o que tratava a história. Mas, basicamente, o que eles estarão dizendo é que você não estava realizando o tipo de perguntas que pensam deveriam ter sido feitas.

PENSAMENTO E METAPENSAMENTO

Uma análise geral sobre o pensamento necessitaria de um livro separado e a discussão crítica de uma montanha de pesquisas recentes, revelaria, talvez, mais mistérios e controvérsias do que poderia explicar. Por outro lado, o tópico não pode ser completamente ignorado, uma vez que o pensamento tornou-se um foco de atenção para muitos educadores, nos últimos tempos.

Em parte, esta concentração de interesse foi gerada por cientistas cognitivos que tentam desenvolver modelos de pensamentos que poderiam servir para o desenvolvimento de "computadores pensantes", e também por psicólogos cognitivos, envolvidos com o pensamento humano, que, ainda assim, desejam simular ou testar suas teorias em computadores. Como resultado, o pensamento tende, atualmente, a ser fragmentado em agrupamentos distintos de procedimentos de "processamento de informações", mais apropriados às operações seqüenciais programadas da tecnologia eletrônica do que aos humanos, cujos pensamentos e ações estão baseados, principalmente, em suas intenções, interesses e valores.

Também poderia ser argumentado que uma outra razão para a súbita preocupação acerca do pensamento é a de que as pesquisas educacionais tendem a fragmentar a leitura e instrução da leitura em pacotes de "habilidades básicas" fora de contexto, sendo que nenhum destes pacotes engaja, particularmente, o pensamento.

Ainda assim, a leitura não pode ser separada do pensamento. A leitura é uma atividade carregada de pensamentos. Não existe diferença entre ler e qualquer outro tipo de pensamento, exceto que, com a leitura, o pensamento focaliza-se em um texto escrito. A *leitura* pode ser definida como um pensa-

1. Conhecimento e Compreensão   37

mento que é estimulado e dirigido pela linguagem escrita. Todo este livro poderia ser considerado como um discurso sobre o pensamento, a partir de um ponto de vista da leitura.

Características particulares do pensamento idealmente utilizadas pelos leitores devem ser separadas em duas categorias, nem sempre claramente distintas. A primeira é o pensamento envolvido no *ato* da leitura — tal como o realizar inferências apropriadas a fim de compreender — e a outra é o pensamento como *conseqüência* da leitura, que pode prolongar-se em uma reflexão subseqüente. A leitura não envolve qualquer tipo especial de pensamento que já não tenha sido demonstrado pelos leitores em outros aspectos da vida mental.

O pensamento não deve ser considerado como um conjunto de processos especializados, que estão superpostos à organização do conhecimento, a teoria do mundo na mente, discutida neste capítulo. O pensamento não é uma faculdade distinta ou um conjunto de habilidades diferentes da compreensão, previsão ou imaginação. A teoria do mundo é dinâmica, constantemente modificando-se em relação às nossas preocupações atuais e estado de coisas. O pensamento é a operação normal da teoria do mundo, à medida que o cérebro realiza sua própria tarefa de criar e testar, seletivamente, possíveis mundos, mesmo quando padrões de comportamento estabelecidos tornam-se fixados em "hábitos", que podem ser considerados como esquemas para a atividade. O fluxo de pensamento é impulsionado por nossas intenções e expectativas, orientado pela experiência conseqüente. É criativo e construtivo, não passivo e reativo.

Todos os vários aspectos de pensamento que a linguagem distingue podem ser vistos como a manipulação das relações cognitivas. O *raciocínio* geralmente refere-se a relações dentro de uma série de afirmações ou estado de coisas: o modo como uma coisa segue-se a outra. Inferência envolve relações entre afirmações ou estado de coisas particulares e circunstâncias algo mais gerais, e *solução de problemas* relaciona estados de coisas existentes a estados desejados. *Classificação, categorização, formação de conceito* e outras manifestações do que é algumas vezes chamado de pensamento de *ordem superior* ou *abstrato* impõem e examinam relações entre afirmações ou estados das coisas. Os termos em grifo são simplesmente *palavras* e não diferentes espécies de funções cerebrais. O cérebro não está fazendo coisas diferentes quando raciocinamos, extraímos inferências ou solucionamos problemas: estas ações somente parecem diferentes devido ao contexto no qual são realizadas ou às conseqüências de as colocarmos em prática. Não são mensuráveis.

O cérebro constantemente engaja-se em atividades de formar relações, em suas transações diárias de compreender e aprender acerca do mundo à nossa volta. O que difere, entre os indivíduos, não é tanto a habilidade geral para pensar quanto à possibilidade de demonstrar aspectos de pensamento em ocasiões particulares. Três condições são responsáveis por quão bem os indivíduos parecem pensar em ocasiões particulares, nenhuma delas sendo dependente da aquisição de habilidades exóticas ou especializadas. Todos nós, em uma ou outra ocasião, podemos nos encontrar em situações onde somos incapazes de pensar — especialmente em contextos "educacionais" —, mas isto não precisa ser, necessariamente, porque ninguém nos ensinou "habilidades de pensamento" específicas.

CONDIÇÕES PARA O PENSAMENTO

A primeira condição para o pensamento é o *conhecimento prévio*. Assim como a linguagem, o pensamento sempre tem um tema. E exatamente como não podemos falar ou escrever de forma competente se não sabemos o que estamos falando, também não é possível demonstrar o pensamento de qualquer modo, se não compreendemos o que é esperado que pensemos ou tentemos pensar.

Se tenho dificuldades para entender um artigo sobre física nuclear, isto não ocorre porque sou incapaz de extrair conclusões, fazer inferências, acompanhar os argumentos ou solucionar problemas, mas porque não sei o suficiente sobre física nuclear. E os bons físicos nucleares não são, necessariamente, bons escritores, jogadores de xadrez ou mecânicos de automóveis.

A segunda condição para o pensamento é a *disposição*. O filósofo John McPeck (1981), por exemplo, afirmou que a "suspensão judiciosa da crença", que é sua definição do pensamento crítico, é uma disposição, em vez de uma habilidade. Quer ou não tomemos algo como subentendido, quer desafiemos a opinião de outras pessoas ou questionemos nossas próprias opiniões à luz de novas evidências, isto depende de propensões individuais para comportar-se desta maneira, não da aquisição de habilidades que podem ser desenvolvidas através da instrução ou até mesmo da prática. As disposições podem ser inatas, aspectos da personalidade com os quais nascemos, ou podem ser resultado da experiência — "gato escaldado tem medo de água fria".

E, finalmente, quer ou não alguém exercite seu pensamento, particularmente o do tipo crítico, isto depende de se a pessoa tem *autoridade* para fazê-lo. O desafio ao pensamento convencional ou à opinião de outras pessoas, ou até mesmo o chegar às próprias conclusões, não é algo que todas as pessoas estão em condições de fazer, certamente não em todas as situações. Em muitas instituições, e em muitos padrões de relações pessoais, a autoridade para o engajamento em pensamento de natureza significativa (oposto à aceitação ou fornecimento de "respostas certas") não é igualmente distribuída. O pensamento de outros pode fazer fracassar planos já estabelecidos.

Metacognição

Um outro tópico relacionado ao pensamento, que tem recebido considerável atenção de pesquisadores educacionais, é a *metacognição* — literalmente, "cognição sobre cognição", ou pensamento acerca de nossos próprios pensamentos. Os *processos metacognitivos*, presumivelmente, têm lugar quando pensamos sobre nossos próprios pensamentos, por exemplo, quando refletimos sobre se sabemos algo, se estamos aprendendo ou se cometemos um erro.

Os pesquisadores com uma orientação para as "habilidades" estão, novamente, inclinados a considerar os processos metacognitivos como um outro conjunto especial de habilidades, que devem ser aprendidas. Por outro lado, as crianças aprendem muitas coisas, incluindo o falar e muito da alfabetização, sem a consciência de estarem aprendendo. E em geral estamos conscientes de que não compreendemos algo (no sentido de estarmos confusos), ou quando não sabemos algo em um momento em que o conhecimento é pessoalmente relevante e importante para nós.

SUMÁRIO

(Os termos em itálico nos Sumários são termos-chaves que podem ser encontrados no Glossário, no final do livro.)

Informação não-visual, memória a longo prazo e *conhecimento prévio* são termos alternativos para a descrição da *estrutura cognitiva*, a teoria do mundo na mente. A teoria inclui *esquemas*, ou representações generalizadas de ambientes e situações familiares, essenciais a toda compreensão e recordação. A teoria do mundo é a fonte da *compreensão*, à medida que o cérebro gera e examina, continuamente, possibilidades sobre situações no mundo real e imaginário. A base da compreensão é a *previsão*, a eliminação anterior de alternativas improváveis. As previsões são questões que fazemos ao mundo, e a compreensão é recebermos respostas relevantes a estas questões. Se não podemos prever, ficamos confusos. Se nossas previsões falham, somos surpreendidos. E se não temos nada a prever porque não temos interesse ou nos sentimos inseguros, nos entediamos. O *pensamento* — incluindo a *metacognição*, ou "pensar sobre o pensamento" — não é um conjunto especial de habilidades, mas uma atividade constante do cérebro, sujeito somente às condições de conhecimento anterior, disposição e autoridade individuais.

As notas ao Capítulo 1 abrangem:

Teorias da compreensão
Previsão

40 Compreendendo a Leitura

Categorias
Esquemas
O cérebro narrativo
Pensamento

2

LINGUAGEM: FALADA E ESCRITA

A linguagem constitui-se em uma parte substancial da teoria do mundo de qualquer ser humano e, obviamente, exerce um papel central na leitura. O presente capítulo preocupa-se com a linguagem a partir de uma série de perspectivas, incluindo as relações entre os sons (e sinais impressos) da linguagem e seu significado, entre os aspectos produtivos da linguagem (falar e escrever) e os aspectos receptivos (escutar e ler), e entre a linguagem falada e escrita. O capítulo também trata, brevemente, da gramática, assim como de muitas outras convenções da linguagem.

Todos estes aspectos da linguagem são relevantes para uma compreensão da leitura: ainda assim, são áreas de estudo complexas por si próprias. Obviamente, não será possível estudar-se qualquer tópico na mesma profundidade teórica do lingüista ou psicólogo — mas, felizmente, estes detalhes não são necessários. A quantidade de descobertas básicas que um estudante de leitura necessita é relativamente fácil de ser explicada e demonstrada. Estas descobertas, entretanto, nem sempre são parte da consciência geral dos educadores no campo da leitura; são amplamente desconsideradas em muitos programas instrutivos e nos materiais, assim como em boa parte das pesquisas sobre leitura, de modo que parecem ser idéias novas e, até mesmo, estranhas. Por exemplo, uma descoberta básica, mas negligenciada, é de que exemplos reais de linguagem — as afirmações·de que as pessoas falam ou escrevem — não transmitem significados de qualquer espécie. O significado não está contido dentro dos sons da fala ou nos sinais impressos da escrita, convenientemente esperando para serem descobertos ou decodificados, mas, em vez disso, deve ser proporcionado pelo ouvinte ou leitor. Como consequência, uma compreensão da leitura requer uma teoria de compreensão mais complexa do que aquela que simplesmente presume que o significado tomará conta de si mesmo, desde que o leitor possa identificar as palavras individuais corretamente. A maior parte deste capítulo preocupa-se com o tema fundamental de como a linguagem é compreendida

DOIS ASPECTOS DA LINGUAGEM

Estrutura Aparente e Estrutura Profunda

Existem dois modos bastante diferentes de se falar acerca da linguagem, seja falada ou escrita. Por um lado, pode-se falar sobre seu aspecto físico, sobre características que podem ser medidas, tais como volume ou duração ou timbre dos sons da fala, ou número, formato ou contraste dos sinais impressos na escrita. Todas estas características observáveis da linguagem, que existem no mundo à nossa volta, podem ser chamadas de *estrutura aparente*. São a parte da linguagem acessível ao cérebro através dos ouvidos e dos olhos. A estrutura aparente é um termo útil, porque não está restrito a uma forma particular da linguagem, seja falada ou escrita. A estrutura aparente é a "informação visual" da linguagem escrita — a fonte de informação que o leitor perde quando as luzes se apagam — mas também é parte da linguagem falada — a parte que se perde quando uma ligação telefônica é interrompida.

Por outro lado, existe uma parte da linguagem que não pode ser nem diretamente observada nem medida, e esta parte é o significado. Em contraste à estrutura aparente, o significado da linguagem, seja falada ou escrita, pode ser chamado de *estrutura profunda*. O termo é adequado. Os significados não repousam sobre a superfície da linguagem, mas bem mais profundamente, nas mentes dos usuários desta: na mente daquele que fala ou escreve e na mente do ouvinte ou leitor.

Estes dois diferentes aspectos da linguagem, a estrutura aparente física e a estrutura profunda significante, podem, na verdade, estar completamente separados, no sentido de que é possível falar-se em um sem se falar no outro. Podemos dizer que alguém está falando alto ou suavemente, lenta ou rapidamente, sem referência ao que está sendo dito. Podemos dizer que uma linha impressa tem cinco polegadas de largura, ou que tem oito caracteres nesta medida, sem temermos que alguém nos contradiga afirmando que não entendemos o significado do texto. Mas, ao contrário, o significado não é diretamente afetado pela forma da estrutura aparente. Se somos informados que Paris sediará os próximos jogos olímpicos, não podemos dizer que isto depende de se a fonte de informação é do tipo falada ou escrita. Embora isso possa freqüentemente ser ignorado, a verdade de uma declaração não está relacionada a seu volume ou ao número de repetições.

2. Linguagem: Falada e Escrita

Tudo pode parecer bastante óbvio, até cansativo, mas a distinção entre a estrutura aparente e a estrutura profunda da linguagem é crucial para um entendimento da leitura, por uma simples razão: os dois aspectos da linguagem estão separados por uma lacuna. As estruturas aparente e profunda da linguagem não são lados opostos da mesma moeda: não são imagens espelhadas uma da outra. Não estão direta e distintamente relacionadas. Colocando em termos técnicos, *não existe uma correspondência recíproca entre a estrutura aparente da linguagem e o significado*. O significado está além dos meros sons ou sinais impressos da linguagem, e não pode ser derivado da estrutura aparente por qualquer processo mecânico ou simples.

Um modo de se exemplificar esta ausência de uma relação recíproca entre os dois aspectos da linguagem é mostrando-se que podem ocorrer diferenças na estrutura aparente que não fazem diferença para o significado, e que podem existir diferenças no significado que não estão representadas na estrutura aparente (Miller, 1965). Por exemplo, aqui estão estruturas aparentes radicalmente distintas que não correspondem a diferenças radicais no significado: (a) *o gato está perseguindo um pássaro*; (b) *um pássaro está sendo perseguido pelo gato*; (c) *um vertebrado emplumado de sangue quente é perseguido pelo quadrúpede felino domesticado*; (d) *le chat chasse un oiseau*. Quatro seqüências bastante diferentes de sinais no papel, mas todas representam (pelo menos em termos gerais) o mesmo significado. Quando tentamos dizer o que as palavras significam, tudo que podemos fazer é oferecer outras palavras (um sinônimo ou paráfrase) que reflitam o mesmo significado. O significado real sempre está além das palavras. Faz sentido dizer-se que *solteiro* significa (ou, mais acuradamente, transmite o mesmo significado) *o homem não casado*, mas não faz sentido perguntar-se qual o significado que *solteiro* e homem *não casado* têm em comum. Definições verbais alternativas ou descrições simplesmente aumentam o problema. São estruturas aparentes adicionais.

Por outro lado, não é difícil encontrarem-se estruturas aparentes individuais que têm, pelo menos, dois possíveis significados ou interpretações. Por exemplo: *o cavalo do meu avô está doente; ela cai muito bem neste vestido; ele gosta de falar com velhos homens e mulheres (todas as mulheres?); Cleópatra geralmente declinava a palavra (e Marco Antônio não era inclinado a discussões)*.

Os exemplos acima representam uma espécie particular de ambigüidade, chamadas de trocadilhos. Mas, freqüentemente, os trocadilhos são difíceis de se compreenderem imediatamente — você pode não ter percebido os significados alternativos em todos os exemplos dados, de imediato — e aí está um importante tema teórico: por que raramente temos consciência da ambigüidade potencial da linguagem? Não somente os trocadilhos, mas todas as possíveis seqüências de palavras em nossa linguagem, e quase todas as palavras, por falar nisso, podem servir de fonte para potenciais interpretações errôneas. A fim de compreendermos por que raramente estamos conscientes dos múltiplos significados que poderiam ser atribuídos à estrutura aparente de nossa linguagem, devemos observar uma questão mais básica. Se existe esta lacuna entre a estrutura aparente e a profunda, como, em primeiro lugar, compreendemos a linguagem? A questão apresenta uma relevância considerável para a leitura, porque, se o significado não é imediata e claramente dado pela estrutura aparente da fala, então não faz sentido esperar-se que um leitor "decodifique" a linguagem escrita em fala, a fim de ocorrer a compreensão. A fala, em si mesma, precisa ser compreendida, e a palavra impressa não pode ser lida em voz alta de forma compreensível, a menos que seja compreendida, em primeiro lugar. A linguagem escrita não exige decodificação do som, a fim de ser compreendida; a maneira como damos significado à palavra impressa é exatamente tão direta quanto a maneira como entendemos a fala. A compreensão da linguagem é a mesma, para todas as estruturas aparentes.

A linguagem falada não é compreendida pela "decodificação" dos sons, mas pela atribuição de significados às palavras. Ler em voz alta não é uma questão de se decodificar a estrutura aparente da escrita para a estrutura aparente da fala, mas também deve ser mediada pelo significado. E, para a leitura silenciosa, tentativas para compreender-se através da fala subvocal podem ser desnecessárias e, até, incapacitantes, uma vez que o significado pode ser diretamente levado à palavra impressa. A leitura oral é mais complexa e difícil do que a leitura silenciosa.

O Problema com as Palavras

Como, então, a linguagem é compreendida, seja falada ou escrita? A resposta não é a de que juntamos o significado de palavras individuais e, portanto, compreendemos seqüências inteiras. Para começar, parece muito duvidoso até mesmo dizer-se que as palavras existem na linguagem falada. Certamente os instrumentos científicos não conseguem isolar o começo e o final de muitos sons — ou mesmo palavras — que escutamos como distintamente separados. O verdadeiro fluxo da fala é relativamente contínuo e suavemente mutável, e a segmentação em sons e palavras distintos é, em grande parte, algo para o qual os ouvintes contribuem. Você pode ter uma indicação disto pronunciando as duas palavras *"west end"* e repetindo-as enquanto escuta, com bastante cuidado, o que está dizendo. Você provavelmente descobrirá que, se você introduz qualquer pausa na pronúncia, esta será entre o /s/ e o /t/ — que, na verdade, você está dizendo "westend", em vez de *"west end"*. Naturalmente, os falantes de língua inglesa jamais pensariam que você está dizendo *"wes tend"*. Mas somente porque elas falam a língua e são capazes de elaborar — e ouvir — os sons que você *pensou* estar produzindo. O fato de você precisar *saber* um idioma a fim de ser capaz de *ouvi-lo* apropriadamente torna-se aparente quando você escuta um idioma estrangeiro. Não somente você não consegue distinguir quais são os diferentes sons da linguagem, mas você também nem consegue distinguir o número de palavras que estão sendo ditas. Os falantes de outros idiomas — e crianças — têm exatamente o mesmo problema com a língua inglesa, por exemplo. Eles escutam *bank rate* como *bang crate* e *law and order* como *Laura Norder*.

A própria existência das palavras pode ser um artefato do sistema escrito. Pelo menos na escrita podemos proporcionar uma definição de uma palavra — como algo com um espaço em branco em cada lado. As crianças que estão aprendendo a falar produzem grupos de palavras que utilizam como uma só palavra longa — "tomaroleite", "irbrincar" — ou, então, palavras isoladas que utilizam como sentenças inteiras — "beber, "cansado', "não". Os leitores iniciantes geralmente não conseguem dizer quantas palavras existem em uma frase, tanto escrita quanto falada. Precisam ser leitores, para compreender a questão.

Palavras e Significados

Uma outra razão por que é difícil argumentar-se que o significado das sentenças é formado pelos significados das palavras, é que pareceria que as palavras freqüentemente têm significado em virtude de ocorrerem em uma sentença. Na verdade é muito difícil ver-se que significado uma palavra isolada pode ter. Até mesmo os substantivos, que poderiam parecer a classe de palavras mais fáceis de serem explicadas, apresentam dificuldades. Certamente está longe da verdade dizer-se que cada objeto tem um nome e cada palavra um significado. Cada objeto tem mais do que um nome. O bichinho da família, por exemplo, pode ser chamado de cachorro, cão ou bóxer. "Rover", um "bicho", e uma variedade de outros títulos incluindo, naturalmente, "bichinho de estimação" e "aquela droga de cachorro". Qual é o "nome real" do animal? Não existe um único. O nome apropriado que o falante utiliza depende do ouvinte e da extensão da incerteza do ouvinte. Falando-se com um membro da família, o nome "Rover" parece apropriado, ou simplesmente "o cachorro"; em outras ocasiões, nenhuma única palavra seria adequada, e o nome teria que ser qualificado como "aquele cachorro marrom ali", ou "aquele bóxer grandão". Tudo depende do conhecimento do ouvinte ou leitor e das alternativas dentre as quais Rover deve ser diferenciado. O mesmo animal será descrito de maneiras diferentes para a mesma pessoa, dependendo das características de outros cachorros ao seu redor. O que, então, uma palavra como cachorro significa? O dicionário nos diz que é "qualquer de um grande e variado grupo de animais domésticos da família da raposa, lobo e chacal". Mas isto, certamente, não é o significado de cachorro, na sentença "Cuidado com o cachorro", muito menos nas expressões como "cachorro quente", "soltar os cachorros" ou "amigo cachorro".

Todas as palavras comuns do idioma possuem uma multiplicidade de significados, com as palavras mais comuns sendo as mais ambíguas. Para testar esta afirmação, simplesmente observe umas poucas palavras no dicionário. Palavras que vêm mais imediatamente à mente — as palavras rotineiras como *mesa, cadeira, cavalo, cão, tomar, campo, correr, estreito* — necessitam de muitos centímetros e mesmo colunas, de definição. Palavras menos familiares, como *osmose, tergiversação* e outras, estão dispostas em uma pequena linha. Preposições, que estão entre as palavras mais comuns da língua, apresentam muitos sentidos diferentes, tanto que são, às vezes, apresentadas como tendo "função", em vez de "conteúdo". Mas faz diferença, se algo está *na* caixa ou *sobre* a caixa; as preposições têm significado — em grande número. O lingüista Fries (1952), por exemplo, descobriu, no *Oxford Dictionary,* nada menos do que 39 sentidos diferentes para as preposições *at* e *by,* 40 para *in* e outros *40* para *with* e *63* para *of.* Você, certamente, não teria dificuldade para compreender a sentença *Encontrei o livro escrito por Charles Dickens lá pelas três, por acaso; devo devolvê-lo pelo correio lá por sexta-feira* — mas seria muito difícil para você dizer-me o significado (ou significados) da palavra "por" e da combinação "pela" em todas ou qualquer de suas cinco ocorrências. As preposições, dentro de um contexto, parecem cheias de significado, mas isoladamente é impossível dizer-se quais seriam seus significados. É por isto que é tão difícil traduzirem-se preposições de um idioma para outro.

Não é necessário continuar-se a discussão sobre a natureza das palavras, ou seu significado, porque está bastante claro que as sentenças não são compreendidas através da tentativa de juntar significados de palavras individuais. *O homem comeu o peixe e o peixe comeu o homem* contêm exatamente as mesmas palavras, e, ainda assim, elas têm significado bastante diferentes. Uma casa que está *bem feia* não está exatamente muito feia, mas, certamente, não está *bem.* Obviamente, as palavras, nestes exemplos, não se combinam, de qualquer modo único para formar o significado de toda a sentença; na verdade, o significado de muitas das palavras individuais na sentença pareceria ser bastante diferente do significado que elas têm isoladamente.

Talvez, então, a ordem das palavras seja a chave. Palavras que freqüentemente parecem ter um significado similar, como *olhar, fitar* e *ver* podem, subitamente, adquirir diferentes significados sem qualquer variação na posição, como em *rever antever, prever.*

Uma explicação comum é a de que a gramática faz a diferença; na verdade, toda a teoria de Chomsky (1957, 1975) é a de que a sintaxe (ordem das palavras) é a ponte entre a estrutura aparente da linguagem e sua estrutura profunda. Mas o problema, com este ponto de vista, é que, freqüentemente, é impossível dizer-se qual é a função gramatical de uma palavra

2. Linguagem: Falada e Escrita

antes que a sentença na qual ocorre seja compreendida. A gramática, em outras palavras, não revela o significado: este deve preceder a análise gramatical. Considere, novamente, as palavras familiares que tenho citado, como *homem, mesa, cadeira, cão, campo* e assim por diante; todas estas são palavras que não somente apresentam uma multiplicidade de significados mas também uma variedade de funções gramaticais. Pedir-se que alguém identifique tais palavras quando são escritas isoladamente é algo inútil, uma vez que podem comumente ter mais de um significado. Como compreendemos uma simples sentença como *eu caminho no jogo*? Não é levando em consideração o fato de que *caminho* é um verbo e *jogo* um substantivo; porque na sentença igualmente compreensível, *eu jogo no caminho*, as duas palavras trocam de papel gramatical sem qualquer diferença, na estrutura de superfície.

Esta complicada ambigüidade da linguagem é a razão pela qual os computadores não podem, inteligentemente, traduzir a linguagem ou realizar abstrações, mesmo quando programados com um "dicionário" ou "gramática". Falta, aos computadores, o conhecimento do mundo necessário para que se extraia sentido da linguagem. Assim, um computador é confundido por cerca de uma dúzia de diferentes significados possíveis para a simples expressão *o tempo voa*. Diz-se que um computador interpretou o ditado *out of sight, out of mind* (o equivalente ao nosso "Longe dos olhos, longe do coração" e cuja tradução literal seria "Fora da vista, fora da mente) como *invisível e insano*.

Não somente é impossível declarar-se a função gramatical de palavras individuais fora de um contexto significativo, mas também pode ser impossível definir-se a estrutura gramatical de sentenças inteiras sem um conhecimento anterior de seu significado. A maioria dos professores classificaria a frase *as cebolas são plantadas pelo agricultor* como uma sentença passiva, uma vez que contém os indicadores gramaticais da forma passiva. Por certas regras de transformação, a sentença pode ser convertida para a forma ativa: *o agricultor planta as cebolas*. Mas a frase *as cebolas são plantadas pelo amanhecer* não é uma sentença passiva, embora pareça, superficialmente, conter os mesmos elementos gramaticais apropriados desta. A segunda sentença não pode ser transformada em *o amanhecer planta as cebolas* — mas não por qualquer razão gramatical. O significado determina a estrutura gramatical destas sentenças, não os indicadores gramaticais aparentes. A gramática depende do significado.

Em outras palavras — e esta deve ser a resposta para a questão no início desta seção —, existe somente uma maneira pela qual a linguagem pode ser atendida, e esta é: trazer até a linguagem um significado.

Compreensão Através da Previsão

A afirmativa de que a linguagem é compreendida trazendo-se até ela um significado, não pode, obviamente, ser considerada como implicando que quaisquer vocalizações ou sentenças particulares podem significar qualquer coisa. Geralmente, existe alguma ampla concordância geral sobre as principais implicações das sentenças, pelo menos quando são pronunciadas em situações do mundo real. Se alguém, em um elevador, observa: "Está chovendo lá fora", não muitas pessoas desejariam declarar que isto significa que as ruas estão secas. E, pelo mesmo argumento, os significados que os ouvintes e leitores dão à linguagem não podem ser adivinhações ao léu: a concordância ampla, geral sobre as implicações também tornam a atribuição descuidada de significados improvável. Se a maioria das pessoas parece concordar sobre o tipo de significado a ser atribuído a uma seqüência particular de palavras, então deve ser encontrada alguma explicação para a razão de tal concordância existir.

A explicação a ser oferecida não deve parecer estranha. A linguagem tende a ser compreendida da mesma forma em ocasiões similares, porque os ouvintes ou leitores devem possuir uma idéia bastante boa sobre o significado que se pretendia dar, em primeiro lugar. Para ser mais preciso, o significado é trazido para a linguagem através da previsão, a qual, você deve lembrar-se do capítulo anterior, significa a eliminação prévia de alternativas improváveis. A previsão não significa considerar-se tudo com base em adivinhações desvairadas (o que poderia, na verdade, ocasionar o risco de constantes erros), nem significa que o significado preciso é conhecido com antecedência (o que, em primeiro lugar, tornaria a atenção à linguagem desnecessária). Previsão significa, simplesmente, que a incerteza do ouvinte ou leitor está limitada a umas poucas alternativas prováveis e desde que a informação possa ser encontrada na estrutura aparente do que foi ouvido ou lido para a eliminação da incerteza remanescente — para indicar qual alternativa prevista é apropriada —, então a compreensão se realiza.

Devido à previsão, o cérebro geralmente não se deixa ficar perplexo pelo possível número de alternativas na linguagem; existem, na verdade, muito poucas alternativas em nossas mentes, a qualquer momento, para que possamos duvidar de compreendermos o que está sendo dito. E a previsão é a razão pela qual raramente temos consciência da ambiguidade: esperamos por aquilo que o escritor ou falante provavelmente dirá e simplesmente não consideramos interpretações alternativas. Interpretamos *Os bandidos decidiram rumar para o banco* de um modo, se sabemos que estão sentados em um automóvel, e de outro, se eles estão nadando em um rio. Quando a linguagem é compreendida, em outras palavras, o receptor da mensagem em geral não tem maior consciência da ambigüidade do que o produtor da fala ou escrita. Os falantes e escritores, presumivelmente, consideram interpreta-

2. Linguagem: Falada e Escrita

ções alternativas da linguagem que produzem. O mesmo aplica-se aos ouvintes e leitores. A primeira interpretação que nos vem à mente é aquela que nos faz mais sentido em um determinado momento, e interpretações alternativas e menos prováveis não serão consideradas, a menos que interpretações subseqüentes deixem de apresentar consistência ou fazer sentido; neste caso, descobrimos nosso provável erro e tentamos recapitular a interpretação. Uma interpretação geralmente nos satisfaz, desde que faça sentido, de modo que não desperdiçamos tempo procurando por uma segunda; por esta razão, os trocadilhos muitas vezes passam despercebidos e, também por isso, são levemente irritantes. Não esperamos encontrar mais do que um significado para a mesma seqüência de palavras.

Como indicado no capítulo anterior, não existe nada de muito impressionante ou particularmente inteligente acerca deste processo de previsão; ele ocorre todo o tempo. A previsão nos possibilita extrair sentido de todos os eventos de nossas vidas diárias. E não temos maior consciência de nossas previsões, quando lemos, do que em qualquer outro momento, pela simples razão de que elas em geral são bastante boas. Raramente somos surpreendidos, porque nossas previsões raramente nos decepcionam, mesmo quando lemos um livro pela primeira vez.

O que, exatamente, prevemos, quando lemos? A resposta fundamental é "significado", embora, naturalmente, observemos palavras ou letras(ou, mais precisamente, os *aspectos distintivos* das palavras e letras) que confirmam ou deixam de confirmar determinados significados. Mas um número de previsões mais detalhadas e específicas podem ser feitas e testadas simultaneamente — e constantemente modificadas — enquanto progredimos na leitura do texto em mãos. Cada previsão específica, entretanto, não importa quão detalhada e transitória, será derivada de nossas expectativas mais gerais acerca de onde o texto, como um todo, nos está levando.

Algumas Implicações Práticas

A discussão precedente deve ter tornado claro que é enganoso, se não inacurado, considerar-se a leitura como uma questão de "acompanhar o texto" ou dizer-se que um ouvinte "acompanha" o significado que o falante pretende dar. A linguagem é compreendida mantendo-se à frente dos detalhes recebidos, com os quais o cérebro luta para relacionar-se. Tendo-se alguma expectativa quanto ao que o falante ou escritor provavelmente dirá, fazendo-se uso daquilo que já sabemos, protegemos a nós mesmos contra sermos surpreendidos por uma sobrecarga de informações. Evitamos a confusão da ambigüidade e conseguimos fazer uma ponte preenchendo a lacuna existente entre a estrutura aparente do texto e a intenção do escritor.

É fácil demonstrar-se como o cérebro mantém-se à frente das palavras que identificamos enquanto lemos. Peça a um amigo para apagar a luz enquanto você lê em voz alta, de modo que você seja subitamente privado da informação visual, e descobrirá que sua voz é capaz de continuar "lendo" outras quatro ou cinco palavras. Seus olhos estavam um segundo ou mais — talvez três ou quatro fixações — à frente do ponto que sua voz havia alcançado quando a luz apagou-se. Este fenômeno é conhecido como *abrangência olho-voz*, um termo bastante enganador, uma vez que pode sugerir que o cérebro necessita mais do que um segundo para organizar, na fala, os sons da palavra específica a qual está observando. Mas isto é incorreto. O cérebro não necessita de um segundo para identificar uma palavra; a diferença no tempo não é tanto um reflexo do quanto o cérebro está atrás do olho quanto de quão longe o cérebro está,à frente da voz. O cérebro utiliza os olhos para ir adiante, de modo que pode tomar decisões sobre o significado e, assim, sobre palavras individuais, com antecedência. Na verdade, a abrangência olho-voz existe somente quando podemos extrair sentido daquilo que lemos. Se lemos algo absurdo — *cão preguiçoso a sobre salta raposa rápido o*, em vez de *a rápida raposa salta sobre o cão preguiçoso* — então cérebro, olhos e voz tendem a convergir para o mesmo ponto e a abrangência olho-voz desaparece. A abrangência, na verdade, reflete bastante precisamente o senso que extraímos do texto, uma vez que tende a estender-se ao final de uma frase significativa. A abrangência de quatro ou cinco palavras é somente uma média. Se a luz apaga-se exatamente quando estamos para ler... *e partiu para dentro da noite,* a tendência é continuarmos a ler em voz alta até *partiu* ou até *noite*, mas não a pararmos em *dentro* ou *da*.

A razão de o leitor dever estar à frente do texto dificulta que as crianças aprendam a ler a partir de um material para o qual não encontram sentido, ou que é tão desconectado ou fragmentado que torna a previsão impossível. Ler é, comparativamente, muito mais difícil para as crianças que foram ensinadas que deveriam aprender as palavras corretamente, em vez de tentarem extrair um sentido do que estão lendo. Não somente "aprender corretamente as palavras" é muito mais difícil e lento, a menos que, em primeiro lugar, seja trazido ao texto um significado, mas a identificação de cada palavra sucessiva na linha, uma após a outra, em si mesmas, não trarão qualquer significado. Ler não é uma questão de decodificar a estrutura aparente da fala: os sons não farão sentido por si mesmos.

A dificuldade de muitos "leitores-problema" de escolas secundárias não é o fato de terem fracassado para o aprendizado da pronúncia correta das palavras, nem de que são descuidados acerca de aprenderem cada palavra corretamente, mas, em vez disso, são aqueles que lêem uma palavra de cada vez, como se o significado fosse sua última preocupação. Esperam que o significado apareça por si mesmo, embora isto seja o contrário da maneira pela qual é extraído sentido da leitura.

2. Linguagem: Falada e Escrita 51

Três Gramáticas de Linguagem

Pouco foi dito, até agora, sobre o tema da gramática, além da afirmativa de que ela não pode ser a ponte entre as estruturas aparente e profunda da linguagem. Eu me referia, então, à gramática formal da sala de aula, a gramática do livro-texto de meu idioma, o inglês, com suas preocupações com partes da fala, número e concordância e função sintática. Esta gramática é uma gramática de estrutura aparente; preocupa-se com palavras (ou partes de palavras) e suas inter-relações. A gramática formal é a gramática *descritiva*. Jamais ajudou alguém a dizer qualquer coisa ou a compreender o que outra pessoa estava dizendo.

A gramática formal não é a única espécie de gramática, pelo menos nos Estados Unidos, que os lingüistas estudam entretanto, e é de longe a menos interessante, do ponto de vista de compreensão da leitura. Existem dois outros tipos de gramática que nos interessam mais: uma gramática *semântica*, que lida com a estrutura profunda, com o significado, e uma gramática *transformacional*, que, na verdade, serve como um elo entre a estrutura aparente e o significado. Estas duas gramáticas são brevemente discutidas nos próximos parágrafos, e uma discussão mais detalhada é apresentada nas Notas.

Pode parecer estranho dizer-se que os significados possuem uma gramática, que existe uma gramática das estruturas profundas da mente, mas os significados possuem elementos componentes, exatamente como a estrutura aparente, e do mesmo modo como os elementos da estrutura aparente têm relações uns com os outros. Não existiria sentido na estrutura profunda, se esta não possuísse elementos, partes de nossa teoria do mundo, relacionadas umas às outras de maneiras específicas, que também são partes de nossa teoria do mundo.

Existem, entretanto, diferenças críticas entre as gramáticas de estrutura aparente e profunda. Os elementos da estrutura aparente são palavras ou partes de palavras, padrões reconhecíveis de sons na fala ou de letras na escrita. Mas os elementos da estrutura profunda são muito mais ilusórios, são elementos do pensamento, que são amplamente chamados (em razão de ser muito difícil ser-se preciso acerca deles) de conceitos ou idéias. As relações entre os elementos também são diferentes. Na estrutura aparente da sentença "Um gato malvado mordeu meu cachorro na rua", a palavra "malvado" possui uma relação de adjetivo com a palavra "gato", a palavra "mordeu" apresenta uma relação verbal, e assim por diante. Mas na estrutura profunda, as palavras (ou idéias subjacentes) são todas parte de um evento — a mordida foi o que ocorreu, o gato foi o que a causou, o cachorro foi a vítima, e a rua é o local onde isto aconteceu. As relações são significativas, expressam proposições. Uma característica interessante das relações da estrutura profunda da linguagem, é que eles contêm — ou o leitor ou ouvinte deve dar-lhes — informações não presentes na estrutura aparente. Se eu lhe digo: "Ouvi uma guitarra tocando ontem de manhã", você subentenderá que ouvi esta guitarra sendo tocada em um determinado local e não em todas as partes da cidade, que alguém estava tocando a guitarra e que uma determinada melodia estava sendo tocada nela. Não necessito dizer-lhe nada que presumo você já saiba, mas tudo isto deve ser parte da estrutura profunda, parte de sua compreensão acerca daquilo que digo. É por isto que as crianças tendem a colocar em suas histórias elementos esperados ou familiares, que um contador de histórias provavelmente omitiria.

Mas a diferença mais significativa entre as gramáticas de estrutura aparente e estrutura profunda é que a primeira possui um componente seqüencial e formado de partículas, que absolutamente não existe na estrutura profunda. Simplesmente pelo fato de o mundo ser tal como é, é que na estrutura aparente das sentenças deve ser produzida uma palavra de cada vez, seja na linguagem falada ou escrita. Tente escrever as palavras *gato, mordeu* e *cão* no espaço e veja o quanto se tornam ilegíveis — gatoordeão. Mas esta separação de gato, mordida e cão não ocorre na estrutura profunda: você não pode lidar com os vários elementos do significado um de cada vez. O principal, em tudo isso, é que o gato, o cão e a mordida existiram simultaneamente. A estrutura profunda, em outras palavras, é holística, é global, não separa os eventos ou suas descrições em elementos fragmentados, lineares e seqüenciais. Isto, para mim, é o tema e mistério principal na produção e compreensão da linguagem — o modo como as estruturas globais, concomitantes e holísticas do significado estão relacionadas com as estruturas aparentes fragmentadas, seqüenciais e episódicas da fala e texto. Qual a relação existente entre as duas gramáticas tão diferentes? A solução está em uma terceira gramática, uma gramática *produtiva*, que realmente permita que a estrutura aparente seja produzida e compreendida. Esta é a gramática às vezes conhecida como *transformacional*.

Ninguém jamais aprende explicitamente a gramática transformacional; na verdade, os lingüistas têm uma dificuldade imensa para concordarem ou mesmo imaginarem como deveria ser uma gramática assim. Mas esta é uma gramática que todos os usuários da linguagem devem ter, como parte de sua teoria implícita do mundo. Sem ela, não haveria nem produção nem compreensão da linguagem. Os bebês começam a criar esta gramática no momento em que começam a falar e a compreender a fala, estendendo-a e modificando-a rapidamente, até que sua fala e compreensão seja compatível com aquelas das pessoas a sua volta, com a linguagem da comunidade na qual vivem. Podem não aprender a falar com a gramática de seus professores, mas isso ocorre porque as crianças geralmente não vêem a si mesmas como membros da comunidade dos professores. As crianças aprendem a falar *exatamente* como seus amigos.

2. Linguagem: Falada e Escrita

Não é possível dar-se uma explicação precisa acerca da gramática transformacional, uma vez que está parcialmente envolta em mistério. A estrutura aparente (para a linguagem escrita) pode ser examinada em uma página, mas a estrutura profunda somente pode ser hipotetizada e conceitualizada em termos de metáforas. Devemos descrever uma ponte, quando somente vemos uma extremidade desta, quando tudo que sabemos sobre o terreno do outro lado é que deve ser totalmente diferente e, mesmo, inimaginável. Não é tão importante que os professores compreendam, e certamente que ensinem, a *verdadeira* natureza da gramática transformacional; as teorias são complexas e, de qualquer modo, amplamente metafóricas. Mas é importante que compreendam o papel da gramática transformacional e como é aprendida — que esta é base a partir da qual toda a linguagem é produzida e compreendida, que suas regras são implícitas, e que jamais é ensinada explicitamente. Na verdade, é difícil ver-se como a gramática transformacional de qualquer pessoa poderia ser ensinada explicitamente, ou por quê. Obviamente, todos os que aprenderam uma primeira língua o fizeram sem um conhecimento explícito dos processos da gramática transformacional, e todos aprendemos a ler sem a vantagem de tal conhecimento específico. É importante nos darmos conta que a gramática dinâmica que o cérebro utiliza para produzir e compreender a língua não é a mesma gramática formal da sala de aula, e que a instrução pela gramática formal não pode substituí-la, mas pode muito bem interferir com seu desenvolvimento e utilização.

LINGUAGEM ESCRITA E LINGUAGEM FALADA

Obviamente, a linguagem escrita e aquela falada não são a mesma coisa. Não é difícil detectarmos quando um falante lê a partir de um texto preparado para a publicação ou quando uma passagem que lemos é a transcrição inédita de uma palestra espontânea. A fala e o texto impresso não são diferentes *linguagens* — compartilham de um vocabulário comum e das mesmas formas gramaticais — mas possuem diferentes convenções para a utilização do vocabulário e da gramática. Não deve ser considerado algo surpreendente ou anômalo o fato de existirem diferenças entre a linguagem falada e a escrita, elas são geralmente utilizadas para diferentes finalidades e dirigidas a distintas audiências. A gramática e o vocabulário da própria linguagem falada tendem a variar, dependendo da finalidade para a qual a fala é usada e da relação entre as pessoas que a utilizam.

É curioso que as diferenças entre a linguagem escrita e a falada sejam freqüentemente consideradas como refletindo um defeito da escrita. A maioria das pessoas parece presumir — e provavelmente com razão — que a língua falada é um sistema razoavelmente eficiente. Podem queixar-se da maneira como vários indivíduos *utilizam* a língua, mas a própria língua parece estar acima de qualquer crítica. Raramente ouvimos sugestões de que um idioma — no meu caso, o inglês — poderia ser melhor falado se tivesse menos sons, mais sons, ou se uma ou duas estruturas gramaticais fossem acrescentadas ou eliminadas. Na verdade, os sinais de que a língua está mudando podem ser sinais para uma considerável indignação, por parte de jornalistas e críticos.

A linguagem escrita, por outro lado, é freqüentemente o tema de sugestões de melhora, variando desde uma reforma ortográfica até sua total abolição em textos de leitura iniciais em favor da fala diretamente transcrita para o papel. Desejo sugerir, entretanto, que a linguagem escrita é diferente da linguagem falada pela boa razão de que esta última adaptou-se a ser ouvida, enquanto a linguagem escrita é mais apropriadamente lida. A linguagem escrita não se torna mais compreensível por sua tradução em "fala", mesmo na suposta fala do leitor.

A Especialização da linguagem

Para compreendermos por que ocorreu uma adaptação especializada da linguagem escrita e falada, é necessário que examinemos as diferentes exigências que as duas formas da linguagem fazem sobre seus receptores. Existe, por exemplo, o fato óbvio de que a palavra falada morre no momento em que é pronunciada e somente pode ser recapturada se mantida na memória falha do ouvinte ou como resultado de uma boa quantidade de inconveniência mútua, enquanto o ouvinte pede que o falante repita o que disse. Até mesmo as fitas gravadas ajudam pouco no alívio da transitoriedade essencial da fala, em contraste ao modo fácil como os olhos podem mover-se para frente e para trás no texto escrito. O leitor comanda o tempo, pode atentar para várias palavras ao mesmo tempo, selecionar quais serão estas palavras, a ordem na qual lidará com elas e a quantidade de tempo que será gasta com essas palavras. Em outras palavras, a linguagem falada faz exigências consideráveis sobre a memória a curto prazo, o que não é o caso da linguagem escrita.

Por outro lado, a linguagem escrita poderia parecer colocar uma carga maior sobre a memória a longo prazo — sobre o que já sabemos acerca da linguagem e do mundo — do que o faz nossa fala rotineira. A fim de darmos significado para a linguagem falada, muito freqüentemente tudo que precisamos fazer é considerar as circunstâncias na qual a vocalização é feita. Podemos prestar muito pouca atenção às verdadeiras palavras que o falante está utilizando. A relevância da vocalização é tão efêmera quanto as próprias palavras — "Passe o sal, por favor" — e requer a colocação da informação na memória a longo prazo tão pouco quanto requer que extraiamos

2. Linguagem: Falada e Escrita

informações desta memória a longo prazo. A linguagem escrita, ao contrário, geralmente não depende de nada, exceto daquilo que podemos e realmente lembramos. Raramente precisamos olhar em torno da sala para extrairmos sentido de algo que acabamos de ler em um livro.

Esta questão de indícios para o significado deve ser mais amplamente elaborada, para considerar-se um diferente tipo de demanda que a linguagem escrita coloca sobre o leitor, relacionada, desta vez, não à memória, mas à questão muito mais fundamental de como extraímos sentido da linguagem, em primeiro lugar.

A questão é acerca de como o sentido da linguagem é verificado; como podemos confirmar que a informação recebida tende a ser verdadeira, a fazer sentido, ou que de fato a estamos compreendendo de modo correto. Qual é a fonte das previsões que pode eliminar todas as ambigüidades inerentes à linguagem, de tal modo que possamos fazer a interpretação mais racional e confiável? Para o tipo de linguagem falada rotineira do qual tenho falado, a resposta é simples: olhar-se ao redor. Mesmo quando o tópico de preocupação não é completamente esclarecido por aquilo que nossos sentidos podem dizer-nos sobre as circunstâncias atuais, qualquer incerteza que tivermos pode, provavelmente, ser removida por aquilo que já sabemos sobre a natureza, interesses e prováveis intenções do falante. Mas a linguagem dos textos não oferece tais auxílios. Existe somente um recurso final, se não temos certeza do que lemos, e este é o retorno ao próprio texto. Para a verificação, para a eliminação da ambigüidade e para evitar-se o erro, uma espécie difícil e possivelmente única de habilidade é necessária. É a habilidade de seguir-se uma linha de pensamento, procurando-se por inconsistências internas, a habilidade de avaliar os argumentos apresentados. Tanto a fonte quanto a testagem de muitas das previsões em constante mudança, que são necessárias para a compreensão da linguagem escrita, devem estar no próprio texto, juntamente com as expectativas mais generalizadas que os leitores trazem, a partir de seu conhecimento anterior. O texto determina quais poderiam ser as reais alternativas e se foram previstas com sucesso. Somente por esta razão a linguagem falada e a escrita já não podem ser iguais.

Uma Diferença Diferente na Linguagem

A seção anterior começou considerando algumas diferenças razoavelmente óbvias entre a linguagem falada e a linguagem escrita, diferenças que devem ser familiares a qualquer um que esteja aprendendo a ler. Rapidamente, porém, tornou-se necessário reconhecer que as distinções gerais que estavam sendo feitas eram entre um tipo particular de fala, a "fala rotineira diretamente relacionada à situação na qual é vocalizada" e entre um tipo particular de linguagem escrita, especialmente aquele de "textos contínuos". Para apresentar-se um quadro completo, deve ser explicado, agora, que existe uma outra distinção entre as formas da linguagem, que atravessa a dimensão de linguagem escrita-falada e que possui maior importância para qualquer análise da leitura e escrita. Esta distinção diferencia uma forma de linguagem falada e escrita que funciona de modo bastante diferente, de qualquer outra forma de linguagem escrita ou falada.

Isto se relaciona basicamente ao modo como as palavras que falamos ou escrevemos são selecionadas e organizadas, em primeiro lugar. Obviamente, as palavras raramente são produzidas ao acaso. Existe, em geral, uma necessidade ou razão para cada palavra que utilizamos, relacionada em parte com a intenção que desejamos transparecer ou com a linguagem através da qual desejamos fazer isso. Estas considerações, a razão para dizer-se algo e o veículo linguístico que selecionamos para dizer tal coisa, colocam restrições consideráveis àquilo que dizemos ou escrevemos. Mas existe uma terceira e importante restrição, aquela com a qual estou, no momento, mais preocupado, e esta é o ambiente no qual a linguagem é produzida. A fim de utilizar a linguagem algo arbitrariamente no momento, utilizarei o termo *situação* para referir-me ao ambiente físico no qual as palavras são produzidas — a posição na qual você está quando diz algo ou o local no qual as palavras escritas estão impressas — e utilizo a palavra *contexto* para referir-me ao ambiente da linguagem no qual as palavras faladas ou escritas ocorrem. O contexto para a palavra *contexto*, na sentença anterior, por exemplo, é todas as outras palavras naquela sentença e no capítulo como um todo. Entretanto, deve ser feita uma distinção entre linguagem *dependente da situação* e *dependente do contexto*.

Uma fala dependente da situação é a linguagem falada com a qual o bebê primeiro se familiariza, e é a base sobre a qual ele começa todo seu aprendizado sobre a linguagem. Por dependente da situação quero dizer que a fala está diretamente relacionada à situação na qual é expedida. Se alguém diz: "Passe o sal, por favor", então provavelmente o sal está por ali, há uma pessoa que deseja um pouco dele e outra em posição de passá-lo. Se alguém diz: "Acho que está chovendo novamente", então provavelmente as ruas estão molhadas ou haverá alguma outra indicação de que a chuva recomeçou. Dada a situação física e as intenções do falante, não seria possível dizer-se qualquer coisa muito diferente, como "Acho que está chovendo novamente" se o falante na verdade quisesse um pouco de sal, ou vice-versa.

O fato de tal fala e a situação na qual é vocalizada (incluindo as intenções do falante) estarem intimamente relacionadas pode parecer trivial, mas é, na verdade, crucial, uma vez que é a base do aprendizado da linguagem pela criança. É o modo pelo qual a linguagem começa a ser compreendida e verificada. Normalmente, pensamos que tal linguagem descreve uma situação na qual ocorre. Ouvimos alguém dizer "Passe o sal, por favor", e podemos construir o provável elenco de personagens e os principais elementos cênicos,

2. Linguagem: Falada e Escrita

mesmo se não podemos ver o que acontece. Mas os indícios também funcionam na outra direção: a situação pode dar sentido à linguagem. Uma criança que ainda não entenda o que significa "Passe o sal, por favor", pode fazer uma idéia do que isto é a partir da situação em que a frase é dita. Na verdade, se alguém realmente disse "Acho que está chovendo novamente" e uma outra pessoa passou o sal ao falante, então a criança poderá presumir que "Acho que está chovendo novamente" significa "Passe o sal, por favor". Esta estratégia de utilização da situação para fornecer indícios sobre como a linguagem estranha funciona não é incomum. Todos nós estamos propensos a utilizá-la quando confrontados por alguém que fale um idioma estrangeiro ou em qualquer outra situação na qual não compreendemos o que está sendo dito. Se um garçon diz algo incompreensível, tentamos ver se está nos oferecendo o menu, o vinho ou a conta.

Uma vez que tal linguagem está intimamente relacionada à situação na qual ocorre, não pode ser arbitrariamente transferida para situações diferentes. Se "Passe o sal, por favor" deixa de ter a resposta que desejamos, em um restaurante, não ajudará muito se a repetirmos na rua. Além do mais, uma vez que a maior parte do significado e da verificação de tal linguagem repousa na situação específica na qual é vocalizada, a linguagem tende a ser elíptica e breve — "Café?", "Obrigado". Na verdade, este tipo de linguagem tem como característica o fato de não possuir muita gramática da espécie de estrutura aparente (embora, naturalmente, o ouvinte construa uma estrutura profunda complexa).

Do mesmo modo como existe uma boa quantidade de linguagem falada dependente da situação, no ambiente da maioria das crianças que a utilizam para formar um sentido inicial da fala, também existe uma boa quantidade de linguagem *escrita* dependente da situação na maioria dos ambientes atuais, que as crianças também podem utilizar para extrair um sentido da leitura. Estou falando, agora, da linguagem escrita de sinais e rótulos, a linguagem sempre presente que encontramos em cada produto que compramos, constante em cada letreiro da loja, em cada sacola de compras, em cada sinal de trânsito e como parte de cada comercial de televisão. Não temos uma palavra conveniente para tal escrita dependente da situação, de modo que a chamo de *impresso*. Este tipo de linguagem funciona exatamente da mesma maneira que a fala dependente da situação, uma vez que também está intimamente relacionada à situação na qual ocorre: a situação proporciona um indício de significado aos aprendizes, e não pode ser arbitrariamente modificada ou removida, sem perder seu sentido. As palavras "creme dental" dizem ao leitor o que está no tubo e o conteúdo deste tubo diz ao aprendiz o que a palavra impressa provavelmente significa. Na verdade, algumas crianças pensam que a palavra "Kolynos" quer dizer creme dental e que a marca "McDonald's" quer dizer hambúrguer — e os anunciantes de Kolynos e McDonald's dirão a você que isto é realmente o que suas marcas registradas pretendem dizer. Certamente, uma criança que descobre estar escovando seus dentes com xampu ou que se serviu de um copo de detergente não precisa que um adulto lhe aponte seu erro de leitura. Se você não compreende o que uma marca ou rótulo significa, observe a situação na qual isto ocorre. Como na fala dependente da situação, tal impresso não pode ser removido ou trocado porque estamos cansados de vê-lo sempre no mesmo lugar. Como na fala dependente da situação, tal impresso tende a ser elíptico e independente da gramática. A situação toma o lugar da complexidade da linguagem.

Bastante diferente da linguagem escrita dependente da situação, de sinais e títulos, entretanto, é a linguagem escrita contínua de textos. Esta linguagem é mais complexa, e deve ser assim. Não extrai nem transmite seu significado a partir da situação na qual ocorre; não existem indícios para seu sentido no lugar em que se encontra. Se você não entende algo em um jornal ou romance, não ajudará muito se você olhar onde o texto está localizado na sala ou se você observar o rosto da pessoa que o deu a você. O significado apropriado do texto permanece constante, quer você o leia agora, na sala, ou na hora depois, na rua. Não pode ser elíptico. Necessita de uma gramática de estrutura aparente.

Apesar desta independência da localização específica, na qual é produzida e lida, entretanto, existem tantas limitações, na linguagem escrita dos textos, quanto existem na fala e escrita dependentes da situação. O escritor ainda não está livre para produzir as palavras arbitrariamente ou ao acaso. Um escritor não pode decidir transformar a próxima palavra em "rinoceronte" ou "platitudinoso" somente porque já faz muito tempo que utilizou estas palavras pela última vez. Agora, entretanto, as limitações para a utilização das palavras são determinadas somente por duas coisas, o assunto sobre o qual o escritor está falando (o que deseja dizer) e a linguagem que está empregando (como deseja dizer isso). Em outras palavras, todas as limitações para o que está escrito repousam dentro do contexto da própria linguagem. Assim, poderei chamar esta linguagem de *dependente do contexto*. Não somente a textura intrincada de um contexto escrito dá a cada palavra componente seu significado, mas, devido à redundância no texto, em geral é possível substituir-se uma palavra que foi deixada de fora ou trabalhar-se no significado de outra palavra, menos familiar.

Para as crianças que aprendem a ler na língua materna, e para qualquer pessoa que tente ler em um segundo idioma, a capacidade para fazer uso de indícios contextuais para o significado é crucial. Mas os indícios embutidos no ambiente imediato da linguagem escrita dependente do contexto não são os mesmos que aqueles da escrita dependente da situação (que é a razão pela qual as crianças que apresentam conhecimentos essenciais para a leitura de impressos podem ainda ter dificuldades para a leitura de textos contínuos). Além do mais, os indícios da escrita dependente do contexto não são aqueles da fala dependente da situação (o que é uma razão por que o fato de ser lido é uma vantagem tão grande no aprendizado da leitura).

As exigências particulares da escrita dependente do contexto impressionaram tanto a certos teóricos (Havelock, 1976; Goody & Watt, 1972; Olson, 1977), que estes argumentaram que a linguagem escrita havia introduzido toda uma nova modalidade de pensamento ao nosso repertório humano básico de habilidades intelectuais. Mas a linguagem escrita dependente do contexto não é única. Nem toda nossa linguagem falada é do tipo "rotineiro", verificável dentro da situação, que já foi discutido. Uma parte de nossa linguagem falada pode ser tão abstrata, argumentativa e separada das circunstâncias nas quais é compreendida, quanto um artigo de um jornal científico. Também existe uma fala dependente do contexto. Olson (1977) afirma que nossa capacidade para produzir e compreender tal linguagem falada é, na verdade, um subproduto do fato de sermos alfabetizados. Somente por nossas experiências com a leitura podemos extrair sentido deste tipo de linguagem falada que, em sua forma, é mais como a escrita do que como a fala rotineira. Mas o contrário também se aplica: escutando tal espécie de fala, uma criança torna-se melhor equipada para a leitura.

Se a previsão é a base para a compreensão da linguagem escrita, obviamente uma parte importante da informação não visual dos leitores deve ser a familiaridade com as características únicas das diferentes formas que a linguagem dependente do contexto assume. Quanto mais se souber acerca de tal linguagem, mais fácil será ler-se texto contínuo e, assim, aprender-se a ler. Tudo isso é parte da razão pela qual deve ser enfatizado que não somente a leitura é aprendida através da leitura, mas também que o aprendizado da leitura começa com o fato de outros lerem o que se escreve.

A ORGANIZAÇÃO DOS TEXTOS E COMPREENSÃO

Psicólogos e lingüistas que estudam a maneira como os leitores extraem sentido da linguagem escrita fizeram, recentemente, algumas pesquisas interessantes. Observaram que os textos não são, apenas, coleções de fatos, e outros tipos de conteúdo, apresentados em qualquer idioma, pelo menos não os textos bem escritos e compreensíveis. Ao contrário, o conteúdo de diferentes espécies de textos é apresentado e organizado em maneiras distintivas e características. Cada espécie de texto possui seus próprios *esquemas de gênero* — convenções de apresentação, tipografia e estilo — que o distinguem de outros gêneros ou espécies de texto. Os romances não possuem os mesmos esquemas de gênero que os livros-texto, poemas, jornais, cartas ou listas telefônicas. Além disso, os vários tipos de textos podem ter esquemas de gênero bastante diferentes, em diferentes culturas. Os jornais ou romances franceses produzidos para leitores franceses não são escritos e apresentados da mesma maneira que aqueles para leitores de outras partes do mundo, mesmo que eles falem o mesmo idioma. Freqüentemente podemos *ver* que os textos *parecem* diferentes de cultura para cultura, embora não possamos ler o idioma. Não existe nada particularmente lógico ou necessário acerca dos esquemas de gênero específicos — eles poderiam ser diferentes, como geralmente o são de uma cultura para outra —, mas tornaram-se convencionais onde são empregados e servem às suas finalidades porque são convencionais.

Os esquemas de gênero auxiliam tanto os leitores quanto os escritores. Suas formas características auxiliam os leitores, proporcionando-lhes bases para a previsão de como será o texto, de como uma novela será dividida em capítulos, de determinado modo, de como um artigo científico seguirá um certo formato, de que uma carta observará certas convenções típicas. Os leitores acostumam-se tanto aos esquemas de gênero dos textos, com os quais estão familiarizados, que presumem ser estes naturais, racionais e universais. Um texto produzido diferentemente, em uma diferente cultura, pode ser considerado como uma aberração. Na verdade, todos tendemos a ser chovinistas acerca da linguagem à qual estamos mais intimamente conectados. Nosso próprio idioma é "natural" e o resto é "estrangeiro, estranho". Os esquemas de gênero também ajudam os escritores (se estes os conhecem), uma vez que proporcionam uma estrutura de trabalho para organização daquilo que os escritores têm a dizer e, mais importante, para a antecipação e respeito pelo que os leitores tendem a esperar. Os esquemas de gênero facilitam a comunicação.

Similarmente, todos os tipos de texto, e cada forma de interação da linguagem falada, possuem relações internas características, chamadas de *estruturas de discurso*, que são, novamente, amplamente arbitrárias e acidentais, mas que servem às suas finalidades, uma vez que são convencionais. As estruturas de discurso, na conversação, nos dizem quando podemos interromper (no final de uma sentença) e quando não podemos fazer isto; protegem os falantes da interrupção, enquanto permitem aos outros a oportunidade para terem sua vez de falar. Na linguagem escrita, os leitores podem esperar que os escritores observem as estruturas convencionais do discurso, e os escritores podem esperar que os leitores os compreendam. As estruturas formam a base da previsão. A maneira onde os capítulos e parágrafos estão organizados e expostos nos livros é uma questão de estrutura de discurso, e também o são as saudações costumeiras no início e final de cartas.

Até mesmo as histórias possuem suas convenções, sejam escritas ou faladas. Estes modos convencionais de se contar uma história, de se relacionarem seqüências de eventos, são conhecidos como *gramáticas da história*. Formam a estrutura sobre a qual várias personagens, tramas, motivos e resoluções são entrelaçadas em episódios relacionados uns com os outros e

2. Linguagem: Falada e Escrita

representados de modo a serem inteligíveis. Se uma história faz sentido para nós, se *soa* como uma história, isto não ocorre somente porque a história foi apropriadamente contada, mas também porque conhecemos o modo apropriado pelo qual as histórias são contadas, pelo menos em nossa cultura. As histórias devem refletir os esquemas de histórias que os leitores têm em suas cabeças, se se deseja que o escritor e seus leitores estejam conectados.

A importante função exercida por todas estas estruturas convencionais e características em benefícios dos leitores, é enfatizada pelas crescentes evidências de que as estruturas são as bases para nossa *compreensão* dos textos. Se não conhecemos as estruturas relevantes, então não compreenderemos os textos, ou nossa leitura destes será distorcida. Psicólogos, em experiências, têm observado que a compreensão dos leitores sobre os textos é muito similar às próprias estruturas deste texto. Peça que as pessoas recontem o que leram em uma história e elas tenderão a fazê-lo com a mesma forma estrutural da história, em vez de com as mesmas palavras ou com "suas próprias" palavras. Os leitores que não estão particularmente familiarizados com o esquema de gênero e estrutura de discurso de um texto, com a gramática da história, não somente fracassarão na compreensão dos aspectos do texto, mas recapitularão aquilo que conseguiram compreender em formas próximas às suas próprias estruturas. Os leitores iniciantes tendem a inserir em sua recapitulação de histórias aspectos convencionais que foram omitidos na narrativa, mas que são parte de suas próprias gramáticas de histórias. Colocam mais, na história, do que originalmente existia, uma vez que este é seu próprio modo de extrair sentido das histórias.

Também são as estruturas em nossas cabeças, e não aquelas do texto, que determinam nossa *memória* para os textos: são as formas pelas quais os textos são relembrados. As estruturas de discurso e gramáticas de histórias são parte de nossa própria estrutura cognitiva, parte do modo como organizamos nosso conhecimento do mundo (e, portanto, uma razão pela qual ler é importante — a leitura proporciona ao leitor novas estruturas para a percepção do mundo e para a organização da experiência). Quanto mais podemos antecipar e empregar as estruturas formais que um autor utiliza, mais podemos compreender e recordar do que lemos, uma vez que as estruturas também formam a base de nossa compreensão e recordação. E, quanto mais um autor conhece e respeita as formas que o leitor irá prever, mais o texto será fácil de ler e recordar.

Em certo sentido, nada disso é novo ou surpreendente. O psicólogo britânico Bartlett (1932) demonstrou, experimentalmente há 50 anos atrás, que o modo como as histórias são interpretadas e recordadas varia de acordo com a experiência e expectativas de seus leitores e ouvintes. Quem esperaria outra coisa? Mas as recentes experiências e trabalho teórico sobre esse tema, entre as áreas mais ativas nas pesquisas contemporâneas sobre a leitura, demonstram, de forma convincente, o que no passado havia sido, talvez, apenas intuitivamente óbvio (ou deveria ter sido) — que a significação requer uma associação íntima entre o modo como um texto é construído e a organização da mente do leitor.

Duas breves qualificações devem ser acrescentadas. Primeiramente, as estruturas dos textos devem ser vistas como a base para a compreensão, mas não para a própria compreensão. Alguns pesquisadores parecem presumir que a compreensão é a estrutura do texto, que se compreendemos uma história, então nossos cérebros contêm o que a história continua. Mas a compreensão é menos uma questão de ser-se capaz de reproduzir os fatos de um texto do que se faz ou se é capaz de fazer como uma conseqüência da interação com a estrutura do texto. Você não prova ter compreendido qualquer coisa pela mera repetição desta. E, em segundo lugar, estas estruturas que podem ser observadas e analisadas na organização dos textos estão *implícitas* no cérebro humano. Seus efeitos e existência podem ser demonstrados, mas não podem ser diretamente observados. As pessoas que as possuem em geral não podem dizer que as adquiriram e, certamente, não podem olhar dentro de suas próprias mentes e dizer o que são elas: O conhecimento que nos possibilita tirar um sentido do mundo e da linguagem não é um conhecimento do qual temos consciência, mesmo se formos psicólogos ou lingüistas. Não existem evidências de que tornando estas estruturas implícitas em explícitas ajudamos a compreensão, ou de que as ensinando às crianças ajudamos para uma melhor compreensão. Na verdade, sem a compreensão prévia, tais "explicações" são, por si mesmas, inúteis. As crianças aprendem as estruturas sendo ajudadas a entender os textos nos quais estas estruturas são empregadas, o que não é a mesma coisa que se ensinar estruturas a elas. As crianças, como todos nós, são capazes de compreender sem serem capazes de dizer como o fazem.

AS CONVENÇÕES DA LINGUAGEM

Existe uma característica final da linguagem, tanto falada quanto escrita, dependente da situação ou do contexto, que devo enfatizar. É a de que toda linguagem é convencional. A *semiótica* — uma área de estudos que interessa a vários pesquisadores da leitura — preocupa-se essencialmente com a natureza de todos os diferentes tipos de convenções comunicativas, sua utilização e como se desenvolvem. Este é um tópico imenso, com múltiplas ramificações, mas devo tentar lidar com ele rapidamente, primeiro explicando o que significa dizer que toda linguagem é convencional, depois, a razão de esta afirmação ser crítica.

Toda linguagem é convencional no sentido de que cada aspecto da linguagem é uma questão de acaso e de concordância mútua. Todas as várias formas de linguagem devem funcionar, devem preencher uma função, mas a

2. Linguagem: Falada e Escrita 63

natureza das próprias formas é sempre arbitrária, uma questão de acidente histórico: sempre poderiam ser diferentes. Realmente, nas 3.000 ou mais diferentes línguas existentes no mundo, cada forma de linguagem é diferente. Não existe uma lógica ou necesidade particular acerca das formas de qualquer determinada língua. Isto é o que a palavra "convencional" significa, formas arbitrárias que poderiam ser diferentes, funcionando do modo que o fazem porque sua forma é mutuamente concordada.

Assim, a utilização do vermelho para significar "pare" é uma questão de convenção. A convenção funciona porque normalmente se aceita que o vermelho deve significar "pare" (naquelas culturas em que é assim). Mas o fato de que o vermelho, e não o verde, significa parar, é uma questão de acaso. As coisas poderiam ser diferentes. O verde poderia significar "pare", amanhã, desde que todos concordassem com isso: não existe nada particularmente compulsivo acerca de se utilizar a cor vermelha. Em algumas culturas, em certas circunstâncias, é sinal de respeito tirar-se o chapéu. Em outras culturas, o sinal de respeito é mantê-lo na cabeça. O que torna o remover do chapéu (ou permanecer usando-o) um sinal de respeito, nada tem a ver com o próprio ato, mas com a compreensão geral de que o ato possui aquele significado.

Cada aspecto da linguagem é convencional, desde os próprios sons e significados das palavras que utilizamos. Em inglês, "Yes" significa "sim". Em outras línguas, outras palavras significam "sim". Ninguém tem livre escolha, quando se trata de palavras. Ninguém pode dar nome diferente a algo que todos, naquela comunidade da linguagem, dão outro nome, não se esta pessoa deseja ser entendida.

As palavras são convencionais, assim como a gramática. Idiomas diferentes têm diferentes formas gramaticais, e não existe nada mais lógico ou racional, ou ainda, eficiente, acerca de uma gramática sobre outra. Todas as línguas solucionam o mesmo tipo de problema, mas já observei que as gramáticas de histórias, estruturas de discurso e esquemas de gêneros são convenções. Poderiam ser diferentes e o são, em diferentes línguas e culturas; funcionam, a despeito de sua natureza arbitrária, porque são uma questão de concordância mútua entre as pessoas que as utilizam.

Existe uma vasta gama de convenções na linguagem, muitas das quais ainda não foram mencionadas. Por exemplo, existem as convenções do idioma. A linguagem é bem mais do que gramática e vocabulário (embora uma boa quantidade de instrução de leitura, no idioma materno e em outros, pareça presumir que é nisso que consiste a linguagem). O conhecimento da gramática e do vocabulário não dá a ninguém domínio da linguagem, tanto para sua produção quanto para a compreensão. De longe, a maior parte de qualquer linguagem, a parte "dinâmica" desta, é o *idioma*, (ou expressões idiomáticas), o modo como as pessoas realmente falam, e, por definição, idioma não pode ser definido como vocabulário e gramática. "Idioma" é a maneira pela qual as palavras do vocabulário e as formas da gramática são realmente utilizadas em uma determinada comunidade de linguagem, e esta utilização é um sistema mutável e complexo de convenções. Os idiomas não podem ser traduzidos palavra por palavra, de uma língua para outra.

Existem convenções de *coesão*. A fala não consiste de uma afirmação após a outra, e os parágrafos são mais do que uma simples sucessão de sentenças. As declarações e as sentenças então entrelaçadas, possuem coesão. Posso dizer: "Procurei John. Mas ele havia partido", mas não "Mas ele havia partido. Procurei John.". Eu teria que modificar as sentenças para algo como "John havia partido. Procurei-o". O pronome e o "mas" são dois, dos diversos dispositivos coesivos, que unem as sentenças, no inglês e em outras línguas, mas são convenções, uma vez que diferentes linguagens realizam a coesão de maneiras diferentes. Você não pode mudar a ordem das sentenças sem ter que mudar as próprias sentenças, pelo menos não em um texto significativo. Este é um modo prático de se verificar se o material preparado para leitores iniciantes é significativo. Se a ordem das sentenças pode ser arbitrariamente modificada, sem que qualquer pessoa note a diferença, então estas sentenças não fazem sentido, não são uma linguagem de funcionamento normal.

Existem convenções de linguagem tremendamente sutis e intrincadas, tanto de linguagem escrita quanto falada, relacionadas com a expressão. Este termo refere-se ao fato de que você deve selecionar e colocar suas palavras juntas diferentemente, dependendo do tema sobre o qual está falando (você não fala sobre uma morte do mesmo modo como narra um piquenique), da pessoa com quem está falando e das circunstâncias nas quais está falando. Você não pode falar uma língua, a não ser que empregue as formas de vocabulário, gramática, expressões idiomáticas e coesão apropriadas à expressão relevante, que todas as crianças que falam de modo diferente com crianças mais jovens, de outro modo com colegas da mesma idade, de outra maneira com professores e, ainda, de outra forma com outros adultos, conhecem. Todas as diferenças de expressão são convencionais; não existe uma lógica intrínseca acerca da forma específica apropriada em determinado momento. Todas as pessoas que já viajaram sabem que não podem levar consigo suas próprias convenções de linguagem, não se desejam compreender e serem compreendidas. Nem mesmo as convenções não-verbais da linguagem, como qual a distância a ser mantida em relação à pessoa com quem se fala, são consistentes, de uma cultura para outra.

A linguagem escrita possui seu próprio conjunto substancial de convenções. Existem convenções de ortografia, de pontuação, de formato de letras, de dimensão de letra manuscrita ou impressa, de colocação de maiúsculas, de parágrafo, de apresentação da página, de encadernação de livros. Tudo isto poderia ser diferente, e é, em outras línguas, em outras culturas. Cada aspecto da linguagem, em infinitas maneiras, é convencional.

2. Linguagem: Falada e Escrita

Por que eu deveria preocupar-me em enfatizar tudo isso que escrevo? Porque é importante que os leitores (e escritores) saibam quais são as convenções da linguagem escrita, e é importante que os professores e pesquisadores compreendam a natureza convencional da linguagem.

O conhecimento das convenções da linguagem escrita é essencial para os leitores e escritores, uma vez que as convenções são a base para a compreensão e comunicação. As convenções fazem com que a previsão seja possível. As formas de convenções não podem ser previstas, variam pelo acaso ou por acidente histórico de uma língua para outra, e também com o tempo. Mas o conhecimento destas formas torna previsíveis as convenções que serão utilizadas em ocasiões determinadas. Para sermos capazes de ler um texto, devemos ser capazes de antecipar as convenções que seu escritor utilizará. Esta compreensão das convenções apropriadas, juntamente com o conhecimento anterior relacionado ao tema, é a informação não-visual essencial com a qual os leitores devem contribuir, para o ato de leitura. Mas a compreensão deve ser compartilhada. A fim de ser compreendido, um escritor deve antecipar e respeitar as convenções que o leitor irá prever. As convenções são a moeda corrente de cada transação com a linguagem.

Uma compreensão sobre a natureza convencional da linguagem é essencial para professores e pesquisadores, porque faz, ou deveria fazer, uma diferença no modo como o aprendizado e instrução da linguagem são percebidos. Existe uma tendência para pensarmos na linguagem como "lógica", como "racional", até como se esta estivesse em nossos genes. Mas estou tentando enfatizar que a linguagem é imensamente complexa e que toda esta complexidade é arbitrária e acidental. Tudo poderia ser diferente. A implicação disto é que ninguém jamais aprende a língua sentando-se e pensando sobre ela, antecipando o modo como será, ou mesmo aprendendo umas poucas regras. O aprendizado de uma língua ou o aprendizado da leitura envolve um aprendizado de um enorme número de convenções. E estas convenções não podem ser aprendidas por regras ou por memorização. Devem ser aprendidas uma de cada vez, em uma seqüência e contexto mais significativo para cada aprendiz.

Uma outra implicação da natureza convencional da linguagem assume grande importância, quando o aprendizado é considerado. A convencionalidade da linguagem significa que esta linguagem é *social*, em todos seus aspectos. A linguagem faz coisas em favor das *pessoas*, e suas convenções específicas — o modo como faz as coisas — são assuntos de contrato e identificação social. Falamos do modo como as pessoas a nossa volta falam — desde que vejamos a nós mesmos como aquele tipo de pessoa. Utilizamos a linguagem do modo como esta é utilizada pelas pessoas a nossa volta, novamente desde que não nos vejamos como diferentes destas. Acima, e além de todos os aspectos técnicos da leitura, discutidos neste livro, e em muitos outros livros sobre o mesmo tópico, a leitura é uma atividade *social*, aprendida (ou não) em um contexto social, em vez de intelectual.

Linguagem sobre a Linguagem

Uma questão interessante sobre todas as complexidades da linguagem que tenho discutido neste capítulo é sobre quanto destas complexidades necessita ser conscientemente conhecido pelos aprendizes. É necessário que os leitores iniciantes sejam *instruídos* sobre a diferença entre a estrutura aparente e a estrutura profunda, sobre os pontos específicos da gramática, ou sobre todas as outras convenções essenciais da linguagem, tanto falada quanto escrita? Será que estes aprendizes deveriam ser capazes de falar sobre a linguagem, bem como utilizá-la?

Existe, até mesmo, uma palavra especial para a linguagem sobre linguagem — a palavra é *metalinguagem*. Em um sentido geral, todo este capítulo foi escrito em metalinguagem, uma vez que trata do tópico da linguagem. Mais especificamente, existem vários termos de metalingüística que são, com freqüência, centrais a qualquer discussão envolvendo a linguagem — termos como *substantivo e verbo, palavra e sílaba, frase e sentença*.

A palavra *metalinguagem* pode lembrar-lhe a palavra *metacognição*, que foi introduzida no capítulo 1. Metacognição é o pensamento (ou linguagem) sobre o pensamento, exatamente como metalinguagem é a linguagem (ou pensamento) sobre a linguagem. E existe uma controvérsia, na psicologia e pesquisas educacionais, sobre quão importante é a habilidade tanto na metacognição quanto na metalinguagem para o aprendizado da leitura e da escrita.

Alguns pesquisadores argumentam que as crianças devem estar conscientes de seus próprios processos de aprendizado, e devem ser capazes de falar sobre aspectos específicos da linguagem escrita e falada, se desejamos que aprendam a ler. Downing (1979), por exemplo, afirma que as crianças que não apresentam competência metalingüística estão em um estado de "confusão cognitiva", quando alguém tenta ensinar-lhes sobre a leitura. Outros teóricos clamam que as crianças são obviamente capazes de aprender sem serem capazes de falar sobre o aprendizado — de que outro modo, em primeiro lugar, os bebês aprenderiam a falar? Todos nós aprendemos muitas coisas, em nossas vidas, sem sermos capazes de falar sobre o que estávamos aprendendo, ou na verdade, sem termos consciência, naquele momento, de que estávamos aprendendo. Muitas pessoas podem aprender e escrever frases e parágrafos sem serem capazes de proporcionar uma definição lingüística para eles, ou de analisar uma sentença.

Quanto a ser-se capaz de entender a linguagem da linguagem, também é evidente que muitas pessoas aprendem a ler sem compreender o significado de muitos termos metalingüísticos. Na verdade, poderia ser argumentado que termos como *palavra, sentença, vírgula* e *ponto* não possuem significado, até que possamos ler. Não são parte da linguagem falada, certamente não de qualquer modo direto ou conspícuo. Todos nós falamos em prosa, até que alguém nos aponte este fato (e explique o significado da palavra).

Por que, então, o conhecimento da terminologia metalingüística seria tão crítico para a instrução da leitura? A explicação parece ser que as crianças precisam entender sobre o que os professores estão falando, e se estes professores consideram necessário utilizar a linguagem metalingüística ou metacognitiva, então as crianças estão em dificuldades, se não compreendem, elas mesmas, esta linguagem. A "confusão cognitiva" é causada pela instrução incompreensível. Se, na verdade, é essencial que os professores de sala de aula empreguem a linguagem técnica dos lingüistas e outras disciplinas especializadas, no ensino da leitura, isto já é outro tópico.

SUMÁRIO

Os sons da língua e a informação visual dos impressos são *estruturas aparentes* da linguagem, que não representam significado diretamente. O significado reside na *estrutura profunda* da linguagem, relacionada às estruturas aparentes através de uma *gramática transformacional*, que deve ser parte do conhecimento implícito de cada usuário da língua (mas não através de uma *gramática formal* tradicional). A linguagem escrita e a linguagem falada não são a mesma coisa, e a linguagem também difere quanto a ser *dependente da situação* ou *dependente do contexto*. A base da compreensão é a previsão, possível graças à natureza *convencional* da linguagem.

As notas do Capítulo 2 abrangem

Estrutura aparente e estrutura profunda
Semiótica
Análise do discurso
Organização do texto e compreensão
Alguns termos técnicos
Mais sobre palavras

3
INFORMAÇÃO E EXPERIÊNCIA

Louise Rosenblatt (1978) diz que existem duas maneiras de se ler — para informação ou para a experiência. É fácil distinguir as diferenças entre os dois. Quando o que desejamos é a informação, ficamos perfeitamente satisfeitos em encontrá-la de qualquer modo que pudermos. Ninguém diz: "Não me diga este número de telefone; quero ter o prazer de procurá-lo por mim mesmo". Mas quando lemos para experiência, relutamos em ser privados de um único momento. Não encorajamos ninguém mais a dizer: "Não se incomode em ler o próximo capítulo — o culpado é o mordomo". Freqüentemente, retardamos a leitura no final de um romance, como faríamos com uma boa refeição, a fim de prolongar a experiência.

A distinção entre informação e experiência é importante porque as duas são freqüentemente confundidas, na área educacional. Livros e outros textos que deveriam ser lidos para experiência são tratados somente como fontes de informação. Rosenblatt disse que isso ocorre por ser mais fácil dar notas aos leitores com base na informação que se espera que adquiram do que com base na experiência que poderiam desfrutar. Ela ironizou tal abordagem no título de um artigo, chamado de "Que Fatos Este Poema lhe Ensina?" (Rosenblatt, 1980).

Com freqüência ouvimos que vivemos em uma "era da informação" — mas a palavra *informação* é utilizada em um sentido muito amplo. Geralmente é considerada como significando "fatos" ou "dados". Apesar de sua vagueza e ambigüidade, a palavra tornou-se constante na educação, não somente com referência à alfabetização, mas ao aprendizado e ensino. Ler e aprender são chamados de "aquisição de informações", e a escrita (e ensino)

3. Informação e Experiência

como sua "transmissão". Mas existe muito mais, com respeito à educação, e à vida, do que fatos ou dados. A palavra *informação* pode ser mal-utilizada e malcompreendida.

"Informação", na verdade, recebeu uma definição técnica precisa — da qual muitas pessoas, na área educacional, não estão conscientes, embora esta definição tenha possibilitado que muitos aspectos da leitura sejam acuradamente medidos. Poderei utilizar a palavra neste sentido técnico restrito quando examinar como o sistema visual soluciona problemas complexos de identificação de letras e palavras impressas. Por outro lado, a utilização global da palavra em um sentido mais geral na educação e pesquisas psicológicas — por exemplo, na caracterização do cérebro como um "dispositivo de processamento de informações" — pode distorcer, em vez de facilitar, os esforços para a compreensão da alfabetização e aprendizado. E informação, quando a palavra é usada em um sentido mais geral, não pode ser medida.

Primeiro, examinarei a definição técnica de informação e sua relação com um outro termo geral que também pode ser utilizado tecnicamente em um sentido bastante preciso — *incerteza*. Também examinarei a maneira como a informação pode ser relacionada à compreensão e a um outro conceito importante na leitura, a redundância. Então, tecerei comentários sobre algumas limitações na maneira como os indivíduos podem fazer uso da informação, e também sobre a maneira na qual a palavra, em si mesma, pode ser usada — em contraste com "experiência".

INFORMAÇÃO E INCERTEZA

Não devemos esperar sermos capazes de identificar e medir a informação procurando por algo com características únicas e manifestas no mundo a nossa volta. A informação pode ser encontrada em uma multiplicidade de apresentações — em sinais sobre o papel, em expressões faciais e outros gestos corporais, na configuração das nuvens, árvores (e algumas vezes em folhas de chá) e nos sons da fala. Obviamente, as fontes de informação têm pouco em comum, tampouco têm algo em comum os canais pelos quais passa esta informação.

Considere as mutações da informação quando escutamos a gravação de alguém falando. O que escutamos começa como uma intenção na mente do falante, representada em um modo complexo e profundamente misterioso no fluxo de atividades químicas e bioelétricas nas estruturas do cérebro. Esta intenção é, então, traduzida em surtos de energia neural, enviada pelo cérebro em períodos, taxas e direções diferentes para a musculatura da mandíbula, boca, lábios, língua, cordas vocais e peito, orquestrando a expulsão da respiração de tal maneira que ondas de pressão distintas, de intensidades e freqüências diferentes, irradiam-se através da atmosfera circundante. Estas perturbações fugazes nas moléculas de ar fazem com que o frágil diagrama de um microfone ressoe em concordância, desencadeando um fluxo de energia elétrica ao longo de um fio, de modo similar aos padrões correspondentes de energia neural nos sistemas nervosos do falante ou ouvinte. Amplificados e modulados, os impulsos elétricos do microfone imprimem sutis combinações de forças magnéticas em uma fita plástica ou linhas onduladas em um disco plástico. Através de processos eletrônicos e mecânicos adicionais, a informação pode, então, ser difundida por transmissão de rádio (talvez desviada através dos transístores de um satélite em órbita da Terra), antes de ser reconstituída por um receptor e alto-falante em ondas de pressão aerotransportadas, que se sobrepõem contra o ouvido do ouvinte. E as transformações ainda não terminaram. A oscilação do tímpano é transmitida para uma outra membrana ressonante do ouvido interno através de uma ponte minúscula de três ossos de articulação — martelo, bigorna e estribo. E então, talvez o mais bizarro, uma onda de pressão pulsa para frente e para trás, através do líquido nos canais entrançados do ouvido interno, um labirinto escavado no próprio crânio, onde microscópicas células capilares ondulam como algas com os movimentos do fluido no qual estão contidas. As raízes destas frondes são os minúsculos princípios do poderoso nervo auditivo, e geram os relés finais dos impulsos neurais, que levam suas centenas de milhares de fibras nervosas individuais, através de meia dúzia de estações propulsoras e transformadoras em vários recessos do cérebro, para serem transformadas, finalmente, em experiências subjetivas de significação e som. E esta significação dos eventos acústicos pode ser congruente com uma significação subjetiva e experiência visual vindas talvez das mesmas palavras escritas, alcançando o cérebro por uma rota completamente diferente, através dos olhos. Como pode toda, ou parte desta complexidade, ser identificada e avaliada como "informação"?

Tomada de Decisões

A resposta vem do observar-se o que isto possibilita ao "receptor" — o ouvinte ou leitor — fazer. A informação possibilita que uma pessoa tome decisões, selecione entre possibilidades alternativas ou cursos paralelos de ação. A informação pode ser discriminada e avaliada, não a partir de uma fonte, ou das várias formas que pode assumir durante a transmissão, mas a partir do que possibilita ao receptor fazer. O ato de leitura envolve a tomada de decisões, seja por uma criança lutando para identificar uma única letra do alfabeto ou pelo estudante universitário lutando para decifrar um texto medieval obscuro. E qualquer coisa que ajude o leitor a tomar uma decisão, é informação.

Colocando-se em outras palavras, novamente, *a informação reduz a incerteza*. A mudança de foco da facilitação das decisões para a redução de

3. Informação e Experiência

incerteza pode não parecer um grande ganho conceitual, mas, na verdade, permite que a informação seja medida ou, pelo menos, estimada comparativamente. A informação não pode ser quantificada diretamente — não é possível avaliar as dimensões de uma informação ou pesá-la. Do mesmo modo, o tamanho ou peso de uma decisão não pode ser calculado diretamente. Mas é possível dar-se um número à incerteza e, assim, indiretamente, à quantidade de informação que elimina ou reduz esta incerteza. O truque é conseguido pela definição de incerteza em termos do número de alternativas com as quais se confronta aquele que deve tomar decisões. Se você é confrontado por muitas alternativas, você possui um grande grau de incerteza; existem muitas decisões diferentes, possíveis de serem tomadas. Se você possui menos alternativas, pode também ser bastante difícil para você tomar uma decisão mas, teoricamente, sua incerteza é menor: existem menos decisões alternativas à sua frente. O argumento nada tem a ver com a importância da decisão para você, somente com o número de alternativas. Teoricamente, sua incerteza é a mesma, seja se você deve decidir contra ou a favor de uma importante cirurgia ou por ter seus ovos mexidos ou fritos. O número de alternativas é o mesmo em cada caso, e também, portanto, sua incerteza.

Agora, a informação pode ser definida mais completamente: *a informação reduz a incerteza pela eliminação de alternativas*. A informação, de forma bastante razoável, é qualquer coisa que o coloca mais próximo a uma decisão. Não é relevante se a decisão concerne à identificação de determinados objetos ou eventos ou à seleção entre várias escolhas para a ação. A incerteza e a informação são definidas em termos de *número de decisões* alternativas que poderiam ser tomadas, não importando *quais são as alternativas*. Entretanto, é mais fácil alcançar-se uma compreensão destes conceitos se tomarmos situações particulares como exemplos.

Suponhamos que a informação está disponível em uma única letra do alfabeto. Ou, para colocar a questão em linguagem simples, suponhamos que uma criança receba a tarefa de identificar uma letra escrita no quadro-negro. Existem 23 letras no alfabeto, e a incerteza do leitor requer uma decisão ou escolha entre estas 23 alternativas. Para um simples jogo de cara-ou-coroa, o número de alternativas é dois; para um lançar de dado, é de seis. As vezes, o número exato de alternativas não está imediatamente aparente — por exemplo, se uma palavra, em vez de uma letra, está sendo lida. Mas ainda pode ser possível identificar-se quando esta quantidade indefinida de incerteza foi reduzida - por exemplo, se o leitor aprende que a palavra começa com uma determinada letra ou tem determinada extensão. Qualquer destas informações reduzirá o número de possibilidades de alternativa sobre que palavra poderia ser aquela.

Podemos, agora, retornar à definição de informação como a redução da incerteza. Exatamente como a medição da incerteza está ligada ao número de alternativas dentre as quais o tomador de decisão terá que realizar escolhas, também a informação está ligada ao número de alternativas que são eliminadas. Se o tomador de decisões é capaz de eliminar todas as alternativas, exceto uma, e, assim, tomar uma decisão completa, então a quantidade de informações é igual à quantidade de incerteza que existiu. Uma criança que conhece as letras bem o bastante para decidir que a letra no quadro-negro é uma vogal, adquiriu informação reduzindo a incerteza de 23 alternativas para cinco. Se a letra é corretamente identificada, então a informação obtida juntamente com a letra deve ter sido igual à incerteza original.

Alguns aspectos da leitura envolvem a aquisição de informações a fim de se tomarem decisões, para a redução da incerteza. Para a identificação visual de letras e palavras e, possivelmente, alguns aspectos de "ler para obter significado", a incerteza pode ser calculada e, portanto, também a quantidade de informação necessária para a tomada de decisão. O número exato de alternativas pode ser especificado para letras, um número aproximado pode ser designado para o número de palavras, mas o número de alternativas para um significado, se pode absolutamente ser estimado, deve, obviamente, estar intimamente relacionado tanto com o texto que está sendo lido quanto com o indivíduo em particular, que está realizando a leitura.

COMPREENSÃO E INFORMAÇÃO

A compreensão não pode ser medida do mesmo modo que alguns aspectos da informação. A compreensão não pode ser absolutamente medida, apesar de constantes esforços educacionais para fazê-lo, uma vez que não é uma quantidade de qualquer coisa. A compreensão não possui dimensão ou peso, não é incremental. A compreensão não é o oposto de incerteza ou mesmo de ignorância, e, portanto, não é quantificável como a acumulação de um número de fatos ou itens de informação. Ao contrário, a compreensão é mais apropriadamente considerada como um *estado*, o oposto de confusão. Como propus no capítulo 1, a compreensão é a possibilidade de se relacionar o que quer que estejamos observando no mundo a nossa volta, ao conhecimento, intenções e expectativas que já possuímos em nossas cabeças.

Compreendemos a situação na qual estamos se não estamos confusos, quer estejamos lendo um livro, consertando um aparelho ou tentando encontrar nosso caminho em meio ao tráfego de uma cidade desconhecida. A ausência de compreensão significa não existir um conhecimento do que fazer a seguir ou para que lado ir — *não haver um conhecimento sobre as questões relevantes a serem feitas ou não se saber como encontrar respostas relevantes*. Quando não podemos compreender, não podemos prever, não podemos fazer perguntas. A ausência de compreensão torna-se imediatamente evidente à pessoa envolvida e a qualquer um que a observe, mesmo que não possa ser medida. Não necessito de um teste para detectar a confusão em mim mesmo e nos outros; a perplexidade não consegue ser disfarçada. Se vejo suas sobrancelhas se enrugarem e seus olhos ficarem vidrados, então sei que nem tudo está bem com sua compreensão. Sem a compreensão não pode haver redução da incerteza. A memorização "de cor", de fatos, sem a compreensão não é redução de incerteza. O que aprendemos — com dificuldade — sob tais condições, torna-se informativo para nós somente no futuro, se por acaso descobrirmos, subitamente, o sentido que isto deveria ter. Contrariamente, quando a redução da incerteza está ocorrendo, deve existir alguma compreensão.

A compreensão não quer dizer que toda a incerteza foi eliminada. Como leitores, compreendemos quando podemos relacionar respostas potenciais a questões reais que estamos fazendo ao texto. Geralmente, temos questões não respondidas quando lemos um jornal — não haveria muito sentido em ler-se o jornal, se soubéssemos tudo de antemão. E não precisamos ter toda nossa incerteza reduzida, a fim de compreendermos. Na verdade, à medida que adquirimos informações que reduzem a incerteza de algum modo, geralmente expandimos nossa incerteza de outros modos. Encontramos novas questões a serem respondidas.

A ausência de incerteza não é uma condição que toleramos por muito tempo; consideramo-la aborrecida. Não existe um senso de "experiência". Buscamos a incerteza, desde que a possamos manter sob controle e livre de confusão. Compreendemos quando podemos "extrair um sentido" da experiência. Na verdade, ao longo de todo o restante deste livro, geralmente refiro-me à compreensão na leitura como "extração de sentido do texto", relação da linguagem escrita com aquilo que já conhecemos e àquilo que queremos saber ou experimentar.

Erros e Ruído

Naturalmente, podemos pensar que compreendemos e parecer que compreendemos, mas, ainda assim, cometermos erros. A compreensão não vem com uma garantia incondicional. A maneira como entendemos algo agora pode provar ser inapropriada, mais tarde. Ter-se uma idéia errada sobre algo é uma constante possibilidade mas, novamente, não é algo que possa ser medido. E ninguém mais pode decidir por nós se estamos em um estado de compreensão ou confusão, embora outros possam discutir se estamos em tal estado por uma boa razão e até mesmo ajudar-nos a ir de um estado para outro. Compreensão e confusão são as conseqüências de quão bem lidamos com determinada situação na qual estamos, com o fato de sentirmos que sabemos ou não o que fazer a seguir. O que pode ser compreensível para você pode não ser para mim.

Similarmente, o que é informação para você pode não ser para mim, se não contribui para minha compreensão. E tal informação negativa pode apresentar mais do que somente um efeito neutro e inconseqüente. Pode ser positivamente perturbadora.

Um termo técnico para um sinal ou mensagem que não transmite informações é *ruído*. O termo não está restrito aos fenômenos acústicos, mas pode ser aplicado a qualquer coisa que torne a comunicação menos clara ou efetiva, tal como um tipo difícil de ser lido, em uma impressão, ou iluminação fraca, ou distração na atenção do leitor. A *estática* que algumas vezes interfere com a recepção de televisão é um ruído visual. Qualquer parte de um texto que o leitor não tenha habilidade ou conhecimento para compreender, obviamente torna-se um ruído. O atual capítulo oferece informações ao leitor que conhece sua linguagem e tema geral, mas é, em termos literários, somente ruído, para qualquer outra pessoa. E o ruído não pode ser facilmente ignorado; não é uma ausência de informação, mas, ao contrário, uma distração que pode aumentar a incerteza.

Uma vez que qualquer coisa pode transformar-se em ruído se falta, à pessoa, familiaridade ou conhecimento para compreendê-la, a leitura é intrinsecamente mais difícil para o novato do que para o leitor experiente. Para o iniciante, tudo tende a apresentar muito ruído. Por outro lado, a leitura pode ser transformada em algo tão difícil para os leitores experientes, que estes se comportarão do mesmo modo que os iniciantes.

A Relatividade da Informação e da Compreensão

O que é chamado de *informação* nem sempre pode ser medido. Os *fatos* são freqüentemente chamados de informação, mas a qualidade de informação dos fatos depende do conhecimento anterior da pessoa que a recebe. "Paris é a capital da França" é um fato, mas não é informativo para Tom, que já sabe disso, nem para Dick, que não sabe o significado da palavra "capital". E embora a afirmação seja informativa para Harry, que não tinha consciência disso antes, não é possível dizer-se o quanto é informativa, porque a incerteza de Harry não pode ser calculada. Não sabemos quantas alternativas Harry poderia ter como capital da França, ou quanto países ele pensava pudessem ter Paris como capital. Nem sabemos se ele se importa com isso. Bastante possivelmente, "Paris é a capital da França" é um fato sem qualquer valor informativo para Harry, quando ele o aprende, embora possa ser-lhe útil em outras ocasiões, no futuro. Por outro lado, a "informação" que somente serve para confundir a mente é, na verdade, ruído.

A informação existe somente quando reduz a incerteza, que é relativa ao conhecimento e finalidades do indivíduo que a recebe. E a compreensão também depende daquilo que os indivíduos já sabem e necessitam ou dese-

3. Informação e Experiência

jam saber. A compreensão não envolve, obrigatoriamente, a assimilação ou mesmo o exame de toda a informação do texto, mas, em vez disso, envolve o ser-se capaz de extrair algum sentido do texto, em termos das expectativas e intenções do leitor. Mesmo os leitores mais fluentes às vezes precisam ler um texto mais de uma vez a fim de compreendê-lo ou recordar um detalhe perdido. A leitura sempre envolve o fazer perguntas a um texto (os aspectos seletivos e objetivos da leitura, aos quais já me referi) e a compreensão segue-se à extensão até onde estas questões foram respondidas. Posso não compreender um determinado texto do mesmo modo que você, mas também posso não estar fazendo a este texto as mesmas perguntas que você faz. As discussões sobre como um romance, poema ou qualquer outro texto é mais apropriado ou "corretamente" compreendido são em geral discussões sobre a espécie mais relevante de questões a serem feitas. Uma criança que diz ter entendido uma história, pode não tê-la entendido do mesmo modo que seu professor, mas também ambos podiam estar fazendo perguntas diferentes ao texto. A questão feita por um professor pode ser um ruído para o aluno. Uma grande parte da compreensão da literatura, de qualquer modo convencional, é devido ao conhecimento das questões convencionais a serem formuladas e como encontrar suas respostas.

Toda a discussão precedente sobre informação e compreensão enfatiza a importância, na leitura, daquilo que ocorre por trás dos olhos, onde se localizam o conhecimento anterior, as finalidades, incerteza e questões a serem feitas. Também os dois tópicos a serem discutidos, a questão da informação disponível a partir de mais de uma fonte e a importância de se ter mais de uma fonte de informação disponível, serão enfatizados.

Redundância

A redundância existe sempre que a mesma informação está disponível em mais de uma fonte, quando as mesmas alternativas podem ser eliminadas em mais de um modo. E uma das habilidades básicas para a leitura é a eliminação seletiva de alternativas, através da utilização da redundância.

Um tipo óbvio de redundância é a repetição, quando, por exemplo, as fontes alternativas de informação são duas sentenças sucessivas idênticas. Um modo diferente de se ter a mesma informação duas vezes seria sua apresentação concomitante para os olhos e ouvidos — uma situação de audiovisual ou "multimídia". A repetição é uma técnica eminentemente popular na propaganda, em especial nos comerciais de televisão, exemplificando uma das vantagens práticas da redundância — reduzir a probabilidade de os receptores enganarem-se ou ignorarem algo, em sua compreensão da mensagem. Existem outros aspectos da redundância, entretanto, que não são tão óbvios, mas que exercem um papel mais importante, na leitura.

Com bastante freqüência o fato de as mesmas alternativas serem eliminadas por duas fontes de informação não é aparente. Considere o seguinte par de sentenças:

1. A letra do alfabeto na qual estou pensando é uma vogal.
2. A letra na qual estou pensando faz parte da primeira metade do alfabeto.

À primeira vista, as duas afirmações parecem fornecer informações complementares, dizendo-nos que a letra é uma vogal da primeira metade do alfabeto. Entretanto, se observamos as alternativas eliminadas por cada uma das duas sentenças, podemos ver que elas realmente contêm uma boa quantidade de sobreposicionamento. A sentença número 1 nos diz que a letra não é b, c, d, f, g, h, j, l, m, n, p, q, r, s, t, v, x, z e a sentença número 2 nos diz que não é n, o, p, q, r, s, t, u, v, x, z. Ambas as sentenças nos dizem que a letra não é n, p, q, r, s, t, v, x, z, e não é aí (onde os conjuntos excluídos de alternativas se sobrepõem um ao outro) que existe a redundância das afirmações. Na verdade, a única informação nova proporcionada pela sentença número 2 é a de que a letra não é o o ou u; toda a outra informação já foi proporcionada pela sentença número 1.

Existem exemplos freqüentes de redundância na leitura. Como uma ilustração, considere a sentença inacabada (que poderia, talvez, ser a última linha de uma página direita de um livro):

O capitão ordenou que o marujo lançasse a ân-

Existem quatro modos de se reduzir a incerteza sobre o restante desta sentença, quatro formas alternativas e, portanto, redundantes de informação. Primeiro, poderíamos virar as página e ver como a palavra termina — esta seria uma informação visual. Mas também poderíamos fazer alguma previsão razoável sobre como a sentença terminaria, sem virarmos a página. Por exemplo, poderíamos dizer que a próxima letra provavelmente não é *b,* ou, *k, l, m, p,* ou, *r, v, x,* uma vez que estas letras simplesmente não ocorrem após *an*, nas palavras comuns de nosso idioma; podemos, portanto, atribuir a eliminação destas alternativas à informação *ortográfica*. Também podemos dizer certas coisas acerca da palavra, antes de virarmos a página. Sabemos que provavelmente a palavra é um adjetivo ou substantivo, uma vez que outros tipos de palavras, como artigos, conjunções, verbos e preposições, por exemplo, tendem a não acompanhar o artigo definido *a*; a eliminação de todas estas alternativas adicionais pode ser atribuída à informação *sintática* (ou gramatical). Finalmente, podemos continuar a eliminar alternativas, mesmo se considerarmos como candidatos para a última palavra somente os substantivos e adjetivos que comecem com *an* mais uma das letras não elimina-

3. Informação e Experiência

das pela informação ortográfica já discutida. Podemos eliminar palavras como *ânafe* (uma espécie de trevo), *ândito* (pequeno trilho, corredor) e *ânfora* (vaso grego antigo), embora não sejam excluídas por nossos outros critérios, porque nosso conhecimento sobre o mundo nos diz que esta não é a espécie de coisas que os capitães ordenem que os marujos lancem. A eliminação destas alternativas pode ser atribuída à informação *semântica*.

Obviamente, as quatro fontes alternativas de informação sobre a palavra incompleta no exemplo acima, *visual, ortográfica, sintática e semântica*, até certo ponto fornecem infomações sobrepostas. Não necessitamos tanta informação visual sobre a próxima palavra quanto precisaríamos se ela ocorresse isoladamente, uma vez qua as outras fontes de informação eliminam muitas alternativas. As quatro fontes de informação, portanto, são, até certo ponto, redundantes. E o leitor habilidoso que pode fazer uso das três outras fontes necessita de muito menos informação visual do que o leitor menos fluente. Quanto mais redundância existir, menos informações visual será necessária para o leitor experiente. Em passagens de texto contínuo, desde que a linguagem seja familiar e o conteúdo não seja demasiadamente difícil, uma ou outra letra sempre pode ser eliminada da maioria das palavras, ou cerca de uma palavra em cinco, completamente omitida ou ignorada, sem que a passagem se torne difícil de ser compreendida.

Uma outra coisa mais: falei de redundância na leitura como se esta existisse nas próprias palavras, o que, em certo sentido, é verdade. Mas em um sentido mais importante, a redundância é a informação que se encontra disponível em mais do que uma fonte somente quando uma das fontes alternativas está na própria cabeça do leitor. Colocado de outro modo, não existe qualquer utilidade da redundância no texto se não reflete algo que o leitor já sabe, quer envolvendo a estrutura visual, ortográfica, sintática ou semântica da linguagem escrita. O leitor deve saber que *b* tende a não acompanhar *an* na língua portuguesa e que os capitães tendem a ordenar que marujos lancem *âncoras* ao mar. A redundância, em outras palavras, pode ser equacionada com o conhecimento anterior. Ao fazer uso da redundância, o leitor faz uso da informação não-visual, utilizando algo que já sabe para eliminar algumas alternativas e, assim, reduzir a quantidade de informação visual necessária. A redundância representa a informação que você não precisa, uma vez que já a possui.

LIMITES DE UTILIDADE DA INFORMAÇÃO

A razão para a importância da redundância e do conhecimento anterior em geral, é que existem severos limites para a quantidade de novas informações com as quais o cérebro pode lidar a qualquer momento, seja através dos olhos ou qualquer outra modalidade sensorial. Podemos ter questões que queremos ver respondidas e respostas potenciais àquelas questões podem estar na frente de nossos olhos, mas se nossa incerteza é extensa ou se estamos tentando extrair um sentido de demasiada informação, então podemos não ser capazes de lidar com toda a informação de que necessitamos para reduzir nossa incerteza. Podemos deixar de compreender.

Em linguagem simples, podemos tentar tão arduamente extrair um sentido e recordar mais do que lemos que somente conseguimos ficar confusos e aprender menos. As limitações do cérebro e da memória são discutidas nos capítulos seguintes. Mas existe um outro fator a ser levado em consideração, que pode até soar paradoxal — quanto mais lutamos para evitar o erro, menores são as probabilidades de estarmos certos. Sempre temos uma opção para o quanto estaremos errados.

Acertos, Falhas e Critérios

Os leitores não necessitam de uma quantidade fixa de informação a fim de identificarem uma letra ou palavra, mas podemos tomar tais decisões com base em mais ou menos informações, dependendo do número de fatores. Exatamente quanta informação um leitor procurará antes de tomar uma "decisão" sobre uma determinada letra, palavra ou significado, depende da dificuldade da tarefa (que deve ser sempre definida com relação a um determinado leitor) ou da habilidade do leitor, e do "custo" da tomada de uma decisão.

Um termo útil para a quantidade de informação de que os indivíduos necessitam antes de chegarem a uma decisão é seu *critério*. Se a quantidade de informação sobre uma determinada letra, palavra ou significado vai ao encontro do critério do leitor para a tomada de decisão, então será feita uma escolha naquele ponto, quer o leitor tenha ou não suficiente informação para tomar a decisão corretamente. Vemos uma letra ou palavra quando estamos prontos para decidir o que esta letra ou palavra é.

Uma importante consideração é a maneira como uma pessoa decide a que nível estabelecer um critério — indo desde uma atitude supercautelosa, requerendo uma certeza quase que absoluta até a vontade de tomar uma decisão com o mínimo de informações, mesmo com o risco de erro ser cometido. Mas, a fim de compreender por que um nível determinado de critério é estabelecido, é necessário compreender qual o efeito do estabelecimento de um baixo ou alto critério.

O conceito de níveis de critério para a percepção desenvolveu-se em uma área de estudo chamada de *teoria de detecção de sinais*, que contrariou um número bastante grande de idéias já estabelecidas sobre a percepção humana. Por exemplo, pensa-se, tradicionalmente, que alguém simplesmente

3. Informação e Experiência 79

vê algo ou não vê e que entre estes dois atos não existe uma área de liberdade, dentro da qual a pessoa que percebe pode selecionar a idéia tanto de que algo é visto ou não. A teoria de detecção de sinais, entretanto, mostra que, em muitas circunstâncias, a questão sobre se um objeto é percebido depende menos da intensidade do objeto — de sua "claridade", se você prefere — do que da atitude do observador. Também é tradicional pensar-se que existe uma relação inversa entre a resposta correta e os erros, que quanto mais respostas corretas, em qualquer determinada tarefa — por exemplo, quanto maior a proporção de letras ou palavras corretamente identificadas — menor será o número de erros. A teoria de detecção de sinais, entretanto, nos mostra que a relação é exatamente o inverso, e que a proporção de respostas corretas para uma determinada quantidade de informações, pode, dentro de limites, ser selecionada pelo indivíduo que percebe, mas que o custo de aumentar a proporção de respostas corretas é um aumento no número de erros. Em outras palavras, quanto mais freqüentemente você deseja estar certo, mais você deve tolerar o fato de estar errado. O paradoxo pode ser explicado por uma discussão mais pormenorizada sobre como a teoria originou-se.

A teoria de detecção de sinais estava preocupada, originalmente, literalmente com a detecção de sinais — com a capacidade dos operadores de radar de distinguir entre os "sinais" e os "ruídos" em suas telas de radar, com o objetivo de identificarem espaçonaves presumivelmente hostis. No que se refere à situação real, existem somente duas possibilidades: um ponto de luz na tela do radar é um sinal ou um ruído, uma espaçonave está presente, ou não. Quanto ao operador, também existem só duas possibilidades: uma decisão de que o ponto luminoso na tela é uma espaçonave, ou uma decisão de que não é. Em um mundo ideal, a combinação da situação real e da decisão do operador ainda permitiria somente duas possibilidades: ou o ponto luminoso é um sinal, e aí o operador decide que é uma espaçonave, ou o ponto é somente ruído, onde a decisão será de que não existe qualquer espaçonave envolvida. Podemos chamar cada uma destas duas alternativas de *acertos*, no sentido de que são ambas identificações corretas. Entretanto, existem duas outras possibilidades de espécies bastante diferentes, que podem ser consideradas como erros. O primeiro tipo de erro ocorre quando não há uma espaçonave presente, mas o operador decide o contrário — esta situação pode ser chamada de *falso alarme*. E o outro tipo de erro ocorre quando existe uma espaçonave presente, mas o operador decide que não, que o sinal é realmente ruído — uma situação que pode ser classificada como *falha*.

O problema, para o operador, é que o número de acertos, falsos alarmes e falhas não é independente; o número de um não pode ser mudado sem uma mudança no número de outro. Se o operador está ansioso para evitar falsos alarmes, e deseja obter um máximo de informações antes de decidir relatar uma espaçonave, então ocorrerão mais falhas. Se, por outro lado, o operador decide maximizar o número de acertos, reduzindo a possibilidade de um falha pela decisão a favor de uma espaçonave, com base em menos informações, então também ocorrerão mais falsos alarmes.

Naturalmente, com um aumento nas habilidades de discriminação, os operadores de radar podem melhorar seus níveis de eficiência e aumentar a taxa de acertos em relação aos alarmes falsos, exatamente como uma clareza aumentada sobre a situação tornará a tarefa mais fácil. Mas em qualquer determinada situação, a escolha é sempre a mesma, entre maximizar os acertos e minimizar os falsos alarmes. Sempre aquele que percebe tem que fazer uma escolha, decidir onde estabelecer um critério para a distinção entre sinal e ruído, amigo e inimigo, *a* e *b*. Quanto mais superior o critério, menores serão os falsos alarmes, mas menores também serão os acertos. Existirão mais acertos se o critério estabelecido for baixo, se as decisões forem tomadas com base em menos informações, mas também existirão mais falsos alarmes.

Agora, podemos abordar a questão da base sobre a qual o critério é estabelecido. O que faz com que o operador estabeleça um critério superior ou inferior? A resposta repousa nos custos relativos e recompensas pelos acertos, falhas e falsos alarmes. Um operador de radar que é pesadamente penalizado por falsos alarmes, estabelecerá um alto critério, arriscando-se a identificações errôneas ocasionais. Aquele que é altamente recompensado pela identificação de um possível inimigo, e excusado por um erro ocasional, estabelecerá um baixo critério.

Os leitores não podem admitir o estabelecimento de um critério demasiadamente alto, antes de tomarem decisões. Um leitor que exige demasiada informação visual, com freqüência será incapaz de obtê-la rápido o bastante para que a leitura faça sentido. Uma boa vontade para arriscar-se é crítica para os leitores iniciantes, que podem ser forçados a pagar um alto preço pelo fato de cometerem "erros". A criança que permanece silenciosa (que comete "falhas") em vez de se arriscar a um "falso alarme" pode agradar ao professor, mas desenvolve um hábito de estabelecer um critério demasiadamente alto para a leitura eficiente. Os leitores fracos seguidamente temem assumir riscos; podem estar tão preocupados em interpretar bem as palavras que apenas perdem por completo o sentido da sentença.

INFORMAÇÃO E EXPERIÊNCIA

Alonguei minha discussão para apresentar uma consideração técnica sobre a natureza da informação e sua relevância para o estudo da leitura. Mas minhas qualificações devem ser enfatizadas. *O ponto de vista do processamento de informações é apropriado e útil para pensar-se sobre os*

3. Informação e Experiência

aspectos de tomada de decisões na leitura, mas não para a leitura como um todo. Os leitores precisam extrair sentido da informação visual em um texto, a fim de serem capazes de ler aquele texto, mas a leitura é bem mais do que a identificação da informação visual. Em certo sentido, a leitura é o que você faz com a informação visual; esta — a informação visual — é somente o começo.

Estou argumentando contra a opinião, atualmente generalizada na educação, de que a leitura é a "aquisição de informações" do texto, ou, até mais especificamente, que a leitura é uma questão de receber mensagens ou fatos particulares, colocados em um texto pelo escritor. Este é o "modelo de comunicação" comum (que eu mesmo empreguei nas edições anteriores deste livro), o de ver-se o texto como uma espécie de canal, ao longo do qual a informação passa dos escritores para os leitores. Às vezes, a metáfora da comunicação torna-se ainda mais específica, com os escritores "codificando" mensagens em textos, que os leitores, por sua vez, devem "decodificar".

Entretanto, muitos tipos de textos e considerações sobre a leitura são distorcidos, se não fundamentalmente malpercebidos, se as metáforas de comunicação e processamento de informações são aplicadas de modo muito generalizador. Como Rosenblatt apontou, existe a leitura feita para o bem da experiência, que é em geral o caso dos romances e poesia, e também para a estimulação e exploração de idéias. Em ambos os casos, o que o leitor traz para o texto, procura neste e faz como uma conseqüência de sua interação com o texto, é bem mais importante e relevante do que ser capaz de "identificar" e recordar o conteúdo real do texto. Na verdade, suspeito que muito pouca leitura é feita para finalidades puramente factuais, onde a informação proporcionada pelo texto tem importância primária. Tal leitura (externa às tarefas escolares formais) raramente ocorre de "capa-a-capa", mas, em vez disso, é extremamente seletiva e localizada, limitada pelas intenções específicas do leitor. Estou me referindo às ocasiões em que consultamos enciclopédias, dicionários, catálogos, guias de televisão e listas telefônicas. Em outras ocasiões — mesmo com jornais ou revistas — lemos mais pela experiência gerada pela leitura, pelo próprio prazer do ato, do que pela informação específica que a leitura proporciona.

A metáfora de transmissão de informação é hoje em dia generalizada na educação, onde todos os aspectos da alfabetização tendem a ser categorizados e percebidos como "habilidades de comunicação". A metáfora vem, naturalmente, da tecnologia eletrônica sempre presente em nosso ambiente, do rádio, da televisão, telefone e computadores. Mas, mesmo neste contexto, a perspectiva da informação e da comunicação é limitada e restrita. Por exemplo, a televisão é freqüentemente vista como uma fonte de "informação" ou "entretenimento", menosprezando a alternativa, se alguém não olha os programas a fim de adquirir os fatos. Mas não apenas existe uma outra alternativa, mas **também a maioria** dos assim chamados programas informativos

82 Compreendendo a Leitura

e de entretenimento, na verdade, também apresentam a possibilidade de *experiência*, bem mais relativa ao conhecimento e finalidades de cada indivíduo do que as duas outras categorias, e provavelmente bem mais importante. Na verdade, a visão de que a educação é uma questão de "aquisição de informações" leva a concepções errôneas sobre a leitura (e sobre o olhar televisão), mas também sobre o próprio aprendizado, culminando na crença duvidosa de que as crianças logo serão capazes de realizar todo seu aprendizado (adquirir todos os fatos necessários) nos consoles dos computadores. Esta ênfase exclusiva sobre a aquisição ignora a importância crítica, na educação e na vida em geral, da experiência e da exploração autodirigida.

A parte de tomada de decisão da leitura é, em geral, apenas uma parte menor do ato como um todo, envolvendo a identificação de letras ocasionais, palavras individuais, e, possivelmente, de tempos em tempos, uma gama limitada de significados. As pesquisas tendem a concentrar-se nestes aspectos restritos da leitura. Mas a informação que possibilita a você fazer tais identificações não é a mesma que a "mensagem" que você interpreta a partir de um texto, ou a compreensão que você traz a este texto e, certamente, não é a mesma que a experiência que o texto poderia gerar para você.

Seria melhor considerar-se a informação oferecida pelos textos em um sentido mais genérico, como *evidência*, em vez de mensagem, a base para uma resposta ou compreensão, em vez de conteúdo da compreensão. A informação pode ser aquilo que o cérebro busca, na leitura. É a base sobre a qual um significado é interpretado, uma experiência é construída ou a exploração de uma idéia iniciada.

Talvez seja paradoxal que o conceito de informação não seja amplamente compreendido e empregado naqueles contextos nos quais faz maior sentido, especificamente onde o ato da leitura está limitado a tarefas de identificação, mas que seja abusado e distorcido como uma metáfora para toda a leitura.

Neste livro, não utilizo o termo *informação* em seu sentido amplo e impreciso. Mesmo com os termos gerais *informação visual* e *informação não-visual*, aos quais já me referi, a referência é feita como a incerteza é reduzida na leitura, não à experiência e aprendizado que a leitura proporciona. O termo *informação* é utilizado de modo razoavelmente extensivo nos próximos capítulos, mas somente no sentido técnico restrito, nas discussões sobre como o cérebro resolve a incerteza relacionada ao *"input"* visual dos olhos. Apesar do tempo que passei discutindo sobre a informação, não considero como o aspecto maior ou mais importante da leitura a ser levado especialmente em consideração pelos professores.

O que é experiência? Não pode ser medida e não é facilmente definida. Talvez nem precise de definições. A experiência é sinônimo de se estar vivo, criando e explorando, interagindo com mundos — reais, possíveis e inventados. Não exite necessidade de se "explicar" a tensão contínua entre a

3. Informação e Experiência 83

procura de possibilidades e a redução da incerteza. É uma condição essencial para ser-se humano e se estar vivo.

A leitura é uma experiência. Ler sobre uma tempestade não é o mesmo que estar em uma tempestade, mas ambos são experiências. Respondemos emocionalmente a ambos, e podemos aprender com ambos. Mas o aprendizado, em cada caso, é um derivado da experiência. Não vivemos para adquirir informação, mas a informação, assim como o conhecimento, sabedoria, habilidades, atitudes e satisfações, vêm com a experiência de estar vivo.

SUMÁRIO

Existem duas razões fundamentais para a leitura — para informação ou para experiência. Embora possua um significado definido em um sentido restrito, a palavra "informação" é amplamente abusada e mal-utilizada. A informação pode ser considerada como redução da incerteza, com relação às alternativas dentre as quais um leitor deve decidir. A quantidade de informação visual necessária a um determinado leitor é afetada por sua capacidade de se lançar a riscos de uma decisão errônea. Os leitores que estabelecem *um nível de critério* demasiadamente alto para a informação antes de tomarem decisões, terão maior dificuldade com a *compreensão*. Uma vez que existem limites quanto à quantidade de informações com as quais o cérebro consegue lidar, ao dar sentido aos textos, os leitores devem fazer uso de todas as formas de *redundância* na linguagem escrita — *ortográfica, sintática e semântica*. Uma vez que a leitura é mais do que uma questão de se tomarem decisões, a relevância da perspectiva de processamento de informações é limitada.

As notas sobre o Capítulo 3 abrangem:

Medição da informação e da incerteza
Medição da redundância
Teoria da informação e leitura
Teoria da detecção de sinais
Leitura adicional
Limitações da teoria da informação, e da "informação"
Ciência cognitiva
Computadores

4

ENTRE OS OLHOS E O CÉREBRO

Sempre damos demasiado crédito aos olhos por enxergarem. Seu papel na leitura é freqüentemente supervalorizado. Os olhos não vêem, absolutamente, em um sentido estritamente literal. Os olhos observam, são dispositivos para a coleta de informações para o cérebro, amplamente sob a direção deste; o cérebro determina o que e como vemos. As decisões perceptivas do cérebro estão baseadas apenas em parte na informação colhida pelos olhos, imensamente aumentadas pelo conhecimento que o cérebro já possui.

O presente capítulo não pretende ser uma fisiologia global do sistema visual, mas esboça algumas características do funcionamento olhos-cérebro, que exerce uma importância crítica para a leitura. Para ser específico, três aspectos do sistema visual são considerados:

1. O cérebro não vê tudo que está na frente dos olhos.
2. O cérebro não vê qualquer coisa que esteja na frente dos olhos imediatamente.
3. O cérebro não recebe informações dos olhos continuamente.

Juntas, estas três considerações levam a três importantes implicações para a leitura, e, assim, para o aprendizado desta:

1. A leitura deve ser rápida
2. A leitura deve ser seletiva.
3. A leitura depende daquilo que o leitor já sabe.

4. Entre os Olhos e o Cérebro

O restante deste capítulo considera os seis pontos anteriores em ordem, depois de elaborar sobre o que vai por trás dos olhos quando da leitura.

OS DOIS LADOS DA LEITURA

Obviamente, a leitura não é uma atividade que possa ser conduzida no escuro. Para ler, você necessita de iluminação, alguma coisa impressa em sua frente, seus olhos abertos e, possivelmente, seus óculos. Em outras palavras, a leitura depende de alguma informação passando pelos olhos para o cérebro. Vamos chamar a esta informação que o cérebro recebe da página impressa de informação visual. É fácil caracterizar a natureza geral da informação visual - ela é aquilo que desaparece quando as luzes se apagam.

O acesso à informação visual é uma parte necessária da leitura, mas não é o suficiente. Você pode ter uma riqueza de informação visual em frente a seus olhos abertos e ainda não ser capaz de ler. Por exemplo, o texto pode estar escrito em uma outra língua, que você não compreende. O conhecimento da linguagem relevante é essencial para a leitura, mas você não pode esperar encontrá-lo na página impressa. Ao contrário, este conhecimento é uma informação que você já deve possuir, por trás dos globos oculares. Pode ser distinguido da informação visual que passa através dos olhos se o chamarmos de informação não-visual ou "conhecimento prévio".

Existem outros tipos de informação não-visual, além do conhecimento da linguagem. O conhecimento sobre o assunto é igualmente importante. Se dermos a muitas pessoas um artigo sobre física, cálculo diferencial ou sobre manutenção de aviões a jato, estas pessoas não serão capazes de ler — não por causa de alguma inadequação do texto, que especialistas podem ler perfeitamente, não porque exista algo errado com seus olhos, mas porque não possuem a informação não-visual adequada. O conhecimento sobre como ler é uma outra espécie de informação não-visual, e possui evidente importância para tornar a leitura possível, embora não tenha nada a ver com a iluminação, como a impressão ou com o estado dos olhos de alguém. A informação não-visual é facilmente distinguida da informação visual — está com o leitor todo o tempo; não desaparece quando as luzes se apagam.

A Transação Entre a Informação Visual e Não-Visual

A distinção entre a informação visual e não-visual parece ser óbvia; ainda assim, é tão crítica para a leitura e para o aprendizado desta que a coloquei na forma de um diagrama (figura 4.1).

86 Compreendendo a Leitura

A razão pela qual a distinção entre a informação visual e não-visual é tão importante é bem simples - existe uma relação recíproca entre as duas. Dentro de certos limites, pode-se trocar uma pela outra. Quanto mais informações não-visuais um leitor possui, menos informação visual necessita. Quanto menos informação não-visual estiver disponível por detrás dos olhos, mais informação visual será necessária. Esta relação recíproca é representada pela linha curva entre os dois tipos de informação na figura 4.1.

```
┌─────────────────────┐           ┌─────────────────────┐
│ Informação visual   │  ╲╱╲     │ Informação não-visual│
└─────────────────────┘           └─────────────────────┘
     │                   ┌──────────┐                  │
     │ (através dos olhos)│  Leitura │(por detrás dos olhos)
     └──────────────────▶└──────────┘◀─────────────────┘
```

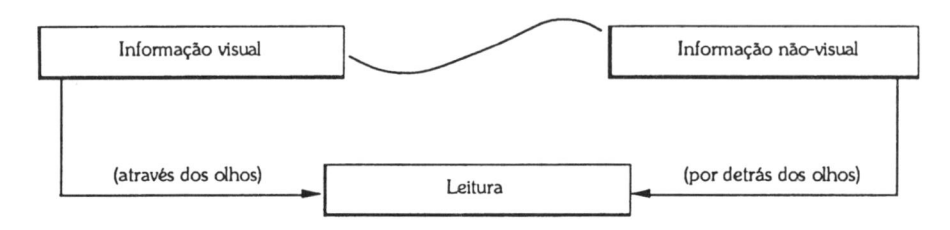

FIGURA 4.1. Duas fontes de informação na leitura.

A leitura sempre envolve uma combinação de informação visual e não-visual. Ela é uma interação entre o leitor e o texto.

Demonstrações informais da transação entre as duas fontes de informação na leitura não são difíceis de ser feitas. São fornecidas pelo fenômeno comum de os romances e artigos populares de jornal serem tão fáceis de ler — podem ser lidos relativamente rápido, com iluminação fraca, apesar da má impressão e do tipo pequeno. São fáceis de ler por causa daquilo que já sabemos; temos uma necessidade mínima de informação visual. Por outro lado, os materiais técnicos ou romances difíceis — ou até os mesmos romances e artigos de jornal, quando lidos por alguém não tão familiarizado com a linguagem ou com as convenções da escrita — requerem maior tempo e esforço, tipo maior, uma impressão mais clara e condições físicas superiores. Os nomes de cidades familiares em sinais rodoviários podem ser lidos a uma distância maior do que os nomes de lugares desconhecidos em placas do mesmo tamanho. É mais fácil ler letras em uma parede quando estão organizadas em palavras significativas e frases do que as mesmas letras em uma ordem casual no quadro de teste de um oculista. Em cada caso, a diferença nada tem a ver com a qualidade da informação visual disponível na impressão, mas com a quantidade de informação não-visual que o leitor traz para o ato de ler. Quanto menos informação não-visual o leitor pode empregar, mais difícil se torna a leitura.

Tornando a Leitura Difícil

Agora, podemos ver uma razão pela qual a leitura pode ser tão difícil para crianças, independentemente de sua capacidade real para a leitura. Estas crianças podem ter pouca informação não-visual relevante. Alguns materiais iniciais de leitura parecem ser elaborados expressamente para evitar a utilização do conhecimento anterior. Outras vezes, os adultos podem, sem querer, ou mesmo intencionalmente, desencorajar sua utilização, proibindo a "adivinhação". Não importa por que causa, a insuficiência de informação não-visual tornará a leitura mais difícil.

A insuficiência de informação não-visual pode, até mesmo, tornar a leitura impossível, pela simples mas inelutável razão de existir um limite para a quantidade de informação visual que o cérebro pode manusear a cada momento. Existe um "funil", no sistema visual, entre os olhos e o cérebro, como indicado na figura 4.2. Por causa deste funil, um leitor pode, temporariamente, tornar-se funcionalmente cego. É possível olhar, mas é impossível ler, não importa o quanto sejam boas as condições físicas. Uma linha de texto impresso que é transparentemente óbvia para um professor (que, em primeiro lugar, já sabe o que ela diz), pode ser quase que completamente ilegível para uma criança, cuja dependência sobre a informação visual pode limitar a percepção a somente duas ou três letras no meio da linha.

Ser incapaz de discernir as palavras escritas não é uma deficiência restrita às crianças. Leitores fluentes podem encontrar-se exatamente na mesma situação por, essencialmente, as mesmas razões — por receberem um material difícil para ler, por ser-lhes exigida muita atenção a cada palavra, ou por serem colocados em uma situação de ansiedade. Todas estas condições aumentam a demanda por informação visual e têm a consequência paradoxal de tornar mais difícil a visualização do texto.

Posteriormente, neste capítulo, mostro como as proporções relativas da informação visual e não-visual, necessárias para a leitura, podem ser estimadas, e também indico o quanto este funil é estreito, tanto que pelo menos três quartos da informação visual disponível no texto devem, geralmente, ser ignorados. Como o psicólogo Paul Kolers (1969) já escreveu, "Ler é apenas incidentalmente visual". Uma vez que a informação não-visual localiza-se no núcleo da leitura, uma grande parte deste livro trata de sua natureza, desenvolvimento e utilização.

LIMITAÇÕES DA VISÃO

O Cérebro Não Vê Tudo

O fato de os olhos estarem abertos não é indicação de que a informação visual do mundo a nossa volta está sendo recebida e interpretada pelo cérebro. O cérebro não vê o mundo à medida que sua imagem cai sobre os olhos. E como poderia, quando aquela imagem deve ser freqüentemente, um borrão caleidoscópico, à medida que os olhos vão de um a outro lugar em sua investigação intermitente do mundo? Mas o argumento é mais complexo do que o fato relativamente simples de o mundo que vemos ser estável, embora os olhos estejam constantemente em movimento. A cena percebida pelo cérebro tem muito pouco em comum com a informação que os olhos recebem do mundo em redor.

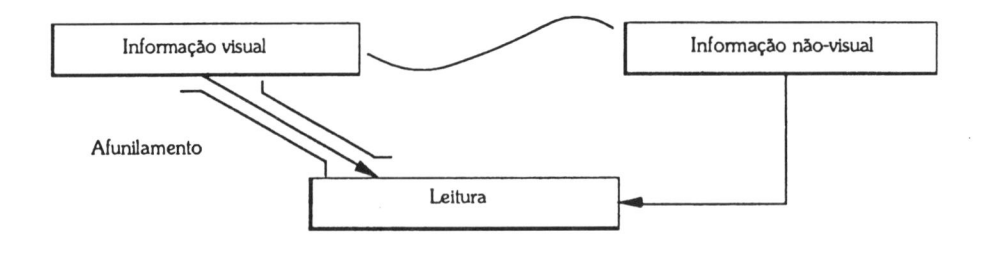

FIGURA 4.2. O afunilamento na leitura

O que passa pelos olhos abertos é um bombardeamento difuso e contínuo de radiação eletromagnética, ondas diminutas de energia de luz que variam somente em freqüência, amplitude e padrão espacial e temporal. Os raios de luz que se impingem sobre os olhos não carregam, em si mesmos, a cor, forma e textura, além do movimento, que vemos; todos estes aspectos familiares e significativos da percepção são criados pelo próprio cérebro. A imagem que se apresenta aos olhos é, na verdade, perdida, no momento em que ali chega. A área sensível à luz, do globo ocular, a retina, consiste de milhões de células que transformam a energia de luz em impulsos neurais, através de um processo maravilhosamente intrincado envolvendo a descoloração e regeneração do pigmento nas células da retina. Como resultado

4. Entre os Olhos e o Cérebro 89

desta trasformação química, surtos de energia neural começam uma jornada lenta, complicada e relativamente longa ao longo do nervo ótico — na verdade um emaranhado de muitas fibras nervosas individuais —, a partir da parte posterior do globo ocular até as áreas visuais do cérebro, cerca de 6 polegadas da parte posterior da cabeça. As mensagens[1] que passam dos olhos para o cérebro sofrem várias análises e transformações no caminho. O arranjo padronizado de luz que recai sobre o olho e a percepção estruturada produzida pelo cérebro estão ligados por um conjunto de impulsos nervosos que, por si mesmos, não apresentam uma correspondência única com as ocorrências de qualquer extremo do sistema visual.

Nenhuma fibra nervosa corre diretamente do olho para o cérebro; em vez disso, existem pelo menos seis interligações onde os impulsos ao longo de um nervo podem começar — ou inibir — a propagação de um padrão adicional de impulsos ao longo da próxima seção do trajeto. Em cada uma destas estações de relé neuronais existem grandes números de interconexões, algumas das quais determinam que um simples impulso chegando por uma seção pode desencadear um padrão complexo de impulsos na próxima, enquanto outras podem permutar a mensagem somente se uma combinação particular de sinais chegar. Cada ponto de interconexão, na verdade, é um local onde uma análise complexa e uma transformação de sinais ocorrem.

Três camadas de interconexões estão localizadas nas retinas, as quais são, em termos tanto de funcionamento quanto de desenvolvimento embriônico, uma extensão do cérebro. Uma tremenda compressão de informação tem lugar dentro da própria retina. Quando as fibras nervosas eventualmente deixam o olho em sua jornada para o cérebro (o feixe de nervos da espessura de um lápis, que é coletivamente chamado de nervo óptico), a informação de cerca 120 milhões de células sensíveis à luz na retina, onde as mensagens

---

[1] É difícil evitar a referência a estes surtos de energia neural como "mensagens" ou "informação" que os olhos enviam para o cérebro, acerca do mundo. Mas ambos os termos são inapropriados, com sua implicação de que alguma espécie de conteúdo significativo foi posto nas mensagens, em primeiro lugar, como se os olhos soubessem de algo que tentam comunicar ao cérebro. Seria mais apropriado referirmo-nos aos impulsos neurais que viajam entre os olhos e o cérebro como indícios de um mundo que está para sempre resguardado da inspeção direta. Nenhum cientista ou filósofo pode dizer como o mundo "realmente é", uma vez que a percepção de cada pessoa sobre o mundo — mesmo quando mediada por microscópios, por fotografias ou raios X — ainda depende do sentido que o cérebro pode extrair dos impulsos neurais que chegaram através do escuro túnel entre os olhos e o cérebro. Não mais podemos ver a imagem do mundo que cai sobre a retina do que podemos vislumbrar os impulsos nervosos que a retina envia ao cérebro. A única parte da visão da qual sempre podemos estar conscientes é a sensação final de "ver", construída pelo cérebro por seus próprios processos enigmáticos e privados.

neurais originam-se, é reduzida em cerca de 100 vezes; o nervo óptico consiste de cerca de um milhão de trajetos neuronais.

Uma faceta interessante desta parte do sistema visual é que a retina parece ter sido construída da maneira "errada" — provavelmente uma conseqüência da construção da retina a partir de uma extensão de superfície cerebral igualmente com múltiplas camadas, durante o desenvolvimento pré-natal, começando já em três semanas após a concepção. Todas as três camadas de células nervosas do olho e suas interconexões, juntamente como os vasos que proporcionam um rico suprimento de sangue à retina, localizam-se entre a superfície sensível à luz e a lente do olho. As células sensíveis à luz encaram o mundo através de seus próprios corpos celulares, através de duas outras camadas de células nervosas, milhões sobre milhões de redes interconectadas de neurônios, e da cortina de seus próprios processos neuronais, à medida que convergem para a área um (a "área cega") para penetrarem no envoltório do olho no começo do nervo óptico.

A natureza real da mensagem que passa por este complexo cabo de nervos também é bastante diferente de nossa percepção ou crença de como realmente é o estímulo visual. Cada nervo em nosso corpo está limitado a levar somente um tipo de sinal — ou se ativa, ou não. A velocidade do impulso pode variar de nervo para nervo, mas é fixa para cada nervo; a resposta é "tudo ou nada". O impulso nervoso é relativamente lento: a taxa mais rápida, para algumas das fibras nervosas longas e espessas que percorrem muitos centímetros pelo corpo, é de talvez 300 pés por segundo (91,437m), mas os nervos menores, tais como aqueles no sistema visual e cérebro, transmitem somente a um décimo desta velocidade.

Muitos exemplos do modo pelo qual o cérebro impõe estabilidade sobre a perspectiva sempre mutável dos olhos são fornecidos por aquilo que os psicólogos chamam de constâncias visuais. Por exemplo, sempre vemos um objeto conhecido como tendo um tamanho constante; não achamos que uma pessoa ou automóvel que se afasta de nós fica menor à medida que a distância aumenta, embora o tamanho real da imagem na retina seja diminuída pela metade, quando a distância multiplica-se por dois. Não achamos que o mundo muda de cor simplesmente porque o Sol se põe, nem vemos um gramado como possuindo dois tons de verde, porque parte dele está na sombra. A constância da impressão visual disfarça as variações nas informações óticas recebidas pelos olhos. "Vemos" pratos e moedas como objetos circulares, embora do ângulo pelo qual tais objetos são em geral observados a imagem batendo nos olhos seja quase que invariavelmente oval ou qualquer outra. Um gato que se esconde atrás de uma cadeira é reconhecido como o mesmo gato, quando novamente sai dali, embora esta informação certamente não esteja presente na informação que chega para o olho. Na verdade, as formas distintivas dos gatos, cadeiras e todos os outros objetos não se organizam claramente para os olhos — podemos distingui-las porque já sabemos

4. Entre os Olhos e o Cérebro   91

as formas que desejamos separar. Por que mais deveríamos perceber Th como T e h e não como Tl e ʇ ou qualquer outro arranjo de partes?

Alguém poderia dizer que pelo menos a percepção do movimento é determinada pelo fato de a imagem que cai sobre a retina mover-se ou não, mas este não é o caso. Se nossos olhos estão imóveis, e um objeto em movimento cai em sua frente, é claro que vemos o movimento. Mas se um movimento similar ocorre na frente dos olhos porque os movimentamos voluntariamente — quando olhamos em volta de uma sala, por exemplo — não vemos o mundo se movendo. Nossa percepção de algo mover-se ou não depende tanto do conhecimento que temos sobre o que nossos músculos oculares estão fazendo quanto da informação visual que está sendo recebida pelo olho. Podemos facilmente enganar nosso próprio cérebro enviando-lhe uma falsa informação. Se "voluntariamente" movimentamos um olho para cima e para baixo pela utilização de nossos músculos oculares, não vemos o livro ou parede em nosso campo de visão como estando em movimento, mas se movimentarmos o olho da mesma maneira com os dedos — movimentando o olho sem movimentar os músculos oculares — então realmente vemos o livro ou parede em movimento. O cérebro "pensa" que se os músculos oculares não estão ativamente envolvidos, então a imagem que muda na frente dos olhos deve significar um movimento externo, e constrói nossa percepção de acordo com isso.

Taquistoscópios e Visão em Túnel

A discussão anterior não pretendia simplesmente familiarizar o leitor com alguns dos complicados detalhes do sistema visual. O objetivo era ilustrar que aquilo que pensamos ver, a qualquer momento, pode ser muito diferente daquilo que estamos na realidade detectando visualmente, do mundo a nossa volta. É importante saber-se que ver não é uma simples questão de um olho interior no cérebro examinando instantâneos ou imagens de televisão de cenas completas do mundo exterior. O cérebro pode gerar uma impressão de que somos capazes de ver a maior parte do tempo, mas isto é apenas o que é — uma sensação gerada pelo cérebro. Quando de uma análise, podemos descobrir que, na verdade, vemos muito pouco. Os olhos não são janelas, e o cérebro não vê através delas. Não somente o que vemos, mas nossa convicção de ver, são coisas fabricadas pelo cérebro.

Para um exemplo específico, tome o caso da leitura. Quando olhamos para uma página impressa, provavelmente achamos que vemos linhas inteiras de um só vez. Na prática, provavelmente vemos muito menos. Em circunstâncias extremas podemos ficar quase cegos. Paradoxalmente, quando mais arduamente tentamos olhar para algo, menos vemos na realidade. Para compreender as pesquisas que fundamentam estas asserções, é necessário adquirir alguma familiaridade com uma peça respeitável de instrumentação psicológica e com um modo bastante preciso de se falar sobre unidades de tempo muito pequenas. A pequena unidade de tempo é o milésimo de segundo. Dez milésimos de segundo são aproximadamente o tempo que o obturador de uma câmara necessita estar aberto, em condições normais, para obter uma imagem razoável em um filme. Também pode ser um tempo suficiente para que a informação esteja disponível ao olho, para que disto resulte uma única experiência perceptiva. É necessário um tempo muito maior para que uma mensagem vá do olho ao cérebro, ou para que o cérebro realize uma decisão perceptiva.

A peça do equipamento psicológico é o taquistoscópio, um dispositivo que apresenta informações aos olhos por períodos de tempo muito curtos. Em outras palavras, um taquistoscópio é um dispositivo para estudar quanto podemos ver em um determinado momento. Ele não permite que o leitor tenha outra oportunidade para ver.

Em sua forma mais simples, um taquistoscópio é um projetor de *slides* que joga uma imagem sobre uma tela por uma quantidade de tempo limitada, geralmente apenas uma fração de segundo. Nos laboratórios experimentais atuais, as breves apresentações são em geral controladas com grande precisão, por computadores. Uma das primeiras descobertas feitas pela utilização dos dispositivos taquistoscópicos durante a década de 1890, foi de que o olho tinha que ser exposto à informação visual por um tempo muito menor do que em geral se pensava. Se existe uma intensidade suficiente, uma exposição de 50 milésimos de segundo é mais do que adequada para toda a informação que o cérebro pode manusear em qualquer ocasião. Isto não significa que 50 milésimos de segundo sejam um tempo adequado para a identificação de tudo, em uma primeira observação; obviamente não é assim. Você não pode inspecionar uma página de livro em menos de um segundo e esperar ter visto todas as palavras. Mas 50 milésimos de segundo são uma exposição suficiente para toda a informação visual que pode ser obtida em uma única fixação. Não fará diferença se a fonte de informação visual for removida após os 50 milésimos de segundo ou deixada por 250 milésimos de segundo; nada mais será visto. Os olhos coletam informações úteis por apenas uma fração de tempo no qual estão abertos.

A segunda descoberta significativa pela utilização do taquistoscópio e outros estudos foi de que o que podia ser percebido em uma única apresentação breve, em uma olhada, dependia do que era apresentado e do conhecimento anterior do observador. Se fossem apresentadas ao acaso letras do alfabeto — uma seqüência como kYBVOD — então somente quatro ou cinco letras seriam relatadas. Mas se palavras fossem apresentadas pela mesma quantidade de tempo, duas ou três poderiam ser relatadas, compreendendo um total de talvez 12 letras. E, se as palavras estivessem organizadas em uma sentença curta, então quatro ou cinco palavras, um total

4. Entre os Olhos e o Cérebro   93

de talvez 25 letras, poderiam ser percebidas na mesma duração da exposição.

O parágrafo anterior relata um achado mais importante e um que é central para a compreensão da letra. Para enfatizarmos sua importância, os pontos principais são reiterados na forma de um diagrama (figura 4.3).

Na seção de Notas, no final deste livro, é mostrado que o olho e o cérebro estão realizando a mesma quantidade de trabalho em cada uma das três situações mostradas na figura 4.1. Os olhos estão enviando a mesma quantidade de informação visual para o cérebro, e o cérebro está extraindo sentido da mesma proporção desta informação. Mas quanto mais sentido as letras fazem — o que significa quanto mais o cérebro é capaz de utilizar a informação não-visual — mais podemos ver. A diferença está no número de alternativas confrontando o cérebro na tomada de suas próprias decisões perceptivas. Se as letras são distribuídas ao acaso — ou premeditadamente ao acaso para a pessoa que as lê — elas são basicamente imprevisíveis e demandam uma boa quantidade de informação visual para cada decisão de identificação. O leitor, conseqüentemente, vê muito pouco e está em uma condição conhecida como "visão em túnel" (Mackworth, 1965), muito similar ao tentar examinar o mundo através de um estreito canudo de papel. Todos nós podemos ter, ocasionalmente, uma visão em túnel; ela não tem nada a ver com a saúde ou eficiência dos olhos. A visão em túnel é um resultado da tentativa de se processar demasiada informação visual. Os pilotos aéreos podem sofrer de visão em túnel, especialmente quando têm de prestar atenção a demasiadas condições, quando tentam aterrissar um grande avião a jato. É por isso que são necessários dois pilotos para o vôo de tais aviões. Todos os leitores podem ser afligidos pela visão em túnel, quando o material que tentam ler é estranho, opaco ou difícil — ou quando em meio a determinadas demandas da tarefa ou ansiedade tentam manusear demasiada

K̸ B ̸O ̸D ̸W ̸G (P J M S Q) T̸ X̸ O ̸G M ̸C T̸R S̸

Letras arranjadas ao acaso: quatro ou cinco

P̸R̸O̸N̸T̸O̸ (PULAR   TRIGO) P̸O̸B̸R̸E̸ M̸A̸S̸

Palavras não relacionadas umas às outras: cerca de duas (dez a doze letras)

(CAVALEIROS   FORAM   PARA   A   GUERRA)

Uma frase significativa: quatro ou cinco palavras (cerca de 25 letras)

FIGURA 4.3. O que pode ser visto em uma só olhada.

quantidade de informação visual. Os leitores iniciantes são candidados primários para a visão em túnel na maior parte do tempo, especialmente se os livros que devem ler lhes fazem pouco sentido. A visão em túnel, em outras palavras, é causada por um excesso de informações.

Por outro lado, se o texto é facilmente compreendido, linhas inteiras podem ser vistas de uma só vez. Então, para um professor que aponta para algumas palavras em um livro e pergunta a uma criança: "Olha aqui, você pode ver isto com bastante clareza, não pode?" a resposta é provavelmente "não". O professor, que pode ver toda a linha, provavelmente sabe quais são as palavras desta, em primeiro lugar. O fato de o professor estar apontando pode tornar a situação ainda pior e assegurar que a criança não veja qualquer coisa além da ponta de um dedo.

Você não pode ler se somente enxerga umas poucas letras de cada vez. A visão em túnel torna a leitura impossível. E a situação não pode ser recuperada tentando-se olhar para as palavras mais freqüentemente. Ver algo toma tempo, e existe um limite para a taxa na qual o cérebro pode tomar suas decisões perceptivas.

Ver Toma Tempo

Em geral, achamos que estamos vendo aquilo que estamos olhando imediatamente. Mas esta é uma outra ilusão gerada pelo cérebro. Leva tempo para vermos qualquer coisa, porque o cérebro requer tempo para tomar suas próprias decisões perceptivas. E o tempo requerido está novamente relacionado ao número de alternativas confrontando o cérebro. Quanto mais alternativas o cérebro tem que considerar e desconsiderar, mais tempo levará para decidir-se, assim falando, e para que a visão ocorra.

A situação é análoga a quão rapidamente você pode identificar seu próprio carro em um estacionamento. Não importa quão bem você conheça seu veículo, e não importa o quanto você esteja perto dele, o tempo que levará para você descobrir "Este é o meu" variará, com o número de outros carros no estacionamento. Se existirem somente dois carros no estacionamento, você localizará o seu em uma fração de segundo. Se houver dez carros, levará um tempo consideravelmente maior. Com uma centena de carros, você provavelmente demorará bem mais tempo.

Para uma demonstração experimental de que o número de alternativas determina a velocidade da percepção, o taquistoscópio pode novamente ser utilizado. Se uma única letra do alfabeto é breve mas claramente exposta, digamos, a letra A, a demora antes que o leitor consiga dizer "A" dependerá do número de letras que poderiam ter ocorrido em vez de A. Se o observador não tiver qualquer indício, de modo que a letra possa ser qualquer uma das 23 do alfabeto da língua portuguesa, a demora — o "tempo de reação"

4. Entre os Olhos e o Cérebro

— pode ser de até 500 milésimos de segundo, ou meio segundo. Se lhe for dito com antecedência que a letra ocorre na primeira parte do alfabeto, ou que é uma vogal, o tempo de reação será muito menor. Diga ao observador que a letra é A ou B e o tempo de reação pode cair para até 200 milésimos de segundo. Com menos alternativas o cérebro do observador tem muito menos trabalho para tomar uma decisão, e esta vem muito mais rapidamente.

Na leitura, é imperativo que o cérebro deva fazer uso de qualquer coisa relevante que já conhece — da informação não-visual — a fim de reduzir o número de alternativas. A taxa bastante lenta na qual o cérebro pode tomar decisões pode ser extremamente disruptiva. Se o cérebro tem que passar muito tempo decidindo entre as alternativas, a informação visual que os olhos tornam disponível ao cérebro desaparecerá. Esta é a explicação para a visão em túnel — o cérebro perde o acesso à informação visual antes que tenha tempo para tomar qualquer decisão sobre ela.

A informação visual não permanece disponível ao cérebro por muito tempo, após ter sido captada pelo olho. Obviamente, a informação visual permanece em algum lugar, na cabeça, por um curto período de tempo, enquanto o cérebro trabalha na informação coletada pelo olho nos primeiros milésimos de segundo após cada olhada. Os psicólogos até mesmo criaram um nome para o local onde esta informação supostamente reside entre o tempo em que foi enviada pelos olhos e o tempo que o cérebro leva para tomar decisões. Este local é conhecido como o armazenamento sensorial, embora, até agora, tenha permanecido somente como uma construção puramente teórica, sem qualquer localização real conhecida, no cérebro. Mas onde quer que esteja ou o que quer que seja, a armazenagem sensorial não dura muito tempo. As estimativas de sua persistência variam de meio segundo a — sob condições ótimas — dois segundos. Mas é lógico o fato de o armazenamento sensorial durar tão breve tempo, uma vez que é necessário todo um segundo para que o cérebro decida até mesmo sobre a quantidade limitada que geralmente é capaz de perceber em um único olhar. A informação visual que pode ser utilizada em um único olhar ou exposição taquistoscópica — resultando na identificação de quatro ou cinco letras arranjadas ao acaso, duas palavras não relacionadas ou uma seqüência significativa de quatro ou cinco palavras — na verdade requer todo um segundo. A legenda da figura 4.3 poderia ser modificada para dizer não somente "O que pode ser visto em uma só olhada", mas também "O que pode ser visto em um segundo". A limitação fisiológica básica sobre a taxa na qual o cérebro pode decidir entre alternativas, parece colocar o limite na velocidade na qual a maioria das pessoas pode ler um testo significativo em voz alta, que geralmente não é maior do que 250 palavras por minuto (cerca de 4 palavras por segundo). As pessoas que lêem muito mais depressa do que esta taxa geralmente não estão lendo em voz alta e nem se demorando para identificar cada palavra.

A informação em geral não é deixada no armazenamento sensorial por todo um segundo ou algo em torno disso. A cada vez que os olhos enviam uma outra porção de informação visual para o cérebro — o que significa cada vez que mudamos nosso olhar para um novo ponto focal, ou pelo menos piscamos para olhar uma segunda vez para o mesmo lugar — a chegada de uma nova informação visual apaga os conteúdos prévios do armazenamento sensorial. Este fenômeno é chamado de mascaramento. É pela utilização controlada do mascaramento nas experiências taquistoscópicas que os psicólogos determinam que o cérebro, na verdade, requer uma quantidade de tempo substancial para tomar decisões perceptivas. As experiências utilizadas para ilustrar quanto pode ser visto em uma só olhada somente funcionam se uma segunda exposição à informação visual não se seguir à primeira antes que o cérebro tenha tido tempo para extrair sentido desta. Se uma segunda exposição é apresentada menos do que meio segundo após a primeira, o observador provavelmente não relatará todas as quatro ou cinco letras arranjadas ao acaso ou palavras que poderiam, de outro modo, serem percebidas. Se os dois eventos ocorrem muito próximos em tempo um do outro — digamos, dentro de 500 milésimos de segundo um do outro — então o segundo pode obliterar completamente o primeiro. Uma vez que o mascaramento ocorre antes que o cérebro tenha tido tempo para decidir até mesmo que algo ocorreu, o observador estará completamente inconsciente de um evento visual, que, de outro modo, poderia ser visto com clareza. "Ver" é um processo relativamente lento.

Por outro lado, uma vez que a informação no armazenamento sensorial não persiste mais do que cerca de um segundo sob a maioria das condições, não podemos ver mais simplesmente por olharmos durante mais tempo para um lugar determinado. Os olhos devem estar constantemente ativos para recuperarem o estoque de informações visuais em um armazenamento sensorial. Uma pessoa que fixa seu olhar não está vendo mais, mas, ao contrário, está tendo dificuldades para decidir o que viu, em primeiro lugar. Uma vez que os conteúdos do armazenamento sensorial decaem rapidamente e não podem ser recuperados por um olho que se mantém fixo na mesma posição, os olhos de qualquer pessoa alerta ao ambiente tendem a estar constantemente em movimento, embora o cérebro preste atenção somente aos primeiros momentos de cada nova visualização. O que o cérebro realmente vê do mundo a sua volta está constantemente sujeito à interrupção.

Ver é Algo Episódico

Nossos olhos estão continuamente em movimento — com nosso conhecimento ou sem este. Se fazemos uma pausa para pensar sobre isto, sabemos que nossos olhos estão esquadrinhando uma página de texto, ou olhando em

4. Entre os Olhos e o Cérebro 97

volta de uma sala, ou seguindo um objeto que se movimenta. Estes são os movimentos que podemos ver se olharmos para o rosto de outra pessoa. Estes movimentos raramente são casuais — ficaríamos alarmados se nossos próprios olhos ou os de outra pessoa começassem a movimentar-se incontrolavelmente —, mas, ao contrário, os olhos movimentam-se sistematicamente para onde há mais informações do que tendemos a necessitar. Os movimentos dos olhos são controlados pelo cérebro, e pelo exame daquilo que o cérebro diz ao olho para fazer, podemos ter uma base para a compreensão do tipo de informação que o cérebro está procurando.

Mas, primeiro, devemos considerar um tipo de movimento ocular bastante diferente, um não aparentemente sob o controle direto do cérebro, nem um movimento que seja observável, em nós mesmos e nos outros, mas que, ainda assim, pode ajudar-nos a esboçar um ponto sobre a natureza construtiva da visão. Não importa se estamos olhando em torno do ambiente, seguindo um objeto em movimento ou mantendo um olhar fixo, o globo ocular está em um estado de constante e rápido movimento. Este movimento, ou tremor, ocorre à taxa de 50 oscilações por segundo. Não percebemos o tremor em outras pessoas, em parte por ser tão rápido, mas também porque o movimento cobre apenas uma curta distância; é mais uma vibração em torno de uma posição central do que um movimento de um lugar para outro. Mas, embora o movimento geralmente seja imperceptível, não exerce um papel significativo no processo visual; o tremor assegura que mais de um grupo de células de retina estão envolvidos até mesmo em um único olhar. O tremor proporciona uma outra ilustração do ponto agora familiar de que se a experiência perceptiva fosse apenas uma simples reprodução do que quer que caia na retina, então tudo que sempre veríamos seria um borrão indistinto.

O constante tremor dos olhos é essencial para a visão — cancele-o e nossa percepção do mundo desaparece quase que imediatamente. O cancelamento é conseguido por um procedimento experimental preciso chamado de "estabilização da imagem" sobre a retina (Heckenmueller, 1965; Pritchard, 1961). Para estabilizar-se a imagem, a informação que chega aos olhos é oscilada na mesma taxa e cerca da mesma distância que os movimentos do próprio olho. A cena pode ser refletida através de um pequeno espelho montado diretamente no globo ocular, de modo que a imagem sempre recai sobre a mesma posição da retina, não importa o que o olho esteja fazendo. A consequência da estabilização da imagem sobre a retina não é que o observador subitamente percebe um quadro superagudo do mundo; ao contrário, a percepção desaparece.

A imagem não parece desaparecer instantaneamente, nem vai sumindo lentamente como uma cena de cinema. Em vez disso, partes inteiras desaparecem, em um modo muito sistemático. Se o desenho de um rosto foi apresentado, partes significativas deste desaparecerão, uma por uma, talvez, primeiro os cabelos e depois as orelhas; posteriormente, desaparecerão os olhos, o nariz, até que a última coisa restante seja, como no gato de "Alice no País das Maravilhas", o sorriso. Figuras geométricas rompem-se de um modo ordenado similar, perdendo extremidades primeiro, ou um lado após o outro. A palavra BATER pode desintegrar-se pela perda de sua letra inicial, deixando ATER, e depois, pela dissolução, AT, ER e E. Por si mesma, a letra B poderia perder uma parte, transformando-se em P, e depois outra, tornando-se um I. O fenômeno não deve ser interpretado como significando que as células da retina, por si mesmas, respondem — e depois perdem — a palavras e letras inteira ou formas; em vez disso, ele mostra que o cérebro mantém uma imagem que se desvanece do modo mais significativo possível. Presumivelmente, as células da retina, exaustas, privadas do alívio momentâneo do tremor, tornam-se fatigadas e enviam menos e menos informações de volta ao cérebro, enquanto este continua a construir tanto, em termos de percepção, quanto possa, a partir do material cada vez mais escasso que recebe.

Uma outra espécie de movimento ocular não precisa nos deter. Existe uma espécie de lento vagar, uma tendência do olho de mover-se para longe do ponto de foco, que presumivelmente não é muito importante, uma vez que o olho já colheu todas as informações úteis que poderia, nos primeiros milésimos de segundo. Existem movimentos de "perseguição" que o olho realiza, quando está seguindo um objeto que se movimenta. O único momento em que o olho pode mover-se suave e constantemente de uma posição para outra é no curso de um movimento de perseguição. Olhar uma pessoa de cima a baixo, com um único movimento de olhos, ocorre somente na ficção.

O movimento ocular de real importância para nós, na leitura, é, na verdade, o salto rápido, irregular, espasmódico, mas surpreendentemente acurado de uma posição para outra. Talvez seja um pouco inapropriado chamar-se este importante movimento de salto, de modo que o dignificamos pela palavra francesa mais elegante saccade (que, literalmente traduzido, entretanto, significa "espasmo").

Fixações e Regressões

Um movimento sacádico não é, de modo algum, uma característica especial da leitura, mas, ao contrário, um modo como normalmente tiramos uma amostra de nosso ambiente visual para obtenção de informações acerca do mundo. Somos bastante habilidosos na realização de movimentos sacádicos dos olhos. Guiado pela informação recebida em sua periferia, o olho pode mover-se muito rapidamente e com perfeição de um lado do campo visual para o outro, da esquerda para a direita, para cima e para baixo, embora

4. Entre os Olhos e o Cérebro

possamos não ter consciência sobre o ponto ou objeto sobre o qual ele manterá seu foco até que o movimento comece. A cada vez que o olho realiza uma pausa em sua progressão errática, diz-se que ocorre uma fixação.

Para a leitura de um texto em português, inglês e muitas outras línguas ocidentais, geralmente considera-se que as fixações seguem uma trajetória da esquerda para a direita atravessando a página, embora, naturalmente, nossos movimentos oculares também devam levar-nos do topo da página até a sua base, e da direita para a esquerda, à medida que mudamos de uma linha para a outra. Leitores realmente experientes freqüentemente não lêem da "esquerda para a direita" — podem não realizar mais do que uma fixação por linha e saltar várias linhas até o final da página. Devemos considerar, em um capítulo posterior, como tal método de leitura é possível. Todos os leitores, bons e fracos, realizam um outro tipo de movimento que é simplesmente outro movimento sacádico, mas adquire, para si, um nome pior — regressão. Uma regressão é tão-só um movimento sacádico que vai na direção oposta da linha de texto impresso — da direita para a esquerda ao longo da linha, ou de uma linha para outra, anterior. Todos os leitores produzem regressões — e para leitores experientes, uma regressão pode ser um movimento ocular tão produtivo quanto um movimento sacádico é para a frente, em uma direção progressiva.

Durante o movimento sacádico, enquanto o olho está se movendo de uma para outra posição, muito pouco é visto. O olho que salta é funcionalmente cego. A informação é coletada entre os movimentos sacádicos, quando o olho está relativamente imóvel — durante as fixações. A qualificação "relativamente" ainda deve ser feita, porque o olho jamais está completamente estacionário — existem sempre tremores e movimentos de vagar. Mas nenhum destes tipos de movimento parece interromper a importante tarefa de coleta de informações. A única finalidade de um movimento sacádico, seja em que direção for, é movimentar o olho de uma posição para outra, a fim de coletar mais informação. Parece possível coletar informações somente durante uma fixação — nos centésimos iniciais de um segundo, quando a informação está sendo carregada no armazenamento sensorial. Depois deste tempo, as partes de reserva do sistema visual estão ocupadas, talvez pelo próximo quarto de segundo, tentando extrair um sentido da informação.

Os movimentos sacádicos são tanto rápidos quanto precisos. Os movimentos sacádicos maiores são mais rápidos do que aqueles pequenos, mas ainda leva mais tempo para um olho mover-se a grande distância do que a uma distância curta. O movimento dos olhos em 100 graus, digamos, da extrema esquerda para a extrema direita do campo visual, toma cerca de 100 milésimos de segundo — um décimo de um segundo. Um movimento de somente um vigésimo desta distância — cerca de duas ou três palavras em uma distância de leitura normal - poderia consumir 50 milésimos de segundo[2]. Mas o fato de um movimento sacádico poder ser feito em 50 milésimos de segundo não significa que podemos assimilar uma nova informação movimentando os olhos 20 vezes por segundo. O limite das taxas nas quais geralmente movemo-nos de uma fixação para outra é estabelecido pelo tempo necessário para que o cérebro extraia um sentido de cada nova entrada de informação. É por isto que pode haver pouca "melhora" na taxa na qual as fixações são feitas durante a leitura. Você não pode acelerar a leitura apressando seus olhos.

O número de fixações varia tanto de acordo com a habilidade do leitor quando de acordo com a dificuldade da passagem que está sendo lida, mas não amplamente. Na verdade, a taxa de fixação estabelece-se por volta da quarta série escolar. Existe uma ligeira tendência para que os leitores habilidosos mudem as fixações mais rapidamente do que os leitores fracos, mas a diferença é de somente uma fixação extra por segundo; os adultos podem ter uma média de quatro fixações, enquanto uma criança que recém começa a ler realiza mudança de fixação três vezes por segundo. Para qualquer leitor, habilidoso ou inexperiente, a leitura de uma passagem difícil pode reduzir cerca de uma fixação por segundo da taxa de leitura mais rápida.

Também não existem diferenças dramáticas entre as crianças e os adultos quanto ao que se refere às regressões. As crianças tendem a realizar mais regressões do que os leitores fluentes, mas não muitas mais, talvez uma a mais para cada quatro fixações progressivas, comparado com uma em seis, para os adultos. Uma vez mais, a taxa de ocorrência é determinada tanto pela dificuldade da passagem quanto pela habilidade do leitor. Frente a uma passagem moderadamente difícil, os leitores experientes produzirão tantas regressões quanto os leitores iniciantes, com uma passagem que estes considerem relativamente fácil. Os leitores que não fazem qualquer regressão podem estar lendo muito lenta e cautelosamente. Quando as crianças realizam muitas regressões, isto é um sinal de que estão tendo dificuldades, não uma causa da dificuldade. O número de regressões que os leitores realizam é uma indicação da complexidade, para eles, da passagem que estão tentando ler.

Em resumo, a duração das fixações e o número de regressões não são orientações confiáveis para a distinção entre bons e maus leitores. O que

---

[2] Podemos extrair algumas analogias interessantes entre os movimentos oculares e os movimentos das mãos. A velocidade máxima de movimento para o olho e a mão é quase similar e, como o olho, a mão se move mais depressa quando movimenta-se em uma grande distância. Ela realiza o mesmo tipo de atividade que o olho. Move-se precisa e seletivamente para a posição mais útil, e começa a "coletar" somente quando pousou. Mas, embora as mãos e os olhos de crianças possam mover-se quase tão rápida e acuradamente quanto os dos adultos, não podem ser utilizados tão eficientemente. As crianças não possuem a experiência do adulto, e podem não saber precisamente o que estão procurando.

4. Entre os Olhos e o Cérebro

realmente distingue o leitor fluente daquele menos habilidoso é o número de letras ou palavras, ou a quantidade de significado que podem ser identificados em uma única fixação. Como resultado, um modo mais significativo de se avaliarem os movimentos oculares de um leitor fraco e de outro, habilidoso, é contar o número de fixações necessárias para a leitura de cem palavras. Os leitores habilidosos necessitam de bem menos fixações do que os principiantes, uma vez que são capazes de coletar mais informação em cada fixação. Um leitor experiente, no nível universitário, por exemplo, poderia coletar informações suficientes para identificar palavras em uma taxa média acima de uma palavra por fixação (incluindo as regressões) ou cerca de 90 fixações para 100 palavras. O iniciante poderia ter que olhar duas vezes para cada palavra, ou realizar 200 fixações para 100 palavras. O iniciante tende a possuir uma visão em túnel.

IMPLICAÇÕES PARA A LEITURA

Eu disse, no início deste capítulo, que a discussão do sistema visual levaria a três importantes implicações para a leitura e para o aprendizado desta — de que a leitura deve ser rápida, deve ser seletiva e que depende de informações não-visuais. Até aqui, os argumentos básicos para a fundamentação destas implicações devem estar se tornando auto-evidentes, mas para uma ênfase, eles devem ser trabalhados rapidamente.

A Leitura Deve ser Rápida

O que isto significa, naturalmente, é que o cérebro deve sempre ir em frente rapidamente, para evitar emaranhar-se nos detalhes visuais do texto até um ponto em que a visão em túnel poderia advir. Isto não quer sugerir que os olhos devem ganhar velocidade. Como já falei antes, a leitura não pode ser melhorada pela aceleração do globo ocular. Existe um limite para a taxa na qual o cérebro pode extrair sentido da informação visual recebida dos olhos, e o simples aumento da taxa na qual as fixações são feitas teria como conseqüência uma confusão adicional para o cérebro, em vez de facilitar suas decisões.

Na verdade, a taxa costumeira de leitura, de três ou quatro fixações por segundo, pareceria ser um nível ótimo. Em uma taxa inferior, os conteúdos do armazenamento sensorial podem começar a desaparecer e o leitor pode encontrar-se em uma posição de fixar o nada. Em uma taxa mais rápida do que quatro fixações por segundo, o mascaramento pode ocorrer, de modo que o leitor perde a informação antes que esta seja apropriadamente analisada.

A "leitura lenta" a ser evitada é a superatenção para detalhes que mantêm o leitor à beira da visão em túnel. A tentativa para ler um texto em algumas letras ou mesmo toda uma palavra de cada vez mantém o funcionamento do leitor ao nível do absurdo e destrói qualquer esperança de compreensão. O objetivo deve ser o de ler tanto texto quanto possível com cada fixação, para manter o significado. O conselho dado em salas de aula, para que os alunos leiam mais devagar, para que sejam cuidadosos e examinem cada palavra de perto, pode facilmente levar a uma completa confusão.

Não existe uma taxa de leitura melhor: isto depende da dificuldade da passagem e das finalidades do leitor - se o leitor está tentando identificar cada palavra, por exemplo, a fim de lê-la em voz alta, ou se a leitura é simplesmente "para obter o significado". A taxa deve ser diferente se se está tentando uma memorização extensiva, uma vez qua o aprendizado de cor não pode ser adquirido rapidamente. A leitura perfeita em voz alta e a memorização extensiva deliberada freqüentemente requerem que uma passagem seja lida mais de uma vez. Um leitor tende a não compreender, quando lê lentamente mais do que 200 palavras por minuto, porque uma taxa menor significa que as palavras estão sendo lidas isoladamente, em vez de como sentenças significativas. Como veremos no próximo capítulo, as limitações da memória evitam que seja construído um sentido por palavras isoladas.

Assim, enquanto a compreensão exige uma leitura relativamente rápida, a memorização faz com que o leitor vá mais devagar. Como conseqüência, a compreensão pode ser prejudicada e a memorização torna-se inútil de qualquer maneira. Se o cérebro já tem uma boa idéia do que está na página, a leitura mais lenta é mais tolerável e pode ser reservado mais tempo para a memorização. Mas as grandes cargas para a memória devem ser evitadas, quando alguém está aprendendo a ler ou não está familiarizado com a língua ou assunto.

A Leitura Deve ser Seletiva

O cérebro simplesmente não tem tempo para atentar para todas as informações impressas, e pode ser facilmente inundado pela informação visual. Nem a memória é capaz de lidar com todas as informações que poderiam estar disponíveis em uma página. O segredo para a leitura eficiente é não ler indiscriminadamente, mas fazer uma amostragem do texto. O cérebro deve ser parcimonioso, fazendo um uso máximo daquilo que já sabe e analisando o mínimo de informação visual necessária para a verificação ou modificação do que já pode ser previsto quanto ao texto. Tudo isto pode soar muito complicado, mas, na verdade, é algo que cada leitor experiente pode fazer de forma automática, e, quase certamente, você o está fazendo agora, se pode extrair um sentido do que lê. Não é diferente do que você faz quando olha ao redor de uma sala ou para uma fotografia.

Mas, como muitos outros aspectos da leitura fluente, a seletividade para a coleta e análise de amostragens da informação visual disponível no texto vem com a experiência da leitura. Novamente, a iniciativa para o funcionamento dos olhos vem do cérebro. O cérebro diz aos olhos quando já recebeu toda informação visual necessária por uma fixação e direciona-os muito precisamente para o próximo movimento. O movimento sacádico será progressivo ou regressivo, dependendo se a informação necessária ao cérebro está à frente do texto ou mais para trás, por onde os olhos já passaram. O cérebro é capaz de direcionar corretamente os olhos, na leitura e em outros aspectos da visão, desde que compreenda o que deve procurar. O cérebro deve sempre estar no comando. Tentar controlar os movimentos dos olhos na leitura pode ser como tentar guiar um cavalo por seu rabo. Se os olhos não vão para um local apropriado na leitura, isto se deve provavelmente ao fato de o cérebro não saber onde colocá-los, não porque o leitor tenha uma habilidade visual insuficiente, para trocar de direção seu olhar, para o local e no momento correto.

A Leitura Depende da Informação Não-Visual

Tudo que eu disse até aqui deve fundamentar este ponto final. O cérebro - com suas finalidades, expectativas e conhecimento anterior - deve controlar os olhos, no momento da leitura. Assegurar-se de que a leitura seja rápida não significa fazê-la descuidadamente. Um leitor deve ser capaz de utilizar a informação não-visual para evitar ser invadido pela informação visual observada pelos olhos. Dizer que um leitor deveria somente fazer uma amostragem da informação visual não implica que os olhos possam ir casualmente de uma parte para outra da página. Em vez disso, o leitor deve atentar somente para aquelas partes do texto que contêm a informação mais importante. E isto, novamente, é uma questão de fazer um uso máximo do que já se sabe.

Recapitulando, a informação não-visual é o conhecimento que já temos em nosso cérebro, relevante para a linguagem e para o tema do que estamos lendo, juntamente com algum conhecimento adicional de aspectos específicos da linguagem escrita, tais como o modo como os padrões ortográficos são formados. A informação não-visual é qualquer coisa que possa reduzir o número de alternativas que o cérebro deve considerar, à medida que lemos. Se sabemos que um substantivo não pode seguir outro imediatamente, sem pelo menos uma pontuação condizente, então nossas alternativas são reduzidas. Se sabemos que somente uma certa quantidade de termos técnicos tendem a aparecer em determinado contexto, então, novamente, nossa incerteza é reduzida. Mesmo o conhecimento de que certas seqüências de letras não tendem a aparecer em nosso idioma - por exemplo, a inicial H não será acompanhada por uma outra consoante - possibilitará que o leitor elimine muitas alternativas e veja muito mais, em qualquer momento. Mas o significado é a informação não-visual mais importante de todas.

O leitor habilidoso não emprega mais informação visual para compreender quatro palavras em um único olhar do que o leitor iniciante, que necessita de duas fixações para identificar uma única palavra. Toda a informação adicional de que os leitores habilidosos necessitam é proporcionada por aquilo que já sabem. Quando os leitores fluentes encontram uma passagem difícil de ler — porque está mal-escrita ou cheia de novas informações — o número de fixações (incluindo regressões) que realizam aumenta, e a velocidade da leitura diminui. Por causa da incerteza adicional da situação, são forçados a utilizar mais a informação visual para tentar compreender o que lêem.

A relativa habilidade para utilizar o conhecimento anterior possui conseqüências em todos os aspectos da visão. Os especialistas — seja na leitura, na arte, xadrez ou engenharia — podem ser capazes de compreender toda uma situação em um único olhar, enquanto a maior incerteza dos novatos prejudica-os com a visão em túnel. Quando os leitores em uma experiência taquistoscópica recebem palavras em uma linguagem que não compreendem, são capazes de identificar apenas umas poucas letras. O fato de as palavras fazerem sentido para alguém que conhece a linguagem é completamente irrelevante: para o leitor desinformado, as letras são essencialmente casuais, e disto resulta uma incapacidade para ver muita coisa.[3] A implicação disto, para qualquer pessoa envolvida no ensino da leitura, deve ser óbvia. Sempre que os leitores deixam de extrair sentido daquilo que recebem para ler — porque o material não possui relevância para com o conhecimento anterior que podem possuir — a leitura torna-se mais difícil e o aprendizado da leitura impossível.

VENDO AO CONTRÁRIO

Uma coisa que os olhos e o cérebro não podem fazer é ver ao contrário. Menciono este fato, que talvez deva ser auto-evidente, porque existe uma

---

[3] Existem limitações similares sobre a quantidade de informação recebida que pode ser manuseada por todos os sistemas sensoriais. Por exemplo, é possível ter uma perda de audição distinta quando se tenta compreender uma fala para a qual existe uma falta de "informação não-acústica" — o que, para todos os efeitos, é igual à informação não-visual na leitura. Assim, levantamos nossas vozes quando tentamos conversar em uma linguagem estrangeira — e as crianças podem freqüentemente ficar "surdas" na sala de aula, embora não pareçam ter qualquer problema de audição fora desta.

4. Entre os Olhos e o Cérebro   105

crença de que uma anormalidade visual desta espécie causa problemas a algumas crianças que estão aprendendo a ler. A base do mito é a evidência incontestável de que muitas crianças, em algum ponto de suas carreiras como leitores, confundem letras reversíveis como b, d, p e q, e mesmo palavras como alô e olá ou ema e ame. Mas ver ao contrário é uma impossibilidade tanto física quanto lógica, e uma explicação muito mais simples está disponível.

É fisicamente impossível ver parte do campo visual em uma orientação diferente da do resto — ver dois cães olhando em certa direção e um outro em outra direção, quando eles estão olhando na mesma direção. E é logicamente impossível ver tudo ao contrário, porque tudo, ainda, seria visto no mesmo relacionamento a tudo mais e, portanto, nada seria diferente; tudo ainda seria visto da maneira correta. Naturalmente, é possível cometer um erro, pensar que um cão está olhando para o oeste, especialmente se não estamos familiarizados com aquela espécie de cão, mas isto deve ser atribuído à falta de informação adequada ou de conhecimento, não a um defeito visual.

E, realmente, a simples explicação do por que tantas crianças confundem b e d é a falta de experiência apropriada. A discriminação não é fácil, e pode confundir adultos cuja informação é limitada, exatamente como os leitores fluentes de uma língua tornam-se confusos com a identificação de letras similares em alfabetos desconhecidos. A diferença entre b e d é mínima — uma questão de se o semicírculo está voltado para esquerda ou para a direita — e não é uma diferença significativa ou mesmo relevante para a maioria dos aspectos da experiência das crianças. Um cão é um cão, quer olhe em uma direção ou outra. Aquelas discriminações mais gerais, que realmente requerem distinções de direção real ou relativa, tais como "esquerda" e "direita", ou dizer a hora pelos ponteiros de um relógio, são notoriamente difíceis para a maioria das crianças.

Os leitores fluentes geralmente não confundem b e d quando lêem, mas isto ocorre primariamente porque possuem muitos outros indícios e não necessitam se preocupar com letras individuais. Mas a distinção entre b e d, quando ocorrem isoladamente, uma de cada vez, é muito mais difícil, e o fato de normalmente podermos fazer isto com facilidade pode ser atribuído aos anos de experiência que tivemos e à quantidade de tempo que recebemos, relativamente falando, para inspecionar as evidências. A capacidade para distinguir entre um b e um d não faz um leitor, mas ser um leitor torna a discriminação mais fácil.

Uma vez que a diferença entre b e d é tanto incomum quanto difícil de ser percebida, é relativamente difícil para as crianças aprenderem-na em primeiro lugar. É por isto que a experiência apropriada para tais crianças não é realização de exercícios adicionais sobre letras isoladas, que não têm significado, mas mais leitura significativa. As crianças que possuem tal dificuldade, talvez confundindo palavras como bom e dom, devem estar lendo palavras ou sentenças que lhes são essencialmente vazias de significado (ou como se fossem). Ninguém que esteja lendo para obter um sentido da leitura pode confundir bom com dom, ou ema com ame, em um contexto significativo. Infelizmente, as crianças com um "problema de reversão" freqüentemente recebem exercícios concentrados na distinção de pares de palavras, como bom e dom isoladamente, aumentando suas apreensão e confusão. E se não mostram progresso com as palavras isoladas, podem passar a receber apenas exercícios com b e d. Mas as letras, isoladamente, são consideravelmente mais difíceis do que as letras em palavras, uma vez que um importante indício de relação foi excluído. A diferença entre b e d no começo de uma palavra é que o semicírculo está do lado de fora para b (como em bom) e do lado de dentro para d (como em dom). Mas "dentro" e "fora" são palavras inúteis, isoladamente. Existe somente um modo possível de tornar o aprendizado da distinção de b e d ainda mais difícil, e este é mostrar estas letras uma de cada vez. Isto remove qualquer indício de relação e coloca o aprendiz em uma situação que provavelmente confundiria até mesmo os leitores experientes.

Algumas vezes argumenta-se que as crianças vêem as letras invertidas porque as escrevem deste modo. Mas a escrita requer espécies de habilidades bastante diferentes. Todos nós reconhecemos rostos e figuras que, possivelmente, não poderíamos desenhar. Se meu desenho de um rosto se parece com uma batata, isto não significa que vejo o rosto como uma batata; significa que sou um mau artista. Uma criança pode desenhar uma figura humana como uma cabeça circular com braços e pernas semelhantes a gravetos, mas se lhe for mostrada sua própria representação distorcida e a versão de um artista sobre uma pessoa, a criança prontamente apontará para aquela concepção que melhor se assemelha à pessoa que ela vê. As crianças não podem e não desenham o que vêem, e o fato de escreverem poucas ou muitas palavras de trás para a frente não diz nada sobre sua visão, simplesmente nos diz que ainda não aprenderem a difícil tarefa de escreverem as letras convencionalmente.

UM POUCO MAIS DE FISIOLOGIA

Anatomicamente, o cérebro não é uma peça inteira. É profundamente dividido em sua linha central a partir da parte posterior da cabeça até a parte por detrás do nariz em dois hemisférios simétricos, o esquerdo e o direito. Estes dois hemisférios estão relativa e tenuemente conectados um ao outro, pelo menos próximo às áreas de superfície do cérebro, as áreas que parecem estar particularmente envolvidas com a organização das funções cognitivas e motoras mais abertas ao controle consciente. Um velho quebra-cabeça psíquico e fisiológico, ainda não resolvido, diz respeito à maneira como junta-

4. Entre os Olhos e o Cérebro

mos uma imagem visual coerente da cena em frente aos nossos olhos, quando a metade esquerda do campo visual (de ambos os olhos) vai para um hemisfério e a metade direita vai para outro, inexistindo conexões diretas entre os dois. Fisiologicamente, o quadro é dividido pela metade, mas, subjetivamente, as emendas não aparecem.

Sabe-se, de longa data, que o hemisfério esquerdo do cérebro em geral é amplamente responsável pelo controle motor e sensorial do lado direito do corpo e o hemisfério direito pelo esquerdo. Por causa desta lateralidade cruzada, as pessoas que sofrem de apoplexia ou outras formas de lesão no lado esquerdo do cérebro tendem a perder o controle motor e possivelmente as sensações e áreas do lado direito de seus corpos, enquanto o dano ao lado direito do cérebro afeta o lado esquerdo do corpo. E também se sabe, por quase um século, que na maioria das pessoas, em especial nos destros, as áreas do lado esquerdo do cérebro tendem a estar particularmente envolvidas com a linguagem. Para tais pessoas, a apoplexia ou outras lesões ao lado direito do cérebro podem deixar as habilidades da linguagem inalteradas, enquanto acidentes ao lado esquerdo do cérebro tendem mais a estar associados com a perda da linguagem. Entretanto, esta especialização hemisférica não é, de modo algum, universal ou necessária. Cerca de 10% da população apresenta o hemisfério direito envolvido primariamente com as funções da linguagem, e as crianças que nascem com danos no lado esquerdo do cérebro ou que os desenvolvem mais tarde, podem desenvolver a linguagem com relativa fluência com o lado direito, embora seja muito mais difícil transferir-se a linguagem ou reaprendê-la com o hemisfério oposto, à medida que se tornem mais velhas.

Mais recentemente, foram realizados estudos inovadores sobre os modos gerais de funcionamento dos dois lados do cérebro, em particular com os cérebros vivos de pessoas infelizes o bastante para terem tido as conexões de superfície entre os dois hemisférios rompidas por acidente ou por cirurgia inevitável. Alguns estudos têm mostrado que os dois lados do cérebro possuem estilos bastante diferentes de operação. O hemisfério esquerdo (na maioria das pessoas) parece estar particularmente envolvido em atividades analíticas e seqüenciais (como a linguagem), para cálculos intelectuais e planejamento. Em tais pessoas, as responsabilidades características e modos de operação do hemisfério direito são mais holísticos e espaciais: estão ligados aos assuntos globais, subjetivos e emocionais. O lado esquerdo pode estar mais ocupado quando escrevemos uma carta ou planejamos uma excursão, e o lado direito quando ouvimos música ou imaginamos uma cena.

Tudo isto é fascinante e realmente um importante passo à frente em direção à compreensão sobre os mecanismos do cérebro. Entretanto, pode ser também enganador e conducente a conclusões espúrias e mesmo danosas se interpretado prematuramente ou em sentido demasiadamente literal. Para a grande maioria das pessoas — pelo menos, aquelas pessoas que não estão institucionalizadas ou hospitalizadas —, o cérebro funciona como um todo. Utilizamos os recursos de ambos os hemisférios para produzir e entender a linguagem, exatamente como utilizamos todo nosso cérebro no restante de nossas experiências. É um erro considerar os dois hemisférios como entidades separadas que funcionam independentemente e até mesmo em oposição uma à outra. Infelizmente, alguns educadores e psicólogos que sabem pouco acerca de fisiologia (e alguns fisiologistas e neuroanatomistas que sabem pouco sobre linguagem e aprendizado), falam como se tivéssemos dois cérebros em vez de dois lados de um único cérebro. Os hemisférios são chamados, às vezes, de cérebro esquerdo e cérebro direito, embora isto seja literalmente (e somente aproximadamente) verdade para somente um punhado de pessoas cujos cérebros foram cirúrgica ou acidentalmente seccionados.

Um perigo de tal raciocínio é o de que confunde um arranjo estrutural relevante somente para o funcionamento interno do cérebro com o modo pelo qual uma pessoa funciona como um todo. Não existem pessoas que pensam somente com o lado esquerdo ou direito de seus cérebros, mesmo se suas personalidades e comportamentos refletem inclinações para abordagens mais analíticas ou reflexivas à vida e aprendizado. É apropriado dizer que um determinado tipo de atividade ou preferência é dominante em uma pessoa, mas não que o hemisfério é dominante. Faz sentido dizer que uma pessoa possui uma boa orientação espacial e tende a ser contemplativa; isto abre caminho para entendermos a pessoa e talvez, adaptarmo-nos a preferências de aprendizado idiossincráticas. Nada acrescenta ao tema dizer que a pessoa é dominada pelo cérebro esquerdo, e isto pode, na verdade, reduzir a compreensão, mudando a atenção das características perceptíveis para uma causa presumida e provavelmente mística.

Qualquer pessoa capaz de aprender a produzir e compreender a linguagem de seu ambiente familiar possui a habilidade para utilizar ambos os lados do cérebro e para fazer todas as coisas que os dois hemisférios supostamente tendem a favorecer. Nenhuma criança chega à escola com somente metade de um cérebro, e a especialização hemisférica ou "assimetria" não deve ser proposta como uma explicação para a dificuldade no aprendizado da leitura, especialmente quando existem, como podemos ver, tantas possibilidades alternativas. Particularmente, é errado trabalhar conteúdos anteriores e presumir que, porque uma criança é lenta ou reluta em aprender a ler, deve haver um desequilíbrio ou inadequação de função hemisférica. Não existe um centro de leitura no cérebro. Muitas áreas deste estão ativas quando lemos, mas nenhuma está envolvida na leitura à exclusão de tudo o mais. Doença, ferimento ou muito ocasionalmente um defeito inerente podem afetar o funcionamento do cérebro, de modo que a habilidade para a leitura é perturbada, mas sempre alguma atividade mais geral envolvendo a linguagem ou a visão também será prejudicada. Não existe qualquer coisa fisiológica ou intelectualmente única acerca da leitura. A leitura não faz demandas de lingua-

4. Entre os Olhos e o Cérebro

gem sobre o cérebro que não estejam envolvidas na compreensão da fala, nem faz demandas visuais que o cérebro não preencha quando olhamos em torno de nós mesmos para a localização de um objeto ou para distinguir rostos familiares. Avanços no mapeamento da arquitetura cerebral ajudam-nos principalmente a compreender o cérebro (ou a respeitar ainda mais seus mistérios), não a compreender a linguagem ou o aprendizado.

É importante sabermos das possibilidades e limitações do cérebro; é por isto que já lidamos tanto com os mecanismos de percepção e memória, mas a maneira como o cérebro organiza internamente seus próprios negócios ainda não tem uma grande relevância para a educação. Pelo menos, penso assim. Não creio que fizesse a menor diferença ao modo como a leitura é ensinada se amanhã se descobrisse que todos nós temos um centro neuronal crítico para a leitura localizado no pé (no pé esquerdo, para a maioria das pessoas). A instrução deve sempre adaptar-se às circunstâncias nas quais um indivíduo aprende e compreende melhor, mas isto não é promovido por uma especulação infundada acerca das estruturas cerebrais do aprendiz.

Tudo isto é enfatizado porque continua a existir na educação o que eu e alguns outros pesquisadores cremos ser uma tendência próxima ao trágico de atribuir falhas no aprendizado e no ensino a causas pseudomédicas ou científicas. Os fracassos são explicados colocando-se a culpa sobre deficiências perceptivas ou cognitivas, com evidências não mais específicas do que o fato de o fracasso ocorrer e uma teoria médica ou científica conveniente estar em voga. Se uma explicação plausível não pode ser encontrada em termos de inadequação visual, acústica, de memória ou intelectual, então a falha pode ser atribuída a uma "incapacidade mínima para o aprendizado" ainda mais vaga. E a desculpa atual, a explicação mais popular, sempre parece seguir a área de avanços científicos que está gerando maior interesse e recebendo a maior parte da atenção popular. O fracasso para o aprendizado é explicado em termos de modismos, em vez de fatos. As descobertas dos estudiosos, sobre o cérebro, são importantes em muitos aspectos, mas ainda não explicaram os problemas de leitura ou o próprio ato de ler. A relação das sutis diferenças no aprendizado, comportamento, atitude e personalidade e presumíveis diferenças na arquitetura cerebral não deve se transformar em uma nova frenologia, tão distante da ciência verdadeira quanto o fazer julgamentos sobre o caráter das pessoas a partir dos calombos em seus crânios.

SUMÁRIO

A leitura não é simplesmente uma atividade visual. Tanto a informação visual quanto a informação não-visual são essenciais para a leitura, podendo existir um intercâmbio entre as duas. A leitura não é algo instantâneo; o cérebro não pode extrair um sentido da informação visual na página impressa imediatamente. Os olhos realizam movimentos sacádicos, fazendo pausas em fixações, para selecionar a informação visual, geralmente progredindo para a frente, mas, quando necessário, em regressões. A leitura lenta interfere na compreensão. A leitura é acelerada não pelo aumento na taxa de fixações, mas pela redução da dependência da informação visual, principalmente através da utilização do significado.

As notas sobre o Capítulo 4 abrangem:

Visão e informação
Teoria da informação e leitura
A taxa de tomada de decisões visuais
Vendo ao contrário
Especialização hemisférica

5
AFUNILAMENTO DA MEMÓRIA

No capítulo 1, falei sobre as quantidades diversas e massivas de conhecimento que, juntas, compreendem a teoria do mundo contida em nossas cabeças. Mas não discuti a maneira como manuseamos o armazenamento deste conhecimento nos depósitos da memória, nem como nos utilizamos dele quando é necessário.
    Dois capítulos inteiros no final deste livro preocupam-se com o tópico geral do *aprendizado* - com as *circunstâncias* nas quais nossa teoria do mundo desenvolve-se e cresce. Mas existem alguns assuntos específicos relacionados a *quanto* entra na memória a qualquer momento, que são apropriadamente considerados agora. Estes assuntos estão relacionados aos afunilamentos na *percepção*, que discuti no capítulo anterior — por exemplo, o fato de os leitores iniciantes (ou qualquer leitor confrontado com um texto estranho) poderem ver somente uma pequena porção do texto a qualquer momento, até mesmo apenas quatro ou cinco letras. Agora, devo voltar-me para algumas restrições adicionais com as quais os leitores confrontam-se, mas especialmente aqueles em dificuldades. Estas restrições dizem respeito a quão rapidamente as coisas específicas podem ser levadas para dentro de nossa memória ou retiradas desta.
    Por que a visão em túnel, a incapacidade temporária para ver, que está contida em mais de uma pequena área em frente aos olhos, deveria ser uma deficiência tão incapacitante para os leitores, seja quais fossem sua habilidade ou experiência? Se um leitor principiante pode ver somente umas poucas letras de cada vez — digamos, a primeira metade de uma palavra, tal como ELEF...— porque estas letras não podem ser recordadas pela fração de

segundo que a criança necessita para fazer uma nova fixação e ver o restante da palavra... ANTE? Mas, infelizmente, a memória tem suas próprias limitações e não pode ser exortada a exceder sua própria capacidade quando o sistema visual está exausto. A leitura fluente demanda não somente uma parcimônia na utilização da informação visual, mas também uma restrição sobre as cargas colocadas sobre a memória. Em ambos os casos, existem limites sobre o quanto o cérebro pode manusear. Uma sobrecarga da memória não torna a leitura mais fácil e pode contribuir para torná-la até mesmo impossível.

Existem vários paradoxos sobre o papel da memória na leitura. Quanto mais tentamos memorizar, menos tendemos a recordar. Quanto mais tentarmos memorizar, menos ainda tendemos a compreender, o que não somente torna a memorização mais difícil — mas a torna inútil. Quem deseja memorizar algo absurdo, sem sentido? Por outro lado, quanto mais compreendemos, mais a memória cuidará de si mesma.

Uma implicação destes paradoxos é o de que o conhecimento anterior já na memória é bem mais importante, na leitura, do que os esforços para a memorização de todo o conteúdo de um texto. Repetindo algo que agora já deve ser familiar ao leitor, a utilização da informação não-visual é crítica (embora a importância e as funções da informação não-visual raramente sejam explicadas aos leitores, ou mesmo reconhecidas).

TRÊS ASPECTOS DA MEMÓRIA

Para começo de conversa, os termos necessitam ser um pouco esclarecidos. Podemos utilizar a palavra *memória* em uma variedade de maneiras, às vezes para nos referirmos ao modo como podemos colocar algo novo em nossas mentes, às vezes para o tempo no qual podemos reter esta informação nela, e, ainda, para nos referirmos à maneira como podemos extrair esta informação da memória para nossa utilização. Neste capítulo, consideramos quatro aspectos ou *características de operação* da memória: *input* (ou como o material é recebido), *capacidade* (o quanto pode ser mantido), *persistência* (quanto tempo pode ser mantido) e recuperação (fazê-lo sair novamente). Também consideramos o que pareceria ser vários tipos de memória, uma vez que a memória nem sempre parece ser o mesmo processo, quando a examinamos de modos diferentes. Os psicólogos, na verdade, freqüentemente distinguem três espécies ou aspectos da memória, dependendo do tempo que se passa entre a apresentação original de algo a ser lembrado e a testagem para ver o quanto pode ser recuperado. O primeiro aspecto, chamado de *armazenamento sensorial*, está relacionado à informação do ponto de vista de sua chegada em um órgão receptor, tal como o olho, até que o cérebro tenha feito sua decisão perceptiva, por exemplo, a identificação de várias

5. Afunilamento da Memória 113

letras ou palavras. O segundo aspecto, chamado de *memória a curto prazo*, envolve o breve período de tempo no qual podemos manter a atenção em algo imediatamente após sua identificação, por exemplo, lembrar de um número de telefone não familiar enquanto o discamos. Finalmente, existe a *memória a longo prazo* que envolve tudo que sabemos sobre o mundo, nossa quantidade total de informação não-visual.

Estes três aspectos da memória são freqüentemente mostrados em livros-textos como "diagramas de fluxos", como se fossem partes separadas do cérebro ou estágios sucessivos no processo de memorização, como indicado na figura 5.1. Mas tal diagrama não deve ser considerado muito literalmente. Não estou certo se é mais apropriado referir-me a diferentes "espécies" de memória, de modo que utilizo o termo mais neutro *aspectos*. Não existem evidências da existência de diferentes memórias em diferentes lugares do cérebro, nem de que uma memória comece a funcionar quando outra sai de ação, como o diagrama poderia sugerir. É definitivamente enganador fazer uma implicação de que existe movimento somente em uma direção, da memória de curto prazo para a de longo prazo e ignorar o fato de existir sempre *seletividade* acerca de quanto é lembrado e da maneira pela qual a memorização ocorre.

Entretanto, uma discussão deve começar em algum ponto e prosseguir para algum tipo de seqüência, de modo que, por conveniência, lidamos com os três aspectos da memória em uma ordem da esquerda para a direita. Mais tarde, neste capítulo, será oferecida uma representação alternativa.

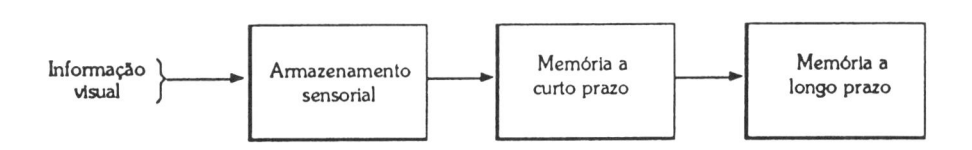

FIGURA 5.1. Um típico diagrama de fluxo para a memória.

Armazenamento Sensorial

Podemos passar rapidamente pelo primeiro aspecto da memória, uma vez que no capítulo anterior já o abordamos na discussão sobre o sistema visual. O armazenamento sensorial é uma necessidade teórica, em vez de uma parte conhecida do cérebro. Alguma função ou processo deve ser conceitualizado, para explicar a persistência da informação visual após ter sido recebida e

114 Compreendendo a Leitura

transmitida pelo olho, no início de cada fixação, enquanto o cérebro está trabalhando nela. As características operantes do armazenamento sensorial são rapidamente apresentadas — o *input* é muito rápido (os primeiros milésimos de segundo de uma fixação), a capacidade é pelo menos grande o bastante para manter a informação visual equivalente a 25 letras (embora o cérebro possa não ser rápido o bastante para identificar qualquer coisa próxima a este número), a persistência é muito breve (cerca de um segundo, sob condições ótimas, mas normalmente apagada antes deste tempo por outra fixação), e a recuperação depende do quão rapidamente o cérebro pode extrair sentido da informação.

O armazenamento sensorial possui interesse teórico, mas apresenta pouca significância para a instrução da leitura, uma vez que não existe nada que possa ou necessite ser feito com ele. O armazenamento sensorial não pode ser sobrecarregado nem sua capacidade aumentada pelo exercício. Não existem evidências de que o armazenamento sensorial de crianças seja menos adequado do que o dos adultos. O que precisa ser lembrado é que o cérebro precisa extrair sentido dos conteúdos do armazenamento sensorial, mas também que os conteúdos não duram muito tempo. Como resultado, existe pouca utilidade em se aumentar a velocidade das fixações (que simplesmente apagarão o armazenamento sensorial mais rapidamente) e em torná-las mais lentas (o que resultará em olhares vazios). O que faz diferença na leitura é a efetividade do cérebro para utilizar o que já sabe (a informação não-visual) para extrair sentido da informação recebida (informação visual) mantida por curto espaço de tempo no armazenamento sensorial.

Memória a Curto Prazo

Você pode repetir a sentença que está lendo, sem ao menos lançar-lhe uma segunda olhadela? O que quer que você faça para repetir o que acabou de ler é uma demonstração da função da memória a curto prazo. A memória a curto prazo é a memória "funcional", uma memória "intermediária", onde você retém à beira de sua mente o que está dando atenção em um determinado momento. Até onde importa à linguagem, os conteúdos da memória a curto prazo são geralmente as últimas palavras que você leu ou escutou, ou os últimos pensamentos que você teve em mente. Algumas vezes, a memória a curto prazo é ocupada por aquilo que você ia dizer ou escrever, por um endereço que você procura ou um número de telefone que você quer chamar. A memória a curto prazo é qualquer coisa que esteja prendendo sua atenção, e possui importância central para a leitura. É onde você guarda os traços daquilo que acabou de ler enquanto prossegue para extrair sentido das próximas palavras. É onde você tenta reter fatos que deseja incluir na memorização decorada.

5. Afunilamento da Memória

A memória a curto prazo pareceria ter tanto pontos fortes quanto fracos para qualquer pessoa, simplesmente por seu modo de funcionar. A seu crédito, podemos dizer que não existe qualquer atraso indevido para a colocação de algo em si. Na verdade, se alguém lhe pede para chamar um certo número telefônico, sua melhor estratégia é pôr-se em movimento para discar o número, e não ficar parado, tentando decorar e guardar o número na memória. Similarmente, não parece haver qualquer problema particular acerca da recuperação da memória a curto prazo. Se algo está aí, você consegue recuperá-lo imediatamente. Na verdade, se você não pode recuperar imediatamente aquilo que deseja, digamos, um número de telefone, então seria melhor voltar e perguntá-lo à pessoa que o disse, novamente. Ou você o guardou na memória a curto prazo, em cujo caso ele está acessível sem demora, ou ele se foi para sempre. A memória a curto prazo é o que quer que estejamos pensando ou desejando no momento, e se nossa atenção é desviada para algo diferente, o conteúdo original é perdido.

Mas se a memória a curto prazo parece ser um dispositivo razoavelmente eficiente, no que se refere às operações de *input e output*, em outros aspectos possui suas limitações. A memória a curto prazo não pode conter demasiada informação de uma só vez — na verdade, pode conter pouco mais do que meia dúzia de itens. Uma seqüência de sete dígitos não relacionados uns aos outros é cerca do que qualquer pessoa pode reter. É como se a providência benevolente houvesse fornecido à humanidade uma capacidade de memória a curto prazo suficiente apenas para fazer chamadas telefônicas e, depois, tivesse falhado para profetizar os números de código. Por que, se tentarmos reter mais do que seis ou sete itens na memória a curto prazo, então algo se perderá. Se alguém nos distrai quando estamos a caminho de fazer aquela ligação telefônica, talvez perguntando-nos a hora ou a localização de uma sala, então alguns ou todos os números do telefone serão esquecidos e será absolutamente inútil continuar por ali, torturando nosso cérebro para que este recorde o número inteiro. Teremos que voltar e verificar o número uma vez mais. Quanto mais tentarmos sobrecarregar nossa memória a curto prazo, mais os conteúdos serão perdidos.

Tudo isto é a razão pela qual a memória a curto prazo não pode ser usada para superar a condição da visão em túnel. A criança que viu somente ELEF... simplesmente não consegue manter aquelas letras na memória a curto prazo, ler outras quatro ou cinco letras e organizá-las de modo a fazerem sentido. À medida que os fragmentos de uma fixação vão para a memória a curto prazo, os fragmentos de fixação anterior serão empurrados para fora. Isto não é a mesma coisa que o mascaramento ou apagamento do armazenamento sensorial — é possível manter uns poucos itens na memória a curto prazo ao longo de um certo número de fixações. Mas a retenção de tais itens na linha de frente de nossa atenção simplesmente evita que muito mais entre nesta e tem o óbvio resultado de tornar a leitura muito mais difícil.

Não pode ser feita muita leitura se metade de nossa atenção está preocupada com segmentos anteriores e palavras que você ainda está tentando apreender o sentido.

A segunda limitação da memória a curto prazo envolve sua persistência. Nada permanece ali por muito tempo. É impossível afirmar a quantidade exata de tempo para a persistência de algo na memória a curto prazo, pela simples razão de sua longevidade depender do que você faz com ela. Ignore algo na memória a curto prazo por menos de um segundo, e isto irá embora. A fim de reter algo, você precisa continuar dando atenção a isto. O *ensaio* é o termo técnico freqüentemente empregado. Para manter um número telefônico em nossas cabeças, ficamos repetindo-o; não podemos permitir que nossa atenção seja distraída. Teoricamente, o material pode ser mantido na memória a curto prazo indefinidamente, mas apenas se o ensaiamos constantemente, um procedimento em geral nada prático, porque evita que você pense em qualquer outra coisa. Uma vez que raramente podemos devotar muita atenção a qualquer coisa além daquilo que estamos fazendo naquele determinado momento, e uma vez que a vida tende a ser cheia de distrações de qualquer modo, pareceria razoável, portanto, afirmar que a persistência da memória a curto prazo é geralmente muito breve, mesmo se não podemos determinar seu limite. O material na memória a curto prazo deve ser manuseado tão rapidamente quanto possível. A retenção de algo por mais de uma ou duas fixações, por exemplo, atrapalha a atenção necessária para a tarefa em mãos na leitura e promove uma perda de compreensão adicional. Quanto mais o leitor enche a memória a curto prazo com letras não relacionadas umas às outras, pedaços de palavras e outros itens sem significado, mais as letras e pedaços de palavras que o leitor atualmente tenta compreender tendem também a se tornar incompreensíveis.

Memória a Longo Prazo

Naturalmente, a memória é bem mais do que aquilo que estamos pensando no momento. Existe uma vasta quantidade de coisas que sabemos todo o tempo, variando desde os nomes e números telefônicos, até os relacionamentos complexos que podemos perceber e prever entre objetos e eventos no mundo a nossa volta, e somente uma pequena parte de todo este conhecimento pode ser o foco de nossa atenção em um determinado momento. Qualquer coisa que persista em nossas mentes independentemente de ensaio ou conhecimento anterior, é memória de longo prazo, nosso conhecimento contínuo sobre o mundo. A memória de longo prazo apresenta algumas vantagens distintas sobre a memória de curto prazo, especialmente com relação à sua capacidade relativa. Ainda assim, a memória a longo prazo não pode ser utilizada como um reservatório para qualquer fluxo excessivo de

5. Afunilamento da Memória

informações da memória a curto prazo, uma vez que também possui suas limitações.

Comecemos com o lado positivo. Onde a memória a curto prazo está restrita, em sua capacidade, a uma mera meia dúzia de itens, a capacidade da memória a longo prazo pareceria ser infinita. Não foi descoberto qualquer limite para a quantidade de armazenamento na memória a longo prazo. Nada necessita ser perdido ou acomodado na memória a longo prazo para dar lugar a algo novo. Jamais temos que esquecer o nome de um velho amigo para dar espaço para o nome de um novo conhecido.

De maneira similar, não existe um limite aparente para a persistência da memória a longo prazo. A questão do ensaio nem precisa ser levantada aqui. As recordações que podemos nem lembrar de possuir, lembranças de um acidente na infância, por exemplo, podem inesperadamente vir à tona, desencadeadas talvez por umas poucas notas nostálgicas de música, uma velha fotografia ou mesmo um certo odor ou gosto.

Mas, como todos sabem, o fato de parecer inexistir um limite máximo para a capacidade ou persistência da memória a longo prazo não significa que seus conteúdos estejam facilmente acessíveis. É aqui que alguns pontos fracos da memória a longo prazo começam a tornarem-se aparentes. A recuperação da memória a longo prazo não é, de modo algum, tão imediata e fácil quanto a recuperação da memória a curto prazo.

Na verdade, a retenção e recuperação parecem bastante diferentes nas memórias de curto e longo prazo. A memória a curto prazo é como um conjunto de meia dúzia de pequenas caixas, cada uma contendo um item separado, por definição imediatamente acessíveis à atenção, uma vez que é a atenção que os mantêm na memória a curto prazo, em primeiro lugar. Mas a memória a longo prazo é mais como uma rede de conhecimentos, um sistema organizado no qual cada item está relacionado, de alguma maneira, a tudo mais. A organização e operação da memória a longo prazo — a teoria do mundo em nossas cabeças — foram descritas no capítulo 1. Se podemos ou não recuperar algo da memória a longo prazo, isto depende de como isto está organizado. O segredo da recordação de algo contido na memória a longo prazo é incentivar um de seus inter-relacionamentos.

Algumas vezes, o esforço para manter algo na memória a longo prazo pode ser frustrante. Sabemos que algo está lá, mas não conseguimos encontrar um modo de adquirir acesso. Uma ilustração disto é oferecida pelo fenômeno de se ter algo "na ponta da língua" (Borwon & McNeil, 1966). Sabemos que o nome de alguém começa com um S, e que tem três sílabas — e temos certeza que não é Sanderson ou Somerset ou Sylvester. Subitamente, o nome aparece no conjunto de alternativas que nossa mente está operando, ou talvez quando alguém menciona o nome; então reconhecemos a alternativa correta imediatamente. Estava na memória a longo prazo todo o tempo, mas não imediatamente acessível.

118 Compreendendo a Leitura

O sucesso na recuperação de algo da memória a longo prazo depende dos indícios que podemos encontrar para obter acesso a ela, e no modo como está organizado na memória a longo prazo em primeiro lugar. Basicamente, tudo depende do sentido que damos ao material quando originalmente o colocamos na memória. É inútil tentar colocar uma sobrecarga de fragmentos supérfluos da memória a curto prazo na memória a longo prazo — e é por isso que o aprendizado decorado é freqüentemente tão improdutivo. Não é somente o caso de o absurdo que entra continuar sendo um absurdo quando sai, mas também o fato de ser extremamente difícil fazer o absurdo sair da memória a longo prazo.

Mas existe uma outra razão pela qual não é praticável acomodar um superfluxo de memórias a curto prazo na memória a longo prazo, relacionada com a taxa na qual a memória a longo prazo pode aceitar novas informações. Em contraste com o *input* praticamente imediato de meia dúzia de itens na memória a curto prazo, a colocação de algo na memória a longo prazo é extrema e surpreendentemente lenta. A colocação de um único item na memória a longo prazo leva 5 segundos — e naqueles cinco segundos, não existe muita atenção para as demais coisas. O número de telefone que ocupará toda a capacidade da memória a curto prazo, pelo menos é aceito tão rapidamente quanto é lido ou escutado, mas a colocação deste mesmo número na memória de longo prazo de modo que possa ser discado no dia seguinte, necessitará de um bom meio minuto de concentração, 5 segundos para cada dígito.

A colocação de fragmentos de texto na memória a longo prazo não é algo que possa ser tentado inconseqüentemente na leitura, para superar limitações do sistema visual ou da memória a curto prazo. Bem ao contrário, os esforços para "empurrar" coisas para dentro da memória a longo prazo terão o efeito de interferir com a compreensão. Os leitores iniciantes com visão em túnel, que não podem manter na memória a curto prazo mais de umas poucas letras que vêem em uma única fixação, são ainda mais confundidos se tentam colocar letras isoladas ou pedaços de palavras na memória a longo prazo.

Os leitores fluentes podem descobrir que a leitura é impossível se sobrecarregam a memória a longo prazo, mesmo se estão tentando ler um material que considerariam completamente compreensível se relaxassem e se se satisfizessem em saboreá-lo. Este problema pode ser agudo para estudantes que tentam ler um romance ou uma peça de Shakespeare e, ao mesmo tempo, tentam levar à memória os nomes estranhos de todas as personagens e cada detalhe ou evento triviais. A memorização interfere com a compreensão, monopolizando a atenção e reduzindo a inteligibilidade. A maioria dos leitores encontrou-se com um livro perverso às vésperas de um exame — quando tentava reter cada fato —, ainda que perfeitamente compreensível no dia seguinte — quando estavam lendo para descobrir o que haviam errado.

5. Afunilamento da Memória   119

Se você está tendo dificuldades para compreender o que está lendo exatamente agora, isto pode ser porque você está tentando arduamente memorizar. Por outro lado — como demonstrarei de diversas maneiras — a compreensão toma conta da memorização. Se você compreende o que lê ou escuta, então a memória a longo prazo reorganizará a si mesma tão eficiente e facilmente que você nem terá consciência de que está aprendendo.

A memória a longo prazo é verdadeiramente eficiente, mas somente se a aquisição e a organização do novo material são dirigidas por aquilo que já sabemos. Uma vez mais descobrimos que aquilo que já sabemos é que mantém o equilíbrio, que torna a leitura possível. É tempo de olharmos para como o conhecimento anterior ajuda-nos a superar as limitações das memórias tanto de curto quanto de longo prazo.

SUPERANDO AS LIMITAÇÕES DA MEMÓRIA

Existem alguns parodoxos a serem resolvidos. A evidência experimental é que podemos manter não mais do que meia dúzia de letras casuais na memória de curto prazo; ainda assim, geralmente não é difícil repetir uma sentença de uma dúzia de palavras ou mais, que acabamos de ler ou ouvimos pela primeira vez. Parece que podemos colocar não mais do que uma letra ou dígito na memória a longo prazo a cada 5 segundos, mas em geral podemos recordar muitos dos amplos temas e detalhes significativos que lemos em um romance ou vemos em um filme.

Para explicar estas discrepâncias, é necessário esclarecer uma linguagem algo generalizadora que tenho utilizado. Tenho falado sobre a retenção de "material" ou de meia dúzia de "coisas" ou "itens", na memória de curto prazo, e sobre a colocação de somente um "item" na memória a longo prazo. O que são estas "coisas" ou "itens"? A resposta é que isto depende do que você sabe e do sentido que você está extraindo daquilo que lê ou ouve. Estas "coisas" ou "itens" são unidades que existem na memória a longo prazo.

Se você está tentando memorizar letras — ou se você somente consegue encontrar letras naquilo que está lendo — então você pode reter meia dúzia de letras na memória a curto prazo. Mas se você está procurando memorizar palavras, então a memória a longo prazo reterá meia dúzia de palavras, o equivalente a quatro ou cinco vezes a quantidade de letras.

É tudo uma questão do que você já sabe. A memória a curto prazo é enchida com um número telefônico de sete dígitos, que também necessita de meio minuto para ser posto na memória a longo prazo. Mas não se o número for 123-4567, uma vez que esta é uma seqüência que você já conhece. O número 1234567 ocupará somente uma parte da memória de curto prazo e entrará na memória a longo prazo dentro de poucos segundos, porque, em certo sentido, já está lá. Você consegue manter as letras THEELEPELTJE na memória a curto prazo? Somente se você reconhecê-las como uma palavra, o que você fará, se souber ler em alemão. A colocação da mesma seqüência de letras na memória a longo prazo exigirá um bom minuto de concentração — e mesmo aí provavelmente você não seria capaz de recordá-las amanhã — a menos que já conheça a palavra, em cujo caso a levará à memória com a mesma rapidez que a palavra *colher-de-chá*, que é o significado daquela palavra em alemão.

Os psicólogos referem-se a este processo de armazenamento da unidade significativa maior na memória a curto prazo como *entroncar*, que é um termo convenientemente pitoresco, mas também algo ambíguo e enganador. O termo sugere que no início somente prestamos atenção aos pequenos fragmentos (letras ou dígitos individuais) que, subseqüentemente, organizamos em unidades maiores para a eficiência na memória. Mas estamos buscando as unidades maiores todo o tempo. Quando analisarmos mais especificamente os processos da linguagem, veremos que as palavras escritas podem ser identificadas sem qualquer referência às letras, e o significado sem qualquer referência às palavras específicas. Não que percebamos as letras que, depois — se podemos — entroncam-se formando palavras, mas sim podemos perceber as palavras ou significados, em primeiro lugar, e nunca aborrecemos o sistema visual ou a memória com letras. Os "itens" que colocamos na memória são as maiores unidades significativas que podemos encontrar. Em outras palavras, o que colocamos na memória a curto prazo é determinado pelas unidades maiores que temos disponíveis na memória a longo prazo. É aquilo que conhecemos e estamos buscando que determina o conteúdo da memória de curto prazo; por esta razão, apresento uma alternativa para o diagrama de memória da figura 5.1. Na figura 5.2, a memória

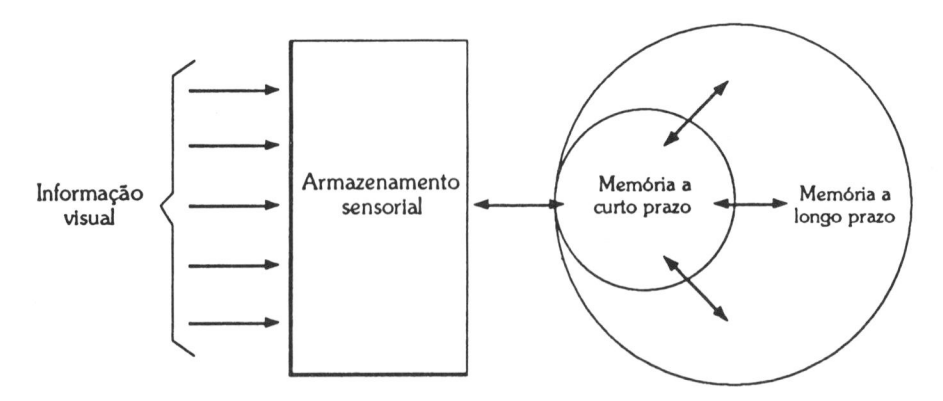

FIGURA 5.2. Uma representação alternativa da memória.

5. Afunilamento da Memória 121

a curto prazo é mostrada como parte da memória de longo prazo — a parte que controla o que estamos prestando atenção no momento. A memória de curto prazo não é uma antecâmara da memória a longo prazo, mas aquela parte da memória a longo prazo que utilizamos para atentar e extrair sentido das situações atuais.

A seta entre a memória de curto prazo e o armazenamento sensorial é em sentido duplo para o reconhecimento de que o cérebro é *seletivo* acerca da informação visual que aceita, e as setas entre a memória de curto prazo e a memória a longo prazo são de mão dupla para representar sua interação contínua.

Deve ser feita ainda uma elaboração final. Podemos manter, na memória a curto prazo, umas poucas letras, ou umas poucas palavras. Mas também podemos colocar, na memória a curto prazo, algo bem mais misterioso — podemos manter ali porções grandes e ricas de *significado*. É impossível dar um número a isto — unidades de significado não podem ser contadas do modo como contamos letras ou palavras. Mas exatamente como podemos manter as letras contidas nas palavras na memória mais eficientemente do que as letras que não possuem relações umas com as outras, também podemos manter seqüências significativas de palavras na memória mais eficientemente do que podemos manter palavras individuais não relacionadas umas às outras. O mesmo aplica-se à memória de longo prazo; podemos colocar todo um "significado" nela em apenas poucos segundos — sem qualquer consciência de que o estamos fazendo —, embora este significado possa estar embutido em uma dúzia de palavras ou mais. E, por definição, qualquer "significado" que colocamos na memória a longo prazo implica que o *input* está relacionado àquilo que já conhecemos e que para nós faz sentido.

Devemos nos acostumar com a noção de que o significado não depende de palavras específicas. Este ponto crucial é elaborado muitas vezes neste livro. Quando retemos uma seqüência significativa de palavras na memória — tanto na de curto prazo quanto na de longo prazo — não estamos, primariamente, armazenando as palavras, mas, em vez disso, o significado que lhes atribuímos. "Significado" é a unidade maior e mais eficiente da análise que podemos trazer, a partir daquilo que já sabemos e do que estamos tentando ler (ou ouvir) e entender. No momento, ofereço apenas uma ilustração do fato de que não somente buscamos o significado, mas também que esta é a coisa mais natural a ser feita.

Tenho dito que podemos manter uma dúzia ou mais de palavras na memória a curto prazo, se estão em uma seqüência significativa, enquanto seis ou sete é o limite para palavras que não fazem sentido coletivamente, digamos, a mesma seqüência de palavras ao contrário. Tente memorizar: *prazo curto a memória na palavras mais ou doze manter podemos nós.* Mas na verdade, não é uma seqüência de doze ou mais palavras que mantemos na memória de curto prazo, mas seu significado. Freqüentemente, se você pedir que uma pessoa repita uma sentença, você terá o significado correto desta, mas não exatamente com as mesmas palavras. A pessoa que se recorda de algo não está tanto recordando as mesmas palavras como reconstruindo a sentença a partir do significado recordado. Na verdade, também, não atentamos às palavras; atentamos para seu significado. Assim, seria cometido um "erro" substancial, na repetição das palavras exatas — a palavra *automóvel* seria recordada como a palavra *carro*, por exemplo — mas, raramente, uma substituição de uma pequena palavra faz grande diferença para o significado, tal como a palavra *não*. Veremos, incidentalmente, que os "erros" desta espécie, que preservam o significado, são cometidos por leitores fluentes, bem como por crianças que aprendem a ler, no processo de se tornarem bons leitores. A leitura envolve a busca de um significado, não de palavras específicas.

Memória sem Afunilamentos

Muito do que consideramos até agora poderia ser chamado de memória *planejada* — seja por experimentadores quanto por nós mesmos — onde a recordação está em efeito colocada sob controle externo. Na pesquisa sobre a memória, os sujeitos geralmente recebem instruções sobre o que devem relembrar e recordar. Quando realizamos um esforço deliberado para colocar algo na memória ou para extrair dela algo em particular, geralmente ficamos cara a cara com um dos frustrantes afunilamentos que tenho descrito.

Na maior parte do tempo, entretanto, não existe um esforço particular envolvido na recordação — e a memória parece ser muito eficiente. Falei, já, sobre como é fácil algo ser colocado dentro da memória a longo prazo, desde que possamos extrair um sentido disto, desde que seja relevante ao que estamos fazendo no momento. Existem ocasiões em que se pode dizer que a memória é controlada "de fora", pelo modo no qual o cérebro está operando ou fazendo sentido de algo naturalmente. Às vezes, é surpreendente descobrirmos quanto já entrou em nossa memória sem nem mesmo estarmos conscientes disto. Tenho mais a dizer sobre isto no capítulo sobre aprendizado, no qual enfatizo que a memorização eficiente e fácil depende de quão bem está integrada com a organização atual do cérebro, com seus objetivos e previsões em ação, com a operação da teoria dinâmica do mundo.

Também já falei, no presente capítulo, sobre quão facilmente as coisas podem ser resgatadas da memória a longo prazo, desde que estejam "organizadas" em relações com partes relevantes de nossa teoria atual sobre o mundo. A espécie mais relevante de relação é quando o que precisamos lembrar é parte do que nos envolve naquele momento.

Estou me referindo a um aspecto da memória no qual podemos confiar na maior parte do dia, que é incrivelmente eficiente e raramente nos

5. Afunilamento da Memória   123

decepciona. É uma memória absolutamente não planejada; funciona espontaneamente, sem premeditação ou esforço. Ironicamente, em razão de sua predileção pelo estudo dos aspectos da memória que podem ser trazidos sob o *controle* no laboratório, os psicólogos experimentais têm ignorado amplamente este aspecto da recordação, que ocorre sem o planejamento consciente dos experimentadores ou de seus sujeitos. Por causa de seus pontos de vista algo reduzidos, tais pesquisadores têm persuadido até mesmo a si próprios e a muitos educadores de que a recordação é normalmente difícil, exige esforço, e com freqüência é malsucedida.

Mas a maior parte do tempo recordamos automaticamente e sem qualquer esforço, mesmo sem uma consciência de que estamos fazendo demandas sobre a memória. Em geral, não temos dificuldades para lembrarmos nosso próprio nome, do lugar onde vivemos ou de nosso número telefônico. Lembramos da data de nosso aniversário e daqueles de outras pessoas, assim como nos lembramos dos feriados e férias. Lembramos os nomes de nossos amigos, e como se parecem, e onde moram, e, até mesmo de alguns de seus números de telefone. Lembramos de tudo acerca do mundo que nos é familiar. Lembramos que chamamos "árvore" às árvores, e "pássaros" aos pássaros, embora possamos não recordar os nomes de determinadas espécies de pássaros ou árvores. Lembramos do significado de quase todas as palavras que conhecemos, como estas palavras são pronunciadas e de como são escritas. Não somente lembramos fatos, lembramos de *cenas, procedimentos, cenários e scripts* — todos os *esquemas* cognitivos discutidos no capítulo 1. Lembramos de coisas inumeráveis. Não nos lembramos dessas coisas todo o tempo, é claro. Nossas cabeças estariam permanentemente sobrecarregadas se o fizéssemos. Somente nos vêm à mente quando é apropriado que nos lembremos delas, quando nos ajudam a extrair um sentido do mundo no qual estamos no momento.

O psicólogo George Mandler (1985) classificou este aspecto rotineiro da memória de *rememoração*, embora não queira dizer que esta seja uma faceta diferente de qualquer outra da memória. Na verdade, Mandler sugere que as aparentes diferenças nos tipos de memória são realmente apenas diferenças nas formas dos testes, no modo como a memória é examinada. Se observamos a recordação de algo logo após isto ter vindo à nossa atenção, então falamos sobre "memória de curto prazo". Se consideramos algo por um longo período de tempo, então nos referimos à "memória de longo prazo". E se ao invés de observarmos determinadas coisas com as quais nós (ou os pesquisadores) estamos algo arbitrariamente preocupados, consideramos o que o cérebro lembra para suas próprias finalidades, então temos este fenômeno contínuo de "rememoração".

E, similarmente à compreensão e com o colocarem-se coisas na memória, as condições que tornam a rememoração fluente e fácil são a significância, a relevância e o envolvimento pessoal. Recordamos mais facilmente quando o que precisamos lembrar é mais relevante àquilo que estamos fazendo e quando não sentimos ansiedade acerca do fato de não lembrar. Isto tudo é parte do processo continuamente em ação de "pensar". A memória não é uma faculdade especial do cérebro que funciona independentemente de tudo o mais. Os aspectos de pensamento e de "rememoração" da memória são inseparáveis.

A memória a longo prazo é dinâmica, gera previsões na forma de mundos possíveis ou potenciais. A rememoração é um aspecto inevitável e essencial daquela contínua interação entre os mundos possíveis e reais, quando o cérebro está no controle do fluxo de eventos nos quais estamos imersos.

Quando somos capazes de ler com compreensão, estamos sendo relembrados todo o tempo. Os eventos da história (ou os passos de uma discussão sobre certo tema) levam-nos em frente como se os estivéssemos experimentando em primeira mão, e raramente precisamos lutar para exercitar nossa memória. Lembramos o significado de determinadas palavras quando as estamos lendo, recordamos o que já lemos (e outros aspectos da informação não visual) quando é apropriado fazermos isso. E somos lembrados de todas as maneiras de coisas relevantes à nossa compreensão e às nossas finalidades para a leitura, naquele particular momento.

Como um exemplo simples, somos relembrados sobre o significado apropriado das palavras (ou prevemos aqueles significados), em uma sentença como *Ele rasgava a noite com seu carro veloz*, mas com um significado bem diferente em *Ele consertou o rasgão na jaqueta da criança*. Normalmente, nem notaríamos que o verbo "rasgar" poderia ter um significado diferente daquele apropriado ao contexto no qual está.

Naturalmente, às vezes a memória nos decepciona. Deixamos de lembrar de comprar algo a caminho de casa, ou de fazer uma ligação telefônica que havíamos planejado. Freqüentemente, existe uma explicação do porquê esquecemos — estamos distraídos, ou confusos, ou possivelmente nem desejamos lembrar e suprimimos, de algum modo, a recordação. Se deixarmos de recordar algo, geralmente isto ocorre não porque sofremos uma perda permanente de memória. Simplesmente não conseguimos acesso no momento (como a palavra fugidia que está na ponta da língua, mas que reconhecemos no momento em que é dita por alguém). E, às vezes, a memória é frustrantemente difícil. O recordar torna-se difícil quando é consciente, quando *planejamos* deliberadamente lembrar algo que não nos veio de imediato à mente.

A recordação *fácil* e a *difícil* diferem na maneira como são invocadas. A recordação fácil ocorre involuntariamente, no curso rotineiro dos eventos. A recordação difícil é o tipo na qual nos engajamos deliberadamente, porque "queremos" lembrar de algo de que não relembramos a nós mesmos convenientemente, ou porque alguém mais deseja que nos lembremos, algo que não é parte de nossa atual estrutura de referência, de nossa teoria atual do mundo. A recordação torna-se difícil quando tentamos controlá-la "do exterior".

5. Afunilamento da Memória

Quando fazemos um esforço deliberado para lembrar de algo, estamos, de certo modo, abordando isto da maneira errada. Em vez de permitirmos que a memória surja a partir do modo como o cérebro está atualmente extraindo sentido do mundo, pelo fluxo de pensamento, tentamos escavá-la do exterior, onde não temos uma estrutura de referência. A recordação deliberada e os esforços planejados para manuseá-la ocorrem quando o controle está nas mãos de outra pessoa — quando nos *dizem* para trazer algo à mente. As piores condições para a memória são quando alguém mais nos diz precisamente o que deveríamos lembrar.

As crianças não precisam ser ensinadas a utilizar a memória eficientemente — para evitar uma sobrecarga na memória de curto prazo e para conter a colocação de detalhes inúteis na memória a longo prazo. O modo como nossos cérebros são construídos evita que façam isso. Mas a instrução da leitura pode tornar estas eficiências naturais impossíveis. A ansiedade enquanto aprendem a ler pode forçar as crianças a utilizações ineficazes da memória. A leitura e, portanto, o aprendizado desta dependem daquilo que já se sabe, daquilo que se consegue fazer sentido. Os professores de leitura ajudam a evitar a sobrecarga na memória de seus alunos quando asseguram que os materiais a serem lidos pelas crianças fazem sentido para elas, e então estas não são forçadas — pelo material ou pela instrução — a engajarem-se em memorizações extensivas e inúteis.

SUMÁRIO

A *memória a curto prazo* e a *memória a longo prazo* possuem suas próprias limitações, mas estas representam deficiências somente para os leitores que conseguem extrair pouco sentido daquilo que estão fazendo. As características diferenciadoras da memória estão resumidas na figura 5.3.

	Memória a curto prazo (Memória funcional)	Memória a longo prazo (Memória permanente)
Capacidade	limitada	praticamente ilimitada
Persistência	muito breve	praticamente ilimitada
Recuperação	imediata	depende da organização
Input	muito rápido	relativamente lento

FIGURA 5.3. Características da memória a curto prazo e da memória a longo prazo.

126 Compreendendo a Leitura

Quando um leitor consegue extrair sentido de um texto, e não força a si mesmo a recordar algo, não existe nem a consciência acerca dos afunilamentos da memória. Os leitores fluentes são imediatamente *relembrados* do que é relevante para sua atual situação e finalidades.

As notas do Capítulo 5 abrangem:

Teorias sobre a memória
Entroncamento
Memória infantil
Recordação fácil e recordação difícil

6
IDENTIFICAÇÃO DE LETRAS

O mais fácil trajeto em um terreno complicado pode não ser o mais direto. Agora, quando estamos começando uma análise da leitura, uma abordagem indireta é adotada. O ponto ao qual estamos nos encaminhando é o de que a leitura fluente não requer, em geral, a identificação de letras ou palavras individuais, mas o trajeto mais conveniente até este ponto começa com uma discussão sobre a identificação de letras. A identificação de letras focaliza-se sobre um aspecto da leitura onde o tema pode ser concisamente explanado e explicado: qual o processo pelo qual os indivíduos que conhecem o alfabeto podem discriminar e dar o nome a qualquer das 23 alternativas que lhes são realmente apresentadas? Estou falando sobre as letras individuais, não letras em seqüências de qualquer espécie.

Diferentemente da leitura de palavras, a questão não se relaciona a se as letras são lidas isoladamente ou todas de uma só vez. As letras isoladas não podem ser "pronunciadas" como palavras: sua aparência apresenta um relacionamento puramente arbitrário com o modo como são pronunciadas. E pode haver pouca dúvida quanto a seus significados: nós "compreendemos" uma letra, quando podemos dizer seu nome, e ponto final.

Ainda assim, apesar desta simplificação, a letra e sua identificação são similares em um aspecto importante — ambas envolvem a discriminação e categorização da informação visual. Posteriormente, veremos que a maneira pela qual as letras são identificadas pode ser de especial relevância para uma compreensão sobre a identificação de palavras.

Antes de prosseguirmos, devemos fazer uma digressão, a fim de explicar a utilização algo arbitrária dos termos *identificação e reconhecimento* como rótulo para o processo pelo qual uma letra ou palavra (ou significado) são discriminadas e posicionadas em uma determinada categoria cognitiva. As definições dos dicionários das duas palavras são tortuosas, mas está claro que elas não são, estritamente falando, sinônimos. *Identificação* envolve uma decisão de que um objeto com o qual se confronta deve ser colocado em uma determinada categoria. Não existe uma implicação de que o objeto que está sendo identificado deveria ter sido visto antes. *Reconhecimento*, por outro lado, significa, literalmente, que o objeto com o qual nos confrontamos já foi visto antes, embora a identificação possa não estar envolvida. *Reconhecemos* pessoas quando sabemos que já as vimos anteriormente, quer possamos dar-lhes os nomes ou não. *Identificamos* pessoas quando podemos lhe dar os nomes, tenhamos ou não as encontrado antes.

Os psicólogos experimentais e os especialistas em leitura falam sobre o *reconhecimento* de letras e palavras, mas a utilização do termo parece duplamente inapropriada. Em primeiro lugar, estes estudiosos não considerariam uma palavra como tendo sido reconhecida, a menos que seu nome pudesse ser fornecido; não considerariam que uma criança reconheceu uma palavra, se tudo que esta criança pudesse dizer sobre ela fosse "Esta é a mesma montoeira de letras que não consegui ler ontem". Em segundo lugar, o leitor habilidoso pode, com freqüência, designar um nome para uma informação visual nunca vista antes. Em um caso extremo, você "reconhece" ou "identifica" a informação visual LEiTuRa como a palavra "leitura"? Quase que certamente você nunca viu a palavra escrita desta maneira antes. O peso das evidências favoreceria a "identificação", e o termo é, portanto, utilizado para as finalidades formais, tais como titulação de capítulos. Mas, tendo ilustrado a distinção, não precisamos ser dogmáticos sobre ela: "identificar", "reconhecer", "categorizar", "nomear" e mesmo "ler" continuarão, em geral, a ser utilizados alternadamente; estamos preocupados é com o processo, no momento, não com o modo flexível pelo qual a linguagem é utilizada.

Não é, na verdade, estritamente correto referirmo-nos à informação visual que o cérebro luta por identificar em determinadas ocasiões, como "letras"; isto implica que a decisão perceptiva já foi tomada. Se um sinal particular na página deve ou não ser considerado como uma letra, depende da intenção do que o percebe (seja o leitor ou escritor). Como vimos, IO pode ser identificado como duas letras ou dois números. Antes de uma decisão de identificação, a informação visual "IO" é meramente um padrão de sinais em tinta contrastantes no papel, mais precisamente chamado de *configuração visual, arranjo visual* ou mesmo *estímulo visual*.

TEORIAS DE RECONHECIMENTO DE PADRÃO

A identificação de letras é um problema especial dentro da área teórica mais abrangente de *reconhecimento de padrão* — o processo pelo qual

6. Identificação de Letras 129

quaisquer duas configurações são "conhecidas" como sendo a mesma. O processo de reconhecimento é uma preocupação clássica, uma vez que já foi descoberto, há 2.000 anos, que quaisquer dois eventos jamais são exatamente o mesmo; a palavra está sempre em um fluxo, e nunca vemos um objeto duas vezes exatamente na mesma forma, a partir do mesmo ângulo, sob a mesma luz, ou com a mesma perspectiva. Um tópico de interesse muito geral para a psicologia é o que, exatamente, determina se dois objetos ou eventos devem ser considerados como equivalentes. A decisão sobre equivalência repousa, claramente, no que percebe, e não em qualquer propriedade do arranjo visual. $\mathcal{J}$ e $\mathcal{J}$ são a mesma coisa? Muitas pessoas podem dizer que sim, mas um impressor diria que não. Dois automóveis do mesmo ano, modelo e cor, são idênticos? Possivelmente para todas as pessoas, exceto para seus proprietários, sim. *É aquele que percebe, não o objeto, quem determina a equivalência.* Organizamos nossas vidas e nosso conhecimento decidindo que algumas coisas devem ser tratadas como equivalentes — estas são as coisas que colocamos na mesma categoria — e que algumas são diferentes. Estas diferenças entre os objetos ou eventos que nos ajudam a colocá-los em sistemas de categorias podem ser chamadas por uma variedade de nomes, tais como *atributos de definição* ou *atributos de critério,* ou, ainda, *propriedades de critério;* em essência, são as diferenças que escolhemos como *significativas.* As diferenças que escolhemos ignorar, aquelas que não influenciam nossas decisões, freqüentemente não são absolutamente notadas. Obviamente, é mais eficiente prestar atenção somente às diferenças significativas, particularmente em vista da capacidade de processamento de informações limitada do cérebro humano. Portanto, não nos surpreende que possamos ignorar diferenças as quais, em primeiro lugar, não estamos procurando, como a súbita ausência de barba no rosto de nosso amigo, ou o padrão de sua gravata, ou a ortografia incorreta na manchete de um jornal. Os seres humanos devem sua posição proeminente na hierarquia intelectual dos organismos vivos não tanto à sua capacidade de perceber coisas como as mesmas, de acordo com critérios que eles próprios estabelecem, ignorando seletivamente o que poderia ser classificado como *diferenças que não fazem diferença.* O gigante intelectual não é aquele que reconhece cada animal individual nos jardins zoológicos, mas aquele que pode passar por cima das diferenças individuais para agrupá-los em espécies "equivalentes" e famílias, em uma base mais abstrata e sistemática.

O processo que determina como as palavras e letras individuais são tratadas como equivalentes tornou-se um foco da atenção teórica por causa de sua particular aplicação à tecnologia de computadores. Existe um interesse tanto econômico quanto teórico no planejamento de computadores que possam ler. A construção de um computador com qualquer grau fluente de habilidade para a leitura é, atualmente, impossível, por uma série de razões, uma das quais é a de que não se sabe o suficiente sobre a linguagem para dar-se a um computador a informação básica necessária. A linguagem pode ser compreendida somente se existe uma compreensão subjacente do tópico ao qual esta se refere, e a habilidade dos computadores para "compreenderem" qualquer tópico é, na verdade, muito limitada. Os computadores podem copiar cartas, e podem comparar uma letra com outra. Mas jamais provou ser possível fornecer a um computador regras para identificação de letras, muito menos de palavras e significados, ou algo como a facilidade pela qual os humanos podem identificá-las. Se consideramos os problemas de reconhecimento de padrão a partir do ponto de vista de um computador, poderemos ter algum entendimento sobre o que deve estar envolvido nesta capacidade humana.

Existem dois modos básicos pelos quais um computador poderia ser construído para o reconhecimento de padrões, sejam estes números, palavras, letras, textos, fotografias, impressões digitais, impressões vocais, assinaturas, diagramas, mapas ou objetos reais. Os dois modos são, essencialmente, aqueles que parecem estar abertos, teoricamente, para a explicação do reconhecimento de padrões pelos humanos. As alternativas podem ser chamadas de *combinação por gabarito e análise por características*, e o melhor modo de descrevê-las é imaginar-se tentando construir um computador capaz de ler as 23 letras do alfabeto da língua portuguesa ou ainda 26 letras da língua inglesa.

Para ambos os modelos, para a combinação por gabarito e para a análise por características, as regras básicas devem ser as mesmas. Consideramos o computador como estando equipado com exatamente os mesmos mecanismos de *"input"* e *"output"* que uma pessoa. No extremo de *input* está um sistema ótico ou "olho", para examinar a informação visual, e no extremo do *output* está um conjunto de 23 respostas alternativas, o nome de cada letra do alfabeto. O objetivo, naturalmente, é construir um sistema entre os mecanismos de *input* e *output* para assegurar que quando o arranjo visual E é apresentado no extremo de *input*. "E" será indicado pelo *output*.

Combinação por Gabarito

Para um dispositivo de combinação por gabarito, uma série de representações internas deve ser construída para ser, de fato, uma biblioteca de referência para as letras que o dispositivo é solicitado a identificar. Poderíamos começar com uma representação interna ou "gabarito" para cada letra do alfabeto. Cada gabarito é diretamente conectado com a resposta apropriada, enquanto entre o olho e os gabaritos nós poderíamos colocar um "comparador" ou mecanismo de combinação, capaz de comparar qualquer letra de *input* com todo o conjunto de gabaritos. Qualquer letra que chegue ao campo de visão do computador será internalizada e comparada com cada um

6. Identificação de Letras

dos gabaritos, pelo menos até que uma combinação seja feita. Quando da "combinação" do *input* com o gabarito, o computador apresentará uma resposta associada com aquele gabarito em particular e a identificação estará completa.

Existem limitações óbvias para tal sistema. Se o computador recebe um gabarito para a representação A , o que fará se confrontado com A ou A , isto para não mencionarmos A ou até mesmo H ou A? Naturalmente, pode ser construída alguma flexibilidade no sistema. *Inputs* podem ser "normalizados" para adaptarem-se a alguma variabilidade; podem ser ajustados para um tamanho padrão, para uma determinada orientação, para endireitarem linhas retorcidas, para preencherem pequenos espaços vazios e removerem pequenas excrescências; em resumo, algumas coisas podem ser feitas para aumentar a probabilidade de que o computador não responda "Eu não sei", mas, em vez disto, combine um *input* com um gabarito. Mas, infelizmente, quanto maior a probabilidade de o computador realizar uma combinação, maior a probabilidade de cometer um erro. Este é o problema da "detecção de sinais", do capítulo 3. Um computador que pode "normalizar" A para fazê-lo parecer-se com o gabarito A tenderá a fazer o mesmo com 4 e H. O único remédio será o constante adicionamento de gabaritos para tentar acomodar todos os diferentes estilos e tipos de letras que o dispositivo poderia encontrar. Mesmo assim, tal computador será incapaz de fazer uso de todo o conhecimento de apoio que os seres humanos possuem; será bastante capaz de ler a palavra HOT como AOT, porque não possui qualquer "senso comum" para aplicar à eliminação de alternativas.

As limitações críticas dos sistemas de combinação por gabarito, tanto para os computadores quanto para os humanos, repousam em sua relativa ineficiência e alto custo. Um único conjunto de gabaritos, um para cada categoria, está altamente restrito no número de *inputs* que pode combinar, mas cada aumento no número de gabaritos acrescenta consideravelmente o tamanho, custo e complexidade do sistema. O modelo de combinação por gabarito funciona, mas o sistema lida com a diversidade de representações de *input* por meio de uma trapaça, dando voltas em torno do problema. Em vez de fornecer gabaritos para irem de encontro aos diferentes estilos de caracteres ao computador, este sistema assegura que o olho do computador encontre somente um estilo, como os números "bancários" 0180024 impressos em nossos cheques.

Análise por Características

O método alternativo de percepção de padrão, a *análise por características*, dispensa completamente as representações internas. Não existe por que tentar combinar o *input* com qualquer coisa, mas em vez disso, uma série de testes são feitos sobre o *input*. Os resultados de cada teste eliminam um número de alternativas até que, finalmente, toda incerteza é reduzida e uma identificação é obtida. As "características" são propriedades do arranjo visual, que estão sujeitas a testes para determinar que respostas alternativas deveriam ser eliminadas. As decisões sobre quais alternativas cada teste eliminará são feitas pelos próprios perceptores (ou programadores de computador).

Para esclarecer esta explicação, vamos novamente imaginar a construção de um computador para a identificação de letras, desta vez utilizando a análise por características. Lembremo-nos de que o problema é essencialmente o de utilizar regras para decidir em qual de um número limitado de categorias, um grande número de alternativas ou eventos poderia ser colocado. Em outras palavras, esta é uma questão de estabelecer equivalências.

No extremo receptor do sistema, onde o computador tem seu "*scanner*" ótico sensível à luz, estabelecemos um conjunto de "analisadores de características". Um analisador de características é uma categoria especializada de detector que procura — é sensível a — somente um tipo de característica da informação visual, e que nos traz de volta somente uma espécie de informe. A bem da ilustração, poderíamos imaginar que cada analisador procura uma "característica distintiva" particular, fazendo uma pergunta: um analisador pergunta "A configuração está curvada?" (como G ou O) um outro pergunta. "Está fechada?" (como O ou P); uma terceira pergunta: "É simétrica?" (como A ou H), e uma quarta pergunta "Há uma intersecção?" (como em T ou K). Cada analisador é, na verdade, um teste, e a mensagem que envia de volta é binária — ou "sim" ou "não", sinal ou não-sinal. Sem olharmos muito de perto para o que constitui uma característica distintiva, podemos dizer que é uma propriedade da informação visual que pode ser usada para diferenciar algumas configurações visuais de outras. Por definição, uma característica distintiva deve ser comum a mais de um objeto ou evento; se não for assim, não pode ser utilizada para colocar mais de um objeto ou evento na mesma categoria. Mas, por outro lado, se as características estão presentes em todos os objetos ou eventos, então não poderíamos utilizá-las para segregar os objetos ou eventos em diferentes categorias; não seria "distintivo". Em outras palavras, uma característica, se detectada, permite a eliminação de alguma das categorias alternativas nas quais um estímulo poderia estar localizado.

Como exemplo, uma resposta "não" ao teste "A configuração é curvada?" eliminaria as letras arredondadas como *a, b, c, d*, mas não outras letras tais como *i, k, l, v, w, x, z*. Uma resposta "sim" a "É fechada?", eliminaria as letras abertas, tais como *c, f, w*, mas não *b, d*, ou *o*. A questão sobre a simetria seria a distinção entre letras como *m, o, w, e v*, de *d, f, k, r*. Questões diferentes eliminam diferentes alternativas, e relativamente poucos testes seriam necessários para se distinguir entre 23 alternativas (na língua

6. Identificação de Letras

portuguesa) ou 26, em um alfabeto. Na verdade, se todos os testes eliminam cerca de metade das alternativas, e não houve qualquer teste sobrepondo-se a qualquer outro, somente cinco questões seriam necessárias para a eliminação de qualquer letra (a lógica de tal afirmação é estabelecida na discussão sobre a teoria da informação, nas Notas). Ninguém, na verdade, sugeriria que cinco testes são empregados para distinguir entre 23 ou 26 letras, mas é racional presumir que são necessários muito menos testes do que categorias — o que é uma das grandes vantagens econômicas do sistema analítico de características.

Com um banco de *input* de, digamos, dez a doze analisadores de características, construído em um dispositivo de identificação de letras, deve ser proporcionado um elo para as 23 respostas ou categorias; as "regras de decisão" devem ser planejadas de modo que os resultados dos testes individuais sejam integrados e associados com os nomes apropriados das letras. O modo mais conveniente de estabelecer as regras é estabelecer uma lista de características para cada categoria, isto é, para cada uma das 23 letras. A construção das listas de características é a mesma para cada categoria, especificamente, uma listagem dos analisadores que foram estabelecidos para o exame da configuração visual. A lista de características para cada categoria também indica se cada analisador, em particular, deve enviar um sinal de "sim" ou "não" para aquela categoria. Para a categoria *r*, por exemplo, a lista de características deveria especificar um "sim" para o analisador de "curvado?", um "não" para o analisador de "fechado?", um "não" para o analisador de "simétrico?" e assim por diante. As listas de características para algumas categorias poderiam ser conceitualizadas como semelhantes à tabela 6.1 (o sinal "+" indica "sim"). Obviamente, cada categoria estaria associada com um padrão de lista de características diferente, cada padrão proporcionando uma especificação para uma única categoria.

TABELA 6.1.
Listas de características para letras

Categoria "A"	*Categoria "B"*
Teste 1 -	Teste 1 +
2 +	2 +
3 +	3 -
4 +	4 +
5 -	5 +
6 +	6 -
7 -	7 -
8 -	8 -
9 +	9 +
10 -	10 +

A fiação do dispositivo de identificação de letras não apresenta problema — cada analisador de características está conectado a cada categoria que relaciona um sinal de "sim" vindo dele e arranjamos para que uma decisão de categorização (uma "identificação") seja feita somente quando os sinais de "sim" são recebidos para todos os analisadores relacionados positivamente na lista de características de uma categoria. Em certo sentido, uma lista de características é uma *especificação* de como deveriam ser as características de uma letra em particular. As *descrições* de uma letra que está sendo observada — o *input* — são comparadas com as especificações de como a letra poderia ser, até que a combinação seja encontrada.

E isto, de uma forma simplificada e esquemática, é um dispositivo analítico de características de identificação de letras. O sistema é poderoso, no sentido de que realiza muito trabalho com um mínimo de esforço. Diferentemente do modelo de combinação por gabaritos, que para ser versátil requer muitos gabaritos para cada decisão que poderia tomar juntamente com os complexos dispositivos de normalização, o dispositivo analítico de características demanda apenas um número muito pequeno de analisadores, comparado ao número de decisões que toma. Teoricamente, tal dispositivo poderia decidir entre cerca de um milhão de alternativas, com somente "20 questões".

Equivalência Funcional e Conjuntos de Critérios

Uma vantagem considerável do modelo analítico de características sobre a combinação por gabaritos, é que o primeiro apresenta muito menos problemas para o ajuste de *inputs* que devem ser localizados à mesma categoria, mas que variam em tamanho e orientação ou detalhe, por exemplo, A, 𝐴, 𝐴, 𝐴, e 𝐴. Os tipos de testes que o analisador de características aplica são muito mais capazes de lidar com a distorção e "ruído" do que qualquer outro dispositivo que requeira uma combinação aproximada. Mas, bem mais importante, muito pouco é acrescentado, em termos de complexidade ou custo, para proporcionar uma ou mais listas de características alternativas para cada categoria. Com tal flexibilidade, o sistema pode facilmente alocar não somente os exemplos já dados, mas também formas tão divergentes como 𝑎 e 𝑎 à categoria "A". O conjunto de listas de características alternativas para uma única resposta de letra poderia, então, parecer-se algo com a tabela 6.2. O único ajuste que necessita ser feito à bateria de analisadores é na fiação de conexões adicionais entre eles e as categorias onde as listas de características requerem testes positivos, de modo que uma identificação será feita em qualquer ocasião, quando as especificações de quaisquer das listas alternativas estiverem satisfeitas.

6. Identificação de Letras

TABELA 6.2.
Listas de características
funcionalmente equivalentes

Categoria "A"		
Teste 1	-	+	+
2	+	+	+
3	+	-	-
4	+	-	+
5	-	+	-
6	+	-	+
7	-	-	+
8	-	+	-
9	+	+	-
10	-	-	+

Poderei chamar qualquer conjunto de características que reúnam as especificações de uma determinada categoria *de conjunto de critérios*. Com o tipo de dispositivo analítico de características que está sendo descrito, mais de um conjunto de critérios de características pode existir para qualquer categoria. Obviamente, quanto mais critérios existem para um determinado dispositivo, mais eficiente este dispositivo será para a realização de identificações acuradas.

Também é útil dar um nome especial para os conjuntos de critérios alternativos de características, que especificam a mesma categoria — poderemos dizer que são *funcionalmente equivalentes*. A, α, e ɑ são funcionalmente equivalentes para nosso dispositivo imaginado porque são todos tratados como sendo a mesma coisa, no que se refere à categoria "A". Naturalmente, as configurações não são funcionalmente equivalentes se devem ser distinguidas em outra base que não sua afiliação ao alfabeto; um impressor, por exemplo, poderia desejar vê-las categorizadas em estilos de tipos. Mas, como apontei anteriormente, é prerrogativa do receptor, não uma característica de informação visual, decidir que diferenças devem ser significativas — que conjuntos de características devem ser criteriais —, no estabelecimento das equivalências. A equivalência funcional pode ser determinada por qualquer método sistemático ou arbitrário que o "reconhecedor" padrão segue. Tudo que se necessita para se estabelecer uma equivalência funcional para configurações visuais algo disparatadas são listas de características alternativas para a mesma categoria.

Um outro importante aspecto do modelo analítico de características de reconhecimento de padrão é que pode funcionar em uma base flexível e probabilística. Se uma única lista de característica especifica os resultados de dez testes de analisadores para a identificação categórica de uma letra do alfabeto, uma quantidade considerável de informações redundantes deve estar envolvida. A redundância, como observado no capítulo 3, existe quando a mesma informação está disponível em mais de uma fonte, ou quando mais informação está disponível do que se necessita, para a redução da quantidade atual de incerteza. Dez testes de analisadores poderiam proporcionar suficiente informação para selecionar entre mil alternativas igualmente prováveis, e se existem somente 23 ou 26 alternativas, a informação de cinco destes testes poderia ser dispensada, e ainda haveria dados suficientes para a existência de uma identificação apropriada. Mesmo se as informações do analisador fossem insuficientes para possibilitar uma seleção absolutamente correta entre duas ou três alternativas restantes, ainda seria possível decidir qual das alternativas é a mais provável, dado o padrão particular de características que é discriminado. Não demandando que *todas* as especificações de uma determinada lista de características sejam satisfeitas antes que uma identificação de categoria seja feita, o sistema pode aumentar enormemente seu repertório de conjuntos de critérios funcionalmente equivalentes de características. Tal aumento melhora, significativamente, a eficiência do dispositivo a um custo de pouca complexidade extra.

O fato de diferentes conjuntos de critérios poderem ser estabelecidos dentro de uma única lista de características proporciona uma vantagem à qual já aludi no parágrafo anterior — um sistema analítico de características pode fazer uso da *redundância*. Digamos que o sistema já "sabe", por uma outra fonte de informação, que a configuração que lhe é apresentada é uma vogal; talvez já tenha identificado as letras THR... e foi programado com algum conhecimento básico dos padrões de ortografia da língua inglesa. O dispositivo pode, então, excluir de sua consideração para a quarta letra todas aquelas listas de características que especificam categorias de consoantes, deixando conjuntos de critérios consideravelmente reduzidos para a seleção entre as alternativas restantes (três testes poderiam, facilmente, distinguir entre cinco vogais).

Uma vantagem final importante do modelo analítico de características também já foi implicado: ele é um dispositivo que pode facilmente *aprender*. Cada vez que uma nova lista de características ou conjunto de critérios é estabelecida, este é um exemplo de aprendizado. Tudo que o dispositivo necessita, a fim de aprender, é a realimentação do *environment*. Ele estabelece, ou rejeita, uma nova lista de características para uma categoria particular (ou uma categoria para uma lista de características particular) "hipotetizando" um relacionamento entre uma lista de características e uma categoria, e testando se aquele relacionamento é, na verdade, apropriado.

Você pode ter notado que a discussão sobre o sistema analítico de características desenvolve-se facilmente para tópicos tais como "aprendizado" e "pensamento". É evidente que quanto mais eficiente e sofisticado tornarmos nosso dispositivo de identificação de letras imaginário, mais provavel-

6. Identificação de Letras   137

mente falaremos sobre sua realização em termos humanos, em vez de em termos de computador. Já é hora de a analogia com o computador ser descartada e de nos dirigirmos para um foco mais específico sobre o reconhecedor de padrão humano.

O Identificador de Letras Humano

A analogia está descartada: pretendo utilizar a análise de características como um modelo para o processo pelo qual as letras são identificadas pelos leitores. Aprendemos a identificar as letras do alfabeto estabelecendo listas de características para as 23 categorias necessárias, cada uma das quais está inter-relacionada com um único nome, "A", "B", "C", e assim por diante. O sistema visual está equipado com analisadores que respondem a estas discriminações (como também a muitas outras discriminações visuais). Os resultados dos testes do analisador são integrados e dirigidos para as listas de características apropriadas, de modo que a identificação de letras pode ocorrer. O sistema de percepção visual humano é biologicamente competente para demonstrar todos os aspectos mais importantes do modelo analítico de características delineado na última seção — para estabelecer conjuntos de critérios de características múltiplos com equivalência funcional, e para aprender testando hipóteses e recebendo realimentação.

Dois aspectos da identificação de letras podem ser distinguidos. O primeiro aspecto é o estabelecimento das próprias categorias e, especialmente, a alocação dos nomes de categorias a elas, tais como "A", "B", "C". O segundo aspecto da identificação de letras é a alocação das várias configurações como diferentes, como não funcionalmente equivalentes. A maior parte do aprendizado perceptivo envolve a descoberta de quais são exatamente as características distintivas pelas quais as várias configurações deveriam ser categorizadas como diferentes umas das outras e de quais são os conjuntos de características que são critérios para determinadas categorias. Estes são precisamente os dois aspectos do aprendizado do objeto ou conceito, envolvidos na distinção de um tipo do outro, de gatos e de cães. As categorias devem ser estabelecidas com nomes únicos (como "gatos" e "cães"), e as regras devem ser planejadas para a alocação de casos particulares nas categorias apropriadas.

Para distinguirmos os dois aspectos da identificação de letras, devemos perguntar como as novas categorias deveriam ser estabelecidas e associadas com uma resposta particular, tal como o nome de uma letra do alfabeto. O primeiro ponto a ser estabelecido é que a associação do nome com uma categoria não é nem necessário nem primário no processo de discriminação. É bem possível segregar as configurações visuais em diferentes categorias, sem que se tenha para elas um nome. Podemos ver que A e & são diferentes, e sabemos que devem ser tratados diferentemente, embora possamos não ter um nome de categoria, ou mesmo uma categoria específica para &. Na verdade, não podemos alocar um nome para &, a menos que primeiro adquiramos algumas regras para a discriminá-lo de A e de outra configuração visual à qual não se daria equivalência funcional. Não descobriremos um nome para & se não pudermos distingui-lo de A. A motivação para o estabelecimento de uma nova categoria pode vir de qualquer direção: ou uma configuração tal como & não pode ser relacionada a qualquer categoria existente, ou um novo nome, tal como "ampersand" (o nome deste sinal em inglês) não pode ser relacionado a uma categoria existente. Os passos intermediários que unem todo o sistema são o estabelecimento das primeiras listas de características e conjuntos de critérios para a categoria, de modo que os testes de características apropriados e o nome da categoria possam ser relacionados.

Não somente a relação de um nome a uma categoria não é primário; também não é difícil. A parte complicada do aprendizado sobre como fazer uma identificação não está no relembrar o nome de uma determinada categoria, mas em descobrir os conjuntos de critérios de características para aquela categoria. As crianças em idade de aprendizado da leitura estão também aprendendo centenas de novos nomes para objetos a cada ano — nomes de amigos e figuras públicas, bem como de automóveis e animais — e também de letras e palavras. A pessoa com a qual aprendem, o instrutor formal, geralmente aponta para um objeto e diz: "Isto é um "X" ", deixando o problema com o aluno. O instrutor raramente tenta explicar o "X"; a criança é quem deve trabalhar em seu significado, nas diferenças significativas existentes. A parte complicada do aprendizado é o estabelecimento de equivalências funcionais para as categorias com as quais os nomes estão associados.

A razão pela qual geralmente se pensa que o "aprendizado de nomes" é difícil é que os passos intermediários são ignorados e se presume que um nome é aplicado diretamente a uma determinada configuração visual. Naturalmente, as crianças podem considerar difícil responder com o nome certo para as letras *b* ou *d* (ou para as palavras *casa* e *rasa*, ou para um cão ou gato reais), mas isto não ocorre porque elas não podem colocar um nome para a configuração — esta não é a maneira como o sistema visual funciona. Seu problema básico é descobrir como duas alternativas são significativamente diferentes. Uma vez que consigam realizar a discriminação, de modo que as equivalências funcionais apropriadas sejam observadas, a alocação do rótulo verbal correto é um problema relativamente fácil de ser resolvido, porque o rótulo está relacionado diretamente à categoria.

6. Identificação de Letras

A Identificação da Letra em Ação

Chegamos à questão final do presente capítulo: existem evidências que apóiem o modelo analítico de características do sistema visual humano? Algumas das evidências fisiológicas já foram indicadas. Não existe uma correspondência recíproca entre a informação visual que se impõe sobre o olho e qualquer coisa que ocorra por trás do globo ocular. O olho não envia "imagens" de volta ao cérebro: o padrão incerto e repetitivo dos impulsos neurais é uma representação das características discretas detectadas pelo olho, não a transferência de um "quadro". No próprio cérebro, não existe um modo de armazenar um conjunto de gabaritos ou mesmo de aquiri-los, em primeiro lugar. O cérebro não lida com representações verídicas; ele organiza o conhecimento e o comportamento, orientando a informação abstrata através de suas redes neuronais complexas. É verdade que um aspecto do *output* cerebral, nossa experiência subjetiva do mundo, é gerado na forma de "percepções" que poderiam ser consideradas como quadros, mas esta experiência é a conseqüência da atividade cerebral, não algo que o cérebro "armazena" e compara com *inputs*. Nossa experiência visual é o produto do sistema perceptivo, não parte do processo.

Agora, podemos examinar as evidências para o modelo analítico de características a partir de duas espécies de experiências de identificação de letras (os detalhes são fornecidos nas Notas, no final do livro). A presunção básica a ser testada é a de que as letras são, na verdade, conglomerados de características que pertencem, talvez, a doze espécies diferentes. O único modo como as letras podem diferir fisicamente umas das outras é na presença ou ausência de cada uma destas características. As letras que apresentam várias características em comum serão muito similares, enquanto as letras que são construídas de conbinações de características bastante diferentes serão bastante dissimilares na aparência. Como se avalia a "similaridade"? As letras são similares — presume-se que compartilham muitas características — se são freqüentemente confundidas umas com as outras. E as letras que raramente são confundidas umas com as outras, presumivelmente possuem muito poucas características em comum.

Naturalmente, não confundimos letras com muita freqüência, e quando o fazemos, o caráter do erro geralmente é influenciado por fatores não-visuais. Poderíamos, por exemplo, pensar que a quarta letra na seqüência REQF é um U, não porque F e U são visualmente similares, mas porque normalmente esperamos que um U se siga a um Q. Entretanto, um grande número de confusões visuais pode ser gerado por técnicas experimentais nas quais a letra-estímulo é tão "empobrecida" que os leitores não a conseguem ver claramente, embora sejam forçados a fazer uma adivinhação sobre qual é, provavelmente, aquela letra. Em outras palavras, os sujeitos experimentais devem fazer uma decisão de identificação de letra com base em mínima

140 Compreendendo a Leitura

informação visual. A presunção experimental é de que os observadores que não podem ver o estímulo claramente não apresentam alguma informação vital e, assim, são incapazes de realizar alguns testes de características. E se são incapazes de realizar certos testes de características, então os testes que são capazes de fazer não reduzirão toda a incerteza sobre as 23 alternativas de resposta. Os observadores ainda serão deixados em dúvida sobre umas poucas possibilidades que podem ser diferenciadas somente pelos testes que foram incapazes de realizar.

O método atual de empobrecimento do estímulo não é importante. A apresentação pode ser breve e taquistoscópica, ou pode envolver um estímulo que possui muito pouco contraste com seus arredores, projetado por uma lâmpada de intensidade muito baixa, ou impresso em uma página sob várias camadas de papel de seda, ou escondido por trás de grande quantidade de ruído visual, como xchegues. Tão logo os observadores comecem a cometer "erros", pode-se presumir que não estão obtendo toda a informação de que precisam para realizarem uma identificação. Estão decidindo com base em algo menos de que um conjunto de critérios de características.

Em vista disso, existem somente duas possibilidades, se os observadores são forçados a identificar uma letra com base em informações insuficientes: suas "adivinhações" serão completamente ao acaso, ou responderão de uma forma sistemática. Se os palpites são ao acaso, não pode haver previsão de qual será a resposta; poderão responder com qualquer das 23 letras do alfabeto, qualquer que seja a letra apresentada. Se examinarmos o recorde de "confusões", as ocasiões em que uma letra é reportada incorretamente, descobriremos que cada outra das 22 letras é representada ao redor da mesma freqüência. Mas se as respostas são sistemáticas, existem duas possibilidades, ambas as quais limitam consideravelmente o número de confusões que tendem a ocorrer. Uma possibilidade, que não é muito interessante, é a de que os observadores sempre dirão a mesma coisa, se não puderem distinguir uma letra; um poderá dizer: "Isto é um K", por exemplo, toda vez que estiver incerto. Felizmente, tal distorção é fácil de ser detectada. A outra e mais interessante possibilidade é a de que os observadores selecionem somente a partir daquelas alternativas de resposta que permanecem após as características que podem ser discriminadas na apresentação terem sido levadas em consideração. Em tal circunstância, deve-se esperar que as confusões se "aglutinem"; em vez de 22 tipos de confusão, uma para cada das possíveis respostas erroneas, haverá somente uns poucos tipos.

A evidência pode ser resumida em umas poucas palavras: as confusões de letras ajustam-se em agrupamentos muito restritos, e cerca de dois terços da confusão para a maioria das letras é causada por três ou quatro tipos de confusão. Se um sujeito comete um erro na identificação de uma letra a natureza da resposta errônea é altamente previsível. Os agrupamentos típicos de confusão podem ser muito sugestivos acerca do tipo de informação pela

6. Identificação de Letras

qual o olho deve estar procurando, para a discriminação de letras. Alguns agrupamentos típicos de confusão são (a, n, o, u), (t, f, i), e (h, m, n) (Dunn-Rankin, 1968).

A conclusão específica a ser extraída do tipo de experiências recém-descritas é a de que as letras são, na verdade, compostas de um número relativamente pequeno de características. As letras que são facilmente confundidas, como a e e, ou t e f, devem ter um número de características em comum, e aquelas que raramente são confundidas, como o e w ou d e y, devem ter poucas características, ou nenhuma, em comum. A conclusão geral a ser extraída é a de que o sistema visual é realmente analítico de características. A identificação de letras é conseguida pelo exame do olho do ambiente visual para as informações sobre as características que eliminarão todas as alternativas, exceto uma, assim permitindo que uma identificação seja feita.

Existe uma segunda linha de evidências experimentais apoiando a opinião de que as letras são arranjos de elementos menores, e isto está relacionado ao fato de que o reconhecimento é mais rápido e mais fácil quando existem menos alternativas para o que cada letra poderia ser. O exemplo clássico de tal evidência já foi descrito na demonstração da "visão em túnel", no capítulo 4, onde foi mostrado que a informação não-visual pode ser empregada para reduzir a quantidade de informação visual — ou características distintivas — necessária para a identificação de letras. Existem outras ilustrações no próximo capítulo onde a identificação das palavras é considerada.

O QUE É UMA CARACTERÍSTICA?

Toda a discussão sobre a identificação de letras pela análise de características foi conduzida sem, na verdade, especificar o que é uma característica. A omissão foi deliberada, porque ninguém sabe o que são as características distintivas das letras. Não se sabe o bastante sobre a estrutura do sistema visual humano para dizer exatamente o que é a informação de características pela qual o sistema procura.

Naturalmente, as afirmações generalizadas sobre as características até podem ser feitas. Têm havido algumas tentativas de se fazer isso, como "A única diferença entre c e o é o 'fechado'; portanto, estar fechado deve ser uma característica distintiva", ou "A única diferença entre h e n é a 'ascendência' no topo de h; portanto, uma ascendência deve ser uma característica distintiva". Este tipo de raciocínio dedutivo é bastante esclarecedor, e é verdade que se podem fazer previsões sobre quais pares de letras poderiam ser confundidos, com base em tais análises. Mas estas características são propostas com base na lógica, não em evidências, porque realmente não sabemos se, ou como, o olho procura por "fechamento" ou "ascendência". Pode ser argumentado que estas características hipotéticas são realmente propriedades de todas as letras, que não podemos dizer se algo é fechado ou apresenta ascendência até que vejamos a letra como um todo, e isto está longe de explicar como uma propriedade do todo poderia também ser um elemento a partir do qual o todo é construído. Obviamente, a asserção de que a diferença significativa entre *h* e *n* tem algo a ver com a ascendência é razoável, mas é uma supersimplificação dizer que a ascendência é a característica real.

Uma outra boa razão para evitar a questão específica sobre o que são as características, é a de que sempre se deve fazer a qualificação "Isto depende de...". A diferença significativa entre *A* e *B* não é a mesma que a diferença entre *a* e *b*. Na verdade, não se pode prever que letras serão confundidas em uma experiência de identificação, a menos que se saiba o tipo que está sendo usado e se as letras são maiúsculas ou minúsculas.

Felizmente, não é necessário saber exatamente o que são as características, a fim de se aprender algo sobre o processo de identificação ou para ajudar uma criança na discriminação de letras. Podemos confiar em que a criança localize a informação requerida, desde que o *environment* informacional apropriado esteja disponível. O *environment* informacional apropriado é a oportunidade para fazer comparações e descobrir quais são as diferenças significativas. Lembre-se, o principal problema da identificação é distinguir a configuração apresentada de todas aquelas às quais poderia ser equivalente mas não é; a configuração deve ser sujeita a uma análise de característica e colocada na categoria apropriada. Apresentar um *"h"* porque tem uma linha ascendente não as ajudará a discriminar a letra. A apresentação do *h* e outras letras em pares e grupos, juntamente com a realimentação de que *não* são funcionalmente equivalentes, é o tipo de informação requerida para que o sistema visual e o cérebro descubram, com muita rapidez, quais são, realmente, as características distintivas.

SUMÁRIO

O modelo de identificação de características é proposto para a identificação de letras. As *listas de características* são estabelecidas para permitir a alocação da informação visual em categorias cognitivas específicas, no caso presente, para letras. As listas de características são *especificações* de como a informação visual deve ser, a fim de ser alocada em uma categoria determinada. Os nomes das letras (e suas relações com os sons) são parte das inter-relações entre categorias; não estão diretamente associados com configurações visuais particulares. Para se permitir a identificação da mesma letra quando apresenta configurações diferentes, por ex., A, *a* e *a*, as listas de

6. Identificação de Letras

características *funcionalmente equivalentes* são estabelecidas. Para cada lista de características existirá um número de *conjuntos de critérios* alternativos, a fim de permitir as decisões de identificação com base em um mínimo de informações visuais, dependendo do número e natureza das alternativas.

As notas sobre o Capítulo 6 abrangem

Reconhecimento versus identificação
Teorias de reconhecimento de padrão
Tornando a identificação de letras mais fácil

7
IDENTIFICAÇÃO DE PALAVRAS

O primeiro capítulo especificamente relacionado à leitura foi dedicado à identificação de letras. Neste capítulo, mostro que a identificação de palavras não requer a identificação anterior de letras. O presente capítulo restringe-se à consideração das palavras individuais ou não relacionadas umas às outras isoladamente, onde não existe um indício extrínseco quanto à sua identidade. Ainda não estou focalizando minha atenção em qualquer coisa que pudesse normalmente ser considerada como *leitura*, onde uma finalidade significativa e um contexto estão envolvidos. Mas este capítulo é um outro passo em direção à demonstração de que os procedimentos que permitem a identificação de palavras sem a identificação anterior das letras também permitem a compreensão sem a identificação anterior das palavras.

TRÊS TEORIAS SOBRE A IDENTIFICAÇÃO DE PALAVRAS

Existem três amplas classes de teorias sobre a identificação de palavras: identificação de toda palavra, identificação letra por letra e uma posição intermediária envolvendo a identificação de agrupamentos de letras, geralmente "padrões ortográficos". Em efeito, estes três pontos de vista representam três tentativas para descrever a maneira pela qual um leitor experiente é capaz de identificar as palavras que vê. São relatos sobre o que um leitor precisa saber e fazer, a fim de ser capaz de dizer qual é determinada palavra. Um ou outro dos três pontos de vista é aparente em praticamente cada abordagem atual à instrução da leitura.

7. Identificação de Palavras

Cada uma destas abordagens tradicionais do reconhecimento de palavras deixa mais questões não respondidas do que resolvidas. Ainda assim, cada uma contém um germe de verdade sobre a leitura; não fosse assim, não poderia ter sobrevivido para adquirir um lugar no folclore sobre o assunto. Nos seguintes parágrafos, olho mais de perto para quais aspectos da leitura cada uma destas teorias parece particularmente competente para iluminar e quais aspectos deixa escuros.

O ponto de vista da *palavra como um todo* está baseado na premissa de que os leitores não param para identificar letras individuais (ou grupos de letras) na identificação de uma palavra. Este ponto de vista afirma que o conhecimento do alfabeto e dos "sons das letras" é irrelevante para a leitura (embora exista, freqüentemente, um fracasso para indicar se isto se aplica somente à leitura fluente ou também ao aprendizado da leitura). Uma fonte incontrovertida de apoio a esta visão da palavra como um todo já foi comentada — o fato de que um observador pode reportar, a partir de uma única apresentação taquistoscópica, quatro ou cinco letras ao acaso ou um número similar de palavras. Certamente, se uma palavra pode ser identificada tão facilmente quanto uma letra, então deve ser tanto uma unidade quanto o é uma letra: uma palavra deve ser reconhecível como um todo, em vez de como uma seqüência de letras. Uma outra evidência de apoio incriticável é a de que as palavras podem ser identificadas quando nenhuma de suas letras componentes é claramente discriminável. Por exemplo, um nome pode ser identificável em um sinal rodoviário distante, ou em uma luz fraca, sob condições que tornariam ilegível cada letra individual daquele nome se apresentadas em separado. Se as palavras podem ser lidas quando as letras são ilegíveis, como é que o reconhecimento de palavras depende da identificação das letras? Finalmente, uma boa quantidade de evidências sugere que as palavras podem ser identificadas tão rapidamente quanto as letras. Foi demonstrado que a percepção está longe de ser instantânea, e que letras ao acaso sucessivamente apresentadas — ou palavras ao acaso — não podem ser identificadas mais rapidamente do que em cinco ou seis segundos (Kolers & Katzman, 1966; Newman, 1966). E se palavras inteiras podem ser identificadas tão rapidamente quanto letras, como pode sua identificação envolver sua soletração letra por letra?

Realmente, existe muito a favor dos argumentos apoiando o ponto de vista da palavra como um todo; agora, podemos dedicar um tempo igual para uma contraposição que, como uma teoria, é bastante inadequada. Uma objeção fundamental é a de que a visão não é, absolutamente, uma teoria; não possui "força explanatória", mas meramente reformula a questão que pretende responder. Se as palavras são reconhecidas "como um todo", como são os todos reconhecidos? O que os leitores procuram, e de que modo seu conhecimento de como uma palavra se parece é armazenado? Não serve como resposta dizer que os leitores já aprenderam como as palavras se

146 Compreendendo a Leitura

parecem, porque esta é a questão básica: o que, exatamente, os leitores sabem, se sabem como uma palavra se parece? A qualificação de que as palavras são identificadas por "suas formas" meramente muda o nome do problema de "identificação de palavra" para "identificação da forma". Os leitores fluentes são capazes de reconhecer pelo menos 50.000 palavras à primeira vista (ver Notas) — por aquilo a que chamo de *identificação imediata da palavra*. Será que isto significa que os leitores possuem fotografias de 50.000 diferentes formas de palavras armazenadas em suas mentes, e que, para cada palavra que encontram na leitura vasculham um estoque de 50.000 gabaritos a fim de encontrarem uma combinação? De que modo selecionariam entre as 50.000 alternativas? Certamente não começando desde o início e examinando cada uma das representações internas até que encontrem uma combinação. Se estamos procurando um livro em uma biblioteca, não começamos desde sua porta de entrada examinando cada livro até encontrarmos aquele com um título que vá de encontro ao que estamos procurando. Em vez disso, fazemos uso do fato de que os livros são categorizados e organizados em prateleiras de modo sistemático; existem "regras" para a obtenção do livro que precisamos. Pareceria razoável sugerir que a identificação da palavra é também sistemática, e que fazemos uso destas regras que nos possibilitam tomar nossa decisão rapidamente. Geralmente podemos encontrar alguma explicação para qualquer erro que cometemos. Podemos ter lido mal "disse" como "disque" (ou mesmo como "reportou", em circunstâncias onde a substituição faria sentido), mas nunca como "elefante" ou "plugue", ou "predisposição". Em outras palavras, obviamente não selecionamos uma palavra a partir de 50.000 alternativas, mas, em vez disso, de um número de alternativas muito menor. Um ponto de vista da palavra como um todo, mal-elaborado, não pode ser responsabilizado por esta eliminação anterior de alternativas.

Além do mais, já descobrimos que 50.000 representações internas das formas estariam muito longe do adequado para possibilitar que identificássemos 50.000 palavras diferentes. Mesmo que pudéssemos identificar *ASA* observando uma representação interna, como poderia a mesma representação possibilitar que identificássemos *asa* ou *asa* ou qualquer uma das muitas outras formas como a palavra pode ser escrita?

A teoria de *letra a letra*, que a visão da palavra como um todo supõe demolir, parece, por si mesma, possuir evidências substanciais a seu favor. Os leitores freqüentemente são sensíveis às letras individuais, na identificação de palavras. O ponto de vista da palavra como um todo sugere que *se* os observadores recebem um estímulo *fashixn*, taquistoscopicamente, ou eles identificarão toda a palavra como "*fashion*" (moda, em inglês), sem perceberem o *x*, ou deixarão completamente de reconhecer a palavra, porque esta não "combina" com suas representações internas. Em vez disso, os observadores freqüentemente identificam a palavra, mas relatam algo de errado com

7. Identificação de Palavras

ela, não necessariamente relatando que existe um *x* em vez do *o*, mas oferecendo explicações tais como "Há um fio de cabelo sobre o final da palavra" (Pillsbury, 1897).

Além disso, os leitores são muito sensíveis à *previsibilidade* das seqüências de letras. As letras não ocorrem ao acaso em qualquer língua; em inglês, por exemplo, as combinações como *th, st, br* e quase todos os pares de vogal e consoante tendem a ocorrer mais do que as combinações *rf, sr, bm* ou *uo*. O conhecimento que os leitores adquirem acerca destas diferentes probabilidades de combinações de letras é demonstrado quando as palavras contendo seqüências comuns de letras são mais facilmente identificadas do que aquelas com seqüências incomuns. Os leitores podem identificar seqüências de letras que *não* são palavras de seus idiomas, exatamente com a mesma facilidade que algumas palavras de seus próprios idiomas, desde que as seqüências sejam "bastante aproximadas" às de suas línguas — o que significa que estas são combinações altamente prováveis (Miller, Bruner & Postman, 1954). O leitor médio, por exemplo, falante da língua inglesa, raramente fracassa quando recebe seqüências como *vernalit* ou *mossiant* ou *ricaning* — e, ainda assim, como estas seqüências podem ser identificadas como "um todo", quando jamais foram vistas antes? Uma visão letra a letra poderia também parecer algo mais econômica: ao invés de aprender a reconhecer 50.000 palavras, aprende-se a reconhecer 23 letras e se aplica umas poucas regras de ortografia, decodificando cada palavra à vista.

Uma argumentação um pouco ilógica é, às vezes, proposta, para apoiar a visão de letra a letra. Em sua forma mais extrema, esta visão parece implicar que, em razão de as letras de algum modo ajudarem no som de uma palavra, a identificação das palavras *deve* ser conseguida, pronunciando-se estas letras individualmente. Isto seria tão coercivo quanto sugerir-se que devemos reconhecer os carros lendo os nomes dos fabricantes em suas traseiras, simplesmente porque o nome está lá para ser lido. Além disso, a ortografia da palavra nem sempre é um guia confiável para sua pronúncia. Esta questão é tão complexa que o próximo capítulo refere-se à fonética. No momento, não estamos preocupados com o fato de o conhecimento das letras poder ser utilizado ou não, para identificar as palavras, mas em vez disso, estamos preocupados com o fato de os leitores habilidosos normal e necessariamente identificarem palavras que "conhecem" por uma análise letra a letra.

A posição intermediária — que as palavras são identificadas através do reconhecimento do agrupamento de letras — tem a vantagem de ser capaz de explicar a identificabilidade relativamente fácil de não-palavras tais como *vernalit*, para os falantes da língua inglesa. Esta visão argumenta que os leitores tornam-se familiarizados com os padrões ortográficos, tais como *ve* e *rn* e até mesmo *vern*, que são reconhecidos e colocados juntos para formarem palavras. Quanto maiores os padrões ortográficos conhecidos, mais fácil a identificação da palavra, de acordo com esta visão. Esta opinião é compatível com nossa experiência normal de que, quando uma palavra nova como *zigótico* ou *Helsingfors* pára temporariamente nossa leitura, não parecemos dividi-las em letras individuais antes de tentarmos compreender o que seus sons significam. Mas muitos dos argumentos que favorecem a posição de palavra como um todo sobre a análise de letras também funcionam contra a visão do agrupamento de letras. Pode ser útil, ocasionalmente, tentar descobrir o significado de uma palavra através da análise de suas letras ou sílabas, mas a leitura normal não parece proceder nesta base; na verdade, isto pareceria impossível. Não existe tempo para "descobrir" o que as palavras significam por uma sintetização de suas possíveis combinações sonoras. Além disso, à medida que o argumento de agrupamento de letras é empurrado para seu extremo, transforma-se em uma abordagem de palavra como um todo, uma vez que os maiores e mais confiáveis padrões ortográficos são as próprias palavras.

O fato de que três teorias tradicionais de reconhecimento de palavras continuam a ganhar uma ampla aceitação, obviamente indica que repousam sobre uma fundação razoavelmente sólida de dados, apesar de suas deficiências. Ninguém pode provar, conclusivamente, que estão erradas: cada abordagem, entretanto, possui inadequações que são parcialmente complementadas por uma visão alternativa, o que poderia sugerir que estas teorias não são mutuamente exclusivas e que nenhuma delas possui qualquer poder real que lhe dê o direito de clamar ser a representação mais próxima da verdade. Para substituí-las, precisamos encontrar uma teoria de leitura que não seja incompatível com quaisquer dos dados, mas que também ofereça uma explicação para aspectos inadequados das três visões tradicionais. Em resumo, qualquer tentativa séria para compreender a leitura deve ser capaz de explicar porque, às vezes, parece que as palavras são identificadas como um todo e em outras ocasiões através da identificação de letras componentes ou grupos de letras.

Uma Alternativa Analítica de Características

Este é um outro ponto de vista que pareceria superar a fraqueza maior das três teorias tradicionais sem ser incompatível com quaisquer das evidências a seu favor. Tal teoria propõe que as palavras são, na verdade, identificadas como "todos", mas que a maneira de sua identificação envolve os mesmos procedimentos que a identificação de letras, e realmente faz uso do mesmo tipo de informação visual.

No capítulo anterior, dois modelos de identificação de letras foram examinados: a análise de características e a combinação por gabaritos. A teoria tradicional da palavra como um todo, de que as palavras são identificadas por causa da familiaridade que se tem com sua "forma", é essencialmente um

7. Identificação de Palavras

modelo de combinação por gabaritos, e os argumentos para sua inadequação já foram apresentados. O restante do presente capítulo considera o modelo alternativo, de análise de características, para a identificação de palavras. Deve ser reiterado que o presente capítulo está preocupado apenas com a *identificação de palavras individuais*, de palavras real ou efetivamente isoladas porque o contexto é ignorado. A identificação de palavras em sentenças significativas — que é, naturalmente, mais representativa da maioria das situações de leitura — é considerada no capítulo 9.

Basicamente, o modelo analítico de características propõe que a única diferença entre a maneira pela qual as letras e palavras são identificadas repousa nas categorias e listas de características que o perceptor emprega na análise da informação visual. A diferença depende de se o leitor está procurando por palavras ou por letras: o processo de olhar e decidir é o mesmo. Se o objetivo do leitor é identificar letras, então a análise da configuração visual é levada avante com respeito às listas de características associadas com as 23 categorias de letras, uma para cada alfabeto. Se o objetivo é identificar palavras, então existe uma análise similar de características na configuração visual com respeito às listas de características, ou especificações, de um número maior de categorias de palavras.

Quais são as características das palavras? Elas obviamente devem incluir as características das letras, uma vez que as palavras são formadas por letras. Os arranjos de sinais gráficos na página impressa, que podem ser lidos como palavras, também podem ser distinguidos como seqüências de letras, de modo que as "características distintivas" das letras que constituem uma diferença significativa entre uma configuração e outra, devem também ser distintivas das palavras. Por exemplo, qualquer informação visual que permita que o cérebro distinga entre *h* e *n* deve também permitir que este distinga entre *hot* e *not*. E precisamente os mesmos procedimentos que distinguem entre *h* e *n* farão com que se realize a discriminação entre *hot* e *not*. À primeira vista, muito mais discriminações e análises de características distintivas pareceriam ser necessárias para se distinguir entre dezenas de milhares de palavras alternativas, comparadas com apenas 23 letras alternativas, mas veremos que a diferença não é tão grande. Na verdade, pode não ser necessário um número maior de informações — não mais testes de características — para a identificação de uma palavra em um contexto significativo do que para a identificação de uma única letra isoladamente.

Se as características distintivas das configurações visuais das letras são as mesmas que aquelas para as configurações visuais das palavras, poder-se-ia esperar que as listas de características para as categorias de letras e palavras fossem similares. Entretanto, as listas de características para categorias de palavras requerem uma dimensão adicional àquelas, para letras, no sentido de que a análise das configurações de palavras envolve *a posição das características dentro de uma seqüência*. Os seguintes exemplos, imaginários e algo arbitrários, comparam quatro listas de características — duas listas funcionalmente equivalentes para as formas alternativas *HORSE* (cavalo) e *horse*, na categoria de palavra "horse" (cavalo). Cada "teste" representa a informação que poderia ser recebida de um analisador no sistema visual, acerca da qual uma característica particular está ou não presente na configuração que está sendo examinada, e cada + ou - indica se uma característica deveria ou não estar presente se a configuração devesse ser alocada àquela categoria em particular (ver tabela 7.1).

O número de "posições" em uma lista de características de palavra indica o número de vezes que uma característica particular poderia ocorrer na seqüência de letras que constitui a palavras e, obviamente, corresponde ao número de letras. Similarmente, um teste de características que será aplicado somente uma vez para a identificação de uma letra, pode ser empregado diversas vezes para a identificação de uma palavra, com o número máximo de testes dependendo do número de letras da palavra. Uma lista de características para uma palavra poderia, portanto, ser também considerada como um conjunto de especificações para suas letras componentes, como na tabela 7.1 onde as características para a primeira posição de *horse* são as mesmas que as características para a letra *h*. Esta congruência entre as listas de "posição" e "letra" é inevitável, porque as características distintivas das letras também são características distintivas das palavras, mas isto não quer dizer que as letras devem ser identificadas a fim de que as palavras também o sejam. O termo "posição" é empregado, em vez de "letra", para evitar qualquer implicação de que uma palavra é identificada por suas letras, em vez de pela distribuição de características ao longo de toda sua configuração. Um número de argumentos são apresentados para mostrar o fato de que as especificações do teste de características para as posições e letras poderem ser idênticas é irrelevante para as identificações de palavras.

(Deve ser acrescentado que poderiam existir umas poucas características distintivas de palavras que não são características de letras — por exemplo, a altura relativa de diferentes partes da configuração ou sua extensão. Como já observei, não se sabe o suficiente sobre o sistema visual para se assegurar o que são realmente as características distintivas. A presente discussão restringe-se à apresentação da visão de que as palavras podem ser identificadas sem a identificação interveniente das letras, e não pretende fazer afirmações precisas acerca das características reais de palavras ou letras.)

A visão analítica de características da identificação de *letras* afirma que, uma vez que existe redundância na estrutura das letras — uma vez que existem informações mais do que suficientes para a distinção entre 23 alternativas —, nem todas as características de uma letra precisam ser discriminadas, a fim de se identificar uma letra. Portanto, um número de *conjuntos de critérios* alternativos de características podem existir dentro de cada lista de características, as informações sobre as características, dentro de qualquer

7. Identificação de Palavras

conjunto de critérios, sendo suficientes para que uma identificação seja feita. Por exemplo, Testes 1, 3, 4, 5, 7, e 8, ou Testes 1, 2, 4, 5, 7, 9, ou Testes 2, 3, 4, 6, 7, 9, 10 poderiam constituir um conjunto de critérios da lista de características de H para "h". As informações sobre quaisquer destas combinações de características seriam suficientes para eliminar todas as 22 outras letras alternativas e permitir a categorização — a identificação — de uma determinada configuração para a mesma categoria.

Seria de se esperar que os conjuntos de critérios também existam para a identificação de *palavras*, exceto que, agora, eles cobrem uma segunda dimensão e levam em consideração as combinações de características estendendo-se ao longo de toda a palavra. Os conjuntos de critérios dentro da lista de características para HORSE, por exemplo, poderiam incluir Testes 3, 4, 6 e 9 para a Posição 1; Testes 3, 7, e 9, para a Posição 3; Testes 4, 6, 7, e 8 para Posição 4; e Testes 4, 6, 7, e 10 para Posição 5. Três aspectos significativos de tais conjuntos de critérios de características devem ser observados.

Primeiro, em nenhuma posição existem suficientes características testadas para permitirem a identificação de uma letra, se esta letra estivesse isolada. Por exemplo, os testes de característica 3, 4, 8, e 9 na Posição 1 não se constituiriam em um conjunto de critérios para a identificação de H isolado, embora sejam suficientes para a primeira posição de HORSE (desde

TABELA 7.1.
Listas de características para letras e palavras

		Categoria de letra "H"		*Categoria de palavra "Horse"*								
		Lista de características "H"	Lista de características "h"	Lista de características "HORSE"					Lista de características "horse"				
				Posição					Posição				
				1	2	3	4	5	1	2	3	4	5
Teste	1	+	-	+	+	-	+	-	-	+	-	-	+
	2	+	+	+	-	-	+	+	+	-	+	+	-
	3	-	-	-	+	-	+	-	-	-	+	-	+
	4	+	-	+	-	+	+	+	-	+	-	-	-
	5	-	+	-	+	+	-	-	+	+	-	+	+
	6	-	+	-	+	-	+	+	+	-	+	+	-
	7	+	+	+	-	-	-	+	+	-	-	+	+
	8	-	-	-	+	-	+	+	-	+	-	-	+
	9	-	+	-	-	+	+	-	+	-	+	-	-
	10	+	+	+	+	+	-	+	+	+	-	-	+

que certas outras características sejam testadas em outras posições). A explicação, naturalmente, é a de que um conjunto de critérios de *H*, apenas, deveria conter informações suficientes para a eliminação das 22 outras letras do alfabeto, enquanto não existem tantas alternativas que pudessem ocorrer na frente da seqüência *-ORSE*. A diferença entre um conjunto de critérios para a primeira posição de *Horse* e para a letra *H* isoladamente ilustra o ponto de que as "posições" nas palavras não devem ser consideradas como letras; as configurações de palavras são testadas para informação de característica que leve diretamente às categorias de palavras, não a categorias de letras intermediárias. Evidências experimentais serão citadas para mostrar que as palavras podem ser identificadas antes que qualquer de suas letras componentes possa ser discriminada.

Em segundo lugar, o conjunto de critérios ilustrativo para *HORSE* não inclui quaisquer características a partir da segunda posição. A omissão indica que toda aquela particular parte da palavra (a letra *O*) poderia ser eliminada e a palavra ainda seria identificável, uma vez que somente uma única letra pode ocorrer naquela posição. A pronta identificabilidade da seqüência H-RSE é um exemplo da *redundância* existente dentro das palavras, permitindo que o leitor fluente identifique palavras com base em muito menos informação visual do que possa estar disponível em suas configurações.

E, terceiro, o número total de características requeridas para a identificação de "horse" no conjunto de critérios particular dado como exemplo é muito menor do que seria necessário para a identificação das letras *H, O, R, S e E* se estivessem apresentadas isoladamente, ou em ordem misturada, ou para um leitor iniciante ou falante de uma língua estrangeira que não pudesse reconhecer toda a palavra. Novamente, esta economia é uma conseqüência da redundância dentro das palavras.

Se um falante da língua inglesa reconhece que a primeira letra de uma palavra é *T* e a segunda é *H*, este não obtém — ou pelo menos não precisa — tanta informação da segunda letra quanto da primeira. O conhecimento da primeira letra de uma palavra proporciona informações sobre a segunda. A primeira letra contém suficiente informação visual para que a pessoa descarte 25 de 26 alternativas — as 26 letras do alfabeto inglês —, presumindo-se, pelo bem da argumentação, que uma palavra é igualmente provável de começar com qualquer das letras do alfabeto. A segunda letra também contém suficiente informação visual ou características distintivas, para se distinguir entre 26 alternativas, porque, obviamente, se pode distingui-la de todas as outras letras do alfabeto, quando está isolada. Mas não se necessita de informações sobre características para distinguir a segunda letra entre as 26 alternativas, porque não existem 26 letras dentre as quais esta poderia ser a correta. Em inglês, se a primeira letra de uma palavra é *T*, então existe uma probabilidade muito alta de que a segunda letra seja *H, R* ou uma das vogais; o número de possíveis alternativas para a segunda letra é menor do que 10, no caso da língua inglesa. Na verdade, quanto mais letras se sabe de uma palavra, menos alternativas existem, em média, para qual seria cada letra adicional. E uma vez que existe muito menos incerteza sobre cada letra, menos e menos informação sobre características é necessária para sua identificação.

O conhecimento sobre a maneira como as letras são agrupadas em palavras, ou *informação ortográfica*, está localizado dentro da teoria do mundo do leitor fluente. É uma fonte alternativa, não-visual, de informações para a *informação visual* ou *de características* que os olhos coletam da página. Até onde estas fontes de informação reduzem o número de alternativas sobre qual poderia ser uma determinada letra, existe uma redundância. Tal duplicação de informação é também chamada de *redundância seqüencial*, porque sua fonte reside no fato de que as diferentes partes da palavra não são interdependentes; a ocorrência de determinadas alternativas em uma parte de uma seqüência limita o alcance de alternativas que podem ocorrer em qualquer outro lugar da seqüência.

A redundância ortográfica da língua inglesa é imensa. Se todas as 26 letras do alfabeto pudessem ocorrer sem restrições em cada posição de uma palavra de cinco letras, existiriam aproximadamente 12 milhões de diferentes palavras de cinco letras, comparadas com talvez 10.000 existentes na realidade. Um alfabeto de sete letras seria suficiente para tornar distinguível este número de palavras de cinco letras.

Redundância entre Características Distintivas

Até aqui, tenho falado sobre as constrições que uma letra coloca sobre a ocorrência de *letras* em outras partes de uma palavra. Mas precisamente a mesma argumentação pode ser aplicada às *características*. Obviamente, se podemos dizer que a ocorrência da letra T na primeira posição de uma palavra restringe as possibilidades para a segunda posição para $H, R, A, E, I, O, U,$ e Y, então também podemos dizer que a ocorrência de *características* da letra T na primeira posição limita as possíveis características que possam ocorrer na segunda posição. Na verdade, podemos eliminar a menção de letras e posições específicas completamente e dizermos que, quando certas características ocorrem em uma parte de uma palavra, existem limites para os tipos de combinações de características que podem ocorrer em outras partes de uma palavra. Um leitor implicitamente consciente de tais limitações é capaz de fazer uso da *redundância seqüencial entre características*, a sobreposição de fontes de informações visuais que poderia eliminar todos os possíveis conjuntos alternativos de combinações de características e o conhecimento do leitor de que muitos dos possíveis conjuntos alternativos na verdade ocorrem.

Em virtude da redundância seqüencial, o leitor experiente pode identificar palavras com tão pouca informação visual que a identificação de letras é completamente ignorada. Não é necessário identificar letras em qualquer parte de uma palavra, a fim de identificar a palavra toda. As palavras podem ser identificadas antes que haja informação sobre características suficiente em qualquer posição para permitir a identificação de uma letra isoladamente.

Aqui está uma simples ilustração de como a redundância de características poderia permitir a identificação de uma palavra de duas letras antes que qualquer uma destas letras pudesse ser identificada individualmente. Imagine que suficientes características pudessem ser discriminadas na primeira posição da palavra, de modo que, se estivéssemos observando apenas aquela posição, nossas alternativas seriam reduzidas a *a* ou *e* — mas que não pudéssemos tomar uma decisão entre as duas. Suponhamos também que, na segunda posição da palavra, pudéssemos detectar suficientes características para reduzirmos as alternativas para *f* ou *t*, mas não tomar a decisão final. Das quatro possibilidades que poderiam ser construídas, *af, at, ef,* ou *et,* somente uma construção seria aceitável como uma palavra. Uma vez que as categorias de palavras não existem para outras três possibilidades, a configuração seria alocada à categoria "at" (preposição), identificada como "at" e assim percebida. Se também existisse uma palavra (uma categoria) "et", na língua inglesa, então uma decisão não poderia ser tomada, e se "et" existisse, mas não "at", então *et* é que seria observado.

Novamente, não estou sugerindo que os leitores estejam conscientes de seu conhecimento da redundância seqüencial, não mais do que estão conscientes do processo de tomada de decisões que está envolvido na leitura ou qualquer outra forma de percepção. Mas nas Notas, alguns exemplos são dados para mostrar que o leitor fluente deve, na verdade, ser considerado como possuindo tal conhecimento acerca da linguagem.

Equivalência Funcional para Palavras

Ainda restam algumas observações a serem feitas sobre a equivalência funcional para as configurações de palavras. A noção de conjuntos de critérios permite uma boa quantia de flexibilidade na operação de um sistema analítico de características. Com as letras, por exemplo, a habilidade para fazer uma identificação, embora a informação sobre uma ou duas características possa estar ausente da especificação total (ou mesmo serem contrárias) de uma lista de características, não precisa evitar a categorização de uma configuração. Como resultado, configurações tão diversas quanto A, A, A, A, e formas tão empobrecidas quanto % A % e % A % poderiam reunir as especificações de um ou outro dos subconjuntos de critérios da lista de características para A, e serem alocadas à categoria "a". Entretanto, quando as formas alternativas alcançam um determinado nível de dissimilaridade de características, tais como *a* e *A*, existe a possibilidade adicional disponível de estabelecer listas de características "funcionalmente equivalentes" para a mesma categoria. Dentro de cada uma destas listas de características, um número de conjuntos de critérios alternativos poderia existir.

Exatamente como podem existir listas de características funcionalmente equivalentes para várias formas da mesma letra, assim também as listas de características alternativas para versões funcionalmente equivalentes da mesma palavra poderiam ser esperadas. Exemplos inventados têm sido dados, de uma lista de características para *HORSE* e uma outra para *horse*. Entretanto, não se propõe que estas duas listas de características (e outras) para a mesma palavra existam de maneira completamente independente, mas, em vez disso, que uma configuração visual seria alocada a uma determinada categoria se os testes de suas partes satisfizessem as especificações de posições em qualquer conjunto de listas de características funcionalmente equivalentes. Como um exemplo supersimplificado, não se propõe que deva haver, necessariamente, uma lista de características especiais para a configuração visual *Horse*, porque a primeira posição daquela configuração é congruente com o início de *HORSE* (e muitas outras palavras), enquanto o restante é congruente com parte de *horse* (e algumas outras palavras). Enquanto os testes da configuração *Horse* não satisfarão um conjunto de critérios dentro de listas de características para *HORSE*, ou *horse* ou qualquer outra palavra, somente dentro destas duas listas de características funcionalmente equivalentes para a categoria "horse" a configuração reúne requerimentos de critérios tanto no início quanto no final. Em outras palavras, uma configuração pode ser identificada se é congruente com partes não sobrepostas de dois conjuntos de critérios de características, desde que estes conjuntos de critérios incompletos sejam funcionalmente equivalentes para a mesma categoria. Tal visão sugere que uma configuração tão estranha quanto *hOrSe* ainda deveria ser identificável através da reunião de requerimentos de critério para as Posições 1, 3 e 5 para *HORSE* e Posições 2 e 4 para *horse* — e existem evidências de que este é o caso (Smith, Lott & Cronnell, 1969).

Deve ser enfatizado que ainda não estamos falando sobre letras — não estou dizendo que *H*, *R* e *E* são identificadas a partir de uma lista de características e *o* e *s* de uma outra lista. Ainda é proposto que a identificação está sendo feita diretamente à categoria "horse", através das várias listas de características equivalentes para uma palavra e não através de listas de características não relacionadas umas às outras de letras individuais.

Resumindo, a diferença entre a identificação de letras e de palavras é simplesmente o sistema de categoria que está envolvido — a maneira pela qual as informações sobre características são alocadas. Se o leitor está examinando um arranjo de informações visuais a fim de identificar letras, a informação visual será testada e feitas as identificações com base nas listas de características para as 26 categorias de língua inglesa. Se a finalidade é identificar palavras, a informação visual será testada com respeito às listas de características para palavras, e não haverá a questão de identificação de letras. Segue-se, a partir da presente argumentação, que seria impossível identificar uma palavra e suas letras componentes simultaneamente, porque não se pode utilizar a mesma informação para tomar dois tipos diferentes de decisão.

Uma vez que a identificação de letras e de palavras envolve a mesma informação de características, não é possível identificar uma configuração tanto como uma palavra quanto como uma seqüência de letras ao mesmo tempo. Podemos ver a configuração *gato* tanto como as letras *g, a, t, e o* como a palavra *gato*, mas não como ambas ao mesmo tempo. Similarmente, podemos ver a configuração *IO* tanto como um número quanto como letras, mas não como ambos. Não podemos aplicar a mesma informação a duas categorias simultaneamente, assim como não podemos utilizar o mesmo contorno como parte de duas figuras ao mesmo tempo — a linha central de ⁻⁾{⁻ pode ser vista como parte de um rosto à esquerda ou como parte de um rosto à direita, mas as duas faces jamais podem ser vistas simultaneamente.

É facilmente demonstrável que a limitação dos casos anteriores não está em uma incapacidade para alocar configurações idênticas a duas categorias diferentes — temos pouca dificuldade em ver IO IO "dez i-o" ou as duas faces em ⁻⁾{⁻ , ou mesmo *gato é gato* como "g, a, t, o é gato" —, desde que exista uma informação de característica para cada uma das duas categorias que estamos utilizando. A impossibilidade é usar a *mesma* informação para duas finalidades simultaneamente.

APRENDENDO A IDENTIFICAR PALAVRAS

Existem dois aspectos do aprender-se a identificar palavras análogos aos dois aspectos do aprender-se a identificar letras, esboçados no final do último capítulo. Um aspecto é o estabelecimento de conjuntos de critérios de características distintivas funcionalmente equivalentes para cada categoria, as especificações para qualificar configurações, e o outro é a associação de um nome com uma categoria. Para a identificação de letras, afirmamos que o relacionar um nome à categoria não era um problema; as crianças aprendem nomes para configurações visuais todo o tempo. Na identificação de palavras pode haver, aí sim, um problema no relacionar nomes às categorias, não porque as crianças tenham uma particular dificuldade para se lembrarem do nome para uma categoria, uma vez que tenham descoberto o que é aquilo, mas na descoberta do nome de uma categoria, antes de mais nada. Quando as crianças começam a descobrir a linguagem escrita, adultos solidários geralmente agem como mediadores, dizendo-lhes quais são as palavras impressas,

7. Identificação de Palavras

deixando para a criança a tarefa mais complexa de descobrir como distinguir uma palavra da outra. Alguém lhes diz. "Aí está um gato", ou "Olhe o cachorro". O processo de descoberta do nome de uma categoria pode ser classificado como *identificação mediada da palavra*, e é o tópico do próximo capítulo. A identificação de palavras deve ser *mediada*, quando uma palavra não pode ser identificada à primeira vista pela alocação a uma categoria, através de uma lista de características existente. Em contraste, refiro-me à identificação de palavras como discutida neste capítulo como *identificação imediata de palavras*. O termo "imediata" é utilizado não no sentido de instantâneo, que sabemos não ser o caso, mas para significar "não mediada", indicando que uma palavra é identificada diretamente através de suas características. O aspecto do aprendizado com o qual o restante deste capítulo lida, é o estabelecimento de listas de características visuais apropriadas para a identificação imediata das palavras.

Será útil considerarmos um exemplo específico. Um aluno está para aprender como se reconhece um determinado nome escrito, digamos, John. A tarefa com a qual a criança confronta-se é descobrir as regras para o reconhecimento deste evento quando novamente ocorrer, o que significa descobrir algo acerca da configuração que a diferencie de todas as outras configurações que não devem ser reconhecidas como "John". Presuma-se que a criança já descobriu que uma característica distintiva confiável para a configuração não é a cor do papel onde está escrita, ou a cor da tinta, que poderiam ser indícios razoáveis para outros tipos de identificação, mas que, mais cedo ou mais tarde, provarão ser inadequados para a alocação da informação visual a categorias de palavras. Também presumamos que a criança, neste momento, não é confrontada por *John* grafado em tipos diferentes. A capacidade para dar nome a qualquer ou a todas as letras do alfabeto não apresenta uma relevância direta na identificação imediata da palavra, embora haja uma óbvia (embora de modo algum essencial) vantagem para as crianças, se aprenderam a distinguir ainda que umas poucas letras, sem necessariamente serem capazes de dar nome a elas, uma vez que terão começado a adquirir indícios sobre as características que distinguem as palavras.

Este é o problema para a criança, descobrir indícios que diferenciarão *John* de outras configurações. A criança pode decidir que um bom indício está na extensão da palavra, ou nos dois traços longos, ou na forma "em anzol" do início. Ao selecionar um indício que seja a base para o reconhecimento da palavra, a criança estabelecerá as primeiras "características distintivas" experimentais, a serem buscadas no futuro, quando testando se deve alocar a configuração à categoria "John".

Exatamente qual será a primeira característica distintiva dependerá das circunstâncias; depende de outras palavras a partir das quais a criança tenta distinguir a configuração *John*. Até que a criança se veja frente a uma outra palavra que não seja *John*, não há problema; a criança aplica o único teste e chama cada configuração aprovada neste de "John". Mas, até que a criança se veja frente a outra palavra que não seja *John*, não há aprendizado. O que leva a criança ao começo do processo de desenvolvimento de listas de características que servirão para a *leitura*, é o ter que distinguir John de todas as outras configurações com as quais esta não é funcionalmente equivalente. A criança somente será realmente capaz de identificar *John* após aprender a não aplicar aquele nome a qualquer outra configuração de palavra que encontre. É quando a criança é confrontada por uma configuração que deveria ser colocada em uma categoria diferente que a correção da discriminação experimental é testada, e, naturalmente, logo isto se torna necessário. Se as características distintivas hipotetizadas fossem relacionadas à extensão da palavra, então a criança responderia com "John" à configuração *Fred*. Se a hipótese envolvesse o formato de anzol inicial, a criança diria "John" a *Jack*, ou *Júlia*, ou *Jeremias*. Quanto mais configurações não equivalentes — quanto mais "palavras" diferentes — as crianças têm entre as quais discriminar, mais virão a selecionar como características distintivas aquelas que serão apropriadas à eventual tarefa de leitura fluente. Mas até que as crianças possam entender do que devem diferenciar *John*, jamais adquirirão um conjunto apropriado de características distintivas para a identificação daquela palavra.

A afirmação precedente *não* significa que as crianças devem ser capazes de *dar nome* a todas as palavras que encontram; absolutamente não. Tudo que têm a fazer é verem uma amostragem representativa de palavras que não são *John*, de modo que possam descobrir em que aspectos *John* é diferente. Não importa se não podem discriminar entre todas as outras palavras (embora ao aprenderem como identificar *John* aprendam algo acerca de todas as outras palavras); o início pode ser o estabelecimento de apenas duas categorias: configurações que são "John" e configurações que não são "John". As tentativas para ensinar "uma palavra de cada vez" — escrevendo-se uma palavra em uma variedade de superfícies diferentes, em diferentes ocasiões e se insistindo "Isto é *John*; Isto é *John*" — não ajudarão as crianças a aprenderem a palavra, porque jamais aprenderão como *John* pode ser distinguido de qualquer outra palavra. A noção de que uma criança pode aprender a identificar uma palavra pela apresentação repetitiva somente desta palavra é uma teoria de gabarito. Sua impropriedade é óbvia, tão logo percebamos que não existe um modo pelo qual a criança pode transferir um quadro do que é apresentado aos olhos para um depósito no cérebro. As crianças não necessitam ouvir interminavelmente determinada palavra; devem ser capazes de ver o que esta palavra *não é*.

A familiaridade com uma grande variedade de alternativas não equivalentes é tudo. Através da crescente familiaridade com a forma escrita da linguagem, as crianças aprendem não somente a discriminar características distintivas, a estabelecer listas de características, e a reconhecer equivalências funcionais, mas também aprendem sobre a redundância. E adquirindo um corpo de conhecimentos sobre a redundância das palavras, aprendem a identificar as palavras economicamente, com base em quantidades mínimas de informação visual; estabelecem grandes números de conjuntos de critérios alternativos.

Provavelmente é algo muito sábio lembrarmo-nos de que quase tudo que uma criança aprende, como descrito no parágrafo anterior, jamais é ensinado explicitamente. Entre as muitas coisas positivas que os professores podem fazer — proporcionarem demonstrações relevantes, colaboração, encorajamento —, não podem incluir o fornecimento de regras pelas quais as palavras devam ser reconhecidas. Esta parte do aprendizado deve ser deixada para as próprias crianças.

ALGO MAIS SOBRE AS PALAVRAS

Uma das conseqüências inevitáveis de se examinar de perto um tema como a leitura, sobre o qual tanto é ignorado, é que este se torna bem mais complicado e menos bem entendido do que pensávamos. Um primeiro passo óbvio em minha discussão sobre a identificação de palavras poderia ter sido afirmar clara e precisamente quantas palavras o leitor fluente conhece; isto daria algum conhecimento útil sobre as dimensões do problema. Mas o problema com uma simples solicitação para que uma pessoa conte as palavras que sabe é que a resposta depende do que significa "palavra", enquanto, de qualquer modo, não existe um modo de se computar uma resposta confiável.

Considere, primeiramente, a questão de se decidir o que queremos chamar de "palavra". Será que *gato* e *gatos,* ou *caminho* e *caminhei* devem ser considerados como duas palavras diferentes, ou como duas formas da mesma palavra? Os dicionários geralmente fornecem somente entradas para a base ou raiz das palavras, recusando-se a contar como palavras diferentes variações tais como plurais, comparativos, formas adjetivas e vários tempos verbais. Se desejamos considerar *gato* e *gatos* ou *caminho* e *caminhei* como palavras diferentes (e certamente não as consideraríamos como funcionalmente equivalentes, em termos visuais), o número de palavras que conhecemos de vista poderia vir a ser quatro vezes maior do que o número de palavras com as quais o dicionarista nos creditaria. Além disso, as palavras comuns possuem muitos significados, como em "Você pode ir ao *banco* pelo *banco* do rio". Mas se a mesma ortografia tiver que ser considerada como (pelo menos) duas palavras diferentes, porque *banco* possui vários significados, será que uma preposição como "por", que tem tantos sentidos diferentes, deveria ser contada como 40 palavras ou mais?

O próximo problema é a contagem. Obviamente, não é o bastante simplesmente contar o número de palavras que uma pessoa lê, ouve ou produz durante o curso do dia, porque muitas palavras serão usadas mais de uma vez e outras absolutamente não ocorrerão. Para contarmos o número de palavras *diferentes* que uma pessoa produz, temos que observar muito cuidadosamente uma torrente de palavras muito familiares. Mas quão grande será esta torrente? Como jamais poderemos estar certos de que demos suficiente oportunidade para que a pessoa utilize todas as palavras que conhece? Sem sombra de dúvidas, poderemos encontrar algumas palavras novas em cada amostra adicional de um milhão que registramos, mas certamente uma lei de diminuição de novas tentativas teria que ser aplicada. Depois de analisarmos, digamos, 100.000 palavras de uma pessoa, pareceria improvável que muitas outras palavras novas fossem produzidas. Mas este não é o caso. Muitas das palavras com as quais estamos bastante familiarizados ocorrem menos do que uma vez em cada milhão — e pode levar de dois meses a dois anos para que uma pessoa produza este número de palavras. Uma análise muito extensiva de aproximadamente 5 milhões de palavras ocorrendo em revistas populares (Thorndike & Lorge, 1944) descobriu cerca de 3.000 palavras que ocorriam em uma média de menos de uma vez em cada milhão, e quase todas estas palavras se encaixariam em nossa categoria de "conhecidas". Aqui está um exemplo de palavras que ocorriam somente uma vez em cada 5 *milhões* de palavras — *telúrica, efluência, egoístico, oxalá, escalão* — uma ou duas podem ser algo incomuns, mas são, no geral, palavras que podemos reconhecer.

Existe algo de um pouco estranho no simples pensamento acerca de como poderíamos adquirir e reter a familiaridade com as palavras relativamente infreqüentes. Encontramo-nos com elas talvez uma vez por ano, mas não é freqüente termos que parar e pensar: "Será que já te vi em algum lugar antes?". Obviamente, não é possível "contar" quantas palavras diferentes uma pessoa conhece, de modo que se tem que fazer uma estimativa. E muitas estimativas já foram oferecidas, variando desde 50.000 a até 250.000, dependendo das definições utilizadas e das presunções formadas. Isto nos dá uma boa resposta à questão de quantas palavras uma pessoa poderia conhecer — é impossível dizer.

SUMÁRIO

As palavras, como as letras, podem ser identificadas diretamente a partir das características distintivas que são a informação visual impressa. A *identificação imediata de palavras* ocorre quando a análise de características aloca uma configuração visual à *lista de características* de uma categoria de palavras na estrutura cognitiva, sem o passo intermediário de identificação

7. Identificação de Palavras 161

de letras. Os *conjuntos de critérios* de características dentro de listas de características *funcionalmente equivalentes* permitem a identificação de palavras com base em informações mínimas, por exemplo, quando o leitor pode empregar o conhecimento anterior da *redundância ortográfica* existente dentro das palavras.

As notas sobre o Capítulo 7 abrangem:

Identificação de letras em palavras
Utilização da redundância por crianças
Redundância distributiva entre as palavras

8
FONÉTICA E IDENTIFICAÇÃO MEDIADA DE PALAVRAS

O capítulo precedente relacionava-se à identificação *imediata* de palavras, com a maneira pela qual as listas de características visuais são estabelecidas e utilizadas, de modo que as palavras possam ser reconhecidas quando vistas, sem a "decodificação para som" ou quaisquer outros meios de *mediação*, para a identificação da palavra. Na verdade, o capítulo anterior argumentava que a identificação letra por letra é desnecessária e até mesmo impossível para a identificação de palavras na leitura normal, assim, não deixando espaço para a decodificação para som. A identificação imediata de palavras é ilustrada na figura 8.1.

Mas no capítulo precedente, eu estava falando sobre a identificação de palavras onde o "nome" da palavra — sua pronúncia quando lida em voz alta — é conhecida do leitor ou de outro modo disponível ao aprendiz. O aprendiz não precisa imaginar o que a configuração visual "diz", mas somente como deve ser reconhecida em futuras ocasiões. Esta situação era comparada com o problema de aprendizado do gato-e-cachorro, onde se diz à criança que determinado animal é um gato e então deixa-se que ela descubra como reconhecê-lo da próxima vez.

Listas de características visuais para palavras	→	Análise de características da informação visual	Categoria da palavra	} Nome

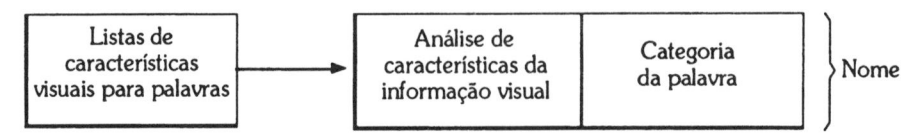

FIGURA 8.1. Identificação imediata da palavra.

8. Fonética e identificação Mediada de Palavras

Suponha, entretanto, que o nome de uma palavra não está imediatamente disponível ao aprendiz — que não há ninguém ali para identificar uma palavra estranha, e não existe indícios no contexto, talvez porque a palavra é vista isoladamente ou como parte de uma lista de palavras não relacionadas umas às outras. Agora, o aprendiz tem um problema duplo, não somente para descobrir como reconhecer a palavra no futuro, mas também para descobrir o que é a palavra, em primeiro lugar. Este é o problema do gato-e-cachorro, no qual o aprendiz não sabe se o animal é, na verdade, um gato ou um cachorro. Em tal situação na leitura, uma palavra obviamente não pode ser identificada *imediatamente*; sua identificação deve ser *mediada* por algum outro meio de descobrir o que é. O presente capítulo é sobre o uso da *fonética* — um conjunto de relações entre letras e sons — e outros métodos de identificação mediada de palavra. A utilização de regras fonéticas para medir a identificação de palavras é ilustrada na figura 8.2.

Em particular, este capítulo examina a extensão até onde o conhecimento dos sons, associados com as letras do alfabeto, auxilia na identificação das palavras. Para muitos, este processo de decodificação da ortografia das palavras em seus sons é a base da leitura, uma visão que não penso ser sustentável. Não é necessário "dizer" o que é uma palavra escrita, antes que possamos compreender seu significado. Não mais precisamos dizer que uma palavra escrita é "gato" a fim de entendê-la, tanto quanto não precisamos dizer que um certo animal é um gato a fim de reconhecê-lo. Evidentemente, assim como não podemos dizer que o animal é um gato a não ser que já o tenhamos identificado, então o nomear uma palavra normalmente ocorre após a identificação de seu significado.

Este capítulo ainda não é toda a história da leitura, mesmo no que se refere às palavras. Tanto no capítulo anterior como neste, presume-se que a palavra que o leitor está tentando identificar já existe no vocabulário da linguagem falada do leitor; seu significado é conhecido. O problema do leitor é identificar a palavra, descobrir ou reconhecer seu "nome", não aprender seu significado. O próximo capítulo lida com a situação das palavras que são verdadeiramente novas, onde o significado deve ser descoberto, bem como o "nome" ou pronúncia.

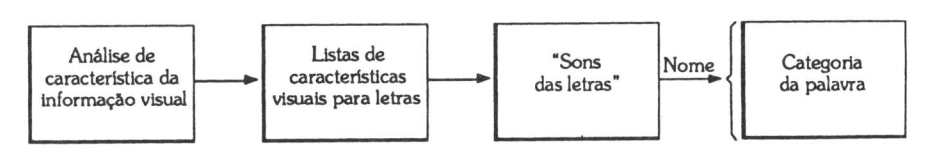

Análise de característica da informação visual → Listas de características visuais para letras → "Sons das letras" → Nome → Categoria da palavra

FIGURA 8.2. Identificação mediada da palavra: o modelo fonético.

OS OBJETIVOS E COMPLEXIDADE DA FONÉTICA

A identificação mediada de palavras não é a parte mais crítica da leitura, e a fonética não é a única estratégia disponível para a identificação mediada de palavras. Ainda assim, a fonética freqüentemente exerce um papel central na instrução da leitura, e será bastante esclarecedor se examinarmos a natureza e eficácia da fonética, antes de tudo.

Regras e Exceções

O objetivo da instrução fonética é proporcionar aos leitores regras que lhes possibilitem a previsão de como uma palavra escrita soará pela maneira como se apresenta sua ortografia. O valor do ensino da fonética depende de quantas correspondências existem entre as letras e os sons da língua. Existe uma correspondência sempre que uma determinada letra (ou às vezes um grupo delas) representa um determinado som (ou ausência deste). Assim, a letra c está envolvida em pelo menos quatro correspondências — com o som /s/ em *medicina*, com /k/ como em *médico*, como parte de /ch/, como em *chato* e sem qualquer som em *cônscio*. Alternativamente, existe uma correspondência sempre que um determinado som é representado por uma letra ou letras em particular, como /f/, que pode ser representado por *f* e *ph*. Assim, o número total de correspondência de "ortografia-para-som" deve ser o mesmo que o número total de correspondências de "som-para-ortografia". Mas, até aqui, provavelmente não é surpresa que qualquer questão relacionada à linguagem, envolvendo um simples "quantos" leva a uma evasão complicada e insatisfatória de respostas. A fonética não é exceção.

Tudo está errado acerca da questão. O primeiro problema está relacionado às nossas expectativas acerca das regras. Se esperarmos que uma regra signifique uma correspondência sem exceções, teremos uma difícil tarefa para encontrar absolutamente qualquer regra na fonética. Aqui está uma regra de fonética que pareceria ter credenciais impecáveis: em inglês, um *e* final seguindo-se a uma única consoante indica que a vogal precedente deve ser longa, como em *hat* e *hate*, ou *hop* e *hope*. E aqui estão duas exceções instantâneas: *axe* possui uma única consoante, mas um /a/ curto, enquanto *ache* possui duas consoantes mas um /a/ longo. Temos a escolha para admitir que uma regra familiar não é imune às exceções. Ou, então, teríamos que fazer uma regra para as exceções. Uma explicação que poderia ser oferecida é a de que *x* é realmente uma consoante dupla, *ks*, e que *ch* é, na verdade, uma consoante única, *K*. Mas então, estamos em uma posição bastante peculiar, de mudarmos a noção do que constitui uma única letra simplesmente porque temos uma regra que não se ajusta a todos os casos.

8. Fonética e identificação Mediada de Palavras

E se temos que dizer que a definição daquilo que constitui uma letra depende da pronúncia da palavra, como podemos dizer que a pronúncia de uma palavra pode ser prevista por suas letras? Além disso, o que podemos dizer acerca do *e* mudo no final de *have* ou *love*, que é colocado ali somente porque existe uma convenção de que as palavras inglesas não devem terminar com um *v*? Ou do *e* no final de *hose*, que serve para indicar que a palavra não é um plural? Ou sobre o *o* em *money* e *women*, que está ali porque os primeiros impressores achavam que uma sucessão de traços para cima e para baixo, como em *mun* e *wim* seria muito difícil de ser decifrada?

Tendo já esclarecido que as regras fonéticas apresentarão exceções, o próximo problema é decidir o que é uma exceção. Algumas exceções ocorrem tão freqüentemente e com tanta regularidade que pareceriam ser regras. O modo como se decide o que é regra e que é exceção é bastante arbitrário. Temos a escolha de dizer que os sons da língua inglesa escrita podem ser previstos por relativamente poucas regras, embora existam bastante exceções, ou por um grande número de regras, embora existam bastante exceções, ou por um grande número de regras, com relativamente poucas exceções. Na verdade, se dizemos que algumas regras possuem apenas uma aplicação, então podemos descrever o inglês completamente em termos de regras, simplesmente porque legislamos que as exceções não existem.

Se o conceito de regra parece algo arbitrário, a noção sobre o que constitui uma letra é ainda mais idiossincrática. É verdade é que, de certo modo, não podem existir dúvidas acerca do que é uma letra — é um dos caracteres do alfabeto — mas qualquer tentativa para se construir regras de correspondência ortografia-som está destinada ao fracasso, se restringirmos nossos termos de referência às letras individuais. Para começar, na língua inglesa, por exemplo, existem somente 26 letras, comparadas a cerca de 40 diferentes sons da fala, de modo que muitas letras devem, pelo menos, ter um som duplo. Sabemos, naturalmente, que muitas letras representam mais de um som, enquanto muitos sons são representados por mais de uma letra. Entretanto, muitos sons não são representados por letras únicas — *th, ch, ou, ue*, na língua inglesa, por exemplo —, de modo que temos que considerar algumas combinações de letras como *unidades de ortografia* bastante distintas — como se *th* fosse uma única letra, como no grego, em duas formas diferentes para duas diferentes pronúncias. Foi afirmado, com o auxílio de uma análise computadorizada, de cerca de 20.000 palavras (Venezky, 1967, 1970), que existem 52 "unidades ortográficas principais" na língua inglesa, 32 para consoantes e 20 para vogais, efetivamente dobrando o tamanho do alfabeto.

A adição de todas estas unidades ortográficas extras, entretanto, não parece tornar a estrutura do sistema de língua inglesa escrita muito mais ordenado. Algumas das letras originais do alfabeto são bastante supérfluas. Não há nada que *c, q* ou *x* possam fazer que não pudesse ser feito por outras consoantes — e isto é verdade também para outras línguas. Existem, ainda, vogais compostas cujo efeito duplica o *e* mudo final, como *ea*, em *meat*, comparada com *meet*. Algumas combinações de letras possuem valor especial somente quando ocorrem em partes particulares da palavra — *gh* pode ser pronunciado como *f* (ou simplesmente deixar de ser pronunciado) no final de uma palavra (*rough, through*), mas é pronunciado exatamente como um único *g* no início de uma palavra (*ghost* e *gold, ghastly* e *garden*). Seguidamente, as letras têm uma função de relação, apenas, sacrificando seus sons a fim de indicarem como uma outra letra deve ser pronunciada. Um exemplo óbvio da língua inglesa é o *e* mudo, um outro é o *u*, que distingue o *q* em *quest* do *g* em *gem*.

Então, para nossa questão básica sobre fonética, o que estamos realmente perguntando é como muitas regras arbitrariamente definidas podem ser responsáveis por um número indeterminado de correspondências entre um conjunto indefinido de unidades de ortografia e um certo número de sons (o total e qualidade dos quais podem variar de dialeto para dialeto).

Alguns aspectos da ortografia são apenas simplesmente imprevisíveis, certamente para um leitor com um conhecimento limitado das derivações das palavras, não importando como se tente definir uma unidade ortográfica. Um exemplo de uma correspondência ortografia-som completamente imprevisível é *th*, que é pronunciado de uma maneira no início de palavras como *this, than, those, them, then, these*, mas de outro modo no começo de *think, thank, thatch, thong, theme* e assim por diante. Existe apenas um modo de dizer se o *th* deve ser pronunciado como em /this/ ou como em /think/, e este é o lembrar-se de cada caso. Por outro lado, em muitos dialetos, não existem diferenças entre os sons representados por *w* e *wh*, como em *witch* e *which*, de modo que em alguns casos, a ortografia é que pode ser imprevisível, não o som.

Quase todas as palavras comuns são exceções — *of* requer uma regra própria, para a pronúncia de *f*, e *was* para seu *as*.

O jogo de encontrar exceções é fácil de ser jogado. Dou somente mais um exemplo para ilustrar a espécie de dificuldade que enfrentamos quando tentamos construir — ou ensinar — regras confiáveis para a correspondência fônica. Como as letras *ho* são pronunciadas, quando ocorrem no início de uma palavra da língua inglesa? E aqui estão 11 possíveis respostas; todas, você observará, são palavras comuns: *hope, hot, hoot, hook, hour, honest, house, honey, hoist, horse, horizon*.

Naturalmente, existem regras (ou algumas delas são meras exceções?) que podem ser responsáveis por muitas das pronúncias de *ho*. Mas há uma implicação importante em todos os exemplos, que se aplica a quase todas as palavras inglesas — a fim de se aplicarem as regras fonéticas, *as palavras devem ser ligadas da direita para a esquerda*. A maneira como o leitor pronuncia *ho* depende do que vier depois deste, e o mesmo se aplica ao *p*

8. Fonética e identificação Mediada de Palavras 167

ou *ph*, ao *a* em *ate*, ao *k*, em *knot*, e ao *t* em *-tion*. As exceções são muito escassas, como *asp* e *ash*, que são pronunciadas diferentemente se forem precedidas por um *w*, e *f*, pronunciado como /v/ somente se precedido por /o/. O fato das "dependências" do som nas palavras correr da direita para a esquerda é uma dificuldade óbvia para um leitor iniciante que tenta pronunciar uma palavra da esquerda para a direita, ou para um teórico que deseja sustentar que as palavras são identificadas com base em uma direção esquerda-direita.

Em resumo, o inglês está longe de ser previsível, no que se refere às relações ortografia-som. Exatamente quanto pode ser feito para prever a pronúncia de um número relativamente pequeno de palavras comuns com um número finito de regras, veremos mais tarde. Mas antes de este catálogo de complicações e exceções estar concluído, dois pontos devem ser reiterados. O primeiro ponto é o de que as regras fonéticas somente podem ser consideradas como probabilísticas, como orientações para a maneira como as palavras podem ser pronunciadas, e de que raramente existe uma indicação de quando uma regra aplica-se ou não. A regra que especifica como pronunciar-se *ph* em *telephone* é arrasada em face de *haphazard*, ou *shepherd*, ou *cuphook*. A regra para *oe* em *doe* e *woe* não funcionará para *shoe*. A única maneira de se distinguir a pronúncia de *sh* em *bishop* e *mishap*, ou de *th* em *father* e *fathead* é saber toda a palavra com antecedência. A probabilidade de estar errado, se você não conhece absolutamente uma palavra, é alta. Mesmo se as regras individuais tendessem a estar corretas três vezes em cada quatro, ainda haveria uma chance em três de se evitar o erro em palavras de quatro letras.

O segundo ponto é o de que as regras fonéticas parecem imensamente simples, quando, em primeiro lugar, você já conhece a palavra. Não pretendo ser irônico. Os professores freqüentemente sentem-se convencidos de que as regras fonéticas funcionam porque as correspondências letras-sons parecem óbvias se uma palavra já é conhecida com antecedência; as alternativas não são consideradas. E as crianças parecem aplicar as regras fonéticas quando podem reconhecer uma palavra em qualquer caso — ou porque o professor também sugere o que a palavra é —, possibilitando, assim, que identifiquem ou recitem as correspondências fonéticas que, afinal, são apropriadas.

A Eficiência da Fonética

Uma tentativa sistemática para construir um conjunto aplicável de regras fonéticas para a língua inglesa foi feita por Berdiansky, Cronnell e Koehler (1969). O esforço possuía objetivos modestos — ver até que ponto se podia ir no estabelecimento de um conjunto de regras de correspondência para as

6.092 palavras de uma a duas sílabas entre 9.000 diferentes palavras, nos vocabulários de compreensão de crianças de 6 a 9 anos de idade (as palavras restantes, aproximadamente um terço do vocabulário das crianças, eram todas de três ou mais sílabas, acrescentando demasiada complexidade à análise fonética, embora não obviamente à compreensão da linguagem para as crianças). As palavras foram todas tomadas de livros aos quais as crianças normalmente estavam expostas — eram palavras que já conheciam e deveriam ser capazes de identificar se fossem capazes, também, de ler o material com o qual eram confrontadas na escola.

Os pesquisadores que analisaram as 6.092 palavras encontraram mais do que as 52 "unidades ortográficas principais", às quais já me referi — identificaram 69 "unidades de grafema", que tinham que ser separadamente distinguidas em suas regras. Um grupo de letras era chamado de uma *unidade de grafema*, exatamente como uma única letra, toda vez que seu relacionamento com um som não podia ser explicado por quaisquer regras para as letras isoladas. As unidades de grafemas incluíam pares de consoantes como *ch, th*; pares de vogais tais como *ea, oy;* e letras que comumente funcionam juntas, tais como *ck* e *qu*, bem como consoantes duplas, como *bb,* e *tt*, que requeriam uma explicação fonética separada. O número de unidades de grafema não deveria nos surpreender. As 52 "unidades principais" já anteriormente mencionadas não pretendiam representar as únicas unidades ortográficas que podem ocorrer, mas somente aquelas mais freqüentes.

Uma decisão arbitrária foi feita sobre em que se constitui uma regra: esta teria que explicar uma correspondência ortografia-som ocorrendo em pelo menos 10 palavras diferentes. Qualquer correspondência ortografia-som distintiva e qualquer unidade de grafema que não ocorriam em pelo menos 10 palavras, eram consideradas como "exceções". Na verdade, os pesquisadores fizeram várias exceções, entre as exceções. Eles desejavam que suas regras explicassem tantas palavras quantas fossem possíveis, e, assim, deixaram vários casos passar pela rede, quando lhes parecia mais apropriado explicar uma unidade de grafema com uma regra, em vez de estigmatizá-la como uma exceção.

Os pesquisadores descobriram que suas 6.000 palavras envolviam 211 correspondências ortografia-som distintas. Isto não significa que foram representados 211 sons diferentes, não mais do que existissem 211 unidades de grafema diferentes, mas sim que 69 unidades de grafema estavam relacionadas a 38 sons em um total de 211 modos diferentes. Os resultados estão resumidos na tabela 8.1.

Oitenta e três das correspondências envolviam unidades de grafema de consoantes, e 128 envolviam unidades de grafema em vogais, incluindo nada menos do que 79 que estavam associadas com as seis vogais de uma só letra "primárias", *a, e, i, o, u, y.* Em outras palavras, havia um total de 70 diferentes maneiras pelas quais as vogais podiam ser pronunciadas. Das 211

8. Fonética e identificação Mediada de Palavras

TABELA 8.1. Correspondências ortografia-som entre 6.092 palavras com uma ou duas sílabas no vocabulário de crianças de nove anos de idade.

	Consoantes	Vogais Primárias	Vogais Secundárias	Total
Correspondências ortografia-som	83	79	49	211
"Regras"	60	73	33	166
"Exceções"	23	6	16	45
Unidades de grafemas em regras	41	6	19	69

correspondências, 45 foram classificadas como exceções, cerca de metade envolvendo vogais e meias-consoantes. A exclusão de 45 correspondências significava que cerca de 10% das 6.092 palavras tinham que ser postas de lado como "exceções".

A pronúncia das palavras restantes foi explicada por um total de 166 regras. Sessenta destas relacionavam-se à pronúncia das consoantes (que geralmente se pensa terem uma pronúncia razoavelmente "regular") e 106 às vogais únicas ou complexas.

A pesquisa que descrevemos é importante de várias maneiras para a compreensão da leitura e do ensino desta. Algumas conclusões que podem ser tiradas têm longo alcance em suas implicações. A primeira é, muito simplesmente, a de que a fonética é complicada. Sem dizer absolutamente qualquer coisa sobre se é desejável ensinar crianças pequenas a conhecerem a fonética, agora temos uma idéia da magnitude do esforço. Agora, sabemos que se realmente esperamos que as crianças dominem a fonética então não estamos falando de uma dúzia de regras. Estamos falando sobre 166 regras, que ainda não explicarão as centenas de palavras que encontrariam em suas primeiras leituras, no caso da língua inglesa.

É óbvio que o máximo que podemos esperar de um conhecimento das regras fonéticas é de que nos proporcione um indício para o som (ou "nome") de uma configuração que está sendo examinada. A fonética pode proporcionar somente aproximações. Mesmo que os leitores venham a conhecer as 73 regras para a pronúncia de seis vogais, ainda terão dúvidas quanto dizer que regra se aplica — ou mesmo que não estão lidando com uma exceção.

Há, ainda, um tema a ser considerado, relacionado à *efetividade* da fonética. O grau limitado de eficiência que poderia ser adquirido é compensador? Outros fatores devem ser levados em consideração, relacionados ao *custo* de se tentar aprender e utilizar as regras fonéticas. Existe a possibilidade de que o apoio na fonética envolva o leitor em tanto atraso que a memória a curto prazo seja sobrecarregada, e então perderão o sentido daquilo que estão lendo. Uma tendência a apoiar-se exclusivamente nas regras fonéticas pode criar uma deficiência para os leitores iniciantes, cujo maior problema é desenvolver velocidade na leitura. Nossas memórias funcionais não têm uma capacidade infinita e a leitura não é uma tarefa que possa ser alcançada em um passo demasiadamente lento. Outras fontes de informação existem para a descoberta de qual seria uma palavra dentro de um contexto, especialmente se a palavra está no vocabulário falado do leitor.

O Custo da "Reforma"

A relação entre a ortografia e os sons das palavras tem levado a freqüentes sugestões para a modificação do alfabeto ou para a racionalização do sistema ortográfico. Até certo ponto, estas duas intenções compartilham as mesmas falsas concepções e dificuldades. Um número de lingüistas contemporâneos negaria que exista qualquer coisa errada com a maneira como a maioria das palavras é escrita: argumentam que uma boa quantidade de informação seria perdida, se a ortografia fosse modificada. A maioria das inconsistências aparentes na ortografia possui alguma base histórica, e isto em qualquer idioma; o sistema ortográfico pode ser complexo, mas não é arbitrário — tornou-se o que é por razões bastante sistemáticas. E, uma vez que a ortografia é sistemática e reflete algo da história das palavras, muito mais informação está disponível aos leitores do que normalmente percebemos (o fato de não estarmos *conscientes* de esta informação estar disponível não significa que não a utilizamos; já vimos vários exemplos da maneira como temos e utilizamos o conhecimento da estrutura e redundância de linguagem que não podemos colocar em palavras).

A forma ortográfica pareceria tornar as palavras mais fáceis de serem pronunciadas, mas somente ao custo de outras informações sobre as palavras estarem relacionadas umas às outras, de modo que a racionalização das palavras ao nível fonológico tornaria a leitura mais difícil a níveis sintáticos e semânticos. Apenas como um exemplo, considere o "*b* mudo" em palavras como *bomb, bombing, bombed*, que seria um candidato quase certo ao desaparecimento, se os reformadores da ortografia tivessem sucesso. Mas este *b* é algo mais do que um apêndice inútil; ele relaciona as palavras anteriores a outras como *bombard, bombardier, bombardment*, onde o *b* é pronunciado. E se você quer se poupar ao problema de uma regra especial sobre o porquê de o *b* ser mudo em palavras como *bomb*, em um outro nível haveria um novo problema, para explicar o porquê de *b* subitamente aparecer em palavras como *bombard*. Se removermos o *g* de *sign* (assinar), deveremos explicar de onde ele vem, em *signature* (assinatura).

Um outro argumento em favor do presente sistema ortográfico é o de que este é o mais competente para lidar com diferentes dialetos, uma questão relevante também para aqueles que desejariam mudar o alfabeto.

8. Fonética e identificação Mediada de Palavras

Embora exista uma aceitação quase que universal da idéia de que as palavras deveriam ser escritas do mesmo modo por todas as pessoas, não as pronunciamos, todos, da mesma maneira. Se a escrita das palavras devesse ser mudada, de modo que refletisse a maneira como as pronunciamos, que dialeto serviria como padrão? Uma letra diferente é exigida para cada som diferente produzido em qualquer dialeto da língua inglesa que podemos encontrar? A instrução fonética torna-se ainda mais complicada quando se descobre que em muitas salas de aula os professores não falam o mesmo dialeto de seus alunos, e que ambos podem possuir um dialeto diferente daquele das autoridades que sugeriram determinadas regras fonéticas que alunos e professores tentam seguir. O professor que tenta fazer com que as crianças entendam uma diferença fonética entre a pronúncia de *caught* (apanhado) e *cot* (pronúncia semelhante) terá um problema de comunicação, se esta distinção não é uma que as crianças observam em sua própria fala. O professor pode nem mesmo pronunciar as duas palavras diferentemente, de modo que, enquanto o professor pensa que a mensagem às crianças é "Esta palavra não é *cot*; é *caught*". a mensagem que chega a estas é "Esta palavra não é *cot*; é *cot*".

Ortografia e Significado

A maneira pela qual as palavras são escritas em inglês é vista como um problema, principalmente se a leitura é percebida como uma questão de decodificar as palavras em sons, o que não é e' não deve ser verdade, e se a função primária da ortografia é considerada como sendo a representação dos *sons* das palavras. Mas, na verdade, a ortografia também representa significado, e onde há um conflito entre a pronúncia e o significado, geralmente é o último que prevalece, como se até mesmo o sistema ortográfico da linguagem escrita reconhecesse a prioridade do significado. Por exemplo, o plural representado por um simples s na linguagem escrita pode ser pronunciado de três maneiras diferentes na fala — como o som de /s/ no final de "gatos" ou *cats*, com o som de /z/ no final de dogs e como o som de /iz/ no final de *judges*. A razão pela qual *medicine* e *medical* são pronunciadas como são não é porque o c algumas vezes é arbitrariamente pronunciado como /s/ e às vezes como /k/, mas porque duas palavras têm o mesmo significado na raiz, representado por *medic*. A facilidade de apreensão do significado seria perdida se as duas palavras fossem escritas e pronunciadas como *medisin* e *medikal*. Deve ser notado, incidentalmente, que a representação consistente das várias pronúncias do significado em plural por s raramente causam dificuldades para os leitores, mesmo aos leitores iniciantes, desde que estejam lendo para aprenderem o sentido. Não é necessário que os professores instruam às crianças esta espécie de coisa. Se um aluno compreende uma palavra, a pronúncia cuidará de si mesma, mas o esforço para produzir uma pronúncia como um pré-requisito para o significado tende a resultar em que nenhum dos dois ocorra.

Naturalmente, a ortografia é um problema, na escola ou fora desta, mas é um problema de *escrita*, não de leitura. Os leitores normalmente não têm consciência da ortografia. Prestam atenção à aparência das palavras, às suas características, não às suas letras individuais. Saber como escrever corretamente não transforma ninguém em bom leitor, porque a leitura não é conseguida pela decodificação da ortografia. Os bons professores não são, necessariamente, bons em ortografia; todos nós podemos ler palavras que não sabemos soletrar. Não estou dizendo que o conhecimento de ortografia não é importante, apenas que exerce uma função mínima na leitura, e que uma preocupação indevida com a maneira pela qual as palavras são escritas pode somente interferir com o aprendizado da leitura por uma criança.

Freqüentemente existem argumentos de que se a ortografia e a decodificação para som são tão irrelevantes para a leitura quanto a análise precedente indica, por que teríamos uma linguagem escrita alfabética? Minha opinião é a de que o sistema alfabético é um auxílio maior para o escritor do que para o leitor. Por uma variedade de razões, incluindo a carga de memória necessária para reproduzir cada palavra de forma legível em todos os seus detalhes característicos, a escrita é uma habilidade muito mais difícil de ser aprendida e praticada do que a leitura, pelo menos se o escritor deve ser convencionalmente "correto" com respeito a temas tais como gramática, pontuação, clareza e assim por diante. A ortografia pode ser complicada para os escritores (em especial se não foram ensinados que a ortografia reflete o significado, bem como o som), mas ela ainda torna a escrita mais fácil do que se os escritores tivessem que se lembrar e reproduzir milhares e milhares de formas ideográficas não-alfabéticas, como os escritores chineses.

Uma vantagem bastante subestimada da escrita alfabética é a de que esta possibilita que os leitores e escritores (bem como os professores) *falem sobre* as palavras. Em vez de perguntar que palavra se parece com uma goleira, um círculo e uma linha horizontal com uma outra linha vertical por baixo, um leitor pode simplesmente indagar: "Que palavra se soletra com *h, o, t?*. Em vez de ter que dizer "Desenhe (ou descreva) a forma da palavra *hot*", tudo que o escritor necessita perguntar é "Como se soletra *hot?*". Na verdade, o fato de as palavras poderem ser lembradas por sua ortografia e não por formas complexas, facilita enormemente a escrita e o aprendizado desta. Para ler, é mais fácil *reconhecer* uma forma, mas para escrever, é mais fácil *recordar e reproduzir* uma série de letras.

O sistema alfabético pode ter permitido que mais pessoas aprendessem a escrever, mas às custas dos leitores. O sistema ideográfico chinês pode ser lido por pessoas de toda a China, embora falem linguagem que são mutuamente ininteligíveis. Se um falante cantonês não consegue entender o que um falante mandarim diz, podem escrever sua conversa no sistema de escrita

8. Fonética e Identificação Mediada de Palavras

não-alfabética que ambos partilham e serem mutuamente compreendidos. Isto é algo que falantes ingleses e brasileiros não podem fazer, a menos que utilizem uma pequena parte de seus sistemas de escrita que não é alfabética, tal como os símbolos aritméticos (por ex.: 2 + 3 = 5).

Quando não podemos nos lembrar ou não sabemos como uma palavra deve ser escrita, temos poucos recursos para fazermos qualquer coisa, com exceção do que sabemos acerca do sistema ortográfico. Não ajuda muito para a escrita observarmos as palavras que vêm antes e depois daquela que nos causa dificuldades. Mas na leitura temos alternativas mais efetivas antes de precisarmos recorrer à fonética para auxiliar-nos a identificar uma palavra: nos voltamos, agora, para estas alternativas.

ESTRATÉGIAS DE IDENTIFICAÇÃO MEDIADA DE PALAVRAS

Repetindo, o problema com o qual estamos preocupados é aquele de um leitor que se vê às voltas com uma palavra que não pode ser reconhecida à primeira vista, para a qual uma lista de características deve ser estabelecida, mas onde o leitor sabe qual a palavra à qual será designada a lista de características. O problema do leitor é identificar a palavra por uma estratégia mediada.

A fonética, como temos visto, é uma destas estratégias. Mas não é a única. Uma alternativa óbvia é simplesmente receber uma indicação sobre qual é a palavra. Antes da maioria das crianças chegar à escola, adultos bem intencionados dizem-lhes: "Aquela palavra é John'". "Esta palavra é 'menina'", "Esta outra é `cereal' ", do mesmo modo como em outras ocasiões dizem "Este animal é um gato", em todos os casos deixando que a própria criança solucione o problema mais complexo de descobrir como, exatamente, reconhecer a palavra ou o animal, no futuro. Mas quando as crianças chegam à escola, este apoio com freqüência lhes é negado, pelo menos no que se refere à leitura. Um outro adulto bem intencionado pode dizer-lhes: "Tenho boas e más notícias hoje, crianças. A má notícia é que ninguém deve lhes dizer qual é determinada palavra, a partir de hoje. A boa notícia é que vamos lhes dar 166 regras e 45 exceções, de modo que vocês poderão descobri-las por si mesmos".

Estratégias de Identificação Alternativas

Pergunte a leitores fluentes o que fazem quando encontram uma palavra que não reconhecem, e a resposta mais provável será que saltam por cima dela. Saltar sobre uma palavra é uma primeira estratégia razoável, uma vez que não é necessário compreender cada palavra para entender uma passagem de texto, e o ato de parar para decifrá-la pode ser mais perturbador para a compreensão do que perdê-la completamente. A segunda estratégia favorita é "dar um palpite", que, novamente, não significa dar um passo inconseqüente no escuro, mas fazer uso do contexto para eliminar alternativas improváveis para a descoberta de qual poderia ser a palavra. A estratégia final pode ser a de tentar descobrir qual é a palavra por sua ortografia, mas isto não tende tanto a ser uma decodificação da palavra para sons com fonética quanto o fazer uso do que já se sabe acerca de outras palavras. A estratégia final poderia ser chamada de "identificação por analogia", porque toda, ou parte da palavra desconhecida, é comparada com todas as palavras, ou parte destas, que são conhecidas.

Examine a mesma questão com uma criança que está progredindo em seu aprendizado da leitura e novamente você provavelmente terá a mesma seqüência de estratégias. Os melhores aprendizes tendem a pular sobre palavras desconhecidas (a menos que forçados pelo professor a "lerem corretamente" e a conhecerem cada palavra). A segunda preferência, especialmente se não há um adulto solidário por perto para fornecer assistência, é hipotetizar que uma palavra pode estar baseada no sentido do texto, e a escolha final é utilizar o que já se sabe acerca de palavras semelhantes. Tentar pronunciar palavras sem uma referência a seus significados é uma característica dos leitores fracos; não é uma estratégia que leva à fluência na leitura.

Qual o melhor método para a mediação na identificação de palavras? A resposta depende da situação na qual o leitor está. Algumas vezes, a melhor estratégia será, na verdade, ignorar completamente a palavra desconhecida, já que um significado suficiente pode ser transmitido pelo texto como um todo, não somente para compensar a falta de compreensão da palavra desconhecida, mas subseqüentemente fornecendo indícios críticos para o que poderia ser a palavra desconhecida. Para uma criança que está aprendendo a ler, ou que é confrontada com um texto onde muitas palavras são estranhas, a melhor situação é provavelmente ter um adulto ou um leitor jovem mais competente a quem recorrer, se necessário lendo toda a passagem para a criança. Mas se o leitor pode compreender o suficiente da passagem para acompanhar seu sentido, então uma estratégia mais efetiva pode ser a identificação pela analogia, fazendo-se uso do que já se sabe acerca da leitura.

O ponto a ser frisado é que a fonética em si mesma é quase inútil para a pronúncia das palavras, letra por letra, porque cada letra pode representar muitos sons. Mas a incerteza sobre um som de uma determinada letra diminui à medida que as letras não são consideradas isoladamente, mas como parte de um agrupamento de letras ou "padrões ortográficos", o que tem levado ao fato de vários teóricos argumentarem que a unidade básica para o reconhecimento de palavras deveria ser considerada como sendo a sílaba, em

8. Fonética e Identificação Mediada de Palavras

vez da letra individual. E na verdade isto é verdadeiro; a pronúncia das sílabas é muito menos variável do que a pronúncia das letras individuais que as formam. O problema é que seriam necessários anos para que o leitor aprendesse a ler memorizando a pronúncia de centenas de sílabas, uma vez que as sílabas, em si mesmas, tendem a não ter sentido — existem relativamente poucas palavras de uma só sílaba — e o fato de o cérebro humano ter grande dificuldade para memorizar, e particularmente para recordar, coisas sem sentido. O que um leitor pode buscar, para um armazenamento de informações silábicas, são as *palavras* que já foram aprendidas. É bem mais fácil para um leitor lembrar-se da aparência única e da pronúncia de toda uma palavra como *fotografia*, por exemplo, do que se lembrar das pronúncias alternativas de sílabas sem sentido ou unidades ortográficas, como *foto* ou *gra* e *fia*. Uma única palavra, em outras palavras, pode fornecer a base para que nos lembremos de diferentes regras da fonética, bem como das exceções, uma vez que as palavras não somente proporcionam um modo significativo de se organizarem diferentes regras fonéticas na memória, mas também ilustram as regras fonéticas em funcionamento. Os 11 modos diferentes, de se pronunciar *ho* na língua inglesa não causam dificuldades, se já se conhece palavras como *hot, hoot, hope*, e assim por diante, no vocabulário que já vimos anteriormente.

Identificação por Analogia

A base para a estratégia de identificação mediada de palavras, de identificação por analogia, é a procura por indícios para a pronúncia e significado das palavras que se parecem. Não aprendemos a pronunciar as palavras com base nas letras ou agrupamentos de letras individuais cujos sons foram aprendidos isoladamente, mas, em vez disso, o fizemos pelo reconhecimento de seqüências de letras que ocorrem em palavras já conhecidas. Tal estratégia oferece uma vantagem adicional para o leitor, porque faz mais do que indicar possíveis pronúncias para todas ou parte das palavras desconhecidas; pode oferecer sugestões acerca do significado. Como já apontei anteriormente, a ortografia da língua inglesa geralmente respeita mais o significado do que o som — as palavras que se parecem tendem a compartilhar o mesmo sentido. E como tenho reiterado ao longo de todo este livro a base da leitura e do aprendizado desta é o significado. A vantagem de tentar identificar palavras desconhecidas pela analogia com palavras que já se conhece não é simplesmente a de que as palavras conhecidas proporcionam um estoque imediato e acessível de pronúncias para seqüências relativamente longas de letras, mas a de que todas as palavras conhecidas, ou partes destas, podem fornecer indícios melhores para a pronúncia do que somente a maneira como uma palavra desconhecida é pronunciada.

Isto, contudo, não pretende sugerir que os leitores fluentes não podem utilizar seus conhecimentos de correspondências entre ortografia-som para o auxílio na identificação de palavras estranhas, ou que a existência destas correspondências deveria ser escondida das crianças que aprendem a ler, mas existem três problemas fundamentais com as correspondências de ortografia-som: o número total de regras e exceções, o tempo que se leva para aplicá-las na prática, e sua não-confiabilidade geral. O problema do número de regras pode ser solucionado por não se tentar aprender (ou ensinar) as regras no abstrato, independentemente das palavras reais. O modo mais fácil de se aprender uma regra fonética é aprender umas poucas palavras que a exemplifiquem, o que significa — um outro ponto que carregará consigo alguma reiteração — que as crianças dominam a fonética como um resultado de aprenderem a ler, em vez de como um pré-requisito para a leitura. O problema do tempo é superado por um recorrer à fonética, na leitura real, com a menor freqüência possível.

O problema da inconfiabilidade das generalizações fonéticas é uma outra questão. As generalizações fonéticas em si não permitirão que um leitor decodifique a maioria das palavras que tende a encontrar na leitura normal, simplesmente porque sempre existem demasiadas alternativas. Esta é a razão pela qual autores de livros sobre fonética sempre preferem trabalhar com vocabulários estritamente controlados — não existe tanta incerteza quanto à pronúncia com frases como *The fat cat sat on the flat hat* quanto existe com *the hungry pigeons flew behing the weary ploughman*, uma sentença que faz mais sentido, mas que desafia a análise fonética.

Significado mais Fonética

Mas as generalizações fonéticas podem funcionar, se exigirmos somente que reduzam as alternativas, sem esperarmos que identifiquem completamente as palavras ou que as decodifiquem em sons. Para dar um exemplo, o uso da fonética jamais terá sucesso para a decodificação de *horse* (cavalo), se a palavra aparecer isoladamente ou em qualquer uma das milhares de alternativas. Mas se o leitor sabe que a palavra é *horse* (cavalo), *mule* (mula) ou *donkey* (asno), então a estratégia funcionará efetivamente. Não é o caso de ser necessária uma análise fonética mínima para saber que *mule* e *donkey* não poderiam começar com *h*, mas sim que não se pode esperar muito mais das regras fonéticas, em qualquer caso. É por isso que afirmo que a fonética é algo fácil — para o professor e para o aluno — se sabem o que é determinada palavra, em primeiro lugar. Não estou sugerindo que a palavra deve ser conhecida absolutamente. Neste caso, nem a fonética nem qualquer outra estratégia de identificação mediada de letras seriam necessárias. Mas, se o leitor tem uma boa idéia acerca do que poderia ser a palavra, se existe

8. Fonética e identificação Mediada de Palavras

uma previsão que inclui o que a palavra realmente é, entre as alternativas mais prováveis, então a utilização da fonética provavelmente eliminará a incerteza restante.

Não se pode esperar que as estratégias fonéticas eliminem toda a incerteza, quando o leitor não tem a mínima idéia do que poderia ser a palavra. Mas se podem reduzir as alternativas de antemão - fazendo uso da informação não-visual relacionada tanto à leitura quando ao assunto do texto — então a fonética pode ser tornada mais eficiente. Uma maneira de se reduzir a incerteza de antemão é empregar a técnica de mediação de se fazer uso do contexto. A compreensão de um texto, em geral, reduzirá o número de alternativas que uma palavra desconhecida poderia apresentar como seu significado. Outro modo de se reduzir a incerteza de antemão é empregar a técnica mediadora alternativa de identificação por analogia, comparando-se a palavra desconhecida com palavras conhecidas que proporcionam hipóteses sobre possíveis significados e pronúncias. A razão por que podemos tão facilmente ler palavras que não são verdadeiramente palavras reais, tais como *vernalit*, não é porque temos em nossas cabeças um estoque de pronúncias para palavras sem sentido, como *vern*, *giant* ou *ric*, mas porque estas aproximações ao nosso idioma são formadas de partes de palavras ou mesmo de palavras inteiras que são imediatamente reconhecíveis, tais como *vernal*, *lit* e assim por diante.

Não existe uma resposta fácil para qualquer questão sobre o método ideal de identificação mediada da palavra. As três alternativas que têm sido especialmente discutidas — correspondências ortografia-sons, previsão a partir do contexto e identificação por analogia — são todas provavelmente inadequadas quando utilizadas isoladamente. Enquanto todas reduzirão alguma incerteza, nenhuma tende a eliminar todas as alternativas por si mesma. Mas utilizadas conjuntamente, as estratégias complementam umas às outras. Um leitor utilizando a fonética raramente identificará uma palavra estranha sem extrair um sentido da passagem como um todo, utilizando esta compreensão para eliminar alternativas improváveis de antemão. Ignorar os meios alternativos de redução da incerteza é ignorar a redundância, que é uma parte central de todos os aspectos da linguagem.

E a eliminação anterior de alternativas improváveis é, afinal, a fundação sobre a qual a leitura ocorre, de acordo com a análise de compreensão que ofereci no capítulo 3. Por esta análise, a fonética não é nem a base da leitura nem uma estratégia sobre a qual o leitor depende completamente, toda vez que uma palavra estranha é encontrada. Em vez disto, o uso das regras fonéticas assume um lugar suplementar e subordinado na leitura significativa normal, ocorrendo tão raramente e sem qualquer esforço que o leitor em geral não tem consciência das estratégias empregadas, à medida que as palavras estranhas são experimentalmente identificadas e as listas de características estabelecidas. As regras fonéticas funcionam quase como sentinelas;

não podem decifrar palavras desconhecidas por si mesmas, mas protegerão o leitor contra hipóteses impossíveis.

APRENDIZADO DE ESTRATÉGIAS DE IDENTIFICAÇÃO MEDIADA DE PALAVRAS

A base de todo o aprendizado — e especialmente do aprendizado da linguagem — é o significado. Não há sentido em esperar que uma criança memorize listas de regras, definições, até mesmo nomes, se estes não têm uma finaldade aparente ou utilidade para a criança. Não somente o aprendizado será difícil, mas o recordar será quase impossível. As estratégias de identificação mediada de palavras que têm sido discutidas cairão na categoria de aprendizado inútil, se se esperar que um aluno adquira-as fora de um contexto de leitura significativa. Não se deve esperar que uma criança memorize regras fonéticas, ou a pronúncia de sílabas e agrupamentos de letras isoladas, antes do aprendizado da leitura. A identificação por analogia também pode somente ser incentivada após a criança ter começado a ler.

O aprendizado é autodirigido e auto-reforçador quando as crianças estão em uma situação que lhes traz algum sentido, que pode ser relacionada àquilo que já conhecem ou sabem. As regras que não podem ser verbalizadas, acerca de muitos aspectos do mundo físico e da linguagem, são hipotetizadas e testadas com pouca atenção consciente. Onde uma criança puder entender um relacionamento, também aprenderá este relacionamento, seja entre um nome e uma palavra, entre um significado e uma palavra, ou entre uma correspondência de ortografia-sons.

O que tudo isso significa é que *a leitura é, basicamente, uma questão de crescentes retornos.* Quanto mais as crianças lêem, mais aprenderão a ler. Quanto mais puderem reconhecer palavras, mais facilmente serão capazes de compreender as correspondências fonéticas, de utilizarem os indícios fornecidos pelo contexto, e de identificarem novas palavras pela analogia. Quanto mais as crianças são capazes de ler — ou são ajudadas a ler —, mais provavelmente descobrem e estendem estas estratégias por si mesmas. Não existe razão para esconder a existência das correspondências entre ortografia-sons das crianças, mas não há sentido em sufocá-las com regras, quando são apenas aprendizes ingênuos, ou de esconder suas limitações.

Adquirindo um "vocabulário visual" extensivo de palavras imediatamente identificáveis, as crianças são capazes de compreender, relembrar e utilizar as regras fonéticas e outras estratégias mediadas de identificação de palavras. Mas tal afirmação resumida não implica que o modo de ajudar as crianças a lerem é dar-lhes uma boa dose de experiência com cartões impressos e listas de palavras. O modo fácil de aprender palavras não é trabalhar com palavras individuais, mas com passagens significativas de textos. Estamos

8. Fonética e identificação Mediada de Palavras

considerando apenas um aspecto limitado e secundário da leitura, quando nossa atenção se restringe às palavras individuais. À medida que voltamos nossas atenções para a leitura de seqüências de palavras que são gramaticais e que fazem sentido, descobrimos que a identificação de palavras e o aprendizado são mais facilmente explicados em termos teóricos e mais facilmente alcançados pelas crianças.

Chegou a hora de completarmos o quadro da leitura, reconhecendo que as palavras raramente são lidas ou aprendidas em um isolamento sem sentido. A leitura é mais fácil quando faz sentido, e o aprendizado da leitura é também mais fácil quando faz sentido. Estamos prontos para ver a leitura a partir de uma perspectiva mais ampla e mais significativa.

SUMÁRIO

A *identificação mediada de palavras* é um expediente temporário para a identificação de palavras estranhas, enquanto se estabelecem listas de características que permitem a identificação imediata. As estratégias alternativas para a identificação mediada de palavras inclui o perguntar-se a outra pessoa, a utilização de indícios do contexto, analogia com palavras conhecidas e utilização da fonética (correspondências ortografia-sons). A tentativa de decodificar palavras isoladas para sons tende a ser mal-sucedida, por causa do número, complexidade e inconfiabilidade das generalizações fonéticas. As regras fonéticas ajudarão a eliminar possibilidades alternativas somente se a incerteza pode, antes, ser reduzida por outros meios, por exemplo, se as palavras estranhas ocorrem em contextos significativos. As correspondências entre ortografia-sons não são fácil ou utilmente aprendidas antes que as crianças adquiram alguma familiaridade com a leitura.

As notas ao Capítulo 8 abrangem:

A relevância da fonética
Recodificação fonológica
O alfabeto

9
A IDENTIFICAÇÃO DO SENTIDO

Os três capítulos antecedentes relacionavam-se à identificação de letras e palavras individuais. Mostravam como o mesmo sistema de análise de características podia ser empregado tanto para a identificação de letras quanto para a identificação direta de palavras. A identificação de palavras não requer a identificação prévia das letras, pelo menos não a identificação imediata de palavras que os leitores realizam quando uma palavra com a qual estão preocupados lhes é familiar, uma parte de seu "vocabulário visual". Somente quando as palavras não podem ser identificadas de imediato a identificação prévia das letras torna-se relevante, e, então, apenas até certo ponto, dependendo da quantidade de informações do contexto e outras, que o leitor pode ter à sua disposição. As alternativas estão resumidas na figura 9.1.

Agora, quero mostrar que a compreensão, que neste capítulo será chamada de *identificação* (ou apreensão) do significado, não requer a identificação prévia das palavras. O mesmo processo analítico de características que fundamenta a identificação de letras e palavras também está disponível para a apreensão *imediata* de significado da informação visual. Embora a identificação de sentido *mediada* possa, às vezes, ser necessária, porque, por alguma razão, o sentido não pode ser imediatamente atribuído ao texto, a tentativa para tomar decisões sobre possíveis significados pela identificação prévia de palavras individuais é altamente ineficiente e tende ao fracasso.

Em outras palavras, estou afirmando que a identificação imediata do sentido é tão independente da identificação das palavras individuais quanto a identificação imediata de palavras é independente da identificação de letras

9. A Identificação do Sentido 181

```
[Análise de características da informação visual] → [Identificação da letra] —Mediada→ [Identificação da palavra]
                                    ↑_____Imediata_____↑
```

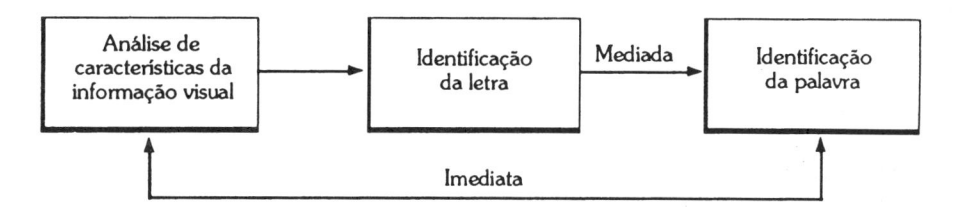

FIGURA 9.1. Identificação mediada e imediata de palavras.

individuais. As alternativas estão representadas na figura 9.2. O argumento é apresentado em três passos:

1. Mostrando que a identificação imediata do sentido é obtida; que os leitores normalmente podem identificar — e o fazem — o sentido sem a identificação de palavras individuais, ou antes desta.
2. Propondo como a identificação imediata do sentido. é obtida.
3. Discutindo como a identificação imediata do sentido é aprendida.

Em uma seção final, discuto brevemente a identificação mediada do significado ou sentido, ou o que o leitor faz quando a apreensão direta do significado não é possível.

UTILIZAÇÃO DO SENTIDO NA LEITURA

Uma demonstração de que os leitores empregam o significado e que este os auxilia na identificação de letras ou palavras individuais, em vez de lutarem para identificar as palavras, a fim de obterem o sentido, já foi dada.

```
[Análise de característica da informação visual] → [Identificação da letra] —Mediada→ [Identificação da palavra] —Mediada→ [Identificação do sentido]
                                    ↑_____Imediata_____↑
                                    ↑_____Imediata_____↑
```

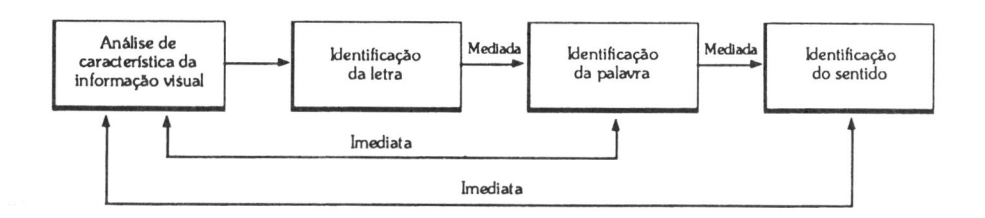

FIGURA 9.2. Identificação mediada e imediata do sentido.

Estou me referindo à experiência mostrando que, a partir de um simples olhar à linha impressa, o equivalente a cerca de um segundo de leitura, um leitor pode identificar quatro ou cinco palavras, se estas estão em uma seqüência significativa, mas metade desta quantidade, se chegar a isso, se as palavras não estiverem relacionadas umas às outras. A explicação no capítulo 4, quando descrevi originalmente este clássico estudo (Cattell, 1885), foi de que, com um texto significativo, um leitor poderia recrutar a informação não-visual para reduzir as alternativas, de modo que a quantidade de informação visual com a qual o cérebro pode lidar em um segundo, dobraria, para a identificação de quatro ou cinco palavras, em vez de apenas duas. A informação não-visual que o leitor já possui somente pode ser o significado ou sentido, ou o conhecimento prévio da maneira pela qual as palavras se juntam na linguagem, que não somente é gramatical, mas faz sentido.

Uma Constante Preocupação

É importante compreender que o leitor na situação recém-discutida está constantemente utilizando o significado; este facilita a identificação de cada palavra da linha. O leitor não tenta, primeiro, identificar uma ou duas palavras por uma estratégia de identificação de palavras, como se estas nada tivessem a ver com as outras da linha, e depois faz um palpite educado sobre o restante. Na verdade, aquela mesma experiência nos mostra que se duas palavras tivessem que ser identificadas, para darem algum indício sobre as outras, então não haveria tempo para que as outras fossem identificadas. O limite para palavras que não apresentam relacionamentos significativos é de duas. Onde uma seqüência de palavras faz sentido, a identificação de cada palavra é facilitada, da primeira à última, exatamente como as palavras individuais podem ser identificadas em condições nas quais nenhuma de suas letras componentes seria individualmente discriminável. Tudo é uma questão de eliminação prévia de alternativas improváveis (e impossíveis).

A demonstração recém-discutida é histórica; foi conduzida e relatada pela primeira vez um século atrás. Mas, em certo sentido, o fato de o significado facilitar a identificação de palavras individuais é replicado a cada vez que lemos, uma vez que a leitura seria impossível se lutássemos para identificar uma palavra após a outra, sem conhecimentos prévios para o que aquelas palavras poderiam ser. A leitura lenta não é eficiente porque tende a criar a visão em túnel, a sobrecarregar a memória a curto prazo e deixar o leitor flutuando na ambigüidade da linguagem. Ainda assim, é impossível ler rapidamente uma linguagem que não faz sentido, como você pode experimentar por si mesmo se tentar ler a seguinte passagem:

9. A Identificação do Sentido 183

"Ser poderiam palavras aquelas que o para prévios conhecimentos sem, outra a após palavra uma identificar para lutássemos se impossível seria leitura a que vez uma lemos que vez cada a replicado é individuais palavras de identificação a facilitar siginificado o de fato o sentido certo em mas."

As palavras que você tentou ler são — pelo menos espero — uma sentença perfeitamente significativa porque eu mesmo a utilizei no parágrafo anterior — escrita de trás para a frente. Qualquer diferença entre a taxa e a facilidade com a qual você pode ler as versões normal e de trás para adiante desta sentença pode ser atribuída somente a se você foi capaz de extrair sentido dela (se você tivesse lido a passagem invertida em voz alta, incidentalmente, é provável que você teria soado como "leitores-problemas" na escola, que lutam para identificar palavras uma de cada fez em um tom, monótono, como se cada palavra não tivesse nada a ver com a outra. Tais crianças parecem crer — e até podem ter sido ensinadas assim — que o significado deveria ser sua última preocupação; que o sentido cuidará de si mesmo, desde que leiam as palavras corretamente, em vez de o sentido facilitar a identificação das palavras).

Os leitores profissionais, por exemplo, radialistas, sabem da importância da compreensão prévia daquilo que estão para ler; é por isto que gostam de passar os olhos pelo texto com antecedência. Esta vista d'olhos anterior também ajuda na leitura silenciosa de romances e livros técnicos — podemos ter uma idéia geral do que transpirará e então voltamos para onde seja necessário, a fim de estudarmos pontos particulares. A compreensão geral vem da leitura rápida, enquanto a leitura lenta que poderia ser necessária para a memorização ou para a reflexão sobre detalhes pode somente ser conseguida se a compreensão já foi efetuada. Contrariamente, o significado pode interferir com algumas tarefas de leitura. Os revisores de textos tendem a ignorar erros de impressão, se prestam atenção ao sentido daquilo que lêem; vêem a ortografia e as palavras que deveriam estar na página, em vez daquelas que realmente estão. Algumas vezes, os revisores deliberadamente lêem de trás para a frente, a fim de darem toda sua atenção à ortografia e às palavras individuais, mas então, naturalmente, passarão por cima das anormalidades no significado. Seu dilema enfatiza o fato de que a atenção às palavras individuais e ao significado são aspectos alternativos, e não concomitantes, da leitura.

A utilização prévia do significado assegura que quando as palavras individuais devem ser identificadas, por exemplo, a fim de se ler em voz alta, um mínimo de informação visual necessita ser utilizada. E como conseqüência, os erros ocorrerão com freqüência. Se um leitor já possui uma boa idéia do que poderia ser uma palavra, não existe muita utilidade em atrasar a leitura para ter uma certeza extra sobre o significado da palavra. Conseqüentemente, não

184 Compreendendo a Leitura

é incomum que mesmo os leitores altamente experimentados confundam palavras que são radicalmente diferentes, em termos visuais — como lerem "disse" quando a palavra é, na verdade *anunciou* ou *reportou*, mas que não fazem uma diferença significativa para o significado ou sentido. Os leitores iniciantes freqüentemente mostram exatamente esta mesma tendência, demostrando que as crianças lutarão para obterem um sentido mesmo quando aprendem a ler (desde que o material a partir do qual se espera que aprendam tenha alguma possibilidade de fazer sentido, antes de mais nada). Os erros cometidos são algumas vezes chamados de maus indícios, em vez de erros, para evitar a conotação de que são algo mau (Goodman, 1969). Tais leituras errôneas mostram que estes leitores iniciantes estão tentando ler da maneira como os leitores fluentes fazem, com o sentido tomando prioridade sobre a identificação individual de palavras. Naturalmente, a leitura com uma atenção mínima a palavras individuais às vezes resultará em leituras errôneas que, na realidade, fazem diferença no sentido, mas uma das grandes vantagens da leitura para obtenção do sentido, em primeiro lugar, é que a pessoa torna-se consciente dos enganos que fazem diferença no significado. Uma diferença importante entre crianças que vão bem na leitura e aquelas que são leitores fracos não é que os bons leitores cometem menos enganos, mas que voltam atrás e corrigem os enganos que fazem diferença. As crianças que não estão lendo para a obtenção do sentido não têm chance de se tornarem conscientes nem mesmos de erros importantes.

A Prioridade do Sentido

Uma ilustração única da maneira como o sentido toma prioridade sobre a identificação das palavras individuais é fornecida por Kolers (1966), que pediu que falantes fluentes bilíngües de francês e inglês lessem em voz alta passagens de texto que faziam sentido, mas onde a linguagem real mudava do inglês para o francês a cada duas ou três palavras. O exemplo:

> "His horse, followed *de deux bassets, faisat la terre résoner* under its even tread. *Dis gouttes de verglas* stuck to his *manteau. Une violente brise* was blowing. One side *de l'horizon* lighted up, and *dans la blancheur* of the early morning light, *il aperçut* hopping at the *bord de leur terriers.*"

Os sujeitos desta experiência podiam ler e entender tais passagens perfeitamente, mas quando as terminaram, freqüentemente não podiam recordar se as sentenças particulares ou palavras estavam em inglês ou francês. Mais significativamente, amiúde substituíam uma palavra em uma linguagem por outra palavra apropriada, na outra. Podiam ler "porte" quando a palavra

9. A Identificação do Sentido

era *door* (porta) ou "hand" quando era fornecido *main* (mão), obtendo o sentido certo, mas a linguagem errada. Isto não significa que não estavam absolutamente observando as palavras corretas — a passagem não era completamente previsível —, mas que estavam olhando para as palavras e buscando significados, exatamente como um falante inglês poderia olhar para *2000* e entender "dois mil", enquanto um falante francês poderia olhar para o mesmo impresso e entender "deux milles".

Um ponto importante e, talvez, de difícil compreensão, acerca da discussão precedente, é que é possível tomar decisões significativas acerca de palavras sem dizer exatamente o que são estas palavras. Em outras palavras, podemos *ver* que a palavra escrita *porta* significa porta, sem termos que dizer em voz alta ou para nós mesmos que a palavra é *"porta."* As palavras escritas carregam em si um significado direto; não são intermediárias para a linguagem falada. Um exemplo óbvio é fornecido para a língua inglesa por palavras que possuem diferentes ortografias, para o mesmo som, como *their* (seus) e *there* (lá). É fácil detectar o erro de ortografia em "The children left *there* books behind" ("As crianças deixaram lá livros atrás"), porque *there* (lá) representa o significado errado. A diferença entre *their* e *there* não é, evidentemente, que as diferentes ortografias representam sons diferentes, porque não é assim, mas que as diferentes aparências das palavras indicam diferentes significados. A aparência visual de cada palavra indica diretamente seu significado.

O fato de os leitores poderem, lerem e *deverem* ler para a obtenção do sentido, é similarmente aparente com uma linguagem escrita como a chinesa, que não corresponde a qualquer sistema de sons particular. Seria inútil argumentar se o símbolo escrito representa a palavra mandarim ou cantonesa para "casa" (ou mesmo se o símbolo representa a palavra "casa" ou "residência" em qualquer linguagem falada), uma vez que simplesmente representa um *significado*. Minha presente asserção é a de que qualquer linguagem escrita é lida como o chinês é lido, diretamente pelo significado. O fato de algumas linguagens escritas também estarem mais ou menos relacionadas ao sistema de sons de uma linguagem falada é bastante coincidente, no que se refere ao leitor. Como sugeri antes, o alfabeto pode ter-se originado puramente para a conveniência dos leitores. Certamente, não existem evidências de que os leitores fluentes identificam letras a fim de identificarem palavras familiares, e a ortografia inglesa é, na melhor das hipóteses, uma orientação inadequada para a identificação de palavras que são estranhas ao leitor.

Meu exemplo final de que a linguagem escrita indica significado diretamente é até apelativo, uma vez que vem de estudos de pacientes lesionados cerebrais. As pessoas que são incapazes de encontrar a palavra exata em geral lêem a palavra isolada *doente* como "adoentado", *cidade* como "província" e *remoto* como "histórico" (Marchall & Newcombe, 1966). Ou *injúria* como "ferimento", *silêncio* como "escute" e *voar* como "ar" (Shallice & Warrington, 1975). Em uma leitura impressionante, um paciente identificou *symphony* (sinfonia) como *tea* (chá), presumivelmente confundindo a palavra escrita com *sympathy* (simpatia). *

A COMPREENSÃO E A REDUÇÃO DA INCERTEZA

Tenho tentado mostrar que o significado pode ter prioridade sobre a identificação de palavras individuais de duas maneiras, tanto para leitores fluentes quanto para iniciantes. No primeiro caso, o significado de uma seqüência de palavras facilita a identificação de palavras individuais com uma quantidade relativamente menor de informação visual. No segundo, as palavras escritas podem ser entendidas sem serem precisamente identificadas. Em geral, ambos os aspectos da identificação do sentido ocorrem ao mesmo tempo; compreendemos o texto utilizando muito menos informação visual do que seria necessária para identificarmos as palavras individuais, e sem a necessidade de identificarmos as palavras individuais. Ambos os aspectos da identificação do sentido são, na verdade, reflexos do mesmo processo subjacente — a utilização de mínima informação visual para a tomada de decisões específica para questões implícitas (ou previsões) sobre o significado, por parte do leitor.

Estou utilizando uma expressão algo desajeitada, "identificação do sentido", como um sinônimo para a compreensão, neste capítulo, para enfatizar o fato de que a maneira pela qual um leitor extrai sentido de um texto não é diferente do modo pelo qual as palavras ou letras individuais podem ser identificadas neste texto. Eu também poderia usar o termo psicológico algo fora de moda *apreensão* para referir-me à maneira como o significado deve ser capturado, mas isto poderia turvar as similaridades entre a compreensão e a identificação de letras e palavras. A diferença, acerca da compreensão, é que os leitores trazem ao texto questões implícitas sobre o significado, em vez de sobre as letras ou palavras. O termo *identificação do sentido* também ajuda a enfatizar que a compreensão é um processo ativo. O significado não reside na estrutura de superfície. O significado que os leitores compreendem, a partir do texto, é sempre relativo àquilo que já sabem e àquilo que desejam saber. Colocado de outra maneira, a compreensão envolve a redução da incerteza do leitor, que faz perguntas e obtém respostas, um ponto de vista já empregado na discussão sobre a identificação de letras e palavras. Os leitores devem ter *especificações* sobre o significado.

---

* Em inglês, a pronúncia de *tea* (chá) assemelha-se à pronúncia da última sílaba de *sympathy* (simpatia). (N. do T.)

9. A Identificação do Sentido

Uma passagem de texto pode ser percebida de, pelo menos, três maneiras: como uma seqüência de palavras de determinada língua, ou como uma expressão de significado em um certo domínio do conhecimento ou compreensão. Mas, na verdade, uma passagem de texto é uma porção de marcas de tinta sobre uma página, variadamente caracterizada como informação visual, características distintivas, ou estrutura de superfície. O que quer que percebamos no texto — letras, palavras ou significados — depende do conhecimento anterior (informação não-visual) que isto traz e das questões implícitas que são formuladas. A informação real que os leitores encontram (ou pelo menos procuram) no texto depende da incerteza original.

Considere, por exemplo, esta sentença que você está lendo no momento. A informação visual na sentença pode ser utilizada para se tomarem decisões sobre as letras, por exemplo, para dizer que a primeira letra é "c", a segunda é "o", a terceira "n", e assim por diante. De forma alternativa, exatamente a mesma informação visual poderia ser utilizada para decidir que a primeira palavra é "considere", a segunda é "por", a terceira palavra é "exemplo", e assim por diante. O leitor emprega a mesma informação visual, seleciona dentre as mesmas características distintivas, mas desta vez vê palavras, não letras. O que os leitores vêem depende do que procuram, de suas questões implícitas ou incertezas. Finalmente, a mesma informação visual pode ser empregada para se tomarem decisões acerca do significado na sentença, em cujo caso nem as letras nem as palavras seriam vistas individualmente. Não é fácil dizer precisamente o que está sendo identificado, no caso do sentido, mas isto se deve à dificuldade conceitual de dizer o que é o significado, não porque o leitor esteja fazendo algo intrinsecamente diferente. O leitor está utilizando a mesma fonte de informações visuais para reduzir a incerteza sobre o sentido, em vez de sobre as letras ou palavras.

Como já vimos, a quantidade de informação visual necessária para a tomada de uma decisão sobre uma identificação de letras ou palavras depende da extensão de incertezas anteriores do leitor, do número de alternativas especificadas na mente do leitor (e também do grau até onde o leitor deseja estar confiante nas decisões que toma). Com as letras, é fácil dizer qual o número máximo de alternativas — 23 se considerarmos somente um tipo particular de letras, maiúsculas ou minúsculas, no alfabeto da língua portuguesa. É similarmente fácil mostrar que a quantidade de informações visuais necessárias para a identificação de cada letra diminui à medida que o número de alternativas de qual poderia ser a letra (a incerteza do leitor) é reduzida. Quanto menores as alternativas, mais rápida ou facilmente a letra é identificada, uma vez que menos características distintivas precisam ser discriminadas para que uma decisão seja tomada. Não é fácil dizer qual o número máximo de alternativas para palavras, porque isto depende da gama de alternativas que o leitor considera, em primeiro lugar, mas, novamente, não é difícil mostrar que a quantidade de informação não visual necessária para identificar uma palavra diminui à medida que a incerteza do leitor é reduzida. Uma palavra pode ser identificada com menos características distintivas quando vem de uma centena de alternativas do que de mil. Finalmente, é impossível dizer quantos significados alternativos poderia haver para uma passagem de texto, porque isto depende inteiramente do que um leitor individual está procurando, mas é óbvio que a leitura é mais fácil quando o leitor considera o material significativo do que quando a compreensão é uma batalha a ser travada. Quanto menos incerteza os leitores têm sobre o sentido de uma passagem, menos informações visuais são necessárias para encontrarem o que estão procurando naquela passagem.

Utilização da Informação Não-Visual

Em cada um dos casos precedentes, a informação não-visual pode ser empregada para reduzir a incerteza do leitor com antecedência, e para limitar a quantidade de informação visual que deve ser processada. Quanto mais conhecimento anterior um leitor pode trazer sobre a maneira como as letras se agrupam, em palavras, menos informação visual é necessária para a identificação das letras individuais. A previsão, baseada em conhecimento anterior, elimina as alternativas improváveis de antemão. Similarmente, quanto mais um leitor sabe sobre a maneira como as palavras se agrupam em frases gramaticais e significativas — por causa do conhecimento anterior daquela determinada linguagem e do tópico que está sendo discutido —, menos informação visual é necessária para a identificação das palavras individuais. No último caso, o significado está sendo usado como parte da informação não-visual para reduzir a quantidade de informação visual necessária para a identificação de palavras. Pode ser dado um exemplo na forma de uma demonstração (baseada em um estudo feito por Tulving & Gold, 1963).

Primeiramente, como uma espécie de pré-teste, pergunto se você pode identificar uma palavra, ou qualquer de suas letras, com base na informação visual mínima. Agora, podemos prosseguir com a ilustração. Por causa da redundância sintática da linguagem, uma sentença como *Após o jantar vamos ao* ———, quase que certamente terminará com um substantivo em vez de com um verbo, adjetivo ou preposição, um segmento de conhecimento anterior gramatical que reduz consideravelmente o número de alternativas sobre qual poderia ser a palavra final. Além disso, existem restrições semânticas (de significado) que vão ainda mais além na redução do número de alternativas. Na verdade, só uma palavra apresenta uma probabilidade muito maior de ser colocada na posição vazia da sentença do que qualquer outra — a palavra "cinema". "Cinema", entretanto, não é a palavra mais provável em todos os contextos; no final de uma seqüência tal como *Concordamos em nos encontrar na (no)* ———, a palavra "estação" ou

9. A Identificação do Sentido 189

"aeroporto" apresenta uma probabilidade muito maior de ocorrer do que "cinema" e certas outras palavras.

Podemos, agora, testar nossa hipótese de que o conhecimento anterior resulta na redução do número de características visuais necessárias para a identificação de uma palavra em um contexto significativo. Projetamos rapidamente a palavra em uma tela, e pedimos que dois grupos de pessoas tentem identificá-las. Para um grupo, projetamos a palavra "cinema", após termos dito as outras palavras da primeira sentença, e a palavra "estação" após termos fornecido as palavras da segunda sentença. Para um outro grupo, revertemos a ordem, projetando "estação" depois da primeira sentença e "cinema" após a segunda. Você perceberá, naturalmente, que ambas as palavras são igualmente praticáveis em cada contexto. Não existe nada de absurdo sobre ir à estação após o jantar ou combinar um encontro no cinema. Ocorre, apenas, que estas combinações são menos prováveis. Nossa presunção experimental é a de que, se mais pessoas identificam uma palavra a partir de uma breve exposição em uma ocasião do que em outra, então devem estar identificando-a com base em menos informação visual; então fazendo uso de outras fontes de informação.

A esta altura, o resultado da experiência não deveria nos causar surpresa. Uma proporção muito maior de observadores é capaz de reconhecer a palavra "cinema" a partir de uma breve exposição se esta se segue à primeira sentença do que quando se segue à segunda. E mais pessoas identificam a palavra "estação" após a segunda sentença do que após a primeira. Deve ser visto que os observadores não estão "fazendo palpites"; estão fazendo uso da informação visual que possuem, porque não respondem "cinema" quando *estação* é apresentada. Mas a quantidade de informação necessária para a identificação de qualquer palavra depende da seqüência de palavras a que se segue, do sentido que o leitor pode prever.

Para alinhavarmos o ponto, vamos ver, uma vez mais, se você pode identificar os elementos impressos em nosso pré-teste. Agora, você provavelmente pode. Se não, então você não teria dificuldades no contexto "Havia uma alegre reunião na (no) ———— ".

Muitas pessoas podem acompanhar o sentido de um romance ou artigo de jornal na taxa de mil palavras por minuto, que é quatro vezes mais rápido do que sua provável velocidade se estivessem identificando cada palavra, mesmo com o significado para auxiliá-las. Existe uma falsa concepção prevalente de que para este tipo de leitura rápida o leitor deve estar identificando somente uma palavra em cada quatro, e que isto lhe dá informação suficiente pelo menos para a idéia central do que está sendo lido. Mas é muito fácil demonstrar que a identificação de uma palavra em quatro não contribuirá muito para a inteligibilidade de uma passagem. Aqui está uma de cada quatro palavras de uma crítica cinematográfica Muitos ——— *estiveram* ———encaram negócio ——— amargo ——— se ——— *para* ——— ... A passagem é ainda menos fácil de ser compreendida se as palavras selecionadas estão em grupos, com espaços vazios correspondentes entre elas. É um pouco mais fácil compreender do que se trata uma passagem se cada quatro *letras* forem fornecidas, em vez de cada quarta palavra e, naturalmente, minha argumentação é de que a leitura em uma taxa de mil palavras por minuto somente é possível se as omissões ocorrem ao nível de *características*. Um leitor experiente pode precisar discriminar apenas uma fração das características disponíveis em cada palavra, mas não se estas características estiverem todas concentradas em uma única letra.

Não se deve pensar, pela discussão precendente, que existe um tipo especial de característica distintiva para a identificação do sentido na escrita, diferente daquele para as características distintivas de letras e palavras. Não existe uma "característica semântica", por exemplo, que *casa* e *residência* têm em comum, e que poderíamos encontrar nas impressões da página. O que torna as características visuais distintivas, no que se refere ao sentido, é precisamente o que as torna distintivas para as letras e palavras individuais, também — as alternativas particulares que já existem na incerteza do leitor. As mesmas características que podem ser usadas para distinguir a letra *m* da letra *h* também distinguirão a palavra *mouse* (camundongo, em inglês) da palavra *house* (casa) e o significado de *we went to the mill* (fomos ao moinho) do significado de *we went to the hill* (fomos à montanha). Não é possível dizer quais características específicas os leitores empregam para a distinção de significados: isto dependeria do que o leitor está procurando e, de qualquer modo, não é possível descrever características das letras ou mesmo das palavras. A situação é ainda mais complicada pelo fato de que não podemos dizer o que vem a ser "significado".

Captando o "Sentido"

Como apontei no capítulo 2, na discussão sobre o cisma existente entre a estrutura de superfície e a estrutura profunda da linguagem, o significado está além das palavras, não se pode *dizer* o que é significado em geral, não mais do que se pode dizer qual é o sentido particular de determinada palavra ou grupo de palavras, exceto dizendo-se outras palavras que são, por si mesmas, uma estrutura de superfície. O significado ou sentido, em si mesmo, jamais pode ser exposto. Esta incapacidade para apontar precisamente para o que é "significado" não é um defeito teórico ou negligência científica. Não devemos esperar que uma descoberta maravilhosa seja feita um dia, que nos possibilite dizer o que é o significado. O significado, repetindo a mim mesmo, não pode ser captado por uma rede de palavras.

Um leitor não compreende a palavra escrita *mesa* dizendo a palavra falada "mesa", em voz alta ou silenciosamente, mais do que a palavra falada

9. A Identificação do Sentido

"mesa" possa, em si mesma, ser entendida simplesmente por sua repetição. Você entenderia a palavra inglesa *table*, repetindo-a para si mesmo, se não conhece a linguagem? E nem a linguagem escrita nem a palavra falada *mesa* são compreendidas dizendo-se silenciosamente para si mesmo "Um móvel de quatro pernas com superfície achatada", ou qualquer outra definição que pudesse vir à mente, uma vez que, naturalmente, a compreensão da definição ainda teria que ser explicada. Não pode haver compreensão nem explicação, a menos que se escape da teia formada pela linguagem. As *palavras* reais, escritas ou faladas, são sempre secundárias ao significado, à compreensão.

Normalmente, não temos consciência de *não* estarmos identificando palavras individuais, quando lemos, porque não estamos de qualquer modo pensando nas palavras. A linguagem escrita (assim como a fala) é *transparente* — olhamos através das palavras reais para o significado além delas, e, a menos que existam anomalias perceptíveis de sentido, ou a menos que tenhamos problemas para a compreensão, não temos consciência nem das palavras. Quando deliberadamente atentamos para as palavras, especificamente, por exemplo, no tema sutil da poesia, isto é uma conseqüência de se formular uma diferente questão, antes de tudo. Os sons que podemos dar às palavras não contribuem tanto para a interpretação literal quanto o fato de estabelecermos um diferente — complementar ou alternativo — tipo de humor ou sentido.

Lendo em Voz Alta e em Silêncio

Naturalmente, a identificação de palavras é necessária para a leitura em voz alta, mas como tenho tentado mostrar, a identificação de palavras desta maneira depende da identificação do significado. A voz está sempre atrás da compreensão, e é sempre suscetível, até certo ponto, de divergir do texto real. A substituição de palavras e até mesmo de frases por sentidos apropriados não é, novamente, algo que o leitor se dê conta; a principal preocupação deste, mesmo na leitura em voz alta, deve ser com o sentido da passagem. Leituras com estas substituições sempre seriam apontadas pelo ouvinte que seguisse tanto o texto quanto a leitura. As leituras desta espécie não são feitas normalmente quando as palavras não são parte de um texto significativo, mas são, em vez disso, palavras isoladas ou em listas, mas então, não existiria sentido em se procurar um significado e este não poderia ser utilizado. Além do mais, em tais circunstâncias, os leitores geralmente se dão ao trabalho de escrutinar informações visuais suficientes para a identificação precisa das palavras individuais (dando a elas um rótulo, em vez de um significado), uma vez que nada é perdido, com uma leitura lenta.

A subvocalização (ou leitura silenciosa) não pode, em si mesma, contribuir para o significado ou compreensão, não mais do que a leitura em voz alta é capaz. Na verdade, como a leitura em voz alta, a subvocalização somente pode ter sucesso com algo como a velocidade normal e entonação se é precedida pela compreensão. Não ouvimos em nós mesmos partes soltas de palavras ou fragmentos de frases e depois efetuamos sua compreensão. A subvocalização retarda a velocidade dos leitores e interfere com sua compreensão. O hábito da subvocalização pode ser rompido sem a perda da compreensão (Hardyck & Petrinovich, 1970). Além disso, a maioria das pessoas não subvocaliza tanto como pensa. Se "escutamos" para saber se estamos subvocalizando, provavelmente a subvocalização ocorrerá. Jamais podemos ouvir a nós mesmos sem subvocalizarmos, mas isto não significa que façamos isto o tempo todo. Por que, afinal, subvocalizamos? O hábito pode simplesmente ser um resquício de nossos dias de juventude, talvez quando se esperava que lêssemos em voz alta. Um professor sabe que as crianças estão trabalhando se seus dedos estão se movendo continuamente ao longo das linhas e seus lábios estão se movendo em uníssono. A subvocalização também pode ter uma função útil de proporcionar "ensaio" para a retenção na memória de curto prazo de palavras que não podem ser imediatamente compreendidas ou, de outro modo, manuseadas com facilidade. Mas, nestes casos, as subvocalizações indicam uma falta de compreensão, em vez de sua ocorrência. Existe uma tendência geral a subvocalizar quando a leitura torna-se difícil, quando podemos prever menos.

Previsão e Significado

Os leitores normalmente não prestam atenção à palavra impressa com suas mentes vazias, sem qualquer finalidade anterior e sem qualquer expectativa do que poderão encontrar em um texto. Em geral procuram um sentido, em vez de lutarem para identificar letras ou palavras. A maneira como os leitores procuram o significados é não considerando todas as possibilidades, não fazendo "adivinhações" inconseqüentes somente quanto a um sentido, mas, em vez disso, fazendo previsões dentro da faixa mais provável de alternativas. Assim, os leitores podem superar as limitações de processamento de informações do cérebro e, também, a inerente ambigüidade da linguagem. Podem extrair significado diretamente do texto, porque trazem expectativas quanto ao sentido que encontrarão. O processo normalmente é natural, tão contínuo e simples quanto a maneira como trazemos significado a cada espécie de experiência em nossas vidas. Não andamos pelo mundo dizendo: "Isto é uma cadeira; isto é uma mesa; uma cadeira é algo onde posso sentar", lutando para fazer sentido de cada segmento de informações que nossos sistemas sensoriais dirigem para o cérebro. Em vez disso, procuramos aqueles aspectos

9. A Identificação do Sentido

de nosso ambiente que tornarão o mundo significativo, em especial no que diz respeito às nossas finalidades e interesses particulares. A compreensão não é uma questão de se colocarem nomes em coisas absurdas e de se lutar para extrair um sentido do resultado, mas de se operar nos limites da significação o tempo todo.

APRENDENDO A IDENTIFICAR O SENTIDO

As observações que concluíram a discussão precedente deveriam ter tornado a presente discussão amplamente desnecessária. Não existe necessidade de uma explicação especial sobre como as crianças aprendem a captar o sentido da palavra impressa, uma vez que nenhum processo especial está envolvido nisso. As crianças tentarão naturalmente trazer um sentido à palavra impressa. Para elas, não há sentido em uma linguagem que não seja significativa, seja falada ou escrita. Percebem a linguagem falada procurando por seu significado, não prestando atenção aos sons das palavras.

A Expectativa do Sentido

Existe uma ilustração clássica sobre a prioridade que o significado assume à medida que as crianças começam a falar. Mesmo quando tentam "imitar", é o significado que imitam, não os sons sem qualquer sentido. McNeill (1967) reportou uma conversa entre mãe e filho da seguinte maneira:

Filho: Ninguém não gostam de mim.
Mãe: Não, diga "Ninguém gosta de mim".
Filho: Ninguém não gostam de mim (oito repetições deste diálogo).
Mãe: Não, agora ouça com atenção. Diga: "Ninguém gosta de mim".
Filho: Ah! Ninguém não *gosta* de mim.

Mesmo quando se pede às crianças que realizem um exercício de linguagem, estas esperam que o exercício faça sentido. Como a criança no exemplo acima, demoram muito para entender a tarefa se lhes é pedido que atentem para a estrutura de superfície, não ao significado. As crianças não necessitam ser instruídas para atentarem ao significado; este é seu modo natural (e único) de aprenderem sobre a linguagem, em primeiro lugar. Na verdade, não prestarão atenção, espontaneamente, a qualquer ruído que não lhes seja significativo.

Exatamente como as crianças não precisam ser instruídas a procurarem um significado tanto na linguagem falada quanto na escrita, também não precisam aprender procedimentos especiais para encontrarem este significado. A previsão é a base da identificação do significado, e todas as crianças que podem compreender a linguagem falada de seus ambientes devem ser especialistas em previsão. Além do mais, as próprias constrições da leitura — a possibilidade constante de ambigüidade, visão em túnel, e sobrecarga da memória — podem servir apenas como indicadores, para o aprendiz, de que a base para a leitura deve ser a previsão.

Certamente, não há necessidade de uma explicação especial sobre como a compreensão deve ser *ensinada*. A compreensão não é uma nova espécie de habilidade que deva ser aprendida, para a realização da leitura, mas é a base de todo o aprendizado. Mas pode acontecer de ser ensinado, na escola, o *contrário* da compreensão, com as crianças sendo instruídas a "decodificarem" corretamente e a não fazerem "adivinhações", se estão incertas. Pode-se esperar até mesmo que aprendam a ler com materiais e exercícios especificamente planejados para desencorajar ou evitar a utilização da informação não-visual.

Naturalmente, existe uma diferença entre a compreensão da linguagem escrita e a compreensão da fala ou de outros tipos de eventos no mundo, mas estas não são diferenças de processo. As diferenças são simplesmente que o leitor deve usar as características distintivas da impressão para testar as previsões e reduzir a incerteza. As crianças precisam familiarizar-se com estas características distintivas da impressão e com o modo como estão relacionadas ao significado. Esta familiaridade e compreensão não podem ser ensinadas, não mais do que se pode ensinar regras da linguagem falada, mas a instrução formal é similarmente desnecessária e, na verdade, impossível. A experiência a qual as crianças necessitam para encontrar sentido na palavra impressa pode apenas ser adquirida através da leitura significativa, exatamente como as crianças desenvolvem sua competência para a fala através da utilização e audição da fala significativa. E até que as crianças sejam capazes de realizar leituras significativas por sua própria conta, são claramente dependentes de outros que leiam para elas ou pelo menos, de serem ajudadas a ler.

O Direito a Ignorar

Um ponto final. Não é necessário, para qualquer leitor, e em especial para os iniciantes, entenderem o significado de *tudo* que tentam ler. Quer os adultos estejam lendo romances e outros textos extensos, ou menus ou anúncios, sempre têm a liberdade de saltarem sobre grandes passagens e, certamente, de ignorarem muitos pequenos detalhes, porque não são compreensíveis, ou porque não são relevantes aos interesses ou necessidades. As crianças, quando estão aprendendo a linguagem falada, parecem capazes e

9. A Identificação do Sentido   195

ansiosas por acompanhar a conversa de adultos e programas de televisão, sem que compreendam todas as palavras. Um interesse pelo tema, uma compreensão geral e a capacidade para extrair sentido da base de umas poucas partes compreensíveis, podem ser mais do que suficientes para manter a atenção de uma criança. Tal material parcialmente compreendido é, na realidade, a base para o aprendizado; ninguém prestará atenção a qualquer aspecto da linguagem, falada ou escrita, a menos que esta contenha algo novo. Para as crianças, uma boa parte não-compreensível será tolerada, em troca da oportunidade de explorar algo novo e interessante. Mas raramente damos crédito às crianças por ignorarem o que não podem entender e por prestarem atenção apenas àquilo a partir do que aprenderão.

Infelizmente, o direito de as crianças ignorarem o que não podem compreender pode ser a primeira de suas liberdades a ser tomada, quando ingressam na escola. Em vez de o exercerem, a atenção deve ser focalizada para o que cada criança considera incompreensível, a fim de "desafiá-las" a um aprendizado mais aprimorado. Qualquer coisa que a criança compreenda pode ser posta de lado como sendo "muito fácil". Paradoxalmente, muitos materiais de leitura são tornados intencionalmente sem sentido. Obviamente, em tais casos não existe um modo pelo qual as crianças sejam capazes de desenvolver e obter vantagens por sua habilidade de procurarem e identificarem o sentido no texto.

IDENTIFICAÇÃO MEDIADA DO SENTIDO

A leitura geralmente envolve o trazer sentido *imediata* ou diretamente ao texto, sem a consciência de palavras individuais ou de seus sentidos alternativos possíveis. Existem ocasiões, entretanto, quando o significado de um texto ou de palavras particulares não pode ser compreendido de imediato. Nestas ocasiões, a identificação mediada do sentido pode ser tentada, envolvendo a identificação de palavras individuais, antes da compreensão de uma seqüência significativa de palavras como um todo. A discussão é dividida em duas partes, a primeira relacionada com a identificação mediada do sentido de seqüências inteiras de palavras, e a segunda ligada à identificação mediada de significado de palavras individuais ocasionais.

Já argumentei que a primeira raramente é possível. O significado de uma sentença como um todo não é compreendido colocando-se juntos os significados de palavras individuais (capítulo 2). As palavras individuais têm tanta ambigüidade — e em geral funções gramaticais alternativas, também — que, sem alguma expectativa prévia sobre o significado existe pouca chance para que a compreensão até mesmo se inicie. Além do mais, as limitações do processamento de informação visual e da memória são difíceis de ser superadas, se o leitor tenta identificar e compreender cada palavra como se nada tivesse a ver com suas vizinhas e viesse de muitos milhares de alternativas. Assim, apesar de algumas teorias sobre a leitura e de muitos métodos de instrução de leitura parecerem estar baseados na presunção de que a compreensão do texto escrito é obtida com uma palavra de cada vez, a presente análise deixa pouco para ser discutido, acerca deste tópico. A tentativa para construir a compreensão desta maneira deve ser considerada como altamente ineficiente e fadada ao fracasso.

Mas o segundo modo de identificação mediada de sentido — onde a passagem, em geral, é compreensível e talvez somente uma plalavra seja desconhecida e não compreendida — é uma característica mais geral e prática da leitura. Neste caso, a questão não é a de tentar utilizar os significados de palavras individuais para a construção de um significado para o todo, mas, em vez disso, de usar o significado do todo para fornecer um possível significado para uma palavra em particular. E não somente isto é possível, mas é a base da maior parte do aprendizado de linguagem que praticamos. A grande porção do vocabulário da maioria dos adultos alfabetizados deve vir da leitura (Nagy, Herman & Anderson, 1985). Não é necessário compreender milhares e milhares de palavra para começar a aprender a ler — basicamente, tudo que é necessário é uma familiaridade geral com as palavras e construções do material escrito a partir do qual espera-se que aprendemos, e, ainda, não de todo este material. E parece altamente improvável que nossa compreensão de muitas das palavras que aprendemos como um resultado da leitura deva ser atribuída a milhares de buscas ao dicionário ou a perguntar a alguém o que poderia ser determinada palavra. Aprendemos o sentido a partir do próprio texto.

As evidências informais de que aprendemos quase que por coincidência as novas palavras enquanto lemos, vêm daquelas palavras cujo significado, ou referência, conhecemos bem, mas que não estamos certos de pronunciar corretamente, de modo que não existe maneira de as termos aprendido através da fala. Refiro-me a palavras como *traslado* (trãs-lado?) *ímã* (ima?), e talvez *estuprar* e *pedestre*, para não mencionar palavras estrangeiras, nomes e lugares.

A questão, naturalmente, é sobre onde obtivemos o significado correto de palavras que jamais ouvimos na fala e jamais perguntamos a alguém. E a resposta deve ser que aprendemos da maneira como a maioria de nós aprende o significado de tantas das palavras que conhecemos — extraindo um sentido para as palavras a partir do contexto em que estão inseridas, utilizando o que já se conhece para compreender e aprender o que nos é estranho. A identificação mediada do significado a partir do contexto é algo que os leitores fluentes provavelmente fazem com freqüência, sem consciência de o estarem fazendo, e é a base não somente para a compreensão, mas para o aprendizado.

9. A Identificação do Sentido

O aprendizado de novas palavras sem a interferência na compreensão geral do texto é um outro exemplo da maneira pela qual as crianças — e todos os leitores — podem continuamente aprender a ler pela realização da leitura. O vocabulário que se desenvolve como conseqüência da leitura proporciona uma base de conhecimentos permanente, para a determinação do provável significado e pronúncia de novas palavras. Se você sabe tanto o significado quando a pronúncia de *auditor e visual*, você terá pouca dificuldade para compreender e dizer uma nova palavra como *audiovisual*. Quanto maior seu capital, mais você pode acrescentar a ele — seja lidando com palavras ou com riquezas materiais. A melhor maneira de se adquirir um grande e prático vocabulário de leitura é através da leitura significativa. Se o texto faz sentido, a mediação e o aprendizado se dão por si mesmos.

SUMÁRIO

A compreensão, o objetivo básico da leitura, também facilita o processo de leitura de duas maneiras. A identificação imediata de palavras torna desnecessária a identificação prévia de palavras individuais, e a *compreensão* de uma passagem como um todo facilita a compreensão e, se necessário, a identificação de palavras individuais. A *identificação mediada de palavras* aumenta a probabilidade de visão de túnel, sobrecarga de memória e ambigüidade causada por uma superconfiança na informação visual.

As notas sobre o Capítulo 9 abrangem:

Efeitos do contexto significativo
Aprendizado e contexto
Movimentos oculares
Subvocalização

10

LENDO, ESCREVENDO E PENSANDO

Até aqui, este livro tratou primariamente de tópicos muito mais amplos do que a leitura — como a linguagem, compreensão ou memória — ou com pequenos aspectos da leitura — como a identificação de letras ou palavras. Neste capítulo, o foco pode finalmente ser fixado sobre a própria leitura, no ato específico, quando algo significativo está em frente aos olhos do leitor, e o leitor está olhando este texto com uma finalidade. O que significa ler? O que se pode dizer, quanto ao que acontece na leitura? E o que os leitores precisam saber?

A leitura nunca é uma atividade abstrata, sem finalidade, embora seja freqüentemente estudada deste modo por pesquisadores e teóricos e, infelizmente, ainda seja ensinada deste modo para muitos aprendizes. Os leitores sempre lêem *algo,* lêem com uma finalidade; a leitura e sua rememorização sempre envolve *emoções,* bem como conhecimento e experiência.

Em outras palavras, a leitura nunca pode ser separada das finalidades dos leitores e de suas conseqüências sobre eles. Este capítulo preocupa-se principalmente com o que a leitura significa para os leitores. A leitura também não pode ser separada da escrita e do pensamento, embora este livro não seja especificamente dirigido a qualquer destes amplos tópicos. Mas sua relevância não pode ser ignorada, de modo que o capítulo finaliza com breves comentários sobre a escrita e o pensamento. O capítulo final está relacionado com o aprendizado da leitura (que também se descobrirá ser inseparável do próprio ato da leitura).

Sobre as Definições da Leitura

Os livros sobre leitura freqüentemente tentam definir seus termos com afirmações formais como "ler é extrair informações do que está impresso". Mas tais asserções não proporcionam qualquer compreensão para a leitura, ou para o modo como está sendo discutida, podendo levar a debates acalorados. Uma definição não justifica que seu autor utilize uma palavra comum diferentemente de qualquer outra pessoa. As definições formais são úteis apenas se existe uma razão para utilizar as palavras em um modo especializado, restrito ou, de outro modo, imprevisível, e mesmo assim, podem causar mais problemas do que merecem, uma vez que os leitores preferem interpretar palavras familiares de maneiras familiares. O filósofo Karl Popper, em 1976, apontou que a precisão somente pode ser alcançada às custas da clareza. Como já discuti, as palavras comuns, facilmente compreendidas, tendem a ter uma multiplicidade de significados, e o que em geral dá a uma palavra uma interpretação não ambígua não é nem a concordância prévia nem uma ordem arbitrária, mas o contexto particular no qual a palavra é usada. Como Popper também afirmou, é melhor *descrever* como uma palavra é usada do que defini-la.

Tome a questão relativa a se a "leitura" necessariamente envolve a compreensão, um assunto algumas vezes discutido de forma ampla. Mas esta questão não indaga qualquer coisa sobre a natureza da leitura, somente sobre o modo como a palavra é utilizada em ocasiões particulares. E a única resposta possível é que, às vezes, a palavra "leitura" implica compreensão, e às vezes não. Quando sugerimos que alguém deva ler um determinado livro, obviamente incluímos a compreensão, en nossa recomendação — seria redundante, se não rude, dizer: "Acho que você deveria ler e compreender este livro". Mas, por outro lado, nosso amigo poderia replicar: "Já o li, mas não o entendi", agora obviamente excluindo a compreensão do sentido da palavra "leitura". Tudo depende do senso geral no qual as palavras são usadas, mesmo na mesma conversa, em duas sentenças sucessivas. Se existe dúvida, é melhor proporcionar uma descrição mais completa de como a palavra está sendo usada, do que tentar uma definição geral.

Considere, por exemplo, as diferenças entre ler um romance, um poema, um texto de estudos sociais, uma fórmula matemática, uma lista telefônica, uma receita culinária, a descrição formalizada de algum movimento de abertura num jogo de xadrez, ou um anúncio em um jornal. Os romances são geralmente lidos para a *experiência,* para o envolvimento em uma situação, não muito diferentemente de se olhar um filme ou peça ou de participar em eventos reais, onde somos envolvidos pelas personagens e motivações das pessoas individuais, e com a maneira como as circunstâncias os colocarão em ação. Ler um romance é participar na vida. Um poema pode envolver uma experiência muito mais intensa, especialmente emocional, envolvendo uma determinada atitude mental e uma sensibilidade aos sons, bem como aos significados das palavras, muito semelhante ao modo como ouvimos música. Os textos de estudos sociais podem deixar de apresentar a conexão emocional direta e estética de um romance ou poema, mas envolvem um pensamento analítico mais detalhado — um pensamento que está mais "fora da página" e é mais geral do que os detalhes diretamente apresentados na página impressa. A fórmula matemática é um instrumento a ser erguido (com a compreensão) de sua posição no texto e utilizado em algum outro lugar, enquanto a lista telefônica é como uma coleção de chaves, cada qual abrindo a fechadura em uma determinada conexão. Uma receita culinária é uma descrição de um conjunto de ações que o leitor deve realizar, a orientação para o xadrez envolve a participação em um jogo e um anúncio de jornal é uma estratégia para persuadir leitores a agir de certa maneira.

Estas descrições são pateticamente inadequadas para a riqueza que é a leitura. Meu objetivo, ao tentar fazer esta lista, era ilustrar a riqueza, demonstrando a inadequação. E, mesmo assim, supersimplifiquei. Não existe apenas uma espécie de romance ou um tipo de anúncio, e os mesmos textos podem ser lidos de diferentes maneiras. Um romance pode ser lido como um texto de estudos sociais, e um texto de estudo social pode ser lido como um romance. Um anúncio de jornal pode ser lido como um poema. Além do mais, cada um destes diferentes modos de ler textos é mais como outras formas de comportamento ou experiência que não envolvem a leitura, do que outras formas de leitura. Equacionei a leitura de um romance com o assistir uma peça, não com ler uma peça, e ler uma receita é, obviamente, mais como cozinhar uma refeição do que ler sobre qualquer outro tipo de atividade. Não existe uma atividade que possa ser resumida como *leitura*; nenhuma descrição que possa ser resumida como o "processo" que está envolvido.

O significado da palavra "leitura", em todos estes sentidos, depende de tudo que está ocorrendo — não somente do que está sendo lido, mas do porquê de um determinado leitor estar lendo. Pode-se dizer que, em todos estes exemplos que dei, as respostas são procuradas, para as questões que variam de acordo com as pessoas que as formulam, e a única coisa que transforma todas estas diferentes atividades em "leitura" é que as respostas estão sendo procuradas no texto.

Por causa das limitações sobre a quantidade de informação visual do texto, com as quais o cérebro pode lidar, a locação e a natureza das respostas podem ser, até certo ponto, imprevisíveis. Assim, o leitor pode ter expectativas relevantes sobre o texto. Todas as questões devem ser ajustadas dentro de uma previsão, uma gama de possíveis alternativas. Isto leva a uma descrição muito ampla, que já ofereci — a compreensão do texto é uma questão de ter questões relevantes a fazer (que o texto pode responder) e de ser capaz de encontrar respostas a pelo menos algumas destas questões.

10. Lendo, Escrevendo e Pensando 201

Para usar um termo que introduzi anteriormente — a leitura depende de relevância da *especificação* que o leitor faz ao texto.

As questões particulares podem variar desde as implicações de uma única palavra até questões relacionadas ao estilo, simbolismo e visão de mundo, do autor. Tenho evitado qualquer tentativa de listar e caracterizar todas estas diferentes questões, por causa de sua natureza muito específica e algumas vezes especializada. Em vez disso, tenho concentrado minha atenção em três tipos de questões que todos os leitores fluentes parecem capazes de formular e responder na maioria das situações de leitura, relacionadas à identificação das letras, palavras e significados. Estes três tipos de questões são alternativos, podem ser formulados ao mesmo tempo, e é desnecessário que o leitor tente formulá-los seqüencialmente. A leitura não é uma questão de identificar letras, a fim de reconhecer as palavras para que se obtenha o significado das sentenças. A identificação do significado não requer a identificação de palavras individuais, exatamente como a identificação de palavras não requer a identificação de letras. Na verdade, qualquer esforço por parte de um leitor, para identificar palavras uma de cada vez, sem aproveitar a vantagem de sentido como um todo, indica um fracasso para a compreensão e está provavelmente fadado ao fracasso. Da mesma forma, qualquer esforço para identificar e talvez "pronunciar" letras individuais tende a não levar a uma identificação eficiente das palavras.

A partir desta perspectiva, não faz sentido perguntar se a impressão consiste basicamente de letras, palavras ou significados. A impressão é formada por contrastes visuais discrimináveis, sinais de tinta no papel, que apresentam o potencial para responderem certas questões — geralmente implícitas — que os leitores podem formular. A impressão é *informação visual*, na qual os leitores podem selecionar *características distintivas* e tomar decisões entre as alternativas nas quais estão interessados. Os leitores encontram letras, na impressão, quando fazem um tipo de pergunta e selecionam informação relevante; encontram palavras na impressão quando formulam outro tipo de questão e utilizam a mesma informação visual de um modo diferente; e encontram significado, na impressão, com base na mesma informação visual, quando formulam uma espécie diferente de questão, novamente. É raro que um leitor formule questões sobre letras específicas (exceto quando as letras, em si mesmas, possuem uma relevância particular, por exemplo, como as iniciais de uma pessoa ou como uma orientação de bússola, N, S, E, e W). Também é raro que um leitor atente especificamente a palavras, a menos que, novamente, exista uma razão particular para identificá-la, por exemplo, como um nome.

A compreensão, como tenho dito, é relativa; depende de se obterem respostas para as questões que estão sendo formuladas. Um significado particular é a resposta que o leitor obtém para determinada questão. O significado, portanto, também depende das questões que são formuladas. Um leitor "extrai o significado" de um livro ou poema a partir do ponto de vista do escritor (ou professor) apenas quando formula questões sobre as quais o escritor (ou professor) implicitamente esperava ser perguntado. As disputas sobre o significado de um texto, ou a maneira "correta" de se compreender o texto, são em geral disputas sobre as questões que deveriam ter sido formuladas. Uma habilidade particular de escritores talentosos (e de professores talentosos) é levar os leitores a formularem as questões que consideram apropriadas. Assim, a base da leitura fluente é a habilidade para encontrar respostas, na informação visual da linguagem escrita, para as questões particulares que estão sendo formuladas. A linguagem escrita faz sentido quando os leitores podem relacioná-la ao que já sabem (incluindo aquelas ocasiões quando o aprendizado ocorre, quando existe uma modificação global naquilo que os leitores já sabem). E a leitura é interessante e relevante quando pode ser relacionada ao que o leitor *deseja* saber.

LEITORES E ESCRITORES

Os leitores devem trazer sentido aos textos, devem ter um conjunto em desenvolvimento e constantemente modificável de expectativas sobre o que encontrarão. Esta é sua expectativa sobre o texto. Mas, obviamente, os escritores também fazem sua contribuição. Devem ter suas próprias especificações. E deve haver um ponto no qual os leitores e escritores interagem. Este ponto é o texto, e esta seção é sobre a interação, sobre leitores, escritores e o texto.

Previsões Globais e Focais

Até agora, ao longo deste livro, falei como se as previsões fossem feitas e manuseadas uma de cada vez. Mas as previsões são em geral múltiplas, variando amplamente em extensão e significância. Algumas previsões são anuladoras; levam-nos através de grandes extensões de tempo e espaço. Outras previsões ocorrendo concomitantemente são bem mais transitórias, surgindo e sendo descartadas com relativa rapidez. Nossas previsões são apresentadas em camadas e entremeadas umas às outras.

Considere a analogia de se dirigir um carro. Temos uma expectativa geral de que chegaremos a determinado destino a uma certa hora, levando a um número de previsões de relativo longo alcance sobre os indicadores que serão encontrados ao longo do caminho. Chame a estas previsões de *globais,* uma vez que tendem a influenciar grandes partes da jornada. Não importa quanto nosso caminho exato tenha que ser variado, por causa das exigências que surgem no percurso, desviando-nos para evitar um pedestre ou entrando

10. Lendo, Escrevendo e Pensando 203

em uma rua lateral por causa do engarrafamento de tráfego, estas previsões canceladoras globais tendem a levar-nos de volta a nosso objetivo planejado.

Mas, enquanto as previsões globais influenciam cada decisão até que nosso objetivo pretendido seja alcançado, simultaneamente realizamos previsões mais detalhadas, relacionadas aos eventos específicos ocorrendo durante o curso da jornada. Chamemos estas previsões de *focais*, uma vez que nos causam preocupação somente por breves períodos de tempo e não têm conseqüência duradoura para a jornada como um todo. As previsões focais devem ser feitas, em geral com bastante rapidez, com respeito ao atropelamento iminente de um pedestre ou como conseqüência de um contratempo menor. Em oposição às previsões globais, não podemos, geralmente, ser específicos sobre as previsões focais, antes que a jornada comece. Seria futil tentarmos prever antes de os incidentes específicos começarem a ocorrer ao longo do caminho. Ainda assim, enquanto a ocasião para uma previsão focal tende a surgir a partir de particulares conjuntos de circunstâncias, a própria previsão ainda é influenciada por nossas expectativas globais sobre a jornada como um todo. Por exemplo, as previsões focais modificadas que resultarão se tivermos que fazer um desvio imprevisto ainda serão influenciadas por nossa expectativa canceladora de eventualmente chegarmos ao local de destino.

Fazemos previsões globais e focais similares quando lemos. Enquanto lemos um romance, por exemplo, podemos estar preocupados com um número de previsões bastante diferentes ao mesmo tempo, algumas globais, que podem persistir através de toda a extensão do livro, e outras mais focais, que podem surgir e serem descartadas em uma única fixação.

Começamos um livro com previsões extremamente globais acerca de seu conteúdo, a partir de seu título, e daquilo que talvez tenhamos escutado sobre ele de antemão. Algumas vezes, as previsões globais podem falhar — descobrirmos que um livro não é sobre o tópico que havíamos previsto. Mas em geral, as previsões globais sobre conteúdo, tema e tratamento podem persistir ao longo de todo o livro. Em um nível levemente mais detalhado, poderá haver, ainda, expectativas bastante globais, surgindo e sendo elaboradas dentro de cada capítulo. No começo de um livro, podemos ter estas previsões somente acerca do primeiro capítulo, podemos ter estas previsões somente acerca do primeiro capítulo, mas no curso da leitura, surgem expectativas quanto ao segundo, o segundo capítulo leva a expectativas sobre o terceiro, e assim por diante, até o final. Dentro de cada capítulo, poderá haver previsões focais sobre os parágrafos, cada parágrafo sendo uma fonte principal de previsões sobre o próximo. Dentro de cada parágrafo existirão previsões sobre sentenças e, dentro de cada sentença, previsões sobre palavras.

As previsões em um nível mais baixo surgem mais subitamente; raramente faremos previsões focais sobre palavras mais do que uma sentença à frente daquela que estamos lendo, nem previsões sobre sentenças mais do que um parágrafo à frente, nem previsões sobre um parágrafo mais do que um capítulo à frente. Quanto mais focal a previsão, mais cedo ela surge (porque está baseada em antecedentes mais imediatos). Em geral, quanto mais focal uma previsão, menos pode ser especificamente formulada de antemão. Provavelmente você não faria uma previsão do conteúdo da presente sentença antes de ter lido a anterior, embora o conteúdo do parágrafo, como um todo, fosse provavelmente previsível pelo parágrafo anterior. Por outro lado, as previsões em vários níveis informam umas às outras. Enquanto as previsões ao nível focal são amplamente determinadas pela situação particular na qual surgem, também são influenciadas por nossas expectativas mais globais. Suas previsões focais sobre minha próxima sentença dependerá, até certo ponto, de sua compreensão da atual sentença, mas também de suas expectativas sobre este parágrafo, este capítulo e do livro como um todo. De forma inversa, as previsões globais que fazemos ao nível de livro e de capítulo devem ser constantemente testadas e modificadas, se necessário, pelos resultados de nossas previsões aos níveis mais focais. Sua compreensão de uma sentença poderia mudar sua visão de todo o livro. O processo todo é ao mesmo tempo extremamente complexo e altamente dinâmico, mas na figura 10.1 tento ilustrar sua estrutura com um diagrama consideravelmente simplificado e estático.

Em geral, as expectativas da figura 10.1. devem ser consideradas como desenvolvidas da esquerda para a direita; o passado influencia nossas expectativas para o futuro. Mas o olhar adiante pode, ocasionalmente, ajudar em todos os níveis de previsão na leitura. A seqüência de leitura não tem que seguir a numeração de página de um livro. De maneira similar, deveria existir, talvez, linhas diagonais por todo o diagrama, à medida que os resultados das previsões focais têm seus efeitos sobre as previsões globais e as expectativas globais exercem sua constante influência sobre as previsões focais específicas. Em qualquer momento, o caráter de nossas expectativas existentes sobre o livro, capítulo, parágrafo, sentença e palavra é nossa especificação sempre mutável do texto.

Não considere o diagrama de forma muito literal. Não é necessário prever-se a cada nível, durante todo o tempo. Podemos nos tornar inseguros sobre o que é um livro como um todo e, por um momento, frearmos nossas previsões mais globais para o capítulo ou mesmo a um nível mais baixo, enquanto tentamos captar o rumo que o livro tomará. Algumas vezes, podemos ter tanto problema com um parágrafo que consideramos impossível mantermos nossas previsões ao nível do capítulo. No outro extremo, podemos considerar um capítulo ou parágrafo tão previsível, ou tão irrelevante, que omitimos por completo as previsões em níveis mais baixos. Em linguagem simples, saltamos o texto. Somente quando não podemos absolutamente fazer previsões, um livro será completamente incompreensível. Não se deve pensar, também, que existem limites claramente definidos entre os diferentes níveis de previsão; a distinção global-focal não descreve alternativas, mas sim os extremos de uma gama contínua de possibilidades.

O Ponto de Vista do Escritor

Considero, agora, as intenções dos escritores, usando a estrutura recém-empregada para analisar as previsões dos leitores. Até certo ponto, os padrões de previsões e intenções podem ser vistos como reflexos um do outro.

Os escritores de livros geralmente começam apenas com intenções globais sobre o que o livro, como um todo, tratará e sobre a maneira como o tema será tratado. Estas intenções globais, ao devido curso, então determinam os níveis mais baixos de intenções mais focais sobre cada parágrafo, e dentro de cada parágrafo, surgirão intenções focais detalhadas com relação às sentenças e palavras. E exatamente como as previsões mais focais do leitor, tendem a surgir sem aviso prévio e a serem dispensadas muito rapidamente, assim as intenções mais focais do escritor estendem-se sobre um alcance mais curto em ambas as direções. O que quero dizer na presente sentença é mais especificamente determinado por aquilo que escrevi na anterior e colocará, por sua vez, uma restrição considerável sobre como componho a próxima sentença. Mas estas restrições focais estão em um nível detalhado. Minha intenção, em cada sentença que escrevo, também é influenciada pelas intenções mais globais para o parágrafo como um todo e, naturalmente, minha intenção em cada parágrafo reflete o tópico que selecionei para o capítulo e, mais geralmente, para o livro.

As intenções dos escritores podem, na verdade, ser representadas exatamente pela mesma estrutura que utilizei para representar as previsões dos leitores na figura 10.1. A única diferença seria que, agora, o diagrama deveria receber a legenda de "camadas de intenções ao escrever-se um livro", com a palavra "intenções" substituindo "expectativas" em cada nível, do global até o focal. A mesma qualificação também se aplicaria sobre o não se tomar o diagrama muito literalmente. Os autores podem, às vezes, estar razoavelmente seguros sobre suas intenções globais a níveis de livro, capítulo e mesmo parágrafo, mas estarem perdidos com relação às intenções focais concernentes a sentenças particulares e palavras individuais. Em outras ocasiões, as palavras podem influir sem qualquer indicação clara de onde estão chegando, o parágrafo e intenções mais globais permanecendo obscuros.

É a partir das perspectivas sobrepostas de previsões e intenções que se pode, talvez, melhor perceber o relacionamento íntimo entre leitores e escritores. A partir do ponto de vista do escritor, poder-se-ia dizer que um livro é compreendido quando as previsões do leitor espelham as intenções do escritor em todos os níveis. Certamente, um aspecto importante do escrever é a manipulação intencional das previsões dos leitores. Um escritor de livros-

206 Compreendendo a Leitura

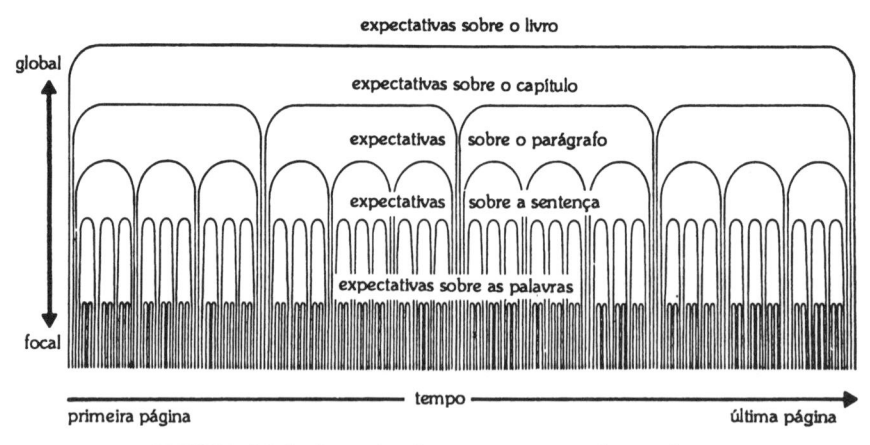

FIGURA 10.1. Camadas de previsões ao se ler um livro

textos deve tentar levar seus leitores a um sentido socrático, de modo que as respostas a um conjunto de perguntas previsivas estabeleçam previsões sucessivas que os leitores devam fazer. Em um contexto mais dramático, um autor pode lutar para obter tensão, mantendo um grau particular de incertezas nas previsões do leitor em todos os níveis, ao longo de todo o livro. E em uma história de mistério, um autor pode deliberadamente levar os leitores a previsões inapropriadas, de modo que a conseqüência inevitável destas previsões que fracassam — a surpresa — torna-se uma parte da experiência da leitura.

Mas os leitores também devem ter suas próprias intenções. Quando lemos um livro meramente por seu valor literário ou até mesmo para entretenimento, podemos submeter de bom grado nossas expectativas ao controle do autor ou poeta, a suspensão da descrença. Mas com livros-textos — como este, por exemplo — os leitores não somente devem trilhar certos trajetos de idéias por seus próprios objetivos particulares, bastante independentemente do autor, mas também devem constantemente estar alertas contra terem suas expectativas inteiramente controladas pelas argumentações do autor. Os pensadores críticos sempre reservam algumas questões próprias.

Convenções Globais e Focais

O diagrama cascateante da figura 10.1 pode ser usado por uma terceira vez, para unir muito do que tenho dito sobre os leitores precisarem prever o que os escritores pretendem dizer e sobre os escritores precisarem antecipar o que os leitores irão prever. Primeiro, utilizei a figura 10.1 para representar o ponto de vista do leitor, a textura das *previsões*. Então, com uma leve modificação de rotulação, esta figura foi usada para o ponto de vista do

10. Lendo, Escrevendo e Pensando 207

escritor, como uma rede de *intenções*. Finalmente, pode ser empregada como uma representação do próprio texto, o terreno de encontro das intenções do escritor e expectativas do leitor.

De que maneiras os escritores manifestam suas várias intenções, e o que os leitores prevêem, em vários níveis globais e focais? Como argumentei no capítulo 2, a resposta é *convenções*. As convenções existem em todos os aspectos da linguagem; correspondem a cada espécie e nível de intenção e expectativa. Consederando-se a linguagem escrita dos livros, a figura 10.1 necessita simplesmente ser rotulada de "Camadas de convenções em um livro", com a palavra *convenções* substituindo "expectativas" (ou "intenções") em cada nível. Existem convenções globais para livros como um todo — são *esquemas de gênero, gramáticas da história*, e as convenções do *registro*. Existem convenções para a maneira como os parágrafos são arranjados em capítulos e os capítulos em livros — são as *estruturas do discurso*. Existem convenções para a maneira como as sentenças são organizadas em parágrafos — são as convenções de *coesão*. Existem as convenções para a organização das palavras em sentenças, as convenções de *gramática* e de *idioma*. E existem convenções para as próprias palavras, as convenções da *semântica*, e para a representação física daquelas palavras, as convenções *ortográficas*.

As intenções, previsões e convenções — todas têm níveis relativamente globais e focais. O mesmo diagrama pode representar todas as três somente com a mais leve alteração nas palavras. Existe apenas uma diferença crítica. Quando rotulada para convenções, a figura 10.1 é, acho, um modo razoavelmente apropriado para caracterizar todo um texto. Os textos são estáticos, não mudam suas estruturas de momento para momento (a menos que se esteja trabalhando neles). Mas a figura oferece apenas um *modo de se pensar sobre* leitores e escritores; não desejo sugerir que tal estrutura sempre existe em sua integridade ou em uma forma estável na cabeça de qualquer pessoa. Podemos inquirir sobre intenções globais e focais particulares, ou sobre as previsões nas cabeças do escritor e leitor, em determinados momentos, mas jamais devemos esperar encontrar um conjunto completo e imutável delas da maneira como o diagrama sugere, da maneira como as convenções existem em um texto. Em vez disso, podemos descobrir que escritores e leitores, cada um de sua própria maneira, têm em suas mentes uma *especificação de um texto*, uma especificação dos elementos globais e focais, bem menos completa e detalhada do que a figura 10.1, mas bem mais dinâmica e mutável.

A Especificação de um Texto

Considere o assunto primeiro pelo ponto de vista do escritor. O que um escritor tem em mente a) antes de começar um texto, para dirigir a escrita que será feita, b) enquanto o texto está sendo escrito, para assegurar que siga as intenções que se desenvolvem, e c) quando o texto está pronto, de modo que o escritor possa dizer: "Isto é o que eu pretendia escrever"? Minha resposta é, a cada vez, a *especificação*.

A especificação de um texto é similar, de muitas formas, à especificação de uma casa. Tal especificação não é a própria casa, ou os planos para uma casa. É um agrupamento de intenções e expectativas, de restrições e orientação, que determinam como serão os planos e, em última instância, a casa. As especificações nunca são completas — não dizemos ao arquiteto: "É *exatamente* assim que queremos a casa", porque, neste caso, não precisaríamos de um arquiteto. As especificações apresentam lacunas, podem até mesmo ser internamente inconsistentes, e durante o planejamento, nós, ou o arquiteto, podemos encontrar uma necessidade de alterar as especificações. Na verdade, devemos esperar que as especificações se alterem, à medida que a execução dos planos se desenvolva, de modo que, eventualmente, existe uma concordância entre os planos (e a casa) e as especificações, entre o objetivo e sua satisfação, parcialmente porque a casa foi projetada dentro dos limites das especificações, mas também porque as especificações foram mudadas e desenvolvidas para irem ao encontro das contingências de realmente se projetar e construir a casa. Um arquiteto diferente poderia ter projetado uma casa diferente, mas ainda diríamos "Isto é o que queremos", se o esboço estivesse em concordância com nossas especificações finais.

E agora, vamos ao autor. O livro (ou qualquer outra espécie de texto) que o autor planeja se desenvolverá, inicialmente, em conformidade com certas especificações que não contêm todos os detalhes do texto. E, à medida que o texto se desenvolve, as especificações mudam, parcialmente à medida que as demandas do texto mudam, mas também como conseqüência do que já foi escrito. Os detalhes serão desenvolvidos dentro das especificações, à medida que surgem as especificações focais, e, então, são postos de lado e mesmo esquecidos, uma vez que não mais são relevantes. Serão feitas revisões ao texto, com referência à especificação, e as especificações serão revisadas no curso da escrita e revisão do texto. E, no final, se o texto é compatível com a especificação final, o autor dirá "Isto é o que eu pensava escrever", embora a especificação constantemente em mudança em nenhum momento tenha declarado exatamente o que o livro conteria em todos seus níveis globais e focais, embora um livro diferente pudesse ter sido escrito com as mesmas especificações iniciais em uma ocasião diferente.

E agora, vamos também aos leitores. Começamos com uma especificação geral sobre o texto ("Este é um livro sobre leitura"), que se desenvolve no curso de nossa leitura, consolidando-se em termos daquilo que já lemos até ali e se tornando elaborada quando da necessidade para a previsão do que está por vir. Os aspectos focais da especificação são desenvolvidos para fazerem um sentido dos detalhes, à medida que chegamos a estes, mas então são descartados à medida que nos movemos para o próximo detalhe. Além da citação ocasional ou idéia específica que pode se alojar em nossa mente, devemos, geralmente, nos preocupar mais com os aspectos globais persistentes de nossa especificação do que com os aspectos focais transitórios. E, no final, teremos uma especificação que ainda não é o próprio livro, mas que é nossa máxima compreensão sobre este (exatamente como a especificação que podemos coletar uma semana ou um mês após é a nossa memória sobre o livro naquele período).

Os textos existem independentemente dos escritores e leitores. Em nenhum momento o texto existe, em sua totalidade, somente na cabeça do escritor ou do leitor. Mas antes da interação com o texto (a escrita ou leitura), a especificação determina o que o escritor ou o leitor farão. E a interação que se desenvolve com o texto muda a especificação, contribuindo para o que os escritores e leitores acabam crendo que fizeram.

Como compreendemos, quando lemos, é uma questão de riqueza e congruência da especificação que trazemos para o texto e da extensão até onde podemos modificar a especificação no curso da leitura desse texto. O que compreendemos, e o que nos é deixado na memória, como uma conseqüência da leitura, são as conseqüências de como nossa experiência com o texto modifica nossa especificação. A reflexão subseqüente pode alterar a especificação ainda mais, naturalmente; por esta razão, com freqüência não podemos distinguir na memória o que lemos *em* um texto e o que lemos *dentro* dele.

Têm sido feitas poucas pesquisas, até o momento, em particular sobre as especificações dos leitores e escritores, à medida que se movem através dos textos, a partir de suas perspectivas particulares. Mas pesquisadores recentes de gramáticas de histórias, estruturas de discurso e conhecimento de eventos, conseguiram levar-nos um pouco mais perto de uma compreensão sobre como os leitores e escritores interagem com textos, não do ponto de vista estático dos próprios textos, mas do ponto de vista dinâmico das especificações constantemente mutáveis e em desenvolvimento, nas mentes dos leitores e escritores.

Leitura Fluente e Leitura Difícil

Esta seção foi intitulada, originalmente, de "Leitura Fluente e Iniciação à Leitura", para contrastar com a maneira fluente pela qual os leitores experientes lêem e o comportamento vacilante, menos proficiente dos aprendizes. Mas a distinção não é válida. Geralmente é possível encontrar algo que qualquer leitor iniciante possa ler com facilidade, mesmo que apenas uma palavra. E sempre é possível encontrar-se algo que um leitor experimentado não pode ler sem dificuldades. A vantagem de um leitor competente sobre um neófito reside na *familiaridade* com uma gama de diferentes espécies de textos, não na possessão de habilidades que facilitem cada tipo de leitura.

Para os iniciantes e experimentados, igualmente, existe sempre a possibilidade da leitura fluente e da leitura difícil. Não existe uma transição súbita a partir do início da leitura, quando nada pode ser lido sem dificuldades, para a leitura fluente, quando toda a leitura é fácil. Quanto mais lemos, mais somos capazes de ler. O aprendizado da leitura começa com uma palavra e um tipo de texto de cada vez, continua com uma palavra e um texto de cada vez, e o aprendizado jamais cessa. Cada vez que um leitor encontra uma nova palavra, algo novo tende a ser aprendido sobre a identificação e o significado das palavras. A cada vez que um novo texto é lido, algo novo tende a ser aprendido sobre ler diferentes tipos de texto. O aprendizado da leitura não é um processo de se acumular um repertório de habilidades específicas, que torna todos os tipos de leitura possíveis. Em vez disso, a experiência aumenta a habilidade para ler estas espécies diferentes de texto.

Até mesmo os leitores experimentados têm dificuldades em ler alguns textos — por causa da maneira como os textos são escritos ou por causa de informação não-visual inadequada por parte do leitor, e, algumas vezes, por causa de pressões ou ansiedades envolvidas no ato particular da leitura. E quando leitores "competentes" experimentam dificuldades na leitura, tendem a ler como principiantes. Do mesmo modo, quando os aprendizes encontram um material fácil para ler, tendem a lê-lo como leitores experientes.

Em outras palavras, a diferença crítica não está entre o leitor experimentado e o iniciante, ou mesmo entre a "boa leitura" e a "leitura fraca", mas entre a leitura fluente, que até mesmo os iniciantes podem realizar em circunstâncias adequadas, e a leitura difícil, uma situação na qual até mesmo os leitores experientes podem, às vezes, se encontrar. O problema para as crianças que estão aprendendo a ler, é que tudo que tentam ler tende a ser mais difícil.

Os leitores experientes (quando estão lendo fluentemente) podem com facilidade identificar palavras individuais, se têm que fazer isso. Utilizam a informação não-visual, a fim de compreenderem, e são menos dependentes da identificação de palavras individuais no texto ou das palavras próximas. "Assumem controle" do texto através das quatro características da leitura significativa — sua leitura é objetiva, seletiva, antecipatória e baseada na compreensão. Os leitores inexperientes, por sua vez, têm mais problemas com a identificação de palavras individuais — e, ironicamente, mais necessidade de identificá-las. Dependem mais das palavras reais no texto quando lêem, porque estão exercendo menor controle sobre sua leitura, são mais dominados pelo texto, falta-lhes o objetivo, seletividade, antecipação apropriada e compreensão. Os leitores experientes que têm dificuldades para ler, apresentam as características dos leitores imaturos.

A leitura fluente envolve a perseguição de um conjunto complexo e sempre mutável de objetivos, a fim de se extrair sentido da palavra impressa de modo relevante às finalidades do leitor. Nem a identificação individual da letra nem a identificação da palavra individual estão envolvidas, a menos que sejam relevantes para as necessidades particulares do leitor. Nem todo o "significado" potencial em uma página é examinado, a menos que tenha algo a ver com as finalidades do leitor. A leitura fluente está baseada em uma especificação flexível de intenções e expectativas, que mudam e se desenvolvem como uma conseqüência da progressão do leitor ao longo do texto. Assim, a leitura fluente demanda conhecimento das convenções do texto, de vocabulário e gramática a estratégias de narrativa empregadas. A quantidade de conhecimento convencional requerida depende das finalidades do leitor e das demandas da situação. O conhecimento não necessita ser completo; na verdade, desde que haja suficiente compreensão para manter a atenção do leitor, o aprendizado tende a ocorrer onde falta conhecimento específico.

Os olhos dos leitores experientes (quando estão lendo fluente e atentamente) tendem a fixar-se em todas as palavras do texto — ou, pelo menos, em cada palavra do conteúdo (Just & Carpenter, 1980), embora não necessariamente a fim de identificar as palavras. Obviamente, o significado já deve ter sido levado em consideração, a fim de que se concentre a atenção às palavras de conteúdo. Os leitores iniciantes podem prestar uma particular atenção aos sons das palavras que lêem (Stanovich, 1986) — um fenômeno conhecido como *consciência fonológica*. Esta atenção aos sons provavelmente não é exibida pelos iniciantes a fim de darem nome a palavras desconhecidas, mas, em vez disso, em um esforço para assegurarem-se de seu significado a partir de palavras conhecidas no vocabulário da linguagem falada.

Conseqüências da Leitura

A leitura é mais do que somente uma experiência agradável, interessante e informativa. Tem conseqüências, algumas das quais são conseqüências típicas de qualquer tipo de experiência que possamos ter. Outras, são unicamente particulares à leitura.

As conseqüências gerais da experiência são um aumento na memória e conhecimento específico. Não encontrei quaisquer estudos sobre o quanto os indivíduos normalmente recordam daquilo que leram (fora de uma situação experimental artificial, que observa o quanto pode ser recordado de itens determinados pelo pesquisador). Mas a observação comum sugere que os indivíduos lembram-se tanto, acerca dos livros que consideram interessantes e agradáveis, quanto o fazem acerca das experiências da "vida real", nas quais estão envolvidos. Muitos relatos indicam memórias espantosas por parte de leitores, para a aparência, títulos, autores, personagens, ambientes, tramas e ilustrações de livros que lhes foram importantes, freqüentemente desde a infância. Com os livros, como com todos os outros tipos de experiência, recordamos o que compreendemos e o que nos é significativo.

Também existem conseqüências específicas. A experiência sempre resulta em aprendizado. A experiência na leitura leva a mais conhecimento sobre a própria leitura. Não é surpreendente, portanto, que estudantes que lêem muito tendam a ler melhor (Anderson, Hiebert, Scott & Wilkinson, 1985). Não precisam ler melhor a fim de lerem muito, mas, quanto mais lêem, mais aprendem sobre a leitura. Os mesmos pesquisadores relataram que os estudantes que lêem mais também tendiam a apresentar vocabulários maiores, melhores "habilidades de compreensão", e em geral desempenhavam melhor em uma gama de assuntos acadêmicos. Em outras palavras, a leitura torna as pessoas mais espertas.

Outras coisas são aprendidas através da leitura. Já argumentei bastante (Smith, 1983b) que é somente através da leitura que qualquer pessoa pode aprender a escrever. A única maneira possível de se aprender todas as convenções de ortografia, pontuação, letras maiúsculas e minúsculas, parágrafos e até mesmo gramática e estilo, é através da leitura. Os autores ensinam como escrever aos leitores.

Nos próximos dois capítulos, descrevo o aprendizado em termos metafóricos, como a *afiliação a clubes.*Juntando-se ao clube dos leitores, os indivíduos podem aprender a tornarem-se leitores e escritores. Mas a leitura também abre as portas a qualquer clube que possa ser o tópico de um livro, o que, provavelmente, significa a maioria dos clubes no mundo, e certamente muitos clubes que não poderiam existir no mundo, como nós o conhecemos. A leitura é o clube dos clubes, a única possibilidade de muitas experiências de aprendizado.

E, finalmente, existem concomitâncias emocionais e conseqüências da leitura. A leitura, como tudo o mais, envolve, inevitavelmente, as emoções. No lado positivo, a leitura pode proporcionar interesse e excitação, pode estimular e aliviar a curiosidade, proporcionar consolo, encorajar, fazer surgir paixões, aliviar a solidão, o tédio e a ansiedade, servir de paliativo à tristeza, e, ocasionalmente, como anestesia. Pelo lado negativo, a leitura pode ser um aborrecimento, confusa, gerando ressentimento. A resposta emocional à leitura é tratada insuficientemente na maioria dos livros sobre alfabetização (não excluindo o presente volume), embora esta seja a razão primária pela qual a maioria dos leitores lê, e provavelmente a razão primária pela qual a maioria dos não-leitores não lê.

Por causa da gama e profundidade das emoções envolvidas, as atitudes relativas à leitura tornam-se habituais. A leitura pode tornar-se uma atividade desejada ou indesejada. As pessoas podem tornar-se leitores inveterados. Também podem tornar-se não-leitores inveterados, mesmo quando são capazes de ler. Uma das grande tragédias da educação contemporânea não é tanto que muitos estudantes abandonam a escola incapazes de ler e de escrever, mas que outros se formam com uma antipatia pela leitura e escrita, apesar das habilidades que possuem. Nada, acerca da leitura e de sua instrução, é inconseqüente.

Leitura e Pensamento

O título pode ser algo enganoso. A leitura é pensamento, como espero ter demonstrado ao longo deste capítulo. E o pensamento que realizamos quando lemos, a fim de ler, não é diferente do pensamento que realizamos em outras ocasiões. Exatamente como não podemos falar sem pensar, ou compreender o que alguém está dizendo sem que pensemos, ou extrair o sentido do mundo sem pensarmos, também é impossível ler sem pensar. Se algumas vezes dizemos que falamos sem pensar, queremos dizer que não consideramos todas as implicações daquilo que íamos dizer. A leitura é pensamento que está em parte focalizado sobre a informação visual impressa; é pensamento que é estimulado e dirigido pela linguagem escrita. A única vez em que tentamos ler sem pensar é quando o texto que estamos tentando ler não nos faz sentido, uma situação que tende a não persistir em circunstâncias normais.

É verdade que podemos ler uma história ou revista para "relaxarmos", a fim de não pensarmos sobre determinadas coisas mas obviamente temos que pensar bastante sobre o que quer que estejamos lendo, a fim de sermos distraídos de outros pensamentos. Se deixamos de ler cada estória com a intensidade e acuidade de um crítico literário, isto provavelmenhte não é porque não podemos pensar, mas porque não estamos interessados em ler como um crítico literário.

O pensamento no qual nos engajamos enquanto estamos lendo, é como o pensamento no qual nos envolvemos enquanto participamos de qualquer tipo de experiência. Satisfazer intenções, fazer escolhas, antecipar conseqüências e extrair sentido das situações não são aspectos de pensamento exclusivos do leitor fluente. Devemos extrair inferências, tomar decisões e solucionar problemas a fim de compreendermos o que está acontecendo nas situações que envolvem a leitura e em situações onde isto não ocorre. A leitura demanda formas ou "habilidades" únicas de pensamento.

O pensamento que transpira como conseqüência da leitura não é, similarmente, diferente da reflexão que pode ocorrer após qualquer experiência. Reconstruímos uma experiência que tivemos, algumas vezes apenas pelo prazer de tê-la novamente, imaginamos porque os eventos transcorreram da maneira como fizeram, e se poderia ter sido diferente. A leitura pode facilitar ainda mais o pensamento. Podemos afiliar-nos aos clubes de autores, ou dos personagens nos livros, que pensam de modo diferente sobre questões que, de outro modo, nós jamais poderíamos contemplar, e, como conseqüência, nós mesmos nos tornarmos pensadores mais versáteis e eficientes. Por outro lado, se geralmente não estamos dispostos a pensar de maneira crítica em determinadas circunstâncias, ou se não sentimos que temos autoridade para pensarmos criticamente sobre o que certos "especialistas" estão afirmando, então tendemos a não pensar criticamente quando lemos. O fracasso das crianças — ou adultos — para "pensar" de certos modos, quando lêem, pode ser menos uma questão de habilidade inadequada do que de expectativas sobre a maneira pela qual devem pensar em qualquer ocasião.

Uma imensa vantagem da leitura sobre o pensamento em outras circunstâncias é o *controle* que esta oferece sobre os eventos. Os leitores podem fazer pausa no meio de uma experiência, para reflexão. Os leitores podem reviver experiências, tão freqüentemente quanto desejarem, e examiná-las a partir de muitos pontos de vista. Os leitores podem, até mesmo, saltar sobre algumas experiências que não têm interesse em viver, ou que interromperiam seu fluxo de pensamento. Os leitores têm *poder*.

A leitura não é diferente, em essência, de qualquer outra manifestação de atividade pensante — mas pode ser a forma mais natural e satisfatória de pensamento a nós disponível. Como Harold Rosen (1986) e outros têm seguidamente apontado, o cérebro humano é, essencialmente, um dispositivo de narrativa. Funciona à base de histórias. O conhecimento que armazenamos no cérebro, em nossa "teoria do mundo", está amplamente na forma de histórias. Estas são muito mais facilmente recordadas e lembradas do que seqüências de fatos não relacionados uns aos outros. Os pequenos episódios mais triviais e vinhetas são intrinsecamente mais interessantes do que "dados". Não podemos ver padrões casuais ou pontos (ou manchas e estrelas) sem associar a estes rostos ou figuras. Não podemos, nem mesmo, observar pequenos pontos de luz a se movimentarem ao acaso contra um fundo neutro sem vê-los a "interagirem" entre si em uma forma narrativa (Michotte, 1946).

O pensamento alimenta-se de histórias, na construção e exploração de padrões de eventos e idéias, e a leitura freqüentemente oferece um maior alcance para o engajamento em histórias do que qualquer outra forma de atividade.

SUMÁRIO

A leitura — como a escrita e todas as outras formas de pensamento — jamais pode ser separada das finalidades, conhecimento anterior e emoções da pessoa engajada na atividade, nem da natureza do texto que está sendo

10. Lendo, Escrevendo e Pensando 215

lido. As *convenções* dos textos permitem que as *expectativas* dos leitores e as *intenções* dos escritores se encontrem. As expectativas *globais e focais* e intenções formam uma *especificação* pessoal que os leitores e escritores desenvolvem e modificam à medida que progridem no texto. A influência da leitura depende tanto das características do texto e do leitor quanto da capacidade de leitura. Os leitores experimentados que acham um texto difícil podem ler como principiantes (que tendem a achar mais leituras difíceis).

As notas ao Capítulo 10 abrangem:

Compreensão e pensamento
Velocidade de leitura
Compreensão e contexto
Outros aspectos da leitura
Lendo e escrevendo

11

APRENDENDO SOBRE O MUNDO E SOBRE A LINGUAGEM

Este capítulo, que introduz o tópico do aprendizado, não se ocupa especificamente com o aprendizado da leitura, uma questão postergada até o próximo e último capítulo. Mas este capítulo relaciona-se à *maneira* pela qual as crianças aprendem a ler, uma vez que esta é igual à maneira como aprendem a dominar a linguagem falada e, mesmo antes disso, começam a aprender sobre o mundo em geral, através de suas primeiras elaborações da teoria do mundo.

O presente capítulo proporciona um elo apropriado a muitos dos capítulos precedentes, com sua ênfase sobre a compreensão na leitura, uma vez que tenta mostrar que a base de todo aprendizado, incluindo o aprendizado da leitura, é a compreensão. As crianças aprendem relacionando seu entendimento do novo àquilo que já conhecem, enquanto modificam ou elaboram seu conhecimento anterior. O aprendizado é contínuo, um propor de "processos" separados de motivação e reforço para sustentá-lo e consolidá-lo (não sendo necessário, também, que os professores considerem a motivação e reforço como preocupações separadas que podem ser inseridas na instrução da leitura). As crianças nem sempre podem considerar fácil ou mesmo necessário aprender o que tentam ensinar-lhes, mas consideram o estado de não aprender absolutamente intolerável.

CONSTRUINDO UMA TEORIA DO MUNDO

O capítulo 1 discutiu a teoria complexa, mas, ainda assim, precisa e acurada do mundo que todos nós temos em nossos cérebros. Obviamente, não nascemos com ta! teoria. A habilidade para se construir uma teoria do mundo e para se prever a partir desta pode ser inata, mas os conteúdos reais da teoria, os detalhes específicos subjacentes à ordem e estrutura com a qual percebemos o mundo, não nos acompanham desde o nascimento. Mas igualmente óbvio, muito pouco de nossa teoria pode ser atribuído à instrução. Somente uma pequena parte do que conhecemos nos é, na verdade, *ensinado*. Os professores e outros adultos recebem demasiado crédito por aquilo que aprendemos enquanto crianças.

O Problema do Gato e do Cachorro

Considere, por exemplo, o que sabemos, que nos permite distinguir a diferença entre gatos e cachorros. O que aprendemos, que nos deu tal habilidade? É impossível dizer. Simplesmente tente escrever uma descrição de gatos e cachorros que possibilitasse que um ser de outro planeta — ou uma criança que jamais viu gatos e cachorros - dissesse esta diferença. Qualquer coisa que você diga sobre alguns cachorros, que têm caudas longas, orelhas pontudas ou que são peludos, também se aplicará a alguns gatos e não a outros cachorros. O fato é que a diferença entre gatos e cachorros é *implícita*, em nossas cabeças. Um conhecimento que não pode ser posto em palavras. Nem comunicamos este conhecimento apontando para determinadas partes de gatos e cachorros dizendo: "Aí é que está a diferença".

É claro que existem diferenças entre gatos e cachorros, mas não se pode encontrá-las e não necessitamos da linguagem para distingui-las. Mas, se não podemos dizer qual é a diferença, como podemos ensiná-la às crianças? o que fazemos, naturalmente, é apontar, para nossos alunos, os dois tipos de animais e dizer: "Isto é um gato" ou "Ali está um cachorro". Mas o apontar não ensina qualquer coisa às crianças; meramente confronta-as com o problema. Na verdade, dizemos: "Existe algo que chamo de gato. Agora, vamos ver se você descobre porquê." O professor propõe o problema e deixa que as crianças descubram sua solução.

A mesma argumentação aplica-se a simplesmente tudo que podemos distinguir no mundo, a todas as letras do alfabeto, aos números, cadeiras e mesas, casas, alimentos, flores, árvores, utensílios e brinquedos, a todas as espécies de animais, pássaros e peixes, a cada rosto, a cada carro e avião ou barco, milhares e milhares de objetos que podemos reconhecer não somente de vista, mas também pelos outros sentidos. E quando é que alguém nos falou sobre as regras? Com que freqüência alguém nos disse "As cadeiras podem ser reconhecidas porque têm quatro pernas e um assento e, possivelmente, um encosto e braços"? (Você pode ver quão inadequada seria esta descrição.) Ao invés disso, alguém, uma vez, nos disse "Isto é uma cadeira", e deixou que decidíssemos não apenas como reconhecer cadeiras em outras ocasiões, mas também que descobríssemos exatamente o que a palavra "cadeira" significa, como as cadeiras estão relacionadas a tudo o mais no mundo.

Com a leitura, nem mesmo precisamos que alguém apresente o problema, em primeiro lugar. A leitura ao mesmo tempo apresenta tanto o problema quanto a possibilidade de sua solução. Apenas pelo fato de ser um leitor, cada um de nós adquiriu um vocabulário visual de pelo menos 50.000 palavras, palavras estas que podemos identificar à primeira vista, do mesmo modo como reconhecemos faces, casas e árvores. Como adquirimos este enorme talento? Através de cinqüenta mil cartões com palavras? Com o professor escrevendo cinqüenta mil vezes palavras no quadro-negro e nos dizendo o que aquela palavra significava? Juntando o som de uma palavra através da fonética, cinqüenta mil vezes? Aprendendo a reconhecer palavras pela leitura.

Não somente podemos reconhecer cinqüenta mil palavras à primeira vista — e também, naturalmente, pelo som —, mas também podemos extrair um sentido de todas estas palavras. De onde vieram todos esses significados? Através de cinqüenta mil lições? Aprendemos todas as convenções da linguagem através da utilização da linguagem, falando-a, lendo-a e extraindo dela um sentido. O que sabemos acerca da linguagem é amplamente implícito, exatamente como nosso conhecimento sobre gatos e cachorros. Tão pouco de nosso conhecimento da linguagem é verdadeiramente ensinado, que subestimamos quanto, da linguagem, aprendemos.

Nossa linguagem é cheia de regras que nunca nos foram ensinadas. Você consideraria estranho se eu dissesse *Tenho um pequeno azul barco de madeira*, ou *um azul de madeira pequeno barco*. Existe somente uma maneira de dizer o que desejo — *Eu tenho um pequeno barco de madeira azul* — e quase todos os falantes com cinco anos de idade ou mais concordariam com isso. Existe uma regra para como fazermos isso, mas esta é uma regra que a maioria de nós pode colocar em palavras. Não é uma regra que nos foi ensinada.

A maior parte de nossa teoria do mundo, incluindo a maior parte de nosso conhecimento da linguagem, seja falada ou escrita, não é o tipo de conhecimento que possa ser colocado em palavras; é mais como o tipo de conhecimento implícito sobre o gato e cachorro. O conhecimento que ninguém pode colocar em palavras não é um conhecimento que possa ser comunicado através da instrução direta.

Como, então, adquirimos e desenvolvemos a teoria do mundo que temos em nossas mentes? Como esta se tornou tão complexa, precisa e eficiente? Parece haver somente uma resposta: *através da condução de experiências.*

Aprendendo pela Experiência

As crianças aprendem testando hipóteses e avaliando o *feedback*. Por exemplo, uma criança poderia hipotetizar que a diferença entre gatos e cachorros é que os gatos têm orelhas pontudas. A criança pode, então, testar esta hipótese por meio de experiências, dizendo "Ali está um gato", ou "Que gatinho bonito!", ou "Oi, gato!", quando qualquer gato passa, e "Ali vai um cachorro" (ou "Isto não é um gato") para qualquer animal sem orelhas pontudas. O *feedback* relevante é qualquer reação que diz à criança se a hipótese é justificada ou não. Se alguém diz algo como "É, é um gatinho bonito", ou aceita as afirmações feitas pela criança, não dando qualquer resposta manifesta, então a criança recebeu um *feedback* de que a hipótese funcionou, pelo menos naquela ocasião. A teoria da criança pode ser experimentalmente modificada para incluir uma regra de que os gatos são animais com orelhas pontudas. Mas se o *feedback* é negativo, se alguém diz à criança "Não, isto é um cachorro" ou mesmo algo rude como "Pense novamente, estúpido!", então a criança sabe que sua hipótese é falha. Uma outra hipótese deve ser selecionada e testada. Será necessário que a criança faça, claramente, mais de uma experiência; será necessária muita experiência com gatos e cachorros antes que uma criança possa estar razoavelmente certa de ter descoberto as verdadeiras diferenças entre os dois (sejam quais forem as diferenças). Mas o princípio é sempre o mesmo: fique com sua teoria enquanto esta funciona; modifique-a, procure outra hipótese, sempre que esta falhar.

Observe que é essencial que a criança compreenda o problema, antes de mais nada. As crianças não aprenderão a reconhecer gatos simplesmente se lhes mostramos este tipo de animal; não saberão o que procurar. Tanto os gatos como os cachorros devem ser vistos a fim de que a hipótese sobre suas diferenças relevantes surja. As crianças aprendem cada letra do alfabeto vendo-as todas. Devem ver quais são as alternativas.

Existe uma conexão íntima entre a compreensão e o aprendizado. As experiências das crianças nunca vão além de suas teorias; devem compreender o que estão fazendo todo o tempo em que estão aprendendo. Qualquer coisa que espante uma criança será ignorada; não há nada a ser aprendido ali. Não é o absurdo que estimula as crianças, mas a possibilidade de extraírem sentido; é por isto que as crianças crescem falando a linguagem, e não imitando os ruídos do ar condicionado. As crianças não aprendem se lhes é negado o acesso aos problemas. Uma criança que aprende a falar deve estar imersa em uma linguagem falada, e é muito melhor que em uma linguagem falada, e é muito melhor que um leitor iniciante que tenha dificuldades seja ajudado a ler do que privado da leitura.

Este processo de testagem de hipóteses prossegue instintivamente, aquém do nível da consciência. Se estivéssemos conscientes das hipóteses que testamos, então poderíamos dizer o que é que nos possibilita dizer qual a diferença entre gatos e cachorros. Não estamos mais conscientes das hipóteses que fundamentam o aprendizado do que estamos das previsões que fundamentam a compreensão ou da própria teoria do mundo. Na verdade, basicamente inexistem diferenças entre a compreensão e o aprendizado; as hipóteses são simplesmente previsões experimentais.

APRENDENDO SOBRE A LINGUAGEM

Quando é que toda esta experimentação ocorre? Penso que, para crianças pequenas, existe somente uma resposta: elas estão testando hipóteses todo o tempo. Suas previsões são sempre experimentais. Esta asserção é melhor ilustrada com respeito ao tópico com o qual estamos mais preocupados, especificamente, a linguagem.

Dando Significado à Fala

Considere, por exemplo, os procedimentos relativos bem pesquisados pelos quais os bebês dominam as regras que lhes possibilitam produzir vocalizações gramaticais na linguagem falada à sua volta (Brow, 1973; McNeill, 1970). Ninguém poderia vocalizar estas regras com suficiente precisão para tentar ensiná-las a uma criança, nem existe qualquer indicação de que as crianças pudessem produzir vocalizações compreensivas como um resultado de terem recebido tal instrução. Em vez disso, os bebês "inventam a gramática". Formulam hipóteses sobre regras para a formação de vocalizações, colocando-as em uso para representarem um significado. E os bebês modificam, de modo progressivo, estas regras hipotetizadas, à luz do *feedback* que recebem de falantes da linguagem aos quais suas vocalizações são dirigidas. Os adultos elaboram na linguagem adulta o significado que os bebês tentam expressar em sua própria maneira experimental. O foco crítico desta interação está no significado que é partilhado; o adulto deve ser capaz de compreender sobre o que o bebê está falando. Não conhecem as regras pelas quais os bebês formam suas primeiras vocalizações, mas podem extrair um sentido delas por seu conhecimento anterior de bebês e das situações nas quais estas vocalizações são feitas. Como conseqüências, os bebês podem lidar com o problema de trabalharem na maneira como a estrutura de superfície e a estrutura profunda estão relacionadas.

11. Aprendendo Sobre o Mundo e Sobre a Linguagem

As crianças que recém começaram a falar, seguidamente fazem afirmações completamente óbvias. Uma criança que está olhando através de uma janela dirá coisas como "Vejo um avião", embora você possa até mesmo ter-lhe apontado o avião. Então por que a criança se incomoda em fazer tal afirmação? A resposta é que a criança está aprendendo, conduzindo uma experiência. Na verdade, ela poderia estar conduzindo nada menos do que três experiências diferentes ao mesmo tempo, naquela única situação.

A criança poderia estar testando a hipótese de que o objeto que vocês dois vêem *seja* um avião, não sendo nem um pássaro nem uma nuvem, ou algo mais não identificado. Quando você diz "Sim, eu vi o avião", você está confirmando que o objeto é um avião; *feedback* positivo. Mesmo o silêncio é interpretado como *feedback* positivo, uma vez que a criança esperaria uma correção, se a hipótese estivesse errada. A segunda hipótese que a criança poderia estar testando relaciona-se aos sons da linguagem, isto é, que o nome "avião" é o nome certo para o objeto, em vez de "ovião", "vião" ou qualquer outra coisa que a criança pudesse dizer. Outra vez, a criança pode presumir que, se você não aproveitou a oportunidade para fazer uma correção, então não há nada a ser corrigido. Um teste pode ser conduzido com sucesso. A terceira hipótese que a criança poderia estar testando pode ser a da lingüística, ou se "Vejo um avião" é uma sentença gramaticalmente aceitável e significativa na linguagem adulta. O *feedback* vem quando um adulto diz: "Sim, posso ver o avião". A criança aprende a produzir sentenças em sua linguagem, utilizando sentenças experimentais para as quais vocês dois já sabem o significado, *em uma situação que vocês dois compreendem.*

O mesmo princípio de extrair sentido da linguagem pela compreensão da situação na qual é utilizada aplica-se em outra direção, à medida que as crianças aprendem a *compreender* a fala adulta. No começo do aprendizado da linguagem, os bebês devem ser capazes de entender o que os adultos dizem, antes que possam entender a linguagem adulta. Esta afirmação lhe parece um paradoxo? O que quero dizer é que as crianças não chegam a entender sentenças como "Você gostaria de um copo de suco?" ou mesmo o significado de palavras simples como "suco", cogitando sobre a linguagem ou escutando alguém recitar-lhes as regras. As crianças aprendem porque inicialmente podem formular hipóteses sobre o significado de uma frase a partir da situação na qual é pronunciada. Um adulto geralmente está carregando ou apontando para um copo de suco, quando pronuncia uma sentença como "Você gostaria de um copo de suco?". Esta linguagem é a fala dependente do contexto. A partir de tais situações, uma criança pode hipotetizar o que pode acontecer na próxima vez em que alguém mencionar a palavra "suco". A situação proporciona o significado, e a vocalização proporciona a evidência; isto é tudo que uma criança precisa para construir hipóteses que podem ser testadas em ocasiões futuras. As crianças não aprendem a linguagem para extraírem sentido de palavras e sentenças; extraem sentido das palavras e sentenças compreendendo como a linguagem é utilizada (Macnamara, 1972).

Os olhos exercem um papel interessante nestas primeiras experiências com a linguagem. Newson e Newson (1975) observaram que o compartilhamento de um significado é facilitado pela convergência do olhar. Quando um dos pais oferece um copo de suco ao bebê, eles provavelmente não estão olhando um para o outro, mas para o suco que o adulto está oferecendo. Quando um dos pais diz "Ah, aí está o alfinete de segurança!" para um bebê que não compreende uma palavra da fala, os olhares do pai ou mãe e do bebê tendem a convergir para o alfinete de segurança. Trazendo um possível significado à vocalização, o bebê pode hipotetizar um relacionamento entre os dois, e assim testar - confirmar ou modificar regras provisórias sobre este relacionamento — um procedimento altamente eficiente, que funcionará somente se o bebê puder extrair um sentido da finalidade da linguagem adulta.

Não conheço qualquer estudo sobre quanto da linguagem as crianças podem aprender simplesmente pela observação. Mas, se um bebê pode hipotetizar e testar um significado potencial, quando lhe oferecem um copo de suco, não há razão por que não poderia testar uma hipótese similar ao ouvir um adulto oferecer um outro copo com café, desde que toda a situação possa ser vista. Esta criança poderia, novamente, comparar o possível significado com a vocalização. Existem limites óbvios para o número de intercâmbios de linguagem nos quais os bebês estão diretamente envolvidos, e que podem estar, de qualquer modo, na pseudo "fala de bebês" dos adultos, que não pode ser de muito uso para as crianças que tentam aprender a linguagem adulta. Poderia, pelo menos, parecer possível que a maioria dos bebês escutam bem mais linguagem do que na verdade lhes é dirigida, embora, novamente, não existam pesquisas sobre o assunto. E, no total, muita desta linguagem doméstica escutada ao acaso seria situacionalmente significativa; teria funções e resultados que são tanto previsíveis quanto testáveis.

Na verdade, são as funções da linguagem, as utilizações que dela se fazem, a chave para o aprendizado da linguagem pelos bebês. Como o lingüistas Halliday (1973) apontou, as crianças aprendem a linguagem e sua utilização simultaneamente. Não aprendem a linguagem, tanto falada quanto escrita, e depois a utilizam para várias finalidades. O aprendizado vem com o uso da linguagem e com a compreensão de suas utilizações. O aprendizado da linguagem é, na verdade, incidental. As crianças não aprendem sobre a linguagem como uma abstração, como um fim em si mesma, mas no processo de atingirem outros objetivos, como obter um outro copo de suco, aprender a distinguir gatos e cachorros, ou lutar para saborearem uma história de um livro. A compreensão básica que deve possibilitar a uma criança extrair sentido da fala é o de que os sons não vêm ao acaso, não são arbitrariamente substituíveis. Com isto, quero dizer que os sons da fala fazem uma diferença, existem para uma finalidade. Um adulto não pode produzir os sons "Ali vai um caminhão" quando pretendia dizer "Vamos dar uma caminhada".

11. Aprendendo Sobre o Mundo e Sobre a Linguagem

TRÊS ASPECTOS DO APRENDIZADO

O aprendizado é a modificação ou elaboração daquilo que já se conhece, da estrutura cognitiva, da teoria do mundo na mente. O que, exatamente, é modificado ou elaborado? Pode ser qualquer dos três componentes da teoria: o sistema de categorias, as regras para o relacionamento de objetos ou eventos às categorias (conjuntos de características distintivas), ou a rede complexa de inter-relacionamentos entre as categorias.

As crianças constantemente devem estabelecer novas categorias em suas estruturas cognitivas, e devem descobrir as regras que limitam a alocação de eventos em uma nova categoria. Têm que aprender que nem todos os animais são gatos e cachorros, mas que alguns são. As crianças que aprendem a reconhecer de vista a palavra impressa *gato* têm que estabelecer uma categoria visual para aquela palavra, exatamente como têm uma categoria para gatos reais, distinta de outras categorias para cachorros, e assim por diante. Os leitores habilidosos desenvolvem categorias para cada letra do alfabeto e também para cada palavra que possa ser identificada de vista, junto, possivelmente, com listas para grupos de letras silábicos de ocorrência comum. Este processo de aprendizado para estabelecer categorias envolve a hipotetização do que é significativo, em termos de diferenças — a única razão para estabelecer-se uma nova categoria é fazer uma nova diferenciação em nossa experiência, e o problema do aprendizado é encontrar as diferenças significativas que devem definir a categoria.

Cada categoria que distinguimos deve ser especificada por, pelo menos, um conjunto de características distintivas. A cada vez que as crianças conseguem aprender a reconhecer algo novo, devem ter estabelecido um novo conjunto de características distintivas. Mas, em geral, vão além e estabelecem conjuntos *alternativos* de características para a especificação das mesmas categorias. Aprendem que um *a,a*, ou mesmo um *A* devem ser categorizados como a letra "a", exatamente como muitos animais que parecem diferentes devem ser categorizados como "gato". Qualquer conjunto de características que serve para categorizar um objeto é um *conjunto de critérios*, e conjuntos alternativos para a mesma categoria são *funcionalmente equivalentes*. À medida que as crianças aprendem, descobrem mais e mais maneiras pelas quais podem tomar a decisão de que um determinado objeto ou evento deve ser categorizado de um certo modo. O número de conjuntos de critérios funcionalmente equivalentes fica maior. O aprendizado também está envolvido na habilidade para se fazer uso de menos e menos informações sobre características, para se compreender o texto. Já encontramos muitos exemplos da utilização de conjuntos de critérios funcionalmente equivalentes de características, em nossa discussão sobre os processos da leitura. A maioria dos leitores experientes pode identificar palavras que tiveram grandes partes (muitas características) obliteradas, tais como   felicidade , e conseguem extrair sentido do texto que tem ainda mais características obliteradas. Tudo isto é possível porque aprendemos a fazer um uso ótimo da informação disponível, tanto visualmente quanto de nosso conhecimento adquirido acerca da linguagem.

Finalmente, as crianças constantemente aprendem novos inter-relacionamentos entre categorias, desenvolvendo sua habilidade para extrair um sentido da linguagem e do mundo. O entendimento sobre como as palavras juntam-se em uma linguagem significativa torna a previsão possível e, portanto, existe a compreensão. Como tenho tentado mostrar, estes inter-relacionamentos, as regras transformacionais da linguagem, não são, também, ensinados, mas uma criança pode aprender novos inter-relacionamentos pelo mesmo processo de testagem de hipótese. A compreensão é a base do aprendizado da leitura em uma criança, mas a leitura, por sua vez, contribui para a crescente habilidade de uma criança para compreender, permitindo a elaboração da estrutura complexa de categorias, listas de características, e inter-relacionamentos que constituem a teoria do mundo de cada criança.

APRENDENDO TODO O TEMPO

O aprendizado é um processo contínuo e fácil, tão natural quanto respirar. Uma criança não tem que estar especialmente motivada ou ser especialmente recompensada para aprender; na verdade, o impulso é tão natural que ser privada da oportunidade para aprender é algo que causa aversão. As crianças lutarão para saírem de situações onde não há nada para aprender, exatamente como lutarão para escapar de situações onde a respiração é difícil. A incapacidade para aprender é sufocante.

Não há necessidade para pensar que as crianças que não são constantemente incentivadas e estimuladas "levarão tudo na farra" e não aprenderão. As crianças pequenas que lêem o mesmo livro 20 vezes, embora já saibam as palavras de cor, não estão evitando mais materiais "difíceis" a fim de evitar o aprendizado; ainda estão aprendendo. Até que saibam simplesmente todas as palavras do livro, podem não prosseguir com aspectos mais complexos da leitura, tais como testagem de hipóteses sobre o significado, para utilizarem tão pouca informação visual quanto possível.

Subestimando o Aprendizado

Uma vez que as crianças podem aprender contínua e facilmente, os adultos em geral deixam de dar-lhes crédito pela quantidade de aprendizado que realizam. É uma crença adulta generalizada que o aprendizado é um atividade

11. Aprendendo Sobre o Mundo e Sobre a Linguagem

difícil e mesmo dolorosa, que envolve o lidar com algo que não se compreende e, necessariamente, deixa marcas de esforço e tensão. Mas, na verdade, a visão de uma criança lutando para aprender é um sinal claro de que o aprendizado não está tomando forma, que a criança está sendo confrontada por algo incompreensível. Quando o aprendizado realmente ocorre, é normalmente inconspícuo, uma parte intrínseca mais incidental de se fazer algo mais que faz sentido por si mesmo.

Por causa deste mito comum de que o aprendizado é algo forçoso, muitos adultos crêem que eles mesmos não aprendem freqüentemente ou sem tensões. Consideram o aprendizado como uma batalha para extrair sentido de um livro-texto ou de um conjunto de exercícios, não como algo que ocorre sempre que relaxam para ler um livro ou saborear um filme na televisão. Mas no dia seguinte, podem relatar uma grande parte do que os interessou na revista e se lembrarem de uma quantidade surpreendente de detalhes de um filme, detalhes que podem permanecer em suas memórias por meses ou anos. Se podemos lembrar, devemos ter aprendido, e é inútil argumentar que isto não foi aprendizado porque não houve um esforço consciente para relembrar. Por razões já citadas no capítulo 5, o esforço consciente para memorizar uma revista ou filme provavelmente interferiria tanto com a compreensão quanto com a memorização. O "fazer sentido" e o aprendizado vão — ou são destruídos — juntos.

As crianças não permanecerão de livre vontade em qualquer situação na qual não há nada para aprenderem. São equipadas com um dispositivo muito eficiente que evita que percam tempo em situações onde não há nada para aprender. Este dispositivo é chamado de *tédio*, e o tédio é algo a que todas as crianças desejam escapar. Uma criança que está entediada em classe não está demonstrando má vontade ou incapacidade para aprender; o tédio deve transmitir apenas uma mensagem muito clara para o professor. Não há nada, naquela determinada situação, para a criança aprender.

Infelizmente, existem duas razões por que pode não haver nada para que uma criança aprenda em determinada situação, e, daí, existem duas razões paro o tédio, que surgem de fontes diferentes. Uma razão pela qual as crianças podem não ter nada que aprender, é muito simples — as crianças já sabem. A natureza equipou-as de modo a não desperdiçarem tempo em qualquer coisa qua já conhecem. A natureza as equipou para não gastarem tempo desta maneira. Mas as crianças também sofrerão e exibirão os mesmos sintomas se não são capazes de extrair sentido daquilo que se espera que aprendam. Os professores podem ver com bastante clareza que um exercício melhorará o conhecimento prático de uma criança ou suas habilidades, mas a menos que a criança possa ver algum sentido no exercício, a instrução é uma perda de tempo.

Os Riscos e Recompensas do Aprendizado

Existe, ainda, uma outra razão pela qual as crianças podem voltar seus rostos contra o ensino, e este é o seu risco. A fim de aprender, você deve arriscar-se. Quando você testa uma hipótese, deve existir uma possibilidade de estar errado. Se você tem certeza de estar correto, não pode haver nada para ser aprendido, porque você já sabe tudo. E, desde que haja uma possibilidade de estar errado, você pode aprender se está certo ou não. Se você tem uma hipótese sobre o que é um gato, não faz diferença se você diz "gato" estando certo ou se diz "cachorro" e está errado. Na verdade, você pode freqüentemente obter a informação mais útil quando está errado, porque pode estar certo pela razão errada, mas quando você está errado, você sabe que cometeu um erro.

Muitas crianças tornam-se relutantes para aprender porque estão temerosas de cometer erros. Se a afirmação precedente parece mesmo que levemente improvável, considere o crédito relativo que as crianças recebem dentro e fora da escola por estarem "corretas" e por estarem "erradas".

Não deve haver necessidade de procedimentos especiais para motivar-se uma criança para aprender. As crianças estão em condições de aprender toda vez que são confrontadas por algo que lhes parece significativo e que serve a alguma finalidade, algo que deve ser parte de sua própria teoria do mundo ou repertório de habilidades, desde que sintam que existe uma chance de aprenderem. Aprenderem a linguagem, basicamente, porque esta é parte do mundo a sua volta; porque vêem outras pessoas utilizando-a, porque a linguagem faz sentido. As orientações irrelevantes — algumas vezes chamadas de reforço extrínseco — tornam-se necessárias somente quando uma criança é confrontada com algo que não faz sentido. E forçar-se uma criança a prestar atenção ao absurdo é um empreendimento inútil, de qualquer modo. O espanto causa a aversão.

O aprendizado também não precisa ser extrinsecamente recompensado. A virtude final do aprendizado é que produz sua própria recompensa. O aprendizado é satisfatório, como todos sabem. A privação das oportunidades de aprendizado é entediante, e o fracasso para aprender, frustrante. Se uma criança necessita de "reforço" para o aprendizado, então há somente uma conclusão a ser tirada: que a criança não vê qualquer sentido em tentar aprender, em primeiro lugar.

AS CONDIÇÕES DO APRENDIZADO

Desejo recapitular e elaborar sobre o que já se disse sobre o aprendizado, de outra maneira. O aprendizado é um processo contínuo, um estado natural do cérebro, e as crianças, portanto, tendem a aprender todo o

11. Aprendendo Sobre o Mundo e Sobre a Linguagem

tempo. Não consigo ver nenhuma outra explicação para a enorme quantidade de aprendizado insuspeitado das convenções da linguagem, que ocorre. Quais, então, são as condições sob as quais estes cérebros sempre prontos para aprender obtêm sucesso no aprendizado de tanta linguagem, como fazem? Em que tipo de circunstâncias as crianças aprendem a ler? E por que é que o aprendizado algumas vezes fracassa, como às vezes fracassa para todos nós, de modo que algo que até mesmo os professores desejam dominar permanece como algo não aprendido? Três elementos parecem determinar o que é aprendido, e se, na verdade, o aprendizado realmente ocorrerá. Estes elementos podem ser chamados de *demonstrações*, que são condições para o aprendizado, existentes em torno de nós; engajamento, que é a interação do cérebro com uma demonstração; e *sensibilidade*, o estado de aprendizado do cérebro.

Demonstrações

O primeiro elemento essencial do aprendizado é a oportunidade para ver o que pode ser feito, e como. Tais oportunidades podem ser chamadas de *demonstrações*, uma vez que literalmente mostram a um aprendiz em potencial: "É assim que algo deve ser feito". O mundo proporciona, continuamente, demonstrações, através de pessoas e através de seus produtos, por atos ou artefatos.

Cada ação é um agrupamento de demonstrações. Um pai ou mãe dizendo ao filho "Aqui está seu suco", está demonstrando o significado da palavra "suco" e a linguagem pela qual o suco é apresentado. Um pai ou mãe que diz "Olha que cachorro bonito" está demonstrando que existe uma categoria de objetos chamados "cachorro", e que "cachorro" é o nome daquela categoria, e que o animal ao qual se refere é um membro daquela categoria, com todas as características distintivas apropriadas. Um professor que se posta à frente da classe demonstra como um professor se posiciona à frente da classe, como um professor fala, se veste, como se sente sobre o que está sendo ensinado e sobre as pessoas às quais ensina. Um professor cansado demonstra como um professor cansado comporta-se, um professor desinteressado demonstra desinteresse. O entusiasmo mostra-se por si mesmo. Que espécies de coisas são demonstradas nas salas de aula? O fato de que as crianças estão aprendendo durante todo o tempo é uma bomba de tempo em todas as classes. Que tipo de leitura as crianças vêem o professor fazendo? O que os professores demonstram, acerca de seu interesse na leitura?

Cada artefato é um agrupamento de demonstrações. Cada livro demonstra como as páginas são postas juntas, como a impressão e ilustrações são organizadas nas páginas, como as palavras são organizadas em sentenças, e como as sentenças são pontuadas. Um livro demonstra a aparência e significado de cada palavra naquele livro. Demonstra um determinado esquema de gênero, estrutura de discurso e, talvez, também uma gramática de história. Que tipo se coisas nossos artefatos de sala de aula demonstram? É possível que aqueles cérebros sempre prontos a aprender estejam expostos a demonstrações de que os livros podem ser incompreensíveis, que podem ser absurdos?

Uma importante categoria de demonstrações é autogerada, como aquelas que podemos desempenhar em nossa imaginação, podemos tentar coisas na mente — no mundo da cabeça, em vez de no mundo à nossa volta — e explorar possíveis conseqüências sem que qualquer pessoa saiba o que estamos fazendo. Quanta oportunidade as crianças têm para tais demonstrações particulares?

O mundo está cheio de demonstrações, embora as pessoas e a maior parte das demonstrações apropriadas possam não ser realizadas nos momentos mais apropriados. E mesmo quando existe uma demonstração relevante, o aprendizado pode não ocorrer. Deve haver alguma espécie de interação, de modo que "É assim que algo é feito" se transforme em "Isto é algo que posso fazer".

Engajamento

O termo *engajamento* foi escolhido deliberadamente para a interação produtiva de um cérebro com uma demonstração, porque minha imagem é a do engajar de engrenagens. O aprendizado ocorre quando o aprendiz *engaja-se* em uma demonstração, de modo que isto se transforma, em efeito, na demonstração do aprendiz. Seguem-se dois exemplos.

A maioria das pessoas está familiarizada com a experiência de ler um livro ou revista e parar subitamente, não porque algo não foi compreendido, mas porque sua atenção estava engajada na ortografia de uma palavra que não conheciam. Não começaram a ler para ter uma lição sobre ortografia, nem podiam ter previsto a ortografia estranha que encontraram, mas quando a encontraram — talvez um nome que anteriormente somente haviam escutado no rádio ou televisão — pararam e, em efeito, disseram: "Ah, então é assim que se escreve esta palavra!". Neste momento, podemos pegarmo-nos no ato do aprendizado; não somente respondemos a uma ortografia, mas a tomamos parte daquilo que conhecemos. Às vezes, não é uma ortografia que nos faz parar, mas um fato particularmente interessante, ou a resposta a uma questão que nos estava perturbando por algum tempo.

O segundo exemplo é similar. Novamente, encontramo-nos fazendo uma pausa enquanto lemos, desta vez não por causa da ortografia de uma palavra, ou algum outro segmento de informação, e com certeza não por

11. Aprendendo Sobre o Mundo e Sobre a Linguagem

falta de compreensão, mas apenas porque lemos algo que está *particularmente bem colocado*, uma idéia interessante apropriadamente expressada. Desta vez, engajamo-nos não com uma ortografia ou um novo item de informação interessante, mas com o estilo, um tom, um registro. Estamos aprendendo sobre a linguagem empaticamente, aprendendo como é usada a partir da maneira como alguma outra pessoa o faz.

Os dois exemplos dados eram necessariamente de situações nas quais poderíamos, na verdade, estar conscientes de um momento de aprendizado. Mas tais momentos são raros. Talvez peguemos a nós mesmos em um engajamento com uma nova ortografia ou idéia porque este é um acontecimento relativamente raro em nossas vidas, porque aprendemos a maioria das coisas que desejávamos ou esperávamos aprender até ali. A nova informação é surpreendente. Mas as crianças que aprendem sons, significados e aparência escrita de novas palavras, em todos os dias de suas vidas, tendem a jamais poderem ser freadas, como um adulto, pela novidade de realmente encontrarem algo novo. Em vez disso, a maioria de seu aprendizado deve ser como o de adultos aprendendo pelos jornais e filmes, um engajamento tão íntimo e persistente que não penetra na consciência.

O aprendizado pelo engajamento nas demonstrações de outros é um modo particularmente eficiente e econômico de as crianças aprenderem, porque limita a possibilidade de erros ou incertezas. Você tende a não cometer erros se deixa que o demonstrador faça as experiências de aprendizado por você. Este é o aprendizado por orientação, onde a outra pessoa (que pode realizar o ato) conduz a experiência. É a testagem de hipótese onde a hipótese apropriada pode estar facilmente disponível no desempenho habilidoso do demonstrador.

As crianças engajam-se em tipos particulares de demonstrações, porque "é assim que elas são", porque assumem gratuitamente em seus cérebros sempre dispostos a aprender, que estas são as coisas que devem e podem saber. Obviamente, as crianças podem aprender fazendo as coisas por si mesmas. Com engajamento, elas podem assimilar a demonstração de outra pessoa (em um ato ou artefato) e podem transformá-la, por empatia, em ação — e ato de aprendizado — próprios. O que ainda devemos explicar é o que nos torna o tipo de pessoa que somos; o que determina se o engajamento ocorre ou não.

Sensibilidade

O que faz diferença, quanto a aprender ou não, a partir de qualquer determinada demonstração? A resposta não pode ser a motivação de um fator amplamente superestimado, especialmente em escolas onde é usado, algumas vezes, para cobrir uma multitude de outras possibilidades. Para começar, o aprendizado do tipo descrito neste capítulo em geral ocorre na ausência de motivação, certamente no sentido de uma intenção deliberada, consciente. Não faz sentido dizer que um bebê está motivado para aprender a falar, ou que estamos motivados para recordar o que está no jornal, a menos que o significado de motivação seja tornado tão geral que não possa ser separado de aprendizado.

Por outro lado, a motivação não assegura o aprendizado. Não importa quanto estejam motivados para grafar ou escrever fluentemente uma linguagem estrangeira, muitas pessoas ainda não conseguem aprender estas coisas. O desejo e o esforço não produzem, necessariamente, o aprendizado. Na verdade, a única relevância da motivação para o aprendizado, que posso ver, é que nos coloca em situações onde demonstrações apropriadas são particularmente tendentes a ocorrer, e o aprendizado com certeza não acontece se existe motivação para *não* aprender.

Mais próximo à verdade está o fato de que aprendemos quando esperamos aprender, quando o aprendizado é natural. Mas uma expectativa *consciente* não é precisamente o que se exige. Os bebês podem considerar o aprendizado da fala algo natural, mas não no sentido de conscientemente esperarem que este aprendizado ocorra. Em vez disso, o que parece fazer diferença é a ausência da expectativa de que o aprendizado não ocorra.

Esta é a maneira como proponho definir *sensibilidade*, o terceiro elemento de toda situação de aprendizado: a ausência de qualquer expectativa de que o aprendizado não ocorra, ou de que será difícil. De onde vem a sensibilidade? Toda criança nasce com ela. Não se precisa ensinar às crianças que podem aprender; elas possuem esta expectativa implícita, que demonstram em seu primeiro aprendizado sobre a linguagem e sobre o mundo — acreditam que são onipotentes. A experiência ensina as crianças que possuem limitações, e, infelizmente, a experiência com freqüência ensina-as de forma desnecessária.

Por que aprender a andar é em geral tão mais fácil do que aprender a nadar? Caminhar deve ser, seguramente, uma conquista muito mais difícil. Os bebês possuem pouca coordenação motora, e sobre dois pés hesitantes devem lutar contra a gravidade. Não é de se admirar que os bebês levem meses para dominar este ato. Nadar, por outro lado, pode ser aprendido em um fim de semana — se se consegue aprender. É aprendido quando o aprendiz possui uma coordenação motora muito mais aprimorada e está em um elemento de apoio — a água. E deve ser tão natural quanto andar. Então, por que a diferença? Será que é por que freqüentemente se antecipa fracasso e dificuldade para nadar, e não para caminhar?

Por que o aprendizado da fala geralmente é tão fácil, enquanto aprender a ler é algo tão mais dificultoso? A resposta não pode ser a dificuldade intrínseca da leitura. Os bebês que aprendem a falar começam, essencialmente, com nada; devem encontrar um sentido na fala por si mesmos. Apesar da

11. Aprendendo Sobre o Mundo e Sobre a Linguagem

imensa velocidade com que em geral aprendem sobre a linguagem, ainda leva de dois a três anos para que mostrem algo perto do domínio da fala. A leitura deveria ser aprendida muito mais rapidamente, à medida que tem tanta compreensão da linguagem para apoiá-la. E quando as crianças realmente aprendem a ler, seja aos três, seis, ou dez anos de idade, elas aprendem — na observação de muitos professores — em uma questão de poucas semanas. A instrução pode durar anos, mas o aprendizado é conseguido em semanas. Qual é a diferença? Somente posso pensar que, com a leitura, é comunicada, freqüentemente, à criança, uma expectativa de fracasso.

A "dificuldade" aparente não pode ser explicada com base na idade. Espera-se que os adolescentes aprendam a dirigir automóveis — certamente uma coisa tão complicada quanto aprender a nadar — e, assim, eles aprendem a dirigir carros. Na verdade, para qualquer coisa na qual estejamos interessados, onde o aprendizado nem chega a ser considerado, continuamos a aprender para o resto de nossas vidas. Nem mesmo nos damos conta que estamos aprendendo, enquanto mantemos em dia nossa coleção de selos, nosso conhecimento sobre astronomia, engenharia automotiva, ortografia, assuntos mundiais, o mundo da televisão ou qualquer coisa — para "o tipo de pessoa" que somos.

O engajamento ocorre na presença de demonstrações apropriadas, sempre que somos sensíveis ao aprendizado, e a sensibilidade é uma ausência de expectativa de que o aprendizado não ocorrerá. A sensibilidade está, obviamente, relacionada a dois fatores que mencionei em capítulos anteriores, com relação à vontade de se engajar no pensamento crítico, especificamente, disposição e autoridade. Os indivíduos que não se sentem competentes para pensar criticamente em determinadas ocasiões, porque percebem a si mesmos de certa forma ou pela maneira como os outros o percebem, podem não apresentar sensibilidade para o pensamento crítico. Se não sentem que lhes é apropriado ou possível comportarem-se de determinada maneira, também sentirão que é inapropriado (e provavelmente impossível) aprenderem a comportarem-se daquela maneira. Deixando de ter a disposição e autoridade para aprender, declinarão de oportunidades para o engajamento necessário.

A sensibilidade não precisa ser explicada; sua ausência já o faz. A expectativa de que o aprendizado não ocorrerá é aprendida por si mesma. A máxima ironia é que a constante propensão do cérebro para aprender pode, na verdade, derrotar o aprendizado; o cérebro pode aprender que certas coisas não valem a pena ou não podem ser aprendidas. O cérebro não faz discriminações em seu aprendizado, e pode aprender coisas que seria muito melhor ter deixado, absolutamente, de aprender. O aprendizado algumas vezes é inútil, desagradável, difícil ou improvável, podendo ser devastadoramente permanente em seus efeitos. Estes são os riscos do aprendizado já discutidos, neste capítulo.

APRENDIZADO - UM EVENTO SOCIAL

Até aqui, o aprendizado tem sido discutido como se fosse de inteira responsabilidade do aprendiz, uma questão de esforço individual. Mas este não é o caso. Se o aprendizado ocorre ou não, em geral depende mais das pessoas à volta do aprendiz do que deles próprios. O esforço pessoal não garante o aprendizado, nem a motivação consciente. Os aprendizes freqüentemente não necessitam fazer qualquer coisa, a fim de aprenderem. Alguém mais faz algo, e o aprendiz aprende. Nem o aprendiz nem as pessoas à sua volta precisam saber que o aprendizado está ocorrendo. Este é, em geral, inconspícuo.

Os amigos e a família geralmente não têm consciência do quanto a criança mais jovem aprende da linguagem falada, por exemplo. Os bebês não praticam a fala, eles dizem algo — e geralmente estão certos já na primeira vez. Às vezes, cometem erros, naturalmente, e quando o fazem, os pais contam aos amigos e consideram-nos graciosos. Mas, na maior parte do tempo, os pais se descobrem dizendo: "onde esta criança aprendeu a dizer isso?". O aprendizado inconspícuo e natural continua até a idade adulta. De que outro modo poderíamos todos aprender o significado de milhares de palavras que conhecemos, e a falar da maneira como falamos? De onde tudo isso vem?

A ausência típica de erro evidente poderia parecer proporcionar problemas para a testagem de hipótese, o ponto de vista de aprendizado-pela-experiência adotado anteriormente neste capítulo. Se as crianças testam hipóteses a fim de aprenderem, devem tê-las corretamente a maior parte do tempo. E, certas ou erradas, de onde vêm estas hipóteses?

A resposta a todas estas questões deve ser — de outras pessoas. Muito do que as crianças (e os adultos) aprendem, ocorre quando não estão tentando aprender, mas quando estão interessados em algo que alguma outra pessoa está fazendo. Para utilizar um termo que já empreguei, as crianças aprendem quando estão *engajadas* em uma atividade que alguma outra pessoa está realizando. Aprendem como se elas mesmas a estivessem desempenhando. O aprendizado é empático.

Aprendendo por Outras Pessoas

George Miller (1977) reconheceu a importância das outras pessoas no título de seu livro *Spontaneous Apprentices: Children and Language* ("Aprendizes Espontâneos: as Crianças e a Linguagem"). Ele argumentou que os bebês aprendem a falar e a compreender a fala servindo de aprendizes a outras pessoas, ou a crianças mais competentes. E aprendem a falar exatamente como as pessoas às quais servem de aprendizes. As crianças nem mesmo

11. Aprendendo Sobre o Mundo e Sobre a Linguagem

aprendem a falar como as pessoas às quais mais escutam falar. Ums vez que ingressem na escola, as crianças escutam seus professores falando mais do que qualquer pessoa, mas não crescem falando como os professores — a menos que elas próprias venham a se tornar professores.

Nenhuma *modelagem* está envolvida. Não é uma questão de os bebês dizerem "Quero ser como aquela pessoa" e estudarem e praticarem a partir do comportamento da outra pessoa. Em vez disso, a criança parece aprender, sem qualquer esforço, o que a outra pessoa faz. Esta outra pessoa é um espelho involuntário para o aprendizado da criança. Se isto é aprendizado por experiência e erro, outras pessoas conduzem a experiência, e uma vez que já podem fazer o que estão fazendo, existem muito poucos erros.

Um bebê balbucia, alguém coloca esta vocalização em linguagem convencional — "Você quer um pouco de suco?" e a criança aprendeu algo sobre o suco, sem prática, sem erro. Um adulto diz a um outro "Passe o sal" — isto poderia muito bem ser um arrulho indistinto, no que se refere ao bebê —, mas o comportamento destas pessoas permite que o bebê formule uma hipótese sobre o significado da vocalização. Se o sal é passado, a criança aprendeu, pela testagem da hipótese, sem erro e sem que qualquer pessoa saiba que o aprendizado ocorreu.

Aprendemos quando compreendemos. Uma luta para aprender é sempre uma luta para compreender. Outras pessoas nos ajudam a aprender, auxiliando-nos a entender. Esta é essencialmente a natureza social do aprendizado, mesmo quando estamos aprendendo por livros, quando é responsabilidade do autor facilitar a compreensão do leitor.

Afiliação ao Clube da Linguagem Falada

Uma metáfora alternativa para a explicação sobre como os bebês aprendem sobre linguagem (e sobre tudo o mais) é que eles se afiliam a um clube (Smith, 1987a). Os bebês afiliam-se à comunidade de pessoas às quais julgam ser similares, que os aceitam como sendo igual a elas, e, assim aprendem a ser exatamente como os outros membros do clube. Aprendem a não ser como membros de outros clubes aos quais não pertencem.

Um clube de linguagem falada é, provavelmente, o primeiro clube ao qual a maioria dos bebês se associa, mas tem exatamente as mesmas vantagens de qualquer outro clube ao qual possam afiliar-se mais tarde. Primeiramente, membros mais experientes revelam a natureza das atividades do clube. Estas são as *demonstrações* sobre as quais falei anteriormente, neste capítulo. No clube da linguagem falada os membros mostram à criança para que a linguagem falada pode ser usada, como ajuda a satisfazer intenções de várias maneiras.

234 Compreendendo a Leitura

Em segundo lugar, quando os novos membros do clube desejam engajar-se em atividades deste — quando desejam utilizar a linguagem falada para satisfazerem suas próprias intenções — os membros mais experientes do clube os auxiliam. Não dão *instruções* ao recém-chegado, a partir das quais o aprendizado supostamente ocorre, mas proporcionam *colaboração*. Para ser específico, outros membros auxiliam o bebê a dizer o que pretende, e o ajudam a entender o que tenta entender. O aprendiz está totalmente envolvido, porque tudo centraliza-se em suas intenções e interesses — isto é o *engajamento* ao qual me referi antes.

As crianças acabam falando exatamente como seus amigos, os outros membros do clube da linguagem falada ao qual eventualmente se associam. Aprendem a vestir-se e enfeitar-se exatamente como seus amigos — como o tipo de pessoa que se vêem sendo. Aprendem as maneiras de perceber o mundo dos outros membros do clube, suas atitudes, seus valores, suas antipatias, suas prioridades. Aprendem uma *cultura* — não pela prática ou pela experiência e erro, por imperceptível e ainda inevitavelmente tornarem-se exatamente como o tipo de pessoa como se vêem. Em outras palavras, os clubes aos quais filiam tornam-se sua identidade.

Se vemos a nós mesmos como membros de um clube, e os membros do clube não nos excluem, não podemos evitar tornarmo-nos como os outros membros, por causa das demonstrações e colaboração que recebemos. Mas se somos rejeitados por um clube ou se decidimos nos excluir deste, então simplesmente deixamos de ser como os outros membros, com frequência tornamo-nos tão diferentes deles quanto possamos. Como eu disse antes, perdemos nossa *sensibilidade* — e é quase impossível recuperá-la. É como se desejássemos ser tomados por membros daquele clube exceto que nada do aprendizado ou fracasso para aprender está sob nosso controle consciente. Todas falham, de um modo ou de outro, para tornarem-se membros de clubes de pessoas que dominaram coisas como estatística, engenharia automotiva, programação de computadores, álgebra, identificação de constelações ou leitura e escrita. Isto nada tem a ver com a motivação ou esforços — as coisas mais conspícuas que a maioria de nós deixou de aprender são coisas para as quais estivemos mais motivados para aprender, e nas quais gastamos mais tempo tentando aprender.

A natureza social do aprendizado tem sido mais enfatizada, de modo influente, nos últimos anos, pelo trabalho de Lev Vygotsky. Em *Mind and Society* ("Mente e Sociedade"), Vygotsky (1978) delineia sua teoria da *zona de desenvolvimento potencial*. Demonstra que qualquer pessoa pode fazer coisas, com assistência, que não poderia fazer sozinha, e o que podem fazer com a colaboração em uma ocasião, serão capazes de fazer independentemente em outro momento. É dentro da zona do desenvolvimento potencial, Vygotsky argumenta, que o aprendizado ocorre; deve ser a área sobre a qual o esforço educacional é concentrado. Professores bem-sucedidos colaboram

11. Aprendendo Sobre o Mundo e Sobre a Linguagem

com os aprendizes em empreendimentos nos quais os aprendizes desejam engajar-se, na zona de desenvolvimento por proximidade.

SUMÁRIO

A maior parte do que os indivíduos sabem sobre a linguagem e sobre o mundo não é formalmente ensinado. Ao contrário, as crianças desenvolvem sua teoria do mundo e a competência na linguagem pela testagem de *hipóteses*, fazendo experiências de maneiras significativas e com objetivos, com modificações também experimentais daquilo que já sabem. Assim, a base do aprendizado é a *compreensão*. As crianças aprendem continuamente, através do *engajamento* em *demonstrações* que lhes fazem sentido, sempre que sua *sensibilidade* natural para o aprendizado está intacta. O aprendizado é uma atividade social. As crianças aprendem a partir do que outras pessoas fazem e as ajudam a fazer.

As notas ao capítulo 11 abrangem

Aprendizado da linguagem
Vocabulário
Aprendizado como evento social
Motivação
Uma perspectiva alternativa

12
APRENDENDO A UTILIZAR A LINGUAGEM ESCRITA

Este livro é, principalmente, sobre a leitura; portanto, este capítulo é sobretudo sobre o aprendizado da leitura. Mas nada que uma criança aprende sobre leitura — seja sobre identificação de letras, identificação de palavras ou compreensão da escrita — fará qualquer sentido, a menos que já tenha uma compreensão do que a linguagem escrita faz. Daí, o título deste capítulo. A primeira compreensão que todo aprendiz deve ter, a fim de se tornar um leitor (ou um escritor) é a de que a linguagem escrita, por si mesma, faz sentido — uma compreensão nem sempre fácil de ser alcançada nos ambientes educacionais.

A Importância da Informação Não-Visual

Existe somente um modo de se resumir tudo que uma criança deve aprender a fim de se tornar um leitor fluente, e este é dizer que a criança deve aprender a utilizar a informação não-visual, ou o conhecimento anterior, de modo eficiente, quando atentando para a linguagem escrita. E uma compreensão das finalidades e convenções dos textos é uma parte central da informação não-visual.

O aprender a ler não requer a memorização de nomes de letras, ou regras fonéticas, ou um grande vocabulário; tudo isto vem no curso do aprendizado da leitura, e pouco disto fará sentido para uma criança sem alguma experiência em leitura. Nem o aprendizado da leitura é uma questão de aplicação a todas as formas de exercícios e testes que apenas podem

12. Aprendendo a Utilizar a Linguagem Escrita

distrair e mesmo desencorajar uma criança da tarefa de aprender a ler. E, finalmente, o aprendizado da leitura não é uma questão de a criança apoiar-se totalmente na instrução, porque as habilidades essenciais da leitura — especificamente as utilizações eficientes das informações não-visuais — não podem ser ensinadas de modo explícito. Mas podem ser demonstradas para as crianças.

Em um sentido geral, aprender a ler é muito semelhante ao problema do gato e cachorro para as crianças. Ninguém pode ensinar explicitamente as categorias relevantes, as características distintivas e os inter-relacionamentos envolvidos. Ainda assim, as crianças são perfeitamente capazes de solucionar um problema por si mesmas, desde que tenham oportunidades para gerar e testar suas próprias hipóteses e de obterem *feedback* apropriado. Em um sentido bastante literal, aprender a ler é como aprender a linguagem falada. Ninguém pode nem mesmo começar a explicar aos bebês quais são as características e convenções essenciais da fala, muito menos construir um curso de estudos para que os bebês sigam; ainda assim, mesmo este problema complexo é solucionado pelas crianças, sem qualquer tensão ou dificuldade aparente, desde que, novamente, tenha a oportunidade para exercitar sua capacidade inata para o aprendizado. Tudo que as crianças precisam para dominar a linguagem falada, tanto para produzi-la por si mesmas quanto, mais fundamentalmente, para compreenderem sua utilização pelos outros, é ter a experiência de usar a linguagem em um ambiente significativo. As crianças aprendem facilmente sobre a linguagem falada, quando estão envolvidas em sua utilização, quando esta lhes faz sentido. E, da mesma forma, tentarão compreender a linguagem escrita se estiverem envolvidas em sua utilização, em situações onde esta lhes faz sentido e onde podem gerar e testar hipóteses.

Não deve ser causa de decepções o fato de não podermos dizer com exatidão o que uma criança deve aprender a fim de ler, ou que não se pode encontrar um método de instrução pelo qual se possa dirigir o progresso da criança em seu aprendizado da leitura. Também não é possível especificar o conteúdo ou curso do aprendizado da linguagem falada por uma criança (ou a diferença entre gatos e cachorros, por falar nisso). Mas é possível especificar as *condições* sob as quais uma criança aprenderá a ler, e estas são, novamente, as condições gerais necessárias para o aprendizado de qualquer coisa — a oportunidade para gerar e testar hipóteses em um contexto significativo e colaborador. E, para reiterar o constante tema, a única maneira pela qual uma criança pode fazer tudo isso é lendo. Se surge a questão sobre como se pode esperar que as crianças aprendem a ler, lendo, antes que tenham aprendido a ler, a resposta é simples. No início — e em qualquer outra ocasião, quando for necessário — a leitura deve ser feita para elas. Antes que as crianças adquiram alguma competência na leitura, tudo terá que lhes ser lido, mas, à medida que sua habilidade expande-se, apenas precisam

238 Compreendendo a Leitura

de auxílio, uma oportunidade para engajarem-se em demonstrações de leitura.

Uma das coisas belas sobre a linguagem escrita que faz sentido (para a criança) é que, mais e mais, ela própria proporcionará uma assistência ao aprendizado. Os autores podem assumir o ensino da leitura para as crianças. A linguagem escrita significativa, como a fala significativa, não somente proporciona seus próprios indícios quanto ao significado, de modo que as crianças possam gerar hipóteses de aprendizado apropriadas, mas também proporciona a oportunidade para testes. Se uma criança não está certa quanto ao provável significado daquilo que observa, o contexto (antes é depois) pode proporcionar-lhe indícios. E o contexto subseqüente proporcionará um *feedback* acerca de a hipótese formulada estar certa ou errada. A leitura de um texto que faz sentido é como andar de bicicleta: as crianças não necessitam que lhes digam quando estão caindo.

Deixe-me relacionar as vantagens adquiridas por uma criança, a partir da leitura de uma linguagem escrita significativa — construção do vocabulário, extração de sentido dos relacionamentos letra-som, desevolvimento de significado mediado e habilidade para a identificação de palavras, aquisição de velocidade, evitamento da visão em túnel, evitamento de sobrecargas de memória, confiança no sentido, aquisição de familiaridade com convenções relevantes tais como estrutura de discurso apropriada, gramática e registro — em resumo, informação não-visual crescente e experiência na utilização desta mais eficientemente. E sempre a criança será o melhor guia para o aprendizado na maneira mais eficiente, porque não limitarão propositadamente sua visão, ou sobrecarregarão suas memórias, ou tolerarão absurdos. As crianças também não tolerarão o *não aprender*, de modo que, exatamente como não há razão para esperar-se que se satisfaçam com o que já se tornou simples, também não se deve esperar que permaneçam em situações onde o aprendizado e a compreensão não são absolutamente possíveis.

Também é fácil relacionar as condições necessárias para que as crianças tomem vantagem das oportunidades de aprendizado que o texto significativo proporciona. Existem apenas quatro: acesso a material de leitura significativo e interessante (idealmente à livre escolha da criança), assistência, quando necessária (e somente até onde seja necessária), boa vontade para assumir riscos (a ansiedade aumenta na proporção de informação visual necessária a um leitor), e liberdade para cometer erros.

Tenho falado pouco sobre a motivação, porque esta não é algo que possa ser artificialmente promovido ou mantido, certamente não por meio de "reforçadores" extrínsecos, tais como recompensas materiais irrelevantes, notas escolares melhores, ou mesmo elogios desproposidatos. Nada disto é necessário para que uma criança aprenda a linguagem falada. Toda a satisfação que uma criança necessita está no próprio aprendizado, na utilidade e compreensão que deste resulta. Mas, e o ímpeto? Por que as crianças

12. Aprendendo a Utilizar a Linguagem Escrita 239

lançam-se à demorada tarefa de aprender a linguagem falada? Acho que não a fim de se comunicarem. As crianças não podem entender esta utilização da linguagem até que possuam alguma. E certamente não é para terem suas necessidades satisfeitas, ou para controlarem o comportamento de outros. As crianças jamais são tão cuidadas quanto antes de utilizarem a linguagem; depois, pode-se mandar que esperem, que façam por si mesmas, ou que fiquem sem o que desejam. Quando a linguagem fracassa, mesmo os adultos podem sentir a ânsia para voltarem a modos anteriores, não-verbais e mais assertivos de tentarem obter as coisas. Considero que pode existir apenas uma razão pela qual as crianças aplicam-se ao aprendizado da linguagem falada — porque ela *está lá*, é uma parte operante do mundo à sua volta. Aprendem quando sua utilidade, sentido e significação lhes são demonstrados. E, uma vez que a linguagem é significativa, uma vez que muda o mundo e não é arbitrária ou caprichosa, as crianças não somente conseguem aprendê-la, mas *desejam* fazê-lo. As crianças não deixarão de aprender qualquer coisa que lhes seja significativa, a menos que o aprendizado se torne demasiadamente difícil ou custoso, em cujo caso o próprio aprendizado se torna inútil. A sensibilidade da criança para a leitura é destruída.

As crianças se esforçarão por compreender, por se engajarem em qualquer coisa que vejam os adultos fazerem, desde que estes adultos demonstrem prazer e satisfação ao fazê-lo. Se a linguagem escrita existe no mundo da criança, e é utilizada com visível satisfação, então a criança lutará para dominar seus mistérios; isto está em sua natureza. Não existe necessidade de explicações especiais sobre o porquê de as crianças desejarem aprender a ler, somente para o porquê de poderem chegar à conclusão de que isto é inútil ou penoso em demasia.

Tudo isto tem sido muito geral. Não são necessárias teorias especiais para explicar como e porque as crianças aprendem a ler. Não há nada de tão único sobre a leitura, seja do ponto de vista das habilidades de linguagem envolvidas (não diferentes, em princípio, daqueles da compreensão para a linguagem falada), das habilidades visuais envolvidas (não diferentes da discriminação de quaisquer aspectos do mundo visual), ou das situações nas quais o aprendizado ocorre. Existem, entretanto, dois conhecimentos especiais, que as crianças devem possuir, a fim de aprenderem a ler. Estes conhecimentos são fundamentais, no sentido de que as crianças que não os possuem tendem a considerar a instrução da leitura absurda, e, portanto, tendem a não obter sucesso no aprendizado desta. Ainda assim, não apenas estes conhecimentos não são ensinados na escola, mas muito daquilo que constitui a instrução formal da leitura pode ser visto como contrário a eles e, assim, tendentes a inibi-los. Os conhecimentos, que discutirei a seguir, são, em primeiro lugar, que a escrita é significativa, e, em segundo lugar, que a linguagem escrita não é a mesma coisa que a fala.

Conhecimento 1: A Escrita é Significativa

Não há necessidade de se elaborar em demasia sobre o porquê do conhecimento de que a escrita é significativa ser uma pré-condição essencial para o aprendizado da leitura. Ler é uma questão de formar um sentido da impressão, e a significatividade é a base do aprendizado. Enquanto as crianças não vêem sentido na palavra impressa, enquanto a consideram arbitrária ou absurda, não encontram razões para atentarem à escrita. Não aprenderão por meio de tentativas para relacionar letras a sons. A linguagem escrita não funciona assim, e isto não é algo que possa fazer qualquer sentido para as crianças.

As pesquisas têm oferecido evidências abundantes de que as crianças estão tão imersas na linguagem escrita quanto estão na falada, e respondem a ela com similar inteligência. Não estou me referindo à escola, nem àqueles livros supervalorizados que devem, supostamente, cercar e, de alguma forma, inspirar algumas crianças privilegiadas para a alfabetização. Refiro-me, em vez disso, à riqueza de impressão dependente da situação que pode ser encontrada em cada produto do banheiro, em cada pote ou pacote na cozinha, no guia (e em comerciais) de televisão, gibis, catálogos, panfletos de anúncio, listas telefônicas, sinais de rua, letreiros de lojas, postes de gasolina, *out-doors*, em menus de lancherias, supermercados e lojas de departamento. Toda esta impressão é significativa; faz uma diferença. Não prevemos cereal em um pacote rotulado de *detergente* mais do que prevemos doces em uma loja anunciando *lavanderia*, ou um concerto em um programa de televisão anunciado como *futebol*.

Para aqueles não cegos ao nosso mundo visual (o que leitores experientes tendem a ser), este é um oceano de impressão, a maior parte desta (veja em seu supermercado) literalmente em frente aos nossos olhos. Mesmo as crianças que ainda não podem ler prestam atenção a estas informações. Em outro livro, falei sobre um menino de três anos e meio de idade que, obviamente, não podia ler as palavras "bagagens" e "calçados", em sinais de uma loja de departamentos (porque as compreendia mal), mas que ainda assim, afirmava que o primeiro dizia "malas" e o segundo anunciava "sapatos" (Smith, 1976). Aqui estava uma criança que podia trazer sentido à impressão, muito antes de poder ler a real impressão, e que, portanto, havia adquirido o conhecimento de que as diferenças na impressão são significativas.

Há apenas uma maneira pela qual este conhecimento pode ser adquirido, e isto ocorre quando uma criança ouve outra pessoa lendo ou observa as respostas à palavra escrita de maneira significativa. Neste ponto, não estou me referindo à leitura de livros ou histórias, mas às ocasiões em que uma criança ouve: "Este sinal diz 'pare'," "Aquela palavra na porta diz 'meninos',", ou "Este é o pote para as bolachas". Os comerciais de televisão podem fazer o mesmo por uma criança — eles não somente anunciam o

12. Aprendendo a Utilizar a Linguagem Escrita 241

nome do produto, premência e particularidade na linguagem escrita e falada, mas também demonstram o produto em funcionamento. E exatamente como com a linguagem utilizada em casa, existe muito a ser aprendido pela criança, a partir desta linguagem escrita dependente da situação, por meio de uma hipotetização de um provável significado sobre o sentido da palavra impressa *brinquedos* em uma loja, não porque qualquer pessoa o lê para a criança, mas com base em se o sinal, na verdade, indica a locação do departamento de brinquedos. Existe uma consistência entre a palavra impressa e seu ambiente. A palavra impressa que em geral envolve as crianças é potencialmente significativa, e, assim, proporciona uma base efetiva para o aprendizado.

Pode existir escrita muito pouco significativa na escola, no sentido de que não seria possível substituir-se uma palavra por outra. Um professor escreve as palavras *mesa* ou *cadeira* no quadro, mas bem que poderia escrever *cavalo* ou *vaca*. As palavras em listas de palavras, ou as sentenças em muitas "histórias" poderiam ser modificadas sem que qualquer criança observasse algo "errado". Os professores podem crer que existem boas razões para um determinado exercício ou elemento de instrução, mas se as crianças não podem ver o sentido do empreendimento, então este pode ser considerado como incompreensível. Uma breve lista de aspectos fundamentalmente incompreensíveis da instrução da leitura, aos quais as crianças podem estar expostas, pode incluir:

1. A decomposição das palavras faladas em "sons". A palavra falada "gato", em alguns contextos, pode fazer sentido, mas os sons "ghã", "a", "th" "o", não.

2. A decomposição das palavras escritas em letras. A palavra impressa *gato*, em alguns contextos, pode fazer sentido — quando se refere a um animal real ou imaginário com o qual as crianças interagem significativamente. Mas as letras *g, a, t* e *o,* são símbolos visuais arbitrários que nada têm a ver com tudo o mais na vida da criança.

3. O relacionamento de letras a sons. Para uma criança que não tem idéia sobre leitura, ouvir que alguma formas peculiares chamadas de letras — que não têm função aparente no mundo real — então relacionadas aos sons, que não têm existência independente no mundo real, pode ser a mais pura baboseira.

4. Exercícios e testes sem sentido. Existem tantos candidatos para esta categoria, indo desde a decisão sobre qual dos três patinhos está olhando para a direção errada até o sublinhar de letras mudas em palavras, que não tentarei confeccionar uma lista. As crianças podem aprender a ter notas altas em tarefas repetitivas e absurdas (especialmente se são leitores competentes), mas esta habilidade especializada não as transformará em leitores.

Os tipos de atividade citados acima, através de sua própria compreensibilidade, tornam o aprendizado da leitura mais complicado, árduo e absurdo do que precisa ser. Até que as crianças tenham começado a ler, elas não têm muita chance de extrair sentido de tais atividades. As crianças que não possuem o conhecimento de que a linguagem escrita deve fazer sentido, jamais o adquirem, enquanto as crianças que o têm podem ser persuadidas de que estão erradas.

Conhecimento 2: A Linguagem Escrita é Diferente da Fala

O primeiro conhecimento relacionava-se principalmente com a linguagem escrita na forma de palavras isoladas (ou pequenos grupos de palavras) como rótulos e sinais. Estes tipos de função da escrita são muito semelhantes à linguagem falada rotineira dependente da situação, de casa, no sentido de que os indícios ao significado (e restrições sobre a interpretação) são proporcionados amplamente pela situação física na qual ocorrem. Agora, quero considerar o *texto*, dependente do contexto, onde as restrições sobre a substituição e interpretação são colocadas não pelo ambiente físico, mas pela sintaxe e semântica do próprio texto. Como discutido no capítulo 2, as convenções da linguagem escrita e da linguagem falada são, evidentemente, diferentes, e provavelmente por uma razão muito boa, incluindo o fato de que a linguagem escrita adaptou-se em especial para ser lida.

As crianças que esperam que a linguagem escrita seja exatamente igual à falada tendem a ter dificuldades na previsão e compreensão de suas convenções e, assim no aprendizado da leitura. Devem estar familiarizadas com a maneira como a linguagem escrita funciona. Não importa que teóricos não possam dizer, com qualquer precisão, quais são, exatamente, as diferenças entre a linguagem falada e a escrita. Não podem relacionar todas as regras da linguagem falada; ainda assim, as crianças aprendem a extrair um sentido da fala. A imersão na linguagem funcional, a possibilidade de extrair sentido, uma experiência satisfatória, e a oportunidade para obter *feedback* para testar as hipóteses, parecem ser tão facilmente conseguidos com a linguagem escrita quanto com a falada. Na verdade, a linguagem escrita poderia parecer apresentar muitas vantagens, uma vez que um número de testes pode ser conduzido na mesma peça de material, uma segunda hipótese tentada, se a primeira falha. Em virtude de sua consistência interna, o próprio texto pode proporcionar um *feedback* relevante sobre a correção da hipótese.

Como as crianças que ainda não podem ler adquirem e desenvolvem o conhecimento de que a fala e a linguagem escrita não são a mesma coisa? Somente quando alguém mais lê para elas, ou lendo a linguagem escrita lida em voz alta. Quando as previsões de uma criança sobre a linguagem escrita fracassam porque estão baseadas em conhecimento da linguagem falada, então existe uma ocasião para que surja o conhecimento de que a linguagem

12. Aprendendo a Utilizar a Linguagem Escrita 243

falada e a linguagem escrita não são a mesma coisa. E um processo similar de engajamento, à medida que a linguagem escrita é ouvida e compreendida, desenvolverá um entendimento sobre as convenções particulares da linguagem escrita, consideravelmente aumentado, naturalmente, à medida que as crianças tornam-se capazes de fazer mais e mais sua própria leitura.

O tipo de leitura que familiarizaria mais as crianças com a linguagem escrita é o de histórias *coerentes*, indo desde itens em jornais e revistas até contos de fadas tradicionais, histórias de fantasmas e aventuras, história do mundo e lendas. Todos estes tipos de histórias são verdadeiramente *linguagem escrita* — produzidas com uma finalidade em um meio convencional e distinto da maioria dos textos escolares, por sua extensão, sentido, e riqueza sintática e semântica. Não existem evidências de que seja mais difícil para as crianças compreender textos complexos (quando são lidos para elas) ou quando podem explorá-los por si mesmas do que para compreenderem a fala complexa dos adultos, que escutam à sua volta e na televisão.

As crianças que estão na escola podem não receber materiais escritos complexos como parte de sua instrução de leitura pela razão óbvia de que não se espera que leiam por si mesmas. Uma vez que a maioria do material no qual as crianças tendem a interessar-se — e a partir do qual poderiam aprender — tende a ser muito difícil para que leiam por si mesmas, um material menos complexo é encontrado ou produzido, na expectativa de que as crianças o considerem "mais simples". E quando estes textos feitos sob medida, especialmente para as crianças, também parecem confundir os iniciantes, pode-se presumir que o erro está nas crianças, ou em seu "desenvolvimento da linguagem".

E, na verdade, pode ser o caso de que a linguagem de tais textos é estranha a muitas crianças. Mas esta inadequação não precisa ter suas raízes no tipo particular de linguagem falada com a qual a criança está familiarizada, nem mesmo na experiência possivelmente limitada da criança com a escrita. A razão tende mais a estar associada com a estranheza da criança para com a linguagem artificial dos livros escolares, seja na variedade truncada de "Ivo viu a uva" ou na espécie mais florida "Ladeira abaixo, mão na mão, foram Susy e seu irmão". Isto também é tão diferente de qualquer outra forma de linguagem escrita ou falada que provavelmente é mais seguro classificá-lo como uma categoria exclusiva de "linguagem escolar".

Naturalmente, tal material tende a ser bastante imprevisível para muitas crianças que, conseqüentemente, têm enormes dificuldades para compreender a aprender a ler a partir de tais textos. E, ironicamente, pode-se concluir que a linguagem escrita é intrinsecamente difícil para crianças que estariam aprendendo melhor a partir da "linguagem falada passada para o papel". O texto, então, está baseado na intuição de um escritor profissional de livros-textos ou professor de sala de aula, sobre o que constitui a linguagem falada — ou mais complexo ainda, um dialeto daquela linguagem ou mesmo a linguagem utilizada pelas crianças. Todos estes são problemas que confundiriam um lingüista profissional. O resultado é bastante diferente da linguagem escrita, mas, ainda assim, não apresenta nenhuma das vantagens da fala, uma vez que terá que ser compreendido fora do contexto. As crianças podem aprender a recitar a escrita, mas não existem evidências de que esta as transformará em leitores. Qualquer conhecimento que possam ter anteriormente, sobre a natureza da linguagem escrita, tende a ser prejudicado, e, pior, podem ser persuadidas de que a escrita que experimentam pela primeira vez na escola é um modelo de toda a linguagem escrita que encontrarão ao longo de suas vidas — uma convicção que seria tanto desencorajadora quanto enganosa.

Sobre Métodos de Instrução

Não falei qualquer coisa sobre os melhores (ou piores) programas, métodos ou materiais para o ensino da leitura às crianças. Isto foi intencional, porque a conclusão a que levou toda minha análise, pesquisa e experiência com professores e alunos em escolas é que as crianças não aprendem a ler através de programas. Em particular, não podem aprender a partir dos programas mais estruturados e sistemáticos de "habilidades de leitura", onde cada suposto passo do aprendizado é predeterminado para a criança; elas não podem adquirir e manter os dois conhecimentos básicos recém-discutidos. Um programa não pode demonstrar para uma criança as muitas coisas que podem ser feitas com a linguagem escrita, desde obter para si mesmo um hambúrguer até saborear uma história ou poema interessante. Somente as pessoas podem demonstrar como a linguagem escrita é *usada*. Os programas não podem ajudar as crianças a fazerem estas coisas por si mesmas, uma vez que não podem antecipar o que uma criança desejará fazer ou saber em determinado momento. Não podem proporcionar oportunidades para o engajamento. E qualquer coisa que um programa ensine, que seja irrelevante para uma criança, será aprendido — se o for — como algo irrelevante.

Nenhum "método" de ensino conseguirá abranger todas as contingências. Nem se deve esperar o desenvolvimento de um método de testagem, apesar dos milhões de dólares gastos nos Estados Unidos com esta finalidade. Enquanto alguns métodos de ensino da leitura são obviamente piores do que outros (porque estão baseados em teorias muito fracas sobre a natureza de leitura), a crença de que poderia existir um método perfeito para ensinar todas as crianças é contrária a todas as evidências sobre a multiplicidade de diferenças individuais que cada criança traz para a leitura.

A pesquisa oferece pouco auxílio na seleção dos métodos apropriados. A pesquisa nos diz que todos os métodos de ensino da leitura parecem

12. Aprendendo a Utilizar a Linguagem Escrita 245

funcionar para algumas crianças, mas que nenhum funciona para todas. Alguns professores parecem obter sucesso, não importando que método empreguem formalmente. Devemos concluir que o método de instrução não é um assunto de importância crítica. (Os pesquisadores reconhecem leste ponto, e têm que controlar, em seus estudos, a "variabilidade" introduzida primeiramente pelas diferentes habilidades das crianças e, em segundo lugar, pelas variadas influências dos professores.) Não seria particularmente injusto dizer que muitas crianças aprendem a ler — e muitos professores têm sucesso ao auxiliá-las —, apesar do método instrucional utilizado.

Milhões de crianças aprenderam a ler antes dos programas sistemáticos e dirigidos ao objetivo, que estão sendo desenvolvidos ou promovidos hoje, freqüentemente com base em teorias sem qualquer fundamento ou sem sofisticação de aprendizado da leitura. Muitas crianças de 2 e 3 anos de idade aprenderam a ler, assim como muitos adultos que nunca freqüentaram a escola. As crianças de lares mais pobres aprenderam a ler, e também as crianças de todas as culturas. As crianças que não são tão "espertas" aprenderam a ler (enquanto muitas outras, consideradas brilhantes em outros aspectos, vindas de lares "privilegiados", fracassaram). É necessária, ainda, uma boa dose de pesquisas, antes que possamos explicar exatamente o que ajudou estes milhões de crianças a ler, algumas vezes a despeito de dificuldades substanciais. É provável que isto tenha menos a ver com uma precisa programação instrutiva do que com histórias e rótulos nas portas e vidros de conservas e pacotes de bolachas.

A análise que fiz não pode ser traduzida em um sistema para o ensino, embora possa, na verdade, ser traduzida em um ambiente para o aprendizado. Realmente, a análise explica os ambientes nos quais as crianças aprendem a ler, exista ou não um programa que supostamente está ensinando a criança a ler, ao mesmo tempo. Estes são os ambientes nos quais a linguagem escrita faz sentido, e nos quais um professor autônomo, que não depende de programas, exerce um papel crítico.

O Lugar dos Computadores

Duas teorias básicas sobre como as crianças aprendem a ler foram confrontadas, nesta páginas. Um ponto de vista, que este livro obviamente reflete, algumas vezes é classificado como "psicolingüística", a abordagem do "significado", ou da "linguagem como um todo". O ponto de vista oposto, que se baseia maciçamente na fonética e outros exercícios, é geralmente chamado de abordagem das "habilidades".

Para qualquer pessoa que creia existirem habilidades que as crianças devem dominar a fim de se tornarem leitores e escritores, e que exercícios repetitivos, correções, testes e notas são essenciais para o aprendizado destas habilidades, os computadores constituem uma tecnologia educacional ideal. Com gráficos sofisticados, seqüências de instrução estritamente controladas, testagem constante, *feedback* imediato dos resultados, e capacidade para lembrar e comparar cada nota, os programas de alfabetização por computador oferecem uma instrução sistemática em uma forma que pode atrair muitas pessoas. As crianças gostam de computadores porque se "divertem" com rituais anteriormente entediantes, como os desenhos passados na televisão aos sábados pela manhã. Os pais gostam dos programas de computador, porque a tecnologia é contemporânea e rotulada de "educativa". Os professores também podem gostar deles, porque planejam uma trilha a ser seguida por cada estudante e podem mantê-los nesta. E os administradores podem considerar irresistíveis as promessas e controle que a instrução assistida por computador oferece.

Tais programas de computadores podem ser questionados, acerca de se demonstram a alfabetização aos aprendizes. Ainda assim, muitos grandes editores de programas de leitura e escrita, desde a pré-escola até a universidade, agora investem em programas elaborados de computador. As atividades de aula e os testes contidos em seus materiais impressos são agora apresentados na tela do computador, em uma profusão e variedade aparentemente intermináveis e as mesmas afirmações de eficácia da ilustração são feitas. Não existem evidências de que tais programas de computador obtiveram sucesso na alfabetização das crianças, e não existem teorias convincentes de que podem fazê-lo. Tais programas poderiam dar às crianças, rapidamente, um idéia totalmente falsa sobre as finalidades e possibilidades da alfabetização (Smith, 1986).

Isto não significa que os computadores não têm um lugar na sala de aula de alfabetização. Como processadores de palavras, os computadores têm ajudado as crianças mais jovens a tornarem-se escritores, auxiliando-as no ato físico de escrever, bem como em atividades de escrita como a confecção de esboços, edição e preparação de cópias legíveis e limpas de seus textos. E quando utilizado nesta e em uma variedade de outras maneiras práticas — em simulações, jogos, atividades de planejamento, elos de comunicação, drama, arte e música —, os computadores parecem capazes de estimular as crianças a falar mais, planejar, pensar, escrever e ler mais. A questão não é sobre se os computadores devem permanecer nas salas de aula, mas como devem ser utilizados.

O ENSINO DA LEITURA

O papel primário dos professores de leitura pode ser resumido em poucas palavras — é o de garantir que as crianças tenham demonstrações adequadas da leitura sendo usada para finalidades evidentemente significativas, e

12. Aprendendo a Utilizar a Linguagem Escrita   247

ajudar os alunos a satisfazerem, por si mesmos, estas finalidades. Onde as crianças vêem pouca relevância na leitura, então os professores devem mostrar que esta vale a pena. Onde as crianças encontram pouco interesse na leitura, os professores devem criar situações interessantes. Ninguém jamais ensinou uma criança que não estava interessada na leitura, e o interesse não pode ser exigido. Os professores devem, eles mesmos, ser usuários conspícuos da linguagem escrita.

Onde as crianças têm dificuldades em ler, os professores devem providenciar para que as crianças sejam auxiliadas a ler aquilo que desejam. Em parte, esta assistência pode ser dada pelo desenvolvimento da confiança da criança para ler por si mesma, em sua própria maneira, assumindo o risco de cometer erros e estando apta a ignorar aquilo que lhe é completamente incompreensível. Mesmo as interpretações pessoais bizarras são melhores do que nenhuma; as crianças logo descobrem os erros que fazem diferença. Mas as crianças também, de tempos em tempos, procurarão o auxílio de outros, tanto para responderem questões específicas ou para assisti-las com a leitura em geral. Tal leitura em favor da criança pode ser proporcionada pelo professor, um auxiliar, por outras crianças, ou por gravações.

O Ponto de Vista da Criança

As próprias crianças devem julgar se os materiais ou atividades são demasiadamente difíceis ou entediantes. Qualquer coisa que as crianças não escutem ou compreendam, daquilo que lhes é lido, é um material inapropriado para lerem. A preferência de uma criança é um indicador bem melhor do que qualquer outra fórmula de seleção, e os níveis de notas não apresentam uma relação com a realidade, na mente de uma criança. Os professores não precisam temer que as crianças engajem-se em uma leitura tão fácil que não tenham algo a aprender; isto seria entediante. As crianças aprendem a ler sem fazê-lo.

Não existe uma fórmula única para garantir que a leitura será compreensível, não existem materiais ou procedimentos garantidos contra jamais interferirem com o progresso de uma criança. Em vez disso, os professores devem entender os fatores que tornam a leitura difícil, seja induzida pela criança, pelo professor ou pela tarefa. Por exemplo, a concentração nos detalhes visuais, que causará a visão em túnel; a sobrecarga da memória a curto prazo, pela atenção a fragmentos de texto que fazem pouco sentido; confusões na memória a longo prazo, à medida que a criança luta para responder prontamente a questões, posteriormente, ou para escrever "composições"; tentativas para pronunciar as palavras corretamente, às custas de seu significado; leitura lenta; ansiedade para não cometer erros; falta de assistência quando uma criança necessita-a para obter o sentido ou mesmo a identificação da palavra; ou uma insistente "correção" que pode ser irrelevante para a criança, e que pode, a longo prazo, inibir a autocorreção, que é uma parte essencial do aprendizado. Todos estes modos nos quais a leitura pode ser tornada mais difícil podem ser caracterizados como limitações à extensão até onde as crianças podem utilizar a informação não-visual.

E, contrariamente, o que torna a leitura compreensível para as crianças é a facilitação, por parte do professor, do uso da informação não-visual. Não apenas uma criança deve ingressar em uma situação de leitura com informação não-visual relevante — equipada com, em linguagem simples, um conhecimento anterior — mas a criança também deve sentir-se à vontade para utilizá-la. Um fundo de conhecimento da criança e sua confiança devem ser constantemente desenvolvidos, mas isto ocorrerá como uma conseqüência da leitura. Não somente o professor deve tentar evitar materiais ou atividades que pareçam absurdos às crianças, mas deve também existir um encorajamento ativo para que a criança faça previsões, compreenda, saboreie. O pior hábito, para qualquer aprendiz, é tratar o texto como se não houvesse um sentido a ser extraído deste. Onde há um desajuste, onde existe pouca possibilidade de que a criança compreenda o material, então a preferência deve ser a de trocar-se de material, em vez de se tentar mudar a criança. Para com crianças mais velhas, os professores podem relutar a mudar de material, porque espera-se que um determinado conteúdo seja aprendido, mas ainda têm uma escolha. Os estudantes não podem aprender duas coisas ao mesmo tempo; não podem, simultaneamente, ler para aprender e para dominar um tema desconhecido como história ou matemática. Se a intenção do professor é melhorar a leitura, os estudantes devem ter acesso a material que possam facilmente compreender. Se a intenção é estender o conhecimento sobre um tema — o que, por sua vez, torna a leitura mais fácil —, então até que o estudante possa lê-lo com alguma fluência o assunto deve ser ensinado de alguma outra maneira, por meio de palestra, filmes, trabalho com retroprojetor ou aula particular. Os dois podem ser ensinados *concomitantemente*; a matemática não precisa esperar pela competência na leitura mais do que a leitura precisa esperar pelas habilidades em matemática, mas não podem ser aprendidas simultaneamente.

Ensinando Pelo Modo Mais Difícil

Algumas vezes, os professores tentam resolver problemas do modo mais difícil. Por exemplo, esperando que os leitores fracos melhorem, enquanto estão fazendo menos leitura do que os leitores melhores. Quando as crianças têm problemas para compreenderem textos, podem receber palavras isoladas, enquanto os problemas com a identificação de palavras podem evocar uma atenção à identificação de letras e mescla de sons. Mas as letras (e suas

12. Aprendendo a Utilizar a Linguagem Escrita

inter-relações fonéticas) são melhor reconhecidas e aprendidas quando são parte das palavras, e as palavras são reconhecidas e aprendidas com mais facilidade quando estão em seqüências significativas. Os bons leitores tendem a ser bons em identificação de letras e palavras, e em exercícios fonéticos, mas estas habilidades mais específicas são uma conseqüência, não uma causa, da boa leitura (Samuels, 1971). Os bons leitores tendem também a compreender o jargão técnico da leitura, tal como *letra, palavra, verbo, sentença, parágrafo*, mas isto, novamente, é uma conseqüência de ser capaz de ler. A prática com definições não faz os leitores (Downing & Oliver, 1973-74).

Uma compreensão da linguagem que é usada para se falar *sobre* a linguagem escrita, tais como os termos dados no final do parágrafo anterior, é, às vezes, chamada de *consciência metacognitiva* (ou *metalingüística*), ou *esclarecimento cognitivo* (Downing & Leong, 1982). Ocasionalmente afirma-se que esta metalingüística e conhecimento cognitivo são essenciais para o aprendizado da leitura. Mas, naturalmente, muitas crianças aprenderam a ler e a escrever sem jamais terem ouvido falar em tais palavras. O conhecimento destas palavras é necessário apenas se são transformadas em uma parte focal da instrução, se é necessário que as crianças compreendam as palavras a fim de que se permita que sigam em frente com a tarefa de aprenderem a ler e escrever. A falta do conhecimento especializado pode transformar-se em confusão, mas não por ser um pré-requisito da alfabetização.

As crianças também podem tornar-se confusas pela instrução desnecessária, à medida que é fútil, freqüentemente como uma conseqüência de uma moda teórica entre especialistas. Quando, por exemplo, Noan Chomsky popularizou a lingüística transformacional como um método técnico de análise da linguagem, muitas pessoas pensaram que as crianças não aprenderiam a ler, a menos que se tornassem lingüistas em miniatura, e fizeram com que os alunos passassem um tempo imenso realizando exercícios transformacionais que, aparentemente, não faziam diferença para sua habilidade na linguagem. Após os psicólogos interessarem-se pela noção teórica de características distintivas, podem-se observar vários esforços para ensinar às crianças as características distintivas das letras, embora ninguém pudesse demonstrar, de maneira convincente, quais seriam estas características. As crianças que tinham dificuldades com o alfabeto ou com estes exercícios, às vezes eram diagnosticadas como tendo uma fraca discriminação de características, embora não possuíssem qualquer dificuldade em distinguir entre garfos e facas e cães e gatos. Os programas e materiais de leitura baseados na fonética floresceram, sempre que os lingüistas interessaram-se particularmente nas correspondências de ortografia-som, da linguagem, e, mais recentemente, têm existido uma tendência a ensinar a "previsão" como se esta fosse algo estranho à maior parte da experiência das crianças. Em todos estes casos, os conceitos que os cientistas consideraram úteis como construções hipotéticas, em suas tentativas de compreender sua disciplina, tornaram-se, com pouca justificativa, algo que a criança deveria aprender, como um pré-requisito para o aprendizado da leitura. Não se explica, então, como as crianças aprendiam a ler, antes destes conceitos. Existe uma crescente concordância, atualmente, sobre a importância da compreensão como a base do aprendizado, mas, ao mesmo tempo, existe um sentimento de que a própria compreensão deve ser ensinada, que pode ser partida em uma série de "habilidades de compreensão", que presumivelmente podem ser ensinadas sem compreensão.

Não estou dizendo que não é útil às crianças conhecerem o alfabeto, construírem um vocabulário visual, ou mesmo entenderem o relacionamento entre a ortografia das palavras e seus sons. Mas tudo isto são subprodutos da leitura, que fazem mais sentido à medida que a própria leitura é dominada e entendida. É inútil, para um professor e para seu aluno, trabalha em atividades que não facilitem o aprendizado da leitura e que se tornará algo fácil, à medida que a experiência com a leitura se desenvolva. Não é, certamente, o caso de os professores jamais corrigirem ou fazerem sugestões. Mas a correção ou aconselhamento podem ser oferecidos demasiadamente cedo. Uma criança faz uma pausa, após ler em voz alta, e metade da turma grita a próxima palavra, embora o leitor possa estar pensando sobre algo mais seis palavras à frente ou atrás. Os problemas surgem quando as correções e explicações prejudicam a confiança das crianças ou as param no meio do caminho por aquilo que poderia ser considerado como razões não pertinentes. O professor deve sempre perguntar: "O que está causando a confusão, aqui?"

Os Primeiros Passos

As crianças começam a ler com a primeira palavra escrita que são capazes de reconhecer. A informação não-visual é tão importante que o potencial de leitura é aumentado com cada expansão do conhecimento de uma criança sobre o mundo ou sobre a linguagem falada. (Mas não existe uma necessidade particular para um conhecimento anterior extensivo do mundo ou da linguagem falada, para uma criança que começa a ler; somente o suficiente para extrair um sentido da primeira palavra impressa que será lida. Muito do conhecimento e das habilidades de linguagem dos leitores fluentes é conseqüência da alfabetização, não sua causa.)

Não existe uma "idade melhor" para o aprendizado da leitura. Muitas crianças podem aprender a ler, muitas vezes espontaneamente, já aos três anos de idade (Clark, 1976), e está igualmente bem documentado que adultos não alfabetizados podem aprender a ler em poucos meses, desde que sua sensibilidade não tenha sido diminuída pelos anos de fracasso com a instrução formal da leitura (Freire, 1972). Muitos dos leitores precoces que

12. Aprendendo a Utilizar a Linguagem Escrita

foram estudados não tinham um intelecto acima da média ou quaisquer privilégios sociais ou culturais particulares; simplesmente consideraram a leitura algo útil e fácil de aprender, em geral sem qualquer consciência do que estavam fazendo. Se uma criança aprenderá a ler ou não, não é algo que possa ser determinado com referência a um calendário ou à "idade mental" do aprendiz.

De maneira similar, não existe uma condição mental única de "prontidão para a leitura". As crianças estão prontas para aprender sempre que têm um objetivo e oportunidade inteligível para a leitura, não em termos de estabelecer um período de concentração de instrução sistemática, mas em um interesse de explorador, por sinais e rótulos, em listas telefônicas e folhetos, e em histórias. Nos contextos educacionais, a "prontidão para a leitura" está freqüentemente relacionada mais à forma e demandas da instrução do que à própria leitura. Obviamente, se a instrução enfatiza o conhecimento de nomes de letras — um outro exemplo de "consciência metalingüística" — então uma criança que não pode aprender a natureza do alfabeto, não está pronta. Se a instrução requer uma atenção detalhada aos padrões de sons de um dialeto particular da linguagem falada, então uma criança que não pode fazer isto não está pronta. Mas nada disso tem algo a ver com a própria leitura. É difícil ver-se que tipo de situação física, emocional, intelectual ou cultural, especial, é necessária para o aprendizado da leitura, exceto os dois básicos conhecimentos que já discuti.

A leitura não é intrinsecamente diferente de outras atividades; deve mesclar-se, suavemente, a todos os outros empreendimentos lingüísticos e intelectuais da vida de um aprendiz. Não existe um dia mágico, quando um "pré-leitor" subitamente torna-se um "aprendiz", exatamente como não existe um indicador do dia em que o aprendizado é completado e um leitor "forma-se". Ninguém é um leitor perfeito, e todos continuamos a aprender, cada vez que lemos.

Nada disso quer dizer que todas as crianças aprenderão a ler facilmente; sempre existiram evidências de que este, provavelmente, não é o caso. Mas o fracasso não necessita ser atribuído à dislexia, uma doença que somente afeta crianças que não conseguem ler, e que é invariavelmente curada quando conseguem fazê-lo. Tenho argumentado que não existe nada único acerca da leitura, tanto visualmente ou até onde a linguagem está envolvida. Não existem defeitos visuais evidentes específicos para a leitura, mas isto não significa que não existam anomalias visuais gerais que interfiram com o aprendizado da leitura. As crianças que precisam de óculos não considerarão a leitura algo fácil, até que sua visão seja corrigida. As poucas crianças que têm dificuldades para aprenderem a fala, ou aprenderem qualquer coisa, podem também considerar o aprendizado da leitura difícil.

Mas não existem evidências convincentes de que crianças que podem ver normalmente, com ou sem óculos, e que adquiriram uma competência na linguagem falada a sua volta, possam ser física ou congenitamente incapazes de ler. Não se pode negar que algumas crianças que parecem "normais" e mesmo brilhantes em outros aspectos podem deixar de aprender a ler. Mas podem existir outras razões para este fracasso, que não pressupõem qualquer disfunção orgânica por parte da criança. As crianças não aprendem a ler quando não o desejam, quando não vêem por que fazê-lo, quando são hostis ao professor ou à escola, ou ao grupo cultural ou social ao qual pertencem o professor e a escola. As crianças das quais se espera um fracasso, não conseguem aprender a ler. Aquelas que acreditam que tal aprendizado lhes será muito penoso, ou cuja imagem preferida de si mesmas, seja por que razões forem, é a de não-leitores, também não aprenderão. As crianças não aprendem a ler se possuem uma idéia errada sobre a natureza da leitura, se aprenderam — ou foram ensinadas — que a leitura não tem qualquer sentido.

Testes

É no contexto deste fracasso que deve ser feita uma breve referência aos efeitos da mania comtemporânea de constante testagem e avaliação sobre as crianças, e em especial daquelas que têm dificuldades para extrair sentido da maneira como a leitura é ensinada.

Os testes são, primariamente, uma conveniência administrativa. São elaborados e administrados por uma variedade de razões políticas e burocráticas, para classificar as crianças e avaliar os professores. Mas nenhum teste de leitura jamais ajudou uma criança a aprender a ler. E não existe nada, nos próprios testes, que indique por que uma criança poderia não estar conseguindo aprender a ler.

Os problemas surgem de duas maneiras. A primeira é que se acredita amplamente que o conteúdo dos testes de leitura (ou de compreensão ou testes de prontidão) indica o que uma criança precisa saber, a fim de aprender a ler. Isto é um engano. Os testes podem fornecer indicadores do que as crianças são capazes de fazer como uma conseqüência do aprendizado da leitura, de modo que aquelas que são bons leitores tendem a se sair bem em testes (embora não invariavelmente) e as crianças que são fracos leitores, não. Mas tentar ensinar uma criança a obter boas notas em itens individuais em um teste não a ensinará a ler. A contagem do número de vezes em que uma criança visita voluntariamente uma biblioteca poderia ser um teste relativamente sensível, indicador da habilidade para a leitura, mas o treinamento para que as crianças visitem a biblioteca com mais freqüência não melhoraria, em si, a habilidade para a leitura, embora aumentasse a nota do aluno. No máximo, os testes medem quão bem uma criança é capaz de extrair um sentido da instrução formal de leitura para progredirem ao longo dos programas.

12. Aprendendo a Utilizar a Linguagem Escrita 253

A razão para a íntima afinidade dos testes e programas é que ambos são forçados a tratar a leitura da mesma maneira arbitrária e artificial. Uma vez que alguém de fora da sala de aula deve determinar o que é apropriado para as crianças fazerem e saberem (e isto pode ser medido), e uma vez que, por razões de controle e estandardização é necessário partir a leitura em seqüências fragmentadas e predeterminadas, os testes e programas instrucionais tendem a se tornar preocupados com os mesmos aspectos superficiais e isolados que são, supostamente, "componentes" da leitura.

Assim, o primeiro problema com os testes é que dão aos professores e alunos uma idéia distorcida sobre a natureza da leitura e do que deve ser feito para ensinar uma criança a ler (ou para satisfazer alguma autoridade exterior acerca de que a criança está aprendendo a ler). Isto, talvez, não cause muitos problemas para uma criança que está realmente aprendendo a ler, que se sai razoavelmente bem em testes, e cuja exposição à leitura significativa não é limitada, como uma conseqüência. Mas os testes podem ser devastadores para crianças que não conseguem um bom desempenho, parcialmente porque podem ter a oportunidade de ler significativamente retirada delas (em favor de exercícios os quais já demonstraram não compreender) e também por causa da inevitável conseqüência para sua auto-estima. O segundo principal problema com os testes é que não fazem nada de positivo para a sensibilidade das crianças que não conseguem um bom desempenho.

Os professores não precisam de testes para descobrirem se seus alunos estão aprendendo ou se estão confusos. Cada professor pode dizer (ou deveria ser capaz de dizer) se uma criança fez progressos na leitura, simplesmente falando com a criança. O aprendizado da leitura não progride centímetro por centímetro, com um item de informação após o outro; não deve haver dificuldade para determinar se uma criança progrediu na habilidade e interesse em um período de alguns meses. Se o método de instrução é tal que nem o professor nem o aluno podem dizer se o progresso está ocorrendo sem o recurso de um teste estandardizado, isto é um sinal certo de que a própria instrução é, em essência, inútil.

Os melhores testes são os "caseiros", construídos com base na sala de aula, a fim de assegurar ao professor que aquilo que o aluno está aprendendo naquele determinado momento está lhe fazendo sentido. Os bons professores fazem isso intuitivamente, e uma vez que tais testes são uma parte natural de qualquer atividade na qual a criança esteja engajada, eles são tanto relevantes quanto inconspícuos.

Os testes de "capacidade para a leitura" também devem ser tratados com cautela. Os professores devem sempre ser capazes de dizer se os alunos de suas classes poderiam considerar um texto particular compreensível e interessante; devem conhecer seus alunos. Mas os cálculos mecânicos de legibilidade só podem ser interpretados *negativamente*. O fato de uma análise de legibilidade indicar que um texto tem um "nível de vocabulário" e "complexidade sintática" apropriados para uma determinada série escolar pode muito bem significar que as crianças abaixo desta série poderiam ter dificuldades com ele. (Embora não seja, necessariamente, o caso de as crianças considerarem as sentenças curtas mais fáceis do que outras, mais ricas.) Mas o nível de legibilidade não pode ser considerado como indicando que um texto *deve* ser compreensível para crianças de uma determinada idade, e que as crianças que não conseguem ler tal texto têm algo errado com sua capacidade de leitura. Os textos não devem ser construídos por fórmulas, e a obediência à fórmula não garante a legibilidade, compreensibilidade ou interesse.

As situações que caracterizei como tornando a leitura mais difícil e, assim, tendentes a interferir com o aprendizado da leitura pelas crianças, são um fato da vida, em muitas salas de aula onde os professores sentem que não podem fazer muita coisa para melhorar a situação. Os testes devem ser administrados; a instrução deve ser dirigida para os testes; a matéria de "linguagem" é arbitrária e artificialmente fragmentada; as crianças são categorizadas e separadas de acordo com suas notas; os professores devem ser responsáveis; certos currículos devem ser seguidos; os pais e empregadores devem ser satisfeitos; o trabalho deve, algumas vezes receber notas; a competição e a ansiedade são inevitáveis. Muito do tempo do professor é necessariamente utilizado para dirigir a sala de aula, muitas atividades são criadas para satisfazer as orientações ou outras demandas feitas por fontes externas, e poucos professores podem encontrar tempo ou recursos para proporcionar um ambiente de aprendizado ideal para seus alunos, durante todo o tempo.

Uma teoria da leitura não mudará esta situação (embora possa proporcionar munição a qualquer um que deseje fazer uma pequena mudança). O tipo de mudança que fará diferença nas escolas não virá com melhores teorias ou com melhores materiais, ou mesmo com professores melhor informados, mas somente com os indivíduos assumindo uma ação em direção à mudança. O problema de melhorar a instrução da leitura, a longo prazo, é uma questão política. Mas se os professores podem mudar seus mundos ou não, ainda será melhor que entendam sobre a leitura e sobre como as crianças aprendem a ler. Os professores que não conseguem aliviar seus alunos da perturbação de demandas e atividades irrelevantes, podem, ao menos, protegê-los, observando que as atividades têm pouco a ver com a leitura ou com a capacidade de aprendizado da criança. As crianças compreendem que tarefas sem sentido lhes são exigidas com freqüência pelo simples fato de mantê-los ocupados e quietos, mas não são ajudadas se as levarmos a acreditar que tais tarefas são uma parte importante do aprendizado da leitura.

12. Aprendendo a Utilizar a Linguagem Escrita

O Clube de Alfabetização

Existem crescentes evidências de que as crianças sabem muito sobre a alfabetização antes de ingressarem na escola (Ferreiro & Teberosky, 1982; Goelman, Oberg & Smith, 1984). Elas podem não ter aprendido a ler ou escrever, mas conhecem como a palavra escrita é utilizada na comunidade à qual pertencem. Se suas famílias lêem livros e jornais, sabem sobre livros e jornais. Se as famílias consultam o guia da televisão, sabem sobre guias de televisão. Se deixam uns aos outros mensagens na porta do refrigerador, as crianças sabem sobre mensagens em portas de refrigeradores. Se seus amigos lêem gibis, ou consultam catálogos, conhecem sobre gibis e catálogos. Sabem sobre sinais, rótulos, listas, letras, cartões de felicitações, listas telefônicas e tudo o mais que possa ser parte do seu ambiente pessoal de linguagem escrita. Também conhecem por alto como a linguagem escrita funciona, que consiste de símbolos escritos em linhas, que é posta no papel de várias maneiras convencionais. Antes que possam escrever, sabem que existem regras de ortografia. Têm idéias sobre a razão de as pessoas lerem, mesmo antes que elas próprias possam ler. Fingem ler e escrever em suas brincadeiras.

Não existem *kits* de materiais ou exercícios sistemáticos para ensinar às crianças como o mundo utiliza a linguagem escrita. Estas crianças aprendem — em geral sem que qualquer pessoa perceba que estão aprendendo — pela participação em atividades de escrita com pessoas que utilizam a linguagem escrita. Tudo pode ser resumido em uma metáfora. As crianças aprendem sobre a leitura e a escrita "associando-se a um clube de alfabetização". Recebem demonstrações sobre como a linguagem escrita é utilizada, e recebem colaboração quando se tornam interessadas nas utilizações da linguagem escrita. A assistência é, em geral completamente casual, quando alguém lhes aponta um sinal de rua onde está escrito "Pare", ou "Cachorro-quente", pela maneira como alguém pode dizer "Olha, lá está um cavalo". Alguém as ajuda a ler o que estão interessadas em ler, e as ajuda a escrever o que gostariam de escrever por si mesmas.

A filiação ao clube de alfabetização oferece as mesmas vantagens que o clube da linguagem falada, que discuti no capítulo anterior, e de todos os outros clubes aos quais a criança possa associar-se. As crianças, no clube de alfabetização, têm oportunidade para ver o que a linguagem escrita pode fazer, são encorajadas e ajustadas para fazerem estas coisas por si mesmas, e não correm o risco de exclusão se cometem erros, ou mostram uma falta de interesse passageira. Aprendem a ser como os outros membros do clube. (E se aprendem a partir de outras demonstrações de que a leitura e escrita são atividades entediantes, ou de que não pertencem ao clube, podem aprender a não ser como as pessoas que lêem e escrevem).

Isto não significa que as crianças estão perdidas para a alfabetização, se não aprenderam sobre a leitura e escrita fora da escola. Mas é criticamente importante que todas as crianças tenham uma oportunidade para pertencer a um clube de alfabetização na escola. Para as crianças que não estão interessadas na leitura e escrita, é ainda mais importante que as atividades na sala de aula sejam tornadas interessantes e acessíveis. Necessitam de mais demonstrações de que existem utilizações preciosas da alfabetização, e mais colaboração no engajamento nestas atividades por si próprias. E, de qualquer modo, as crianças que não se associaram a um clube antes de ingressarem na escola, não devem correr o risco de rejeição porque as definições da escola sobre alfabetização ou percepções de atividades de alfabetização são diferentes.

Não há necessidade de temer-se que, lendo para os aprendizes, ou escrevendo para eles, torne-os passivos e dependentes. Eles nem sempre esperarão que outras pessoas façam suas leituras e escritas. Nenhuma criança tem tanta paciência. No momento em que uma criança sente que pode ler ou escrever bem o bastante, prontifica-se a fazê-lo — freqüentemente antes que os adultos possam pensar que as crianças são capazes —; rejeitam o auxílio. Não é diferente quando as crianças aprendem a andar de bicicleta. As crianças jamais desejam ser empurradas quando podem pedalar por si mesmas (exceto quando estão indo ladeira acima).

Margaret Spencer (1987) descreveu como os autores de livros infantis *ensinam* as crianças a ler. Estes são os autores de livros que as crianças adoram ler, vezes e vezes sem conta. As crianças já sabem as histórias antes de abrirem os livros — ou as histórias são tão previsíveis que sabem o que está na página antes de a virarem. As crianças conhecem a história, de acordo com Spencer, e o autor lhes mostra como lê-la.

Jane Torrey (1969) descreveu como os autores de rótulos e comerciais de televisão também podem ajudar as crianças a aprenderem a ler por si mesmas. A auto-admissão espontânea no clube de alfabetização pode até mesmo explicar como as crianças conseguem aprender a ler quando sujeitadas a regimes intensivos de sala de aula de fonética e outras atividades costumeiras (que, então, recebem o crédito pela aquisição da capacidade de leitura).

Alguém deve fazer a leitura para os aprendizes, até que sejam capazes de ler algumas coisas por si mesmos, e estejam prontos para ler pela realização da própria leitura. Ler para as crianças não é algo muito demorado — somente até que elas possam ler o suficiente para que os autores assumam sua tarefa. Muito pouca habilidade real para a leitura é necessária para que isto ocorra, se o tipo certo de material interessante e familiar está disponível (para detalhes sobre tais materiais, peça sugestões às crianças). Na verdade, para que uma criança saiba as histórias de cor com antecedência, pode ser suficiente introduzir as crianças aos autores. O que importa é o que o aprendiz leia textos conhecidos ou familiares como um leitor experiente.

O papel do professor é apoiar a leitura e escrita de todas as crianças, até que os autores, e o próprio interesse e autopercepção das crianças,

12. Aprendendo a Utilizar a Linguagem Escrita

assegurem sua afiliação continuada no clube de alfabetização. Para os professores que são, eles mesmos, leitores entusiastas e escritores, a oportunidade para desenvolver novos membros de clubes deve ser tanto um prazer quanto um privilégio.

SUMÁRIO

O aprendizado da leitura depende de dois conhecimentos básicos de que a linguagem escrita é significativa, e de que é diferente da linguagem falada. Os aprendizes devem apoiar-se na informação visual do texto tão pouco quanto possível. Os professores ajudam as crianças para que aprendam a ler estimulando seu interesse e facilitando a utilização da linguagem escrita a um grau que os programas de instrução formal, com seus objetivos necessariamente limitados, não podem alcançar. Os professores devem assegurar que todas as crianças recebam demonstrações e colaborações necessárias para manter a afiliação ao "clube de alfabetização".

As notas ao Capítulo 12 abrangem

Aprendendo a ler
Lendo para as crianças
Alfabetização e escolarização
Professores e programas
Consciência metalingüística
Dislexia e deficiência no aprendizado

NOTAS

NOTAS AO PREFÁCIO E À INTRODUÇÃO
Psicolingüística

O termo *psicolingüística*, como utilizado no subtítulo e outros lugares deste livro, refere-se a uma área de sobreposicionamento de vários campos especializados da psicologia e da lingüística, um terreno comum onde os psicólogos (que estudam o comportamento humano) e os lingüistas (que estudam a linguagem) encontram-se para explorar as maneiras pelas quais a linguagem humana é, realmente, aprendida e usada.

Na educação para a leitura, entretanto, "psicolingüística" tornou-se algo como um grito de guerra (ou um termo de ignomínia, dependendo de que lado você está). Uma forte abordagem fonética ao ensino da leitura tem sido chamada, há muito, de "método lingüístico", e a "psicolingüística" foi adotada no início da década de 70 como emblema do ponto de vista oposto (o qual também tem sido chamado de "abordagem do significado" — ou mesmo "abordagem da leitura" — no ensino da leitura)

Existem dois pontos de vista radicalmente divergentes sobre a natureza da leitura. Caracterizei amplamente estas perspectivas teóricas como "de dentro para fora" e "de fora para dentro" (Smith, 1979), dependendo de onde se presume originar-se o controle na leitura, com o leitor ou com o texto. Mais geralmente, estas posições opostas tornam-se conhecidas como "de cima para baixo" ou de "baixo para cima" (porque as metáforas tomadas do jargão da tecnologia dos computadores têm uma fama de serem mais científicas). A teoria de cima para baixo é mais ou menos equivalente à minha teoria de de dentro da fora, implicando que o leitor determina como um texto será abordado, trabalhado e interpretado. A visão de "de baixo para cima" é minha de "de fora para dentro", colocando o texto no comando, com as letras na página como os primeiros e últimos árbitros das respostas dos leitores. Este livro, devo talvez acrescentar, poderia ser considerado como fortemente representativo da visão de dentro para fora.

Naturalmente, têm existido tentativas de comprometer estas visões (ou de criar um terceiro ponto de vista), argumentando-se a favor de teorias de "interação", que são tanto de cima para baixo quando de baixo para cima, ao mesmo tempo. Mas ninguém que defenda o ponto de vista de cima para baixo desejaria afirmar que a leitura não é uma interação com o texto, de qualquer modo. Exatamente porque o significado tem que ser trazido pelo leitor, isto não significa que *qualquer* significado servirá (exatamente como podem existir várias maneiras de se caminhar através de uma floresta, mas a própria floresta coloca um limite nos diferentes modos de ser cruzada). E, como K. Goodman (1981) apontou, muitas teorias de interação tendem a ser uma visão de baixo para cima distorcida; soam mais liberais, mas ainda tendem a dar o poder básico à palavra impressa. As palavras podem ser promíscuas, quando utilizadas como rótulos para pontos de vista, e "psicolingüística" tem tido uma carreira particularmente errática, na educação. Inicialmente — no final da década de 60 e início da de 70 — o termo conotava, principalmente, os estudos acadêmicos sobre a natureza da linguagem e sobre a maneira pela qual os bebês aprendiam a usá-la, focalizando-se sobre o papel crítico do significado e pensamento construtivo. Na educação, a perspectiva psicolingüística implicava um foco similar sobre a significância no aprendizado da alfabetização.

Kenneth Goodman e eu tentamos, certa vez, prevenir o inevitável em um artigo, argumentando que poderia existir um "método psicolingüístico" de ensino da leitura (E. Smith & K. Goodman, 1971), uma contradição em termos que poderia fazer tanto sentido quanto um "método culinário" de cozinhar ovos. Naturalmente, fracassamos. "Psicolingüística" tornou-se um grito de largada para uma abordagem ao ensino da leitura que renunciava materiais e atividades fragmentadas, pré-empacotadas, "baseada em habilidades". Mas os editores rapidamente produziram "materiais psicolingüísticos" (ou rotularam novamente velhos materiais como "psicolingüísticos). O principal sucessor à perspectiva psicolingüística na educação é hoje conhecido como "linguagem como um todo". Novamente, este era, originalmente, um termo conotando uma filosofia de aprendizado, oposta aos exercícios artificiais sem relação ao contexto. Mas, à medida que a linguagem como um todo adquiriu influência e prominência na educação, a perspectiva tornou-se distorcida, a teoria transformou-se em um método, e os editores começaram a produzir "materiais sobre a linguagem como um todo".

No mundo acadêmico, o termo "psicolingüística" também tem mudado suas conotações — e provocado algumas disputas territoriais. Muitos pesquisadores do aprendizado da linguagem que originalmente chamavam-se de psicolingüistas, empregaram métodos "naturalistas" — *observaram* como as crianças aprendiam ou utilizavam a linguagem em ambientes naturais, em vez de em situações de aprendizado manipuladas experimentalmente. Desde a metade da década de 70, entretanto, vários pesquisadores da linguagem uniram suas forças com especialistas de computadores e inteligência artificial na nova subdisciplina chamada de *ciência cognitiva*. Esta nova geração de "psicolingüistas" freqüentemente apresenta uma atitude distintamente experimental e prescritiva à instrução, levando a alguma discussão sobre se não estão utilizando mal o termo "psicolingüística". A partir de um ponto de vista puramente semântico, naturalmente, qualquer estudante de linguagem e do aprendizado tem o direito de julgar a categoria ocupacional de "psicolingüística", uma vez que pertence a uma área de estudo, e não a um compromisso educacional. Mas, dada a maneira como o termo tem sido amplamente empregado, as conotações excessivas são provavelmente inevitáveis.

Ainda assim, mantive o título da presente edição, parcialmente porque esta era a maneira como *Compreendendo a Leitura* estava intitulada, quando de sua primeira edição, em 1971, mas também para indicar restrições que continuei a observar nos conteúdos do livro. A preocupação primária é com o que os leitores precisam saber a fim de extraírem sentido da linguagem escrita. O livro não penetra profundamente nos temas *sociolingüísticos*, tais como as circunstâncias sociais particulares nas quais a alfabetização é empregada e aprendida (embora não ignore o último por completo), nem penetra na extensão e conseqüências da falta de alfabetização, nos tipos de comportamentos quanto à alfabetização, na crítica à alfabetização, semiótica ou diferenças culturais.

Pesquisas

As pesquisas sobre a natureza da leitura e instrução desta atingiram um pico no começo da década de 70, com o apoio de enormes verbas federais objetivadas à erradicação do analfabetismo nos Estados Unidos. O objetivo jamais foi alcançado, em grande parte porque (eu argumentaria) a pesquisa e esforços instrucionais estavam amplamente baseados em teorias "de fora para dentro", fragmentadas ou descontextualizadas, de instrução e de leitura (Smith, 1986). E, com o fracasso, a maior parte do apoio financeiro disponível e o foco da atenção têm tendido a mudar, primeiro para a escrita e, mais recentemente, para o pensamento (sem, entretanto, uma alteração significativa na abordagem teórica geral).

Notas 261

Apesar destas mudanças, e de uma diminuição universal dos fundos de apoio, a pequisa sobre a leitura continua a ser uma indústria pequena, mas em crescimento. O *Annual Summary of Investigations Related to Reading*, da International Reading Association, considerou mais de mil estudos anualmente, desde 1980 — sem, no entanto, clamar ter retido todos sob sua atenção. Muitos destes estudos são derivados das teses obrigatórias ou dissertações produzidas por estudantes universitários, muitos dos quais jamais se engajarão em pesquisas novamente. Outros relatórios, freqüentemente mais medíocres ainda, são gerados por acadêmicos solicitando publicações para fins de promoção, ou por beneficiários de centros de pesquisas e outras agências que dependem de publicações para justificarem sua existência. Existe uma ênfase maciça, experimentalmente, na maioria destes estudos, que estão bem mais alienados da realidade da leitura ou situações de sala de aula.

Barr (1986), por exemplo, observa que somente um quarto destes relatórios, no jornal da International Reading Association, *Reading Research Quarterly*, 1980 a 1985, centravam-se na instrução, e cerca de 70% destes eram experimentais. Ela observou que a maioria dos estudos instrucionais envolvia a "manipulação de um número único ou limitado de condições, tais como método e/ou materiais de ensino... controlando outras condições relevantes pelo planejamento experimental ou estatístico". Esta abordagem, Barr comenta, "não considera as condições mostradas como sendo centrais para o processo de instrução, tais como o número de histórias realmente lidas, a quantidade de tempo disponível e utilizado, a composição da classe e as habilidades de direção desta pelo professor".

Por outro lado, tem havido um número crescente de pesquisas sobre a compreensão na leitura. As metodologias de grande parte destas pesquisas, revisadas por Keiras e Just (1984), tendem a considerar a compreensão como um processo mecânico. Uma técnica popular (empregada também em muitos outros estudos sobre o pensamento) requer que os sujeitos digam em voz alta o que estão pensando (ou acham que estão pensando), enquanto lêem. Alguns estudos sobre a compreensão centralizam-se mais nos movimentos oculares, que podem ser medidos, do que no conhecimento de um leitor e seus objetivos, que são menos sujeitos ao controle experimental. Mais pesquisas gerais sobre a compreensão, em um período de 10 anos até 1984, foram documentadas e avaliadas em um projeto federal de pesquisas, conduzido por Jerome Harste, Pamela Terry, e Philip Harris, na Universidade de Indiana. Seus relatórios (Crismore, 1985; Harste e Stephens, 1985) concluem que não se podem fazer afirmativas gerais de todos estes esforços — a leitura e o aprendizado são demasiadamente complexos, e tudo depende do leitor individual, do texto, situação e intenções. Podem ser encontradas mais discussões sobre tais pesquisas nas Notas ao capítulo 1.

Não tentei, obviamente, neste volume, resumir todas as pesquisas feitas sobre a leitura. Isto seria impossível. Em vez disso, extraí dados principalmente daquilo que me ajuda a construir um quadro coerente da leitura e do aprendizado desta. As pessoas com um ponto de vista alternativo poderiam ser igualmente seletivas, a fim de rejeitarem minhas conclusões. As pesquisas, nas ciências comportamentais, raramente resolvem disputas de uma natureza fundamentalmente filosófica. Ocasionalmente, faço referência a pontos de vista alternativos, pelo menos para estabelecer minhas argumentações, mas este livro não tenta ser eclético.

Sobre Não Ser Eclético

Um aspecto do ecletismo é a visão de que a ciência é uma atividade incremental — que cada pequena porção de pesquisa é válida, acrescentando uma porção de verdade à acumulação sempre crescente de conhecimento e compreensão. Tal visão repousa sobre uma crença de que os pesquisadores jamais partem de falsas presunções ou terminam com conclusões não confiáveis. Todos os achados relatados supostamente ajustam-se uns aos outros como peças em um quebra-cabeças, não importando quão contraditórios possam ser. Os livros-textos didáticos são freqüentemente pastiches desta natureza, cobrindo quantidades imensas de terreno sem provisão de caminhos navegáveis. O ponto de vista alternativo é o de que a pesquisa científica está baseada em *paradigmas* conceptuais, ou modos de ver o mundo, que freqüentemente apresentam conflitos. São subjetivamente adotados e emocionalmente retidos. Um paradigma raramente é abandonado por seus partidários, a menos que estes o considerem completamente inútil e tenham um outro para substituí-lo (Kuhn, 1970). As pesquisas feitas, as evidências coletadas e as conclusões alcançadas dependem das crenças e expectativas do pesquisador.

Uma outra forma comum de ecletismo, conspícuo na educação, fecha seus olhos à possibilidade de que posições convencionalmente mantidas possam ter sido desacreditadas, e tenta, em vez disso, assimilar pontos de vista alternativos nas linhas de pensamento estabelecidas ou "oficiais". Tal diluição conceitual é freqüentemente encontrada em estudos de pesquisas produzidas por comitês ou por instituições burocráticas. Um exemplo recente é *Becoming a Nation of Readers: The Report of the Commission on Reading*, publicado pelo Centro para o Estudo da Leitura, na universidade de Illinois (Andersons, Hiebert, Scott & Wilkinson, 1985). Este relatório cita — e mesmo recomenda — uma variedade de pontos de vista inconciliáveis sobre como a leitura é aprendida e deveria ser ensinada, bastante parecidos com o argumentar que o vegetarianismo comprovadamente é bom para sua saúde, mas que, ainda assim, você deve ingerir uma boa quantidade de carne.

Finalmente, existem abordagens ecléticas ao ensino da leitura, que envolvem a utilização de um pouquinho de cada proposição teórica ou instrucional importante. De acordo com tal visão indiscriminada, cada "autoridade" está com um pouquinho de razão e é difícil tomar uma decisão, de modo que cada ponto de vista deve receber um pouco de atenção. As abordagens não-críticas à instrução deixam de reconhecer que as teorias e métodos inapropriados podem levar as pessoas a um caminho errado, pessoas estas mais necessitadas de uma compreensão confiável e coerente sobre a natureza da leitura, especificamente, as crianças que tentam aprender e os professores que tentam ensiná-las. É necessário assumir um posicionamento. Algumas visões atuais sobre a leitura e instrução desta devem estar erradas.

Alterações na Quarta Edição

As diferenças mais significativas entre esta edição e suas predecessoras, tanto em organização quanto em conteúdo, repousam na ênfase acrescentada sobre a compreensão e o aprendizado. A importância da "experiência", bem como a "significação", é agora enfatizada, e completei o movimento iniciado na edição anterior, afastando-me da noção da leitura como a "recepção da informação transmitida". Conseqüentemente, houve mudanças na ordem dos capítulos em ambos os extremos deste livro, com a concentração da atenção sobre a compreensão no início e sobre o aprendizado, no final.

O capítulo 1, na terceira edição, "Perspectiva e Antevisão", foi relegado à situação de uma Introdução, encurtado e completamente revisado. "Conhecimento e Compreensão", que da terceira edição era o capítulo 5, foi revisado e ampliado, para transformar-se no capítulo 1 da presente edição, refletindo a ênfase organizacional sobre a experiência e compreensão. "Linguagem: Falada e Escrita" (anteriormente o capítulo 6), está agora revisada como o capítulo 2. O atual capítulo 3, contrastando a "Experiência e Informação" na leitura, coleta as partes teóricas sobre informação dos antigos capítulos 1 e 2, mas é, de outras maneiras, novo. O atual capítulo 4, "Entre os Olhos e o Cérebro", é uma versão revisada do capítulo 3 anterior (com o mesmo título), mais partes do capítulo 2 anterior. "Afunilamentos da Memória" (o antigo capítulo 4) está agora expandido para o capítulo 5. O capítulo "Aprendendo sobre o Mundo e Sobre a Linguagem" (anteriormente o capítulo 7), foi expandido e transferido para o final do livro (novo capítulo 11), onde, mais convenientemente, introduz o tópico do aprendizado da leitura.

Após as discussões "gerais" dos cinco capítulos de abertura, os capítulos de 6 a 9, na atual edição, são os antigos capítulos 8 a 11, sobre identificação de letras, identificação de palavras, fonética e identificação mediada de palavras, além de identificação do significado. Além de algumas citações atuais de pesquisas, estes capítulos permanecem, em sua maior parte, inalterados. O capítulo 12, anterior, "Lendo e Aprendendo a Ler", entretanto, foi dividido e ampliado: A seção "Lendo" torna-se parte de um novo capítulo 10, em "Lendo, Escrevendo e Pensando:, enquanto o "Aprendendo a ler" é expandido em um capítulo próprio, no final do livro.

Os últimos dois capítulos na presente edição concentram-se sobre o aprendizado. O capítulo 11, "Aprendendo Sobre o Mundo e Sobre a Linguagem", como já observei aos leitores, é basicamente o anterior capítulo 7. E o capítulo 12, "Aprendendo a Utilizar a Linguagem Escrita", consiste de novo material, bem como passagens de "aprendendo a ler" do antigo capítulo 12. O atual capítulo 12 também inclui passagens sobre o aprendizado do antigo capítulo 13 sobre "O Papel do Professor", que foi, de outro modo, descartado por ter sido considerado gratuito e redundante.

Agradecimentos

Tenho a satisfação de reconhecer as úteis sugestões e apoio de três revisores, Katheleen L. Daly, da Universidade de Wisconsin-River Falls, Diane E. DeFord, da Universidade do Estado de Ohio, e Jerome C. Harste, da Universidade de Indiana. Como em todos meus escritos, Mary-Theresa Smith proporcionou uma preciosa colaboração intelectual e editorial.

NOTAS AO CAPÍTULO 1
CONHECIMENTO E COMPREENSÃO

Teorias da Compreensão

A compreensão não é um tópico que atraísse uma grande atenção entre os psicólogos, até a década de 70, com a notável exceção de Piaget. A noção de que o cérebro de qualquer pessoa possui uma estrutura de conhecimento concernentes ao mundo, dentro da qual toda experiência é assimilada, era um aspecto central da teorização de Piaget. Seus escritos são volumosos e nem sempre transparentes. Poder-se-ia começar com *A Contrução da Realidade na Criança* (Piaget, 1954), ou com seus trabalhos com colaboradores, tais como Piaget e Inhelder (1969). Alternativamente, existem muitas introduções gerais práticas ao pensamento de Piaget, por exemplo, Rotman (1977), Phillips (1981) e Liben (1983).

Paradoxalmente, o computador proporcionou um grande ímpeto a muitos psicólogos interessados na compreensão, não necessariamente porque o cérebro é conceitualizado como uma espécie de computador (embora tal noção não pareça ser subjacente a algumas teorias), mas porque o computador provou ser um instrumento conveniente para a simulação de estruturas do conhecimento e processos de memória. Alguns experimentalistas acreditam que as teorias sobre os eventos mentais não apresentam "rigor", a menos que possam ser simuladas em um computador para provar que são pelo menos possíveis, enquanto outros consideram tais afirmações restritivas, se não enganosas. Falarei de maneira mais crítica sobre estes temas nas Notas do capítulo 3.

Alguns modelos criativos, embora limitados, de atividades cognitivas, têm sido explorados através das simulações por computador; para exemplos, veja Norman e Rumelhart (1975), Meyer e Schvaneveldt (1976), Kintsch (1974) e Smith, Shoben e Rips (1974), bem como alguns dos teóricos da memória relacionados nas Notas ao próximo capítulo. Há um grande grau de superposição entre os estudos sobre a memória e aqueles da estrutura do conhecimento humano. Todos concordam que a base da compreensão seja da linguagem ou do mundo em geral, deve ser alguma organização interna do conhecimento (ou crenças) sobre o mundo. Um livro anterior e clássico sobre a interação entre o mundo e o cérebro, pressagiando os análogos por computador, mas continuando sem uma comprovação técnica, é Miller, Galanter e Pribram (1960). Para um documento breve, mas incitante à reflexão, sobre o fundo de conhecimentos para a compreensão, veja Attneave (1974).

Karl Popper é um filósofo que argumenta a favor de um processo ativo de compreensão e aprendizado similar às discussões do presente volume; ele sugere que o conhecimento que cada um de nós (e nossa cultura) acumulou é um registro dos problemas que temos de solucionar. Popper tende a ser repetitivo e razoavelmente intenso em sua escrita técnica (por ex., Popper, 1973), mas suas opiniões são expressas mais concisamente em uma autobiografia (Magee, 1973). Popper também aponta que o cérebro não é o único local onde o conhecimento pode ser encontrado. O conhecimento existe em livros e filmes, em mapas e diagramas, em instrumentos e outros artefatos. Para algumas pessoas que jamais viram uma bicicleta, o próprio objeto poderia "explicar" como as bicicletas são utilizadas. Popper considera que todo este conhecimento é tão substancial e importante — uma vez que persiste sem necessariamente estar na cabeça de qualquer indivíduo — que dá, a ele, o nome de "Mundo 3", para distingui-lo do mundo dos eventos objetivos e do mundo dos estados mentais subjetivos. Os computadores, obviamente, são parte do Mundo 3. O conhecimento no Mundo 3 é imensamente inerte e estéril, entretanto, até que alguém entre em cena para "lê-lo" e compreendê-lo. Por outro lado, todos nós podemos ter o conhecimento na mente (Mundo 2) — por exemplo, na forma de "fatos" memorizados —, que nos é significativo, e poderia até mesmo estar contido em uma enciclopédia. O conhecimento é inútil sem a compreensão, onde quer que esteja localizado.

Boulding (1981) argumenta a partir de um ponto de vista de economista, bem como de cientista comportamental, que o conhecimento humano é um sistema especial, diferentemente de outros sistemas de informação como bibliotecas, computadores, ou o "mundo real". O conhecimento humano constitui um mundo em si mesmo, e não é simplesmente uma combinação do "mundo real" e do cérebro. Em outras palavras — como eu interpreto , vivemos em um mundo que o cérebro cria, em vez de em algum mundo concreto que existe independentemente de nós. Argumento que a leitura pode proporcionar experiências reais em mundos reais, não meras réplicas de experiências em "representações" do mundo. O mundo na mente é a base de toda nossa realidade.

Yates (1985) analisou os conteúdos da consciência momentânea — aquilo a que atentamos em determinado momento — e descobriu que, embora fragmentária, é parte de um mundo completo. Nossos pensamentos e percepções jamais estão relacionados ao mundo como um todo. São sempre capazes de antecipar ou simular futuros eventos, e, assim, proporcionar uma base para a formulação de uma ação apropriada. Tal consciência complexa, Yates argumenta, deve refletir um modelo subjacente do mundo — uma teoria do mundo em nossa mente.

As idéias básicas neste e em capítulos posteriores sobre a compreensão e o aprendizado são apresentadas em maior extensão em F. Smith (1975). Miller e Bruner são, talvez, os dois psicólogos que escreveram mais sobre uma ampla variedade de tópicos relevantes à compreensão. Para exemplos de suas investigações sobre a organização do conhecimento humano, ver Bruner (1973) e Miller e Johnson-Laird (1975). Para exemplos de abordagens baseadas em um computador, para a compreensão, ver Just e Carpenter (1977). Para teorias sobre esquemas, ver J. Mandler (1984), e G. Mandler (1985). Para o pensamento, ver McPeck (1981), Bruner (1986), e Vygotsky (1978). Gardner (1983) apresenta um ponto de vista diferente sobre o pensamento. Flavell (1981) é uma fonte-chave sobre a metacognição. Dois textos recentes sobre a psicologia cognitiva em geral são os de Anderson (1980) e Eysenck (1984).

Previsão

A previsão, como a discuti neste capítulo, não é um tópico amplamente explorado, embora exista uma literatura psicológica extensiva sobre as conseqüências da expectativa, por exemplo, no reconhecimento de palavras (Broadbent, 1967) e no reconhecimento de padrões (Garner, 1970). Burner (1957) escreveu um documento importante sobre "prontidão perceptiva", e Neisser (1977) explora a noção de que a percepção está baseada na informação antecipada do ambiente, e que nossos esquemas (ver abaixo) são continuamente reestruturados através da previsão e experiência. Nossas estruturas cognitivas são antecipações. Wildman e Kling (1978/1979) discutem a "antecipação semântica, sintática e espacial" na leitura, e o efeito da antecipação (ou de sua ausência) sobre a compreensão e memória foi investigado experimentalmente por Glynn e DiVesta (1979), Anderson e Pichert (1978) e Anderson, Reynolds, Schallert, e Goetz (1977). Todos estão familiarizados com a reação de "dupla-tomada" a uma anomalia semântica inesperada — como ler uma sentença de duplo sentido. Kutas e Hillyard (1980) mostraram que o encontro de uma sentença desta espécie realmente produz um surto mensurável em certos potenciais elétricos do cérebro.

A referência padrão sobre não se ter acesso direto ao conhecimento armazenado em nossas cabeças é feita por Polanyi (1966); ver também Nisbett e Wilson (1977). Não sabemos aquilo que sabemos, a menos que o coloquemos em uso de alguma forma, por exemplo, dizendo algo, ou imaginando que dizemos alguma coisa. Similarmente, não temos acesso imediato ao pensamento. Podemos estar cônscios de uma decisão que tomamos, mas as tentativas para reconstruirmos o "processo" pelo qual chegamos àquela decisão são invenções, mesmo se podemos hipotetizar sobre os fatores que influenciaram nossa ação. Normalmente, apenas estamos conscientes acerca do pensamento quanto este apresenta problemas, quando consideramos difícil tomar uma decisão, exatamente como a única ocasião em que estamos normalmente conscientes da compreensão é quando esta está ausente, quanto estamos confusos. Na maior parte do tempo, o cérebro parece capaz de tomar conta de seus próprios interesses muito bem, sem que tenhamos que nos envolver conscientemente.

Categorias

Existe um debate considerável sobre a natureza exata das categorias construídas no cérebro. Em particular, os limites mais restritos implicados por descrições tais como aquela dada neste capítulo, têm sido desafiados. Nem sempre é o caso de algo pertencer a uma categoria ou não. Algumas coisas têm um maior direito de estarem em uma categoria, são mais "típicas", enquanto outras apresentam somente uma tênue associação, não importando que características distintivas possam possuir. Rosch e Lloyd (1978), por exemplo, relatam que os sabiás geralmente são considerados mais como pássaros típicos do que as galinhas, com as águias em alguma posição intermediária. Os pingüins e as avestruzes estão muito mais próximos dos limites entre categorias, que podem ser muito indistintos. Rosch propõe a existência de certas categorias "naturais", que formam a si mesmas em torno de membros prototípicos, como cenouras para vegetais e futebol para esportes. Os membros prototípicos das classes proporcionam as características principais da categoria. Outras possibilidades adquirem associação à categoria à medida que compartilham "semelhanças familiares" com os protótipos. Em um livro intrigante e bastante abrangente formado a partir da teoria de protótipos de Rosch, Lakoff (1987) rejeita as teorias de categorização clássicas (indo até Aristóteles) e propõe o que chama de *realismo experimental*. Percebemos o mundo em termos de categorias holísticas em "nível básico" e proporções corporais, funções e finalidades, que proporcionam metáforas para a compreensão do mundo. Este é um livro estimulante e inteligente, técnico em partes, mas reiterando insistente e persuasivamente que o cérebro não é um dispositivo de processamento de informações ou de manipulação de símbolos, mas um órgão criativo e imaginativo.

Esquemas

É muito infreqüente que categorias cognitivas isoladas exerçam um papel significativo no pensamento ou comportamento humano. Em geral, funcionamos com base em estruturas conceptuais muito maiores, os esquemas que são construídos a partir das organizações complexas e freqüentemente dinâmicas das categorias. A palavra "esquemas" está se tornando o termo padrão para os vários tipos de estruturas mentais abstratas que nos possibilitam extrair um sentido do mundo, e participarmos ativamente dele, mas a área de estudos ainda é conhecida como "teoria dos esquemas", perpetuando o termo latino introduzido por Bartlett (1932).

Um dos pioneiros na pesquisa sobre os esquemas, Jean Mandler (1984) distingue três amplas categorias de esquemas: (a) *cenas*, ou o conhecimento espacialmente organizado, (b) *eventos*, como os *scripts* e cenários que mencionei neste capítulo, e (c) histórias, que possuem suas próprias "gramáticas" de tramas, personagens, ambientes, episódios, motivos, objetivos e conseqüências. Alguns teóricos — incluindo eu mesmo — iriam adiante, argumentando que as histórias são a base primária de toda nossa percepção e compreensão sobre o mundo. A maneira como percebemos, compreendemos e recordamos os eventos está na forma de estruturas de histórias que impomos sobre estes fatos, embora os eventos possam não se apresentar a nós desta maneira.

As demonstrações de que os esquemas de histórias são conhecidos e empregados na leitura, por adultos e por crianças, incluem Bower (1976), Stein e Glenn (1978), J. Mandler (1978) e J. Mandler e Johnson (1977). Todos, basicamente, mostram que a compreensão exige mais do que simplesmente o conhecimento do mundo e da linguagem na qual o texto está escrito. A compreensão exige o compartilhamento do conhecimento com o autor, sobre a maneira como tal texto está convencionalmente construído. Há mais, sobre a estrutura dos textos, no capítulo 2 e em suas Notas.

Análoga à noção de que temos estruturas conceptuais gerais em nossas cabeças que nos possibilitam extrair sentido de textos específicos (Norman & Rumelhart, 1975), é a visão de que possuímos *estruturas* (Minsky, 1980;

(Rumelhart & Ortony, 1977), *cenários e scripts* (Schank & Abelson, 1977) subjacentes a todas nossas interações rotineiras com o mundo. Tais padrões de expectativa e comportamento possibilitam-nos aplicar procedimentos gerais para nos comportarmos apropriadamente em situações específicas, tais como encontrarmos nosso caminho em uma loja de departamentos ou pedir uma refeição em um restaurante. Os esquemas são descrições abstratas de eventos ou situações com "lacunas" para detalhes específicos, as quais tentamos preencher quando queremos fazer ou compreender algo. A compreensão, de acordo com Rumelhart e Ortony (1977), é a confirmação de uma hipótese experimental sobre que esquemas são relevantes na busca das lacunas às quais os detalhes do evento ajustam-se. Rumelhart (1980) vê os esquemas como os blocos de construção da cognição, comparando-os com os *scripts* de peças que podem ser encenadas por diferentes grupos de atores em diferentes ambientes. Schank (1980) proporciona uma crítica mas construtiva revisão de livro intitulada "E, afinal, o que é um esquema?"

Um ponto de vista mais geral é fornecido por Katherine Nelson (1986) e seus colegas em muitos documentos sobre pesquisas e em um livro intitulado *Conhecimento do Evento*. Eles mostram que as crianças são habilidosas na expressão de idéias em representações "genéricas", abstratas, em vez de em descrições de eventos concretos. Se lhes pedimos que descrevam uma festa de aniversário, por exemplo, elas falam sobre bolos, brincadeiras e presentes, sobre o comportamento esperado e sobre os eventos, em vez de sobre ocorrências específicas em uma determinada ocasião. Falam impessoalmente — "a gente" ganha presentes — sobre eventos sem uma localização no tempo e lugar. Contam uma *história*.

O Cérebro Narrador

O cérebro é um dispositivo narrador, contínua e inevitavelmente criando histórias para explicar e compreender o mundo e nosso papel neste, para lembrar e para antecipar eventos, para criar mundos que, de outro modo, não existiriam. Esta ânsia para criar narrativas é tão grande que as impomos em situações que, de outro modo, não teriam significado. Tentamos encontrar objetos em padrões de borrões de cores e sombras (Potter, 1975), detectamos rostos e figuras em nuvens e outras formas amorfas, e impomos estruturas em seqüências casuais de letras ou números (Restle, 1970; Klahr, Chase & Lovelace, 1983). Quando se mostram pontos de luz a pessoas em uma sala escura, elas vêem dramas, com os objetos movendo-se para irem ao encontro uns dos outros ou para evitarem o contato de um com o outro (Michotte, 1946). Quando o cérebro está tomando conta de seus próprios negócios, no fluxo de suas próprias narrativas, a compreensão, memória e aprendizado parecem cuidar de si mesmos, como tento mostrar ao longo de

270 Compreendendo a Leitura

todo este livro. Quando o fluxo é interrompido, quando a compreensão, a memória e o aprendizado são manipulados a partir do exterior, podem parecer muito difíceis, na verdade. Com freqüência, nestas situações forçadas, onde o cérebro não possui controle, existe somente enfado e perplexidade. A natureza narrativa do pensamento infantil foi demonstrada por van Dongen (1987).

Rosen (1986) argumentou mais consistentemente que o cérebro é um dispositivo narrador. Se isto é correto, então a leitura e a escrita devem ser atividades humanas muito fundamentais. Sadowsky (1983) demonstrou que a *formação de imagens* relatada melhora tanto a compreensão e recordação de histórias, e Black, Freeman e Johnson-Laird (1986) mostraram o mesmo acerca da *plausibilidade*. Quanto menos plausível consideramos uma história, menos tendemos a compreendê-la e recordá-la. Em outras palavras, compreendemos e recordamos melhor quando podemos engajar nossa imaginação. Outras pesquisas mostram, sem dúvida, que o drama, excitação, relevância pessoal e ambientes familiares e personagens são condutivos a uma compreensão e recordação melhoradas (a menos que sejam tão familiares a ponto de se tornarem entediantes). Parece improvável, para mim, que estas sejam, todas, avenidas separadas para chegarmos aos textos e ao mundo; em vez de pensar assim, eu as consideraria como variadas reflexões sobre o fato mais geral de que, quanto mais próxima uma experiência está àquilo que o cérebro concebe como sendo uma história coerente, mais provavelmente esta será compreendida e recordada.

Pensamento

Um livro intrigante e atual, enfatizando a natureza criativa e construtiva do pensamento e também do modo de funcionamento narrativo do cérebro, é o de Jerome Bruner (1986), *Actual Minds, Possible Worlds*. Em *Mente e Sociedade*, Levy Vygotsky (1978) enfatiza a natureza social do pensamento, que ele vê como ação internalizada. (Bruner, mais provavelmente, veria a ação como pensamento externalizado.) Vygotsky também fala coisas profundas sobre a natureza social do aprendizado, que se tornarão proeminentes em capítulos posteriores deste livro. Algumas pesquisas sobre inteligência são, realmente, pesquisas sobre o pensamento, porque consideram a inteligência como, simplesmente, tudo que passa pela mente. Sternberg (1983, 1985), por exemplo, questiona os relacionamentos entre a inteligência e o "mundo interno" do indivíduo, o mundo externo do indivíduo, e sua experiência. O artigo de Sternberg (1985) em *Science* é uma revisão particularmente concisa e clara sobre a variedade de modos pelos quais os psicólogos têm pensado sobre estes relacionamentos. Gilhooly (1982) e Gellatly (1986) são acessíveis e contemporâneos, em suas abordagens sobre o pensamento.

Em um artigo de revisão sobre a pesquisa na área de metacognição, Bransford, Stein e Vye (1982) fazem a típica observação sumarizada de que estudantes menos felizes não conseguem "ativar o conhecimento" que pode ajudá-los a compreender e recordar novas informações. Poder-se-ia argumentar se esta incapacidade de "ativar o conhecimento" (que, em linguagem menos esotérica, significa extrair sentido) é uma causa do fracasso ou simplesmente uma descrição da condição na qual estes estudantes encontram-se. Os pesquisadores também declaram que os estudantes menos felizes são menos capazes de avaliar seu próprio nível de compreensão. Mas a compreensão é um estado, em vez de um processo, e da mesma forma é a incapacidade para compreender. Quase não se pode estar consciente de se estar compreendendo ou se estar confuso — que é como afirmar que poderíamos estar conscientes sobre se sentimos ou não fome. Naturalmente, podemos crer que compreendemos algo quando estamos em uma situação de erro, exatamente como poderíamos sentir fome quando não necessitamos de alimento. Mas cometer um erro não é um fracasso da metacognição, de estarmos fora de contato com nossos próprios processos de pensamento. É simplesmente uma questão de estarmos errados.

NOTAS AO CAPÍTULO 2
LINGUAGEM: FALADA E ESCRITA

Estrutura de Superfície e Estrutura Profunda

Existe uma exceção significativa à afirmação de que a estrutura de superfície é a parte da linguagem que existe fisicamente e pode ser medida no mundo à nossa volta. Esta exceção é a *fala subvocal* particular, que "ouvimos em nossas cabeças", quando falamos para nós mesmos ou "ouvimos a nós mesmos", ao realizarmos uma leitura silenciosa. Seria um erro crer que tal voz interior é uma estrutura profunda, ou que, na verdade, é uma qualidade de pensamento especial mas (para nós mesmos) observável. A fala subvocal é tanto um *produto* do pensamento quanto a fala manifesta, a única diferença sendo que é exibida em nosso próprio benefício, em vez de para outra pessoa. Mas a fala subvocal *poderia* ser vocalizada em voz alta, exatamente como a voz que ouvimos na leitura "silenciosa" poderia ser tornada audível para os outros. A voz interior é uma estrutura de superfície, com todas as características da estrutura de superfície, de vocabulário e gramática (apesar de, às vezes, ser um pouco telegráfica). Deve existir uma estrutura profunda dando base a todas as manifestações da voz interior, uma estrutura profunda de significado, que não consiste de seqüências de palavras e sentenças, mas de conceitos intangíveis, inter-relacionamentos globais e preposições. (Há mais, sobre subvocalização, no capítulo 9 e em suas Notas.)

Rosenberg e Simon (1977) demonstram experimentalmente que existe uma única representação semântica subjacente, diferente, mas comum à "informação" apresentada em uma variedade de maneiras, em francês e em inglês, em sentenças e em figuras. McNeill (1985), refletindo sobre a natureza e origens da linguagem, vê paralelos entre a fala e os gestos, em função, desenvolvimento, utilização e, mesmo, sua perda, com diferentes espécies de afasias. Em um artigo longo e algo obscuro, intitulado "Contra as Definições", Fodor, Garrett, Walker e Parkes (1980) argumentam que as sentenças não são compreendidas pela recuperação das definições das palavras. Não compreendemos a afirmação de que alguém é um solteirão compreendendo que aquele é um homem que não casou. "Solteirão" e "homem não casado" não são representações um do outro, mas, em vez disso, representações alternativas do mesmo significado subjacente. Anderson e Ortony (1975) também mostram que a interpretação de uma sentença, sua "representação mental" é sempre muito mais rica do que as palavras no texto literalmente se apresentam.

Gibbs (1984) argumenta contra a noção de que as sentenças em geral possuem "significados literais", no contexto no qual ocorrem (uma visão que, ele diz, domina as teorias da linguagem). Ele cita algumas evidências experimentais de que os ouvintes não "computam", necessariamente, o sentido literal de uma vocalização, antes de a compreenderem. Golden e Guthrie (1986) mostram que estudantes no final do primeiro grau respondem de maneira bastante diferente ao mesmo conto, na maneira pela qual sentem empatia com certas personagens ou reagem a eventos no texto, dependendo de suas crenças anteriores sobre o que é certo e natural. Naturalmente, é improvável que quaisquer duas pessoas possam jamais experimentar qualquer série complexa de eventos, escritos ou "reais", da mesma forma, ou virem a apresentar uma idêntica compreensão sobre o que ocorreu.

Para argumentos de que a escrita é um sistema de linguagem independente, não derivada da fala, ver Olson, Torrance, e Hildyard (1985), em especial o capítulo sobre Kolers, e também Vachek (1973). Para argumentos de que a linguagem escrita pode ser, em certas ocasiões, falada, e a linguagem falada, escrita, ver Tannen (1982a, 1982b).

Para discussões das convenções em geral, ver Douglas (1968). Halliday e Hasan (1976) constituem a fonte essencial para as convenções de coesão na língua inglesa, e Gregory e Carroll (1978) elucidam sobre o registro. Para mais alguma coisa sobre as convenções da escrita, ver F. Smith (1982). Baldwin e Coady (1978) argumentam que as regras de pontuação são convenções "vazias", e que não explicam nada ignorado pelos leitores acima da quinta série do primeiro grau.

Teorias Lingüísticas

A influente teoria de Noam Chomsky de *gramática geradora transformacional* é, na verdade, uma teoria sobre a maneira como a linguagem funciona na mente humana, uma tentativa para descrever a espécie de conhecimento que fundamenta as habilidades de linguagem. A teoria sofreu uma série de transformações, por Chomsky e por outros, desde sua primeira publicação (Chomsky, 1957), e tem provocado, continuamente, tanto dissenções quanto entusiasmo. A noção básica de Chomsky é que a gramática é a ponte entre a estrutura de superfície e a estrutura profunda. Estes últimos termos são empregados em uma variedade de maneiras, por diferentes teóricos. Neste livro, estou usando-os em seus sensos mais constrastantes — considerando a estrutura de superfície como os sons observáveis da fala ou marcas de tinta da impressão e a estrutura profunda como o significado, além dos limites da própria linguagem. Chomsky mantém a estrutura profunda como parte da linguagem, instalada firmemente dentro de seu sistema de gramática, o *input* para um sistema semântico subjacente (de significado) que "interpreta" as abstrações da estrutura profunda. Similarmente, a estrutura de superfície de Chomsky é uma outra abstração intangível no pólo oposto de seu sistema gramatical, o *input* para um sistema fonológico (de sons), que "interpreta" as estruturas de superfície em fala real. Outros lingüistas, como os especialistas em semântica geradora sobre os quais discutirei, propõem que devem existir várias camadas de profundidade na linguagem, com as formas abstratas das sentenças sofrendo uma série de alterações hipotéticas à medida que surgem das profundezas do significado para a superfície do som real.

A visão de Chomsky, então, é a de que o elo entre as estruturas de superfície e profunda, e, em última instância, entre o significado e o som (ou impressão) é a *gramática,* que consiste de dois componentes: (a) um *léxico,* ou "dicionário" de *entradas léxicas* (grosseiramente falando, palavras); e (b) uma *sintaxe,* ou conjunto de *regras,* para a seleção e ordenamento das entradas léxicas. Estas regras sintáticas não devem ser confundidas com as tradicionais "regras da gramática", que são preceitos de sala de aula para "a utilização correta da linguagem"; elas constituem um sistema dinâmico de linguagem que Chomsky vê na cabeça de cada pessoa, produzindo e compreendendo sentenças.

A gramática de Chomsky é um dispositivo que *gera* sentenças. Com apenas umas poucas regras e um pequeno número de palavras, ela pode produzir um número infinito de vocalizações, todas "gramaticais" (de acordo com as regras sintáticas nelas embutidas), e todas potencialmente novas para o usuário da linguagem. Assim, a teoria oferece uma descrição de como os indivíduos poderiam ser capazes de produzir sentenças que jamais escutaram antes. Darei uma ilustração muito simples, para mostrar a produtividade potencial, e criatividade, até mesmo da menor gramática geradora. Esta gramática consistirá de três regras sintáticas e um léxico de oito palavras. O componente sintático está sempre na forma de "regras de reescrita", indicado por uma única seta —> que significa que um símbolo à esquerda da seta deve ser substituído ou "reescrito" pelos símbolos da direita.

1. S —> FN + FV
2. FV —> V +FN
3. FN —> D + SUB

A escolha real de letras como símbolos é puramente por conveniência; poderiam ser chamadas de X, Y e Z, mas, em vez disso, S é utilizado para "sentença", FN para "frase nominal", FV para "frase verbal", SUB para substantivos, V para "verbo", e D para "determinador".

As oito entradas léxicas poderiam ser selecionadas como as seguintes:

N - cão, gato, homem
V - persegue, assusta, ignora
D - o, um

Para produzir uma sentença gramatical, simplesmente colocamos a gramática em funcionamento, no início com S, uma vez que desejamos uma sentença, e seguindo, depois, as instruções das regras de reescrita. A regra 1 diz que apagamos S e o substituímos por FN + FV: a regra 2 muda FV para V + FN, dando-nos FN + V + FN, e a regra 3 (aplicada duas vezes) reescreve cada FN como D + SUB, resultando uma "cadeia terminal" dos símbolos D + SUB + V + D + SUB. Então, damos a entrada ao léxico, onde podemos exercer escolha. Para o primeiro D, poderíamos, talvez, selecionar o, e para o primeiro SUB, cão. V poderia ser reescrito como persegue, o segundo D como um e o segundo SUB como gato, dando-nos a sentença O cão persegue um gato. Eminentemente gramatical, você concordará. Com diferentes seleções léxicas, poderíamos ter produzido Um homem assusta o gato ou o gato ignora o cão, ou, na verdade, um total de não menos de 108 sentenças (2 x 3 x 3 x 2 x 3 alternativas), todas elas gramaticais. Acrescentem-se mais umas poucas regras (Chomsky estimou cerca de uma centena) para as estruturas de sentenças alternativas, e um léxico maior, e você terá — teoricamente — uma gramática com a força produtiva da mente humana.

Algumas das regras adicionais poderiam ser *transformacionais*, em vez de *geradoras*, sendo esta a razão pela qual a gramática de Chomsky é, às vezes, chamada por um dos dois rótulos somente e, em outras ocasiões, pelos dois juntos. Uma regra transformacional opera em seqüências inteiras de símbolos à esquerda da seta, em vez de tomá-los um de cada vez, como uma regra geradora. A seta transformacional apresenta pontas em dois extremos, <—>. Assim, uma regra transformacional poderia tomar uma seqüência como o D_1 + SUB_1 + V + D_2 + SUB_2 + SUB_2 <—> D_2 + N2 + é + V + pelo + SUB_1

Assim, *o cão persegue um gato* seria "transformada" (com uma leve modificação adicional do verbo, que ignorei pelo bem da simplicidade), em *um gato é perseguido pelo cão* — uma sentença passiva perfeitamente gramatical. Similarmente, *um homem assusta o gato* poderia, pela mesma regra, ser transformada em *o gato é assustado pelo homem*. Na verdade, cada sentença ativa que nossa gramática geradora original produziu, poderia ser transformada em passiva por esta simples regra de tranformação, em uma só ação duplicando o número de sentenças que a gramática poderia produzir. Uma segunda regra transformacional, digamos, para negativos, quadruplicaria o número total de possíveis sentenças (ativas positivas, ativas negativas, passivas positivas, passivas negativas), enquanto uma terceira regra transformacional, digamos, para interrogativos, proporcionaria um poder oito vezes maior, permitindo sentenças tão complexas como *Não é um gato perseguido pelo cachorro?* Três regras geradoras, oito entradas léxicas, e três regras transformacionais, produzindo um total de 108 x 8 = 864 sentenças possíveis. Outras regras transformacionais permitem combinações de sentenças (*o cão persegue um gato, o gato está mancando* <—> *o cão persegue um gato manco*) tornando o potencial de *output* da gramática infinito, uma vez que não existe um limite teórico para a extensão das sentenças.

Tudo isto é simplificado ao extremo. A fim de experimentar a complexidade da teoria não-adulterada de Chomsky, você deveria observar seu trabalho diretamente (por exemplo, Chomsky, 1957, 1965, 1972, 1975), e também N. Chomsky e Halle (1968), que fazem alguns comentários sobre ortografia relevantes à leitura. Uma explicação curta e clara sobre as posições teóricas de Chomsky, e suas mudanças radicais, em 1957 e 1965, juntamente com uma discussão sobre as pesquisas psicolingüísticas relacionadas, podem ser encontradas em um excelente livro de bolso de Greene (1972). Um estudo crítico e técnico mais recente é proporcionado por Katz (1980), que argumenta que três versões da teoria de Chomsky ainda não foram capazes de explicar satisfatoriamente o tema do significado. Para um debate fascinante entre Piaget e Chomsky, ver Piattelli-Palmarini (1980).

Uma crítica freqüente sobre a teoria de Chomsky diz respeito ao seu tratamento do significado. Na verdade, Chomsky ignora o significado, pelo menos do que se refere à sua gramática. Ele afirma que a gramática funciona sem referência ao significado. Mas existem muitas sentenças cuja gramática não pode ser decidida, se o significado é desconhecido. Mesmo um substantivo comum como "cão", em nosso léxico ilustrativo de oito palavras, poderia ter outra função. Uma sentença como *a criança abre a porta* não pode envolver as mesmas regras geradoras que *a chave abre a porta*, uma vez que não pode dizer que *a criança e a chave abrem a porta* (e *a porta abre é* ainda um outro caso). Mas você pode somente explicar a diferença entre o que a criança faz para abrir a porta e o que a chave faz, pela referência ao significado, não à gramática. De modo similar, a sentença *Sara foi ensopada pela fonte* é passiva (uma transformação de *a fonte ensopou Sara*), mas *Sara tinha andado pela fonte* não é passiva (não é uma transformação de *a fonte andou Sara*), embora os mesmos indicadores sintáticos possam parecer estar presentes. Nestas e em muitas outras espécies bastante familiares de sentenças, o significado deve ser compreendido antes que a gramática possa ser determinada, a gramática não é uma ponte para o significado.

Além do mais, a gramática de Chomsky poderia ser considerada como demasiadamente produtiva. Quaisquer regras que gerem uma sentença como *o carro fugitivo assusta o furioso inválido* também gerará um absurdo como o *o inválido fugitivo assusta o furioso carro*. Mas a teoria de Chomsky não está preocupada com o sentido. Não explica como geralmente determinamos com uma sentença que mais ou menos expressa o significado que desejamos transmitir, nem como o significado é trazido às palavras que não são rotuladas como "substantivo" ou "verbo" de antemão. Não é fácil ver como o sistema funciona ao contrário para a compreensão. Enquanto a gramática de Chomsky pode *descrever* a competência gramatical dos usuários da linguagem, não explica convincentemente como as sentenças particulares são produzidas ou compreendidas em determinadas ocasiões, nem, na verdade, pretende fazê-lo.

As teorias de *semântica geradora,* ao contrário, estão unicamente preocupadas com a maneira como a linguagem desenvolve-se a partir do significado. Estas teorias consideram a sintaxe como subordinada ao significado ou completamente controlada por este. As sentenças não são vistas como arranjos de estruturas sintáticas, mas como extensões ou *proposições,* relacionadas, naturalmente, às intenções de quem as produz. As proposições podem ser analisadas em termos de *relações de caso,* entre os vários substantivos em uma sentença, sejam expressados ou compreendidos, e o verbo. Por exemplo, a estrutura profunda (significado) de uma determinada sentença poderia estar centrada no verbo *abrir,* que apresenta relações de "caso" diferentes para com substantivos tais como *criança* (o agente da abertura), *chave* (instrumento da abertura), *porta* (o objeto da abertura) e assim por diante. Estas e outras relações são representadas no diagrama a seguir.

O diagrama representa o significado, não a estrutura de superfície. Cada relacionamento (indicado por setas) é um relacionamento de caso, dos quais existem talvez dezenas, seus números e nomes dependendo do teórico em particular. A real estrutura de superfície de uma vocalização resultará de várias transformações aplicadas às estruturas de base (ou relações de caso). Em inglês, por exemplo, o agente e objeto de uma proposição são geralmente indicados pela ordem da palavra, enquanto o caso instrumental pode ser representado por uma preposição tal como *com* ou *por*, o caso de lugar por *em* ou *sobre*, de maneira por *com (com sutileza)* ou por um advérbio *(sutilmente)*. Você perceberá que com freqüência existem alternativas — a escolha dependerá da afirmação particular que o produtor da linguagem deseja fazer — e que algumas formas são ambíguas; podem representar mais do que uma relação de caso. Não é necessário que todos os relacionamentos de caso subjacentes sejam expressados. Quando lemos *a janela quebrou* geralmente presumimos que houve um agente (alguém) que quebrou a janela e talvez um instrumento (uma pedra). Em *João estava ansioso para sair*, João é o sujeito da estrutura profunda, enquanto em *João foi solicitado a sair*, apesar da similaridade da estrutura de superfície, João é o objeto da estrutura profunda, e um sujeito está implicado (alguém solicitou que João saísse).

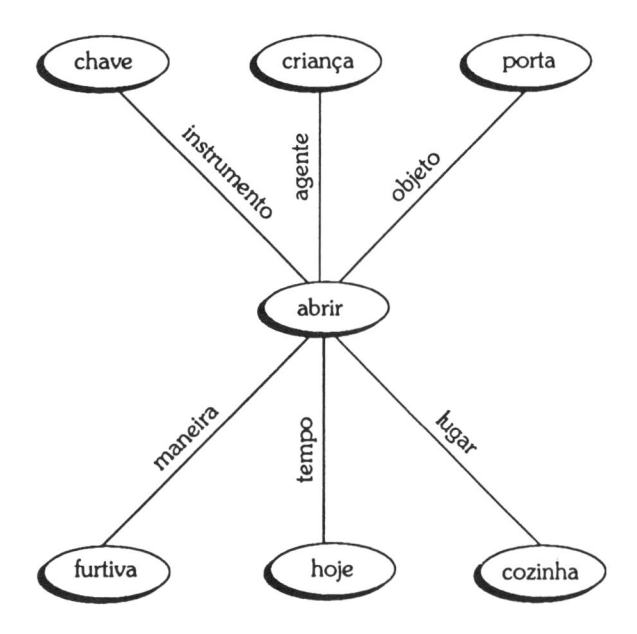

```
    chave      criança      porta
       \          |          /
  instrumento   agente    objeto
         \        |        /
              abrir
         /        |        \
     maneira    tempo     lugar
       /          |          \
   furtiva      hoje       cozinha
```

As teorias de semântica geradora apresentam poucos problemas para explicar como em geral lidamos com a produção de sentenças que parecem (pelo menos para o produtor) expressar um significado pretendido, uma vez que, naturalmente, surgem do significado. E não é necessário que tais teorias ocorram contrariamente à compreensão, desde que o ouvinte ou leitor seja capaz de fazer previsões; o ouvinte ou leitor começará com uma base de significado *grosso modo* como a mesma que o produtor de uma sentença e terá tanta improbabilidade quanto o produtor de apresentar consciência quanto à ambigüidade potencial.

Um artigo clássico sobre semântica geradora é chamado de "O Caso para o Caso" (Fillmore, 1968), e existe uma exposição mais elaborada em Fillmore e Langendoen (1971). A gramática de caso foi estendida ao longo de seqüências de sentenças em parágrafos por Grimes (1975). Outras discussões bastante técnicas são proporcionadas por Perfetti (1972) e Chafe (1970). Excelentes estudos de gramáticas de caso e seus conceitos em termos gerais são fornecidos, coincidentemente, por Browm (1973) e Slobin (1979) em seus volumes sobre o aprendizado infantil da linguagem, e por Anderson e Bower (1973) em um livro sobre a memória. Muitos livros introdutórios sobre semântica apresentam discussões relativamente não-técnicas sobre teorias geradoras (por exemplo, Palmer, 1976; ver também Carroll & Freedle, 1972). Uma discussão algo mais longa dos tópicos destas notas, até aqui, e sua relação com a teoria da compreensão que apresentei, será encontrada em F. Smith (1975).

Uma outra alternativa à gramática transformacional, importante no Reino Unido, é chamada de gramática *sistêmica* (ou *funcional*) (Halliday, 1985; Butler, 1985). A ênfase está no significado, mas a partir de um ponto de vista social, influenciado pelas teorias antropológicas de Firth e Malinowski. Sem qualquer preocupação com a linguagem "na cabeça", a gramática sistêmica argumenta que cada aspecto da linguagem é mantido pela atividade nos contextos sociais, e deve ser estudado nestes contextos. Em contraste, Johnson-Laird (1982), em um sistema conhecido como *semântica de procedimento*, propõe dois estágios de "modelos mentais" na interpretação das sentenças. O primeiro estágio gera as proposições em um nível de sentença superficial, e o segundo estágio leva em consideração o que o ouvinte ou leitor conhece. O sistema é considerado, entre outras coisas, como sendo capaz de explicar as inferências baseadas unicamente no significado, sem recurso às restrições da lógica. Lakoff (1987) citado nas Notas ao capítulo 1, também rejeita todas as "gramáticas objetivistas" — e existem muitas delas — que relacionam a linguagem ao mundo, em favor de uma "gramática cognitiva", relacionando a linguagem à nossa percepção experimental do mundo. A partir de um ponto de vista evolutivo, diferente, Lieberman (1984) também rejeita as teorias convencionais sobre a linguagem.

Muitos dos tópicos deste capítulo são elaborados, a partir de vários pontos de vista, em livros introdutórios sobre psicolingüística, tais como Wanner e Gleitman (1982), Taylor (1976), Glucksberg e Danks (1975) e Slobin (1979). Textos elementares sobre lingüística incluem Fromkin e Rodman (1983) e Steinberg (1982). Ortony (1979) lançou um volume sobre metáforas e pensamento. Mayor e Pugh (1987) contêm capítulos excelentes sobre sistemas de comunicação e o poder da alfabetização. Entre muitos textos básicos sobre semântica, veja dois volumes de Lyons (1977), e também Fodor (1977). Um texto clássico sobre o relacionamento entre a linguagem e o pensamento é o de Vygotsky (1962); ver também Beveridge (1982).

Para discussões gerais sobre o contexto da linguagem e suas utilizações, ver Wilkinson (1971), Halliday (1973), Olson (1972) e F. Smith (1977b). Para discussões sobre as conseqüências dos sistemas de escrita e alfabetização, ver Havelock (1976), Goody e Watt (1971), além de o Olson (1977).

Existem, é claro, outros tipos de teorias sobre a linguagem, notavelmente de B.F. Skinner (1957), que vê a produção da linguagem e a compreensão em termos de conexões de respostas a estímulos. Uma animada crítica sobre as opiniões de Skinner é apresentada em um estudo clássico de N. Chomsky (1959), e há um pouco mais sobre Skinner nas Notas ao capítulo 11.

Vários lingüistas propõem que cada sentença em um contexto significativo contém alguma informação que é velha, e alguma que é nova. Chafe (1970) refere-se à informação transmitida de uma sentença para outra como "preparação de terreno"; ver também Halliday (1970), Bates (1976) e Clark e Clark (1977), o último sendo uma importante referência geral sobre muitos aspectos da linguagem.

Nystrand (1986) argumenta que a linguagem escrita não é "livre do contexto" ou "independente da situação", mas que o contexto dos textos é sua "utilização potencial". Em outras palavras, a compreensão dos leitores sobre as finalidades para as quais os textos são escritos podem tornar os textos mais previsíveis.

Semiótica

A semiótica é uma ciência obscura e freqüentemente opaca, que estuda toda a sorte de "sinais" ou convenções comunicativas, e seus relacionamentos ao que quer que signifiquem. As fontes clássicas, na semiótica, são Morris (1946), Peirce (1931-58) e, mais recentemente, Eco (1984). Nenhum destes autores é particularmente fácil de ser lido, nem é imediatamente claro o modo como suas teorias contribuem para um entendimento do porquê as pessoas lêem e escrevem, e sobre como aprendem a fazer estas coisas. Introduções relativamente claras à semiótica são geralmente fornecidas por Culler (1981) e Deely (1982). O educador que mais tentou tornar a semiótica relevante para uma compreensão da leitura e escrita é Jerome Harste (ver Harste, Woodward & Burke, 1984). Um aspecto da semiótica ao qual Deely e Harste dão atenção refere-se às formas principais de lógica e sua relevância para o pensamento e aprendizado em geral. Duas das três formas são amplamente conhecidas, se bem que nem sempre bem compreendidas. A primeira é a *dedução*, quando idéias conhecidas ou procedimentos interpretativos são empregados para desenvolver novas idéias ou procedimentos, tais como deduzir qual o "resultado" ou conseqüência de uma regra e um exemplo desta regra. A matemática e os silogismos formais da lógica clássica são exemplos do raciocínio dedutivo. A segunda categoria, a *indução*, relaciona-se à inferição dos casos e regras a partir de um resultado, por exemplo, através do "método científico", ou testagem de hipóteses. Menos conhecida, e, possivelmente, mais interessante, é a terceira categoria, a de abdução, quando uma nova regra ou explicação é hipotetizada a partir de um determinado resultado ou estado de coisas. Tal pensamento criativo não é, normalmente, considerado parte da lógica ou da ciência, mas pode melhor caracterizar muito do pensamento humano, incluindo aquele envolvido na leitura a escrita.

Análise do Discurso

Os textos são mais do que simples colocações de palavras, arranjadas seqüencialmente de acordo com as convenções da gramática e com o desejo de contar uma história ou explicar idéias. Os textos possuem camada sobre camada de texturas interligadas, e estas camadas não são separadas independentemente umas das outras. Um teórico, de Beaugrande (1981), propõe sete sistemas interconectados ou "standards" em textos, que tanto os escritores quanto os leitores devem respeitar. Estes sete sistemas são a *coesão* (o modo como as sentenças estão interligadas), *coerência* (das partes com o todo), *intencionalidade, aceitabilidade* (da expressão e interpretação), *informatividade, situacionalidade* (ou relevância) e *intertextualidade* (relacionamentos para com textos já escritos ou lidos). Os leitores, de acordo com de Beaugrande, criam "mundos textuais", à medida que lêem, organizados em torno de 30 espécies diferentes de relacionamentos semânticos e cerca de 40 tipos de redes semânticas, as quatro mais importantes pertencendo aos eventos, ações, objetos e situações. Ver também de Beaugrande e Dressler (1981). Por outro lado, van Dijk (1980) está preocupado menos com toda a "microestrutura" detalhada dos textos do que com as "macroestruturas" que envolvem grandes áreas do texto e do conhecimento do leitor. Kintsch e van Dijk (1975, 1978) colaboram, freqüentemente, para examinar como os textos e as interpretações dos leitores sobre estes podem ser analisados em termos de uma "base de texto proposicional", uma trama de asserções conectadas sobre o estado de coisas. Um diferente ponto de vista proposto por Meyer (1985) é o de que as estruturas do texto envolvem uma variedade de relacionamentos entre os predicados das proposições. Tudo isto é muito complexo, abstrato, técnico e permeado com jargão especializado, relacionado não só a textos, mas a cada aspecto da linguagem escrita e falada. Quase todas as teorias sobre análise de discurso clamam alguma evidência experimental de que os leitores são sensíveis aos tipos de estruturas que os teóricos crêem existir nos textos, mas é difícil ver como cada teoria particular pode ser desacreditada. O principal valor prático destas teorias pode ser a sugestão de maneiras pelas quais o conhecimento pode ser organizado e empregado em computadores por especialistas em inteligência artificial, que é a área a partir da qual tais teorias originaram-se. As afirmações de que as teorias são importantes para a instrução — que os estudantes devem ter consciência delas — são vigorosamente disputadas (por ex., Eisner, 1982). Provavelmente, todos que podem ler e escrever, hoje, aprenderam a fazê-lo sem o benefício de tal conhecimento especializado, que poderia, obviamente, colocar grande tensão sobre a capacidade de atenção e interesse dos iniciantes. O que é claro é a importância do conhecimento compartilhado do conteúdo do texto e experiência da maneira pela qual diferentes tipos de texto são convencionalmente escritos.

Para uma discussão mais geral sobre a análise do discurso e compreensão, ver Tierney e Monsenthal (1982), e, mais tecnicamente, Stubbs (1982), Britton e Black (1985) e Halliday (1985).

Organização do Texto e Compreensão

Meyer (1985) propôs um método de "dar notas" aos textos, a fim de prever quanto os leitores serão capazes de compreendê-los e recordá-los. Os textos difíceis de serem entendidos por causa da maneira como são escritos são, algumas vezes, chamados de textos "inconsiderados" (Armbruster & Anderson, 1984). Não existem dúvidas de que os textos freqüentemente podem ser melhorados. Beck, McKeown, Omanson e Pople (1984) revisaram duas histórias básicas para leitores a fim de torná-las mais coerentes sem a alteração de suas tramas, aumentando a compreensão de aprendizes tanto experimentados quanto iniciantes. A extensão das duas histórias foi aumentada de 782 a 811 palavras para 900 e 957 palavras, mas a compreensão aumentou de nível tanto para os estudantes da segunda quanto da terceira séries. As fórmulas de legibilidade são em geral desacreditadas (por exemplo, McGinitie, 1984). A "simplificação" do material de leitura por uma fragmentação em sentenças pequenas pode interferir enormemente com a compreensão e recordação. Ver também Slater (1985).

Centenas de estudos têm sido conduzidos e relatados, desde a metade da década de 70, demonstrando que os textos são melhor compreendidos e recordados se os leitores (de todas as idades e capacidades) estão familiarizados com as gramáticas de histórias relevantes, por exemplo, os estudos feitos por Bower (1976). Bower, Black e Turner (1979), Fredericksen (1975), Mandler e Johnson (1977), Reder (1980), Stein e Glenn (1979) e Walker e Meyer (1980). McGee (1982) mostrou que leitores da terceira e quinta séries estavam conscientes das estruturas de textos e as utilizavam para a rememorização, mesmo aqueles leitores fracos (embora o fizessem com muito menor perfeição do que os leitores melhores; que supostamente possuíam uma maior familiaridade com histórias). Mandler e Goodman (1982) descobriram que a velocidade de leitura caía quando as estruturas das histórias não eram congruentes com as expectativas do leitor, e também que as segundas sentenças eram lidas mais rapidamente do que as primeiras sentenças dos capítulos, quando os leitores já haviam adquirido uma idéia sobre o que seria o capítulo. Anderson e Pearson (1984) teorizam sobre a relevância dos esquemas na compreensão da leitura. Ver também Grimes (1975) e Applebee (1977).

Piper (1987) prega algumas cautelas sobre ensinar aos estudantes as estruturas explícitas da gramática de história, que ele vê como não sendo diferentes dos modos mais tradicionais de análise que não foram bem-sucedidos na educação. A consciência da estrutura não promove, necessariamente, a compreensão, ele argumenta, e as teorias também presumem que exista somente uma interpretação para cada texto. Durkin (1981) também observa criticamente a significância do "novo interesse" na compreensão para a educação. Beers (1987) argumenta que a teoria de esquemas — e a ciência cognitiva em geral — são inapropriadas para a leitura, por causa de sua "metáfora de máquina" subjacente.

Alguns Termos Técnicos

Poder-se-ia pensar que não há muita complicação no fato de que alguns elementos básicos da linguagem são sons. A palavra *cama*, por exemplo, é formada por quatro sons distintivos, /c/, /a/, /m/ e /a/ (o fato de os sons da linguagem serem impressos entre linhas oblíquas, como //, é uma convenção prática). Com algumas exceções perversas, cada som da linguagem é representado por uma determinada letra do alfabeto, de modo que o número de sons alternativos, na língua portuguesa, deve ser cerca de 23. Infelizmente, nenhuma das afirmações precedentes é correta.

A língua portuguesa, assim como muitas outras, apresenta mais sons funcionalmente diferentes do que o número de letras de seu alfabeto. Estes sons possuem um nome especial, *fonemas*. Uma variedade de letras pode representar um único fonema, e uma variedade de fonemas pode ser representada por uma única letra ou combinação de letras. É necessário ser-se experimental, ao fazer-se afirmações sobre o número total de fonemas, uma vez que este depende de quem está falando, e quando. Todos os dialetos contêm aproximadamente o mesmo número de fonemas, mas que nem sempre são os mesmos, de modo que as palavras que são individualmente distinguíveis em alguns dialetos, podem tornar-se indistinguíveis em outros, a menos que estejam em um contexto significativo. Freqüentemente pensamos que fazemos distinções entre as palavras quando na verdade não as fazemos — a redundância no contexto geralmente é suficiente para indicar qual alternativa pretendemos selecionar. Muitos falantes letrados não têm fonemas para distinguir entre "Mary", "marry", e "merry" em inglês, por exemplo. Se alguém da língua inglesa pronunciar estas palavras uma de cada vez e pedir que um ouvinte soletre o que foi dito, descobrirá que este ouvinte não consegue observar todas as diferenças que o falante pensa estar fazendo. Os fonemas freqüentemente escapam à fala casual ou coloquial.

Um fonema não é tanto um único som quanto uma coleção de sons, todos soando iguais. Se esta descrição parece complicada, uma definição mais formal não ajudará muito no esclarecimento — um fonema é uma classe de sons intimamente relacionados, que se constituem na menor unidade de fala que distinguirá uma vocalização de outra. Por exemplo, o /b/ no começo da palavra "bom", distingue "bom" de palavras como "com", "som" e "dom", o /o/ na metade da palavra distingue-a de "bem" e o /m/ distingue a palavra de alternativas tais como "boi", "boa" e "box". Assim, cada um dos três elementos da palavra "bom" servirá para distinguir a palavra de outras, e cada um, também, é a menor unidade capaz de fazer isso. Cada um deste elemento constitui-se em uma *diferença significativa*. Não importa se o /b/ pronunciado no início de "bom" é um pouquinho diferente do /b/ do início da palavra "bico", ou se o /b/ é pronunciado de forma diferente, em diferentes ocasiões. Todos os diferentes sons que posso formar e que são aceitáveis como o som no início da palavra "bom", servindo para distingui-la de "boa", "boi" ou "box" e assim por diante, qualificam-se como sendo o mesmo fonema. Um fonema não é um som, mas uma variedade de sons, qualquer um dos quais é aceito pelos ouvintes como fazendo a mesma diferença. Os sons reais produzidos são chamados de *fonos*, e os conjuntos de fonos "intimamente relacionados" que servem ao mesmo fonema são chamados de alófonos uns dos outros (ou de determinado fonema). Os alófonos são sons que o ouvinte aprende a tratar como equivalentes e a ouvir como sendo os mesmos.

Quando o equipamento eletrônico é utilizado para analisar os sons que ouvimos como sendo os mesmos, podem ser encontradas diferenças bastante marcantes, dependendo do som que os acompanha. Por exemplo, o /d/ no início de "dito" é um som ascendente agudo, enquanto seu alófono, no começo de "Dumbo" é muito menos agudo e ascendente. Um gravador confirmará que as duas palavras não têm o som /d/ em comum. Se elas são gravadas, é impossível contar-se a gravação a fim de se separar o /ito/ de /umbo/ ou do /d/. Fica-se com um som distinto de "di" ou "du", ou o /d/ desaparece completamente, deixando duas espécies de sussurro bastante diferentes. Outros fonemas comportam-se de maneiras igualmente bizarras. Se a primeira parte da palavra norte-americana "pit" é cortada e posicionada na frente do final /at/ de uma palavra tal como "sat" ou "fat", a palavra ouvida não é "pat", mas sim "cat". Existe um modo simples de se demonstrar que os sons que normalmente ouvimos como sendo os mesmos podem ser bastante diferentes. Diga a palavra "pino" na palma de sua mão e sentirá uma lufada de ar distinta no /p/; entretanto, a lufada está ausente quando você diz a palavra "espinha" — e ambas são diferentes do /p/ em "pneu". Se você, agora, prestar atenção à maneira como diz as palavras, provavelmente detectará as diferenças. Geralmente uma diferença é ignorada, porque não é significativa. Outros pares de palavras proporcionam uma demonstração similar — por exemplo, "quina" e "esquina", ou "time" e "estima". Você também poderá detectar uma diferença entre o /k/ em "quente" em "quilo" ou no /l/ no começo e no final de "lavável". Os japoneses freqüentemente têm dificuldades para distinguir entre palavras inglesas tais como "link" e "rink", uma vez que não existe um contraste entre /l/ e /r/ em sua língua. Em resumo, um fonema não é algo presente na estrutura de superfície da linguagem — é algo que o ouvinte constrói. Não ouvimos sons diferentes quando estamos escutando a fala, mas escutamos diferenças significativas, fonemas, ao invés de fonos. As distinções anteriores podem ser ainda mais ilustradas com referência à escrita, onde uma situação comparável pode ser sustentada. Exatamente como a palavra "som" é ambígua na fala, uma vez que pode referir-se a um fono ou fonema, assim também a palavra "letra" é ambígua na escrita. Chamamos determinada letra de "a", para distingui-la de "b", "c", "d", etc., mas também falamos sobre *a*, A, а, etc, como sendo letras, embora todas elas, de certo modo, representem a mesma "letra". No primeiro caso, a letra do alfabeto, "a" é realmente um nome de categoria para uma variedade de símbolos escritos, tais como *a*, A, а. Os 23 nomes de categorias da língua portuguesa podem ser chamados de *grafemas*, os símbolos escritos (que são inumeráveis em suas várias formas) podem ser chamados de *grafos* e os que constituem alternativas para um único grafema são conhecidos como *alógrafos*.

A mesma estrutura de definição pode ser, agora, utilizada para os elementos básicos da fala e escrita. Um *fonema* (*grafema*) é uma classe de *fonos* (*grafos*), constituindo-se nas menores diferenças significativas da fala (escrita), que distinguirão uma unidade significativa de outra. O conjunto de *fonos* (*grafos*) funcionalmente equivalentes, constituindo um único *fonema* (*grafema*) é chamado de *alófonos* (*alógrafos*). Os alógrafos podem não parecer ter tanto em comum com os alófonos; na verdade, alguns alógrafos, tais como *a, e A,* ou *g e G* pareceriam não ter absolutamente nada em comum. Mas têm uma *equivalência funcional*, no sentido de que suas diferenças não são significativas para a leitura, não mais do que as diferenças entre os alófonos são significativas para a compreensão da fala.

Os lingüistas podem fazer outras distinções, ao longo desta mesma linha. Um *morfema* consiste na menor parte significativa de uma palavra. Uma palavra pode consistir de um ou mais morfemas, alguns "livres", como "faz", ou "limo", uma vez que podem ocorrer independentemente, e alguns "ligados", como *eiro* (significando alguém que faz algo), e *-s* (significando plural), ou in-(significando negativa), que devem ser juntados a um morfema livre. Assim, *Fazendeiros* consiste de três morfemas, um livre e dois ligados, do mesmo modo que *improvável*. Diferentes *morfos* (ou formas) podem representar o mesmo fonema — assim, para a pluralidade, podemos ter não somente *-s*, mas também *es* e formas estranhas como a alteração em *qualquer-quaisquer*, bem como simplesmente a ausência de qualquer alteração, como em *pires*. Os morfos que constituem o mesmo morfema são chamados de *alomorfos*. O próprio significado pode ser considerado na forma dos elementos às vezes chamados de *sememas*. "Solteirão", por exemplo, compreende sememas relacionados ao sexo, idade, casamento e negação. As palavras em um dicionário — anteriormente chamadas de "entradas léxicas" — podem ser, similarmente, chamadas de *lexemas*.

Mais Sobre as Palavras

Várias de minhas observações sobre a ambigüidade das palavras são derivadas do trabalho do lingüista Fries (1945), que calculou que cerca de 500 das palavras mais comuns da língua inglesa têm uma média de 28 significados no dicionário para cada uma. As análises mais detalhadas da relação entre as freqüências das palavras e seus diferentes significados são apresentadas por Zipf (1960), e existem sumários mais claros e digeríveis feitos por Miller (1951). Miller aponta que 50 das mais comuns palavras de língua inglesa perfazem o grosso de nossa tarefa comunicativa, constituindo 60% da fala a 40% da escrita. Meras sete palavras constituem 20% da linguagem inglesa — *the, of, and, a, to, in* e *is*. As dez palavras francesas mais comuns — *à, de, dans, sur, et, ou, que, ne, pas,* e *y* — constituem 25% daquela linguagem.

O fenômeno de abrangência de olho-voz mostra que, quando lendo em voz alta, não pronunciamos as palavras para as quais estamos olhando; os olhos movem-se à frente, para seqüências significativas de palavras, e o cérebro lida com unidades que fazem sentido. Existe uma quantidade de pequenos estudos sobre a abrangência olho-voz, a cada década ou algo assim; um estudo recente está incluído em Gibson e Levin (1975) e, anteriormente, em Geyer (1968).

NOTAS AO CAPÍTULO 3
INFORMAÇÕES E EXPERIÊNCIA

Medição de Informação e Incerteza

A matemática exerce apenas um pequeno papel neste livro, mas uma breve introdução a algumas técnicas elementares de medição da teoria de informação permitirá que alguns números sejam esclarecidos, quanto à taxa na qual o cérebro pode lidar com a informação visual dos olhos (sua "capacidade de canal"). As mesmas técnicas também permitem a quantificação da incerteza ou redundância de letras e palavras da língua inglesa, pelo menos (ou qualquer outra linguagem) em diferentes circunstâncias.

É necessário ser um pouco circunlocutivo ao colocar números reais à informação e incerteza, uma vez que, embora ambos sejam medidos com respeito às alternativas, a medição não é simplesmente o número de alternativas. Em vez disso, a informação é calculada em termos de uma unidade chamada de *bit*, que sempre reduz pela metade a incerteza de qualquer determinada ocasião. Assim, o jogador de cartas que descobre que o baralho mais forte do oponente é vermelho (ouro ou copas), obtém um bit de informação, do mesmo modo que uma criança que está tentando identificar uma letra e obtém a informação de que esta vem da segunda metade do alfabeto. No primeiro caso, duas alternativas são eliminadas (os dois baralhos negros), e no segundo caso, 13 alternativas são removidas (e 13 ainda permanecem). Em ambos os casos, a proporção da incerteza reduzida é uma metade e, portanto, a qualidade de informação recebida é considerada como um bit.

A incerteza de uma situação em bits é igual ao número de vezes em que uma questão de "sim ou não" teria que ser perguntada e respondida para eliminar toda a incerteza, se cada resposta reduzisse a incerteza pela metade. Assim, existem dois bits de incerteza no exemplo de jogo de cartas, uma vez que duas questões removerão toda a dúvida, por exemplo: Q1. Será que é um baralho preto? Q2. Se sim, é paus? (Se não, é copas?), ou Q1. É espadas ou ouro? Q2. Se sim, é espadas? (Se não, é copas?).

Você pode ver que não importa como as questões são propostas, desde que permitam que uma resposta de sim ou não elimine metade das alternativas. A qualificação final é importante. Obviamente, uma única questão "sortuda", tal como "É paus?" eliminará todas as alternativas, se a resposta é "sim", mas ainda deixará pelo menos uma, e possivelmente mais questões a serem formuladas se a resposta for "não". O modo mais eficiente de reduzir a incerteza quando a resposta pode somente ser "sim" ou "não" é por uma divisão binária, isto é, pela partição das alternativas em dois conjuntos iguais. Na verdade, a palavra *bit*, que pode ter soado bastante coloquial, é uma abreviação das palavras *binary digit* (dígito binário), ou um número representando uma escolha entre duas alternativas.

A incerteza das 26 letras do alfabeto inglês repousa em algum lugar entre quatro e cinco dígitos. Quatro bits de informação permitirão a seleção entre 16 alternativas, não o suficiente, o primeiro dígito reduzindo este número para 8, o segundo para 4, o terceiro para 2, e o quarto para 1. Cinco bits selecionarão entre 32 alternativas, um número levemente demasiado, o primeiro eliminando 16 e os outros quatro removendo o resto da incerteza. Em resumo, x bits de informação selecionarão entre 2^x alternativas. Dois bits selecionarão entre $2^2 = 4$, três bits entre $2^3 = 8$, quatro bits entre

$2^4 = 16$, e assim por diante. Uma questão estabelece apenas $2^1 =$ duas alternativas, e absolutamente nenhuma questão exige que você tenha apenas uma alternativa para começar ($2^0=1$). Vinte bits ("vinte questões") são, teoricamente, suficientes para distinguir entre $2^{20} = 1.048.576$ alternativas. Existe uma fórmula matemática que mostra que a incerteza teórica de 26 letras do alfabeto inglês é quase que precisamente 4,7 bits, embora, naturalmente, não seja fácil ver como alguém poderia formular somente 4,7 questões. (A fórmula é que a incerteza de x alternativas é $\log_2 x$, que pode ser procurada em uma tabela de logaritmos para a base 2. $\log_2 26=4.7$, uma vez que $26=2^{4.7}$. Você pode calcular a incerteza em um conjunto de 52 cartas de baralho? Uma vez que 52 é simplesmente 2 vezes 26, a incerteza das cartas deve ser um bit a mais do que aqueles do alfabeto, ou 5,7 bits.)

Medição da Redundância

Será prático continuar no tema da redundância um pouco mais profundamente, em parte porque o conceito de redundância é importante, para a leitura, mas também porque a discussão de como os *bits* de incerteza ou informação são computados continha uma supersimplificação que agora pode ser retificada. Consideraremos dois aspectos da redundância, chamados de *distributiva* e *seqüencial*.

A *redundância distributiva* está associada com a probabilidade de que cada uma das alternativas em uma determinada situação possa ocorrer. Tão surpreendente quanto possa parecer, existe menos incerteza quando algumas alternativas são menos prováveis do que outras. E, uma vez que existe menos incerteza quando as alternativas não são igualmente prováveis, existe redundância. O simples fato de que as alternativas não são igualmente prováveis é uma fonte adicional de informação, que reduz a incerteza do conjunto de alternativas como um todo. A redundância que ocorre porque as probabilidades das alternativas não são igualmente distribuídas é, portanto, chamada de redundância distributiva.

A incerteza é maior quando cada alternativa tem uma chance igual de ocorrer. Considere um jogo de lançamento de moeda, onde existem apenas duas alternativas, cara ou coroa; existem, na verdade, chances iguais de cara ou coroa caírem com a face voltada para cima. A informação de se saber que uma jogada particular da moeda produziu cara (ou coroa), é um bit, porque, qualquer que seja o resultado, a incerteza está reduzida pela metade. Mas, agora, suponhamos que o jogo não seja limpo, e que a moeda cairá com a "cara" para cima nove vezes em dez. Qual é a incerteza do jogo, agora (para alguém que sabe o bias da moeda?)? A incerteza é quase tão grande quanto era quando as chances eram de 50-50, porque então havia razão para escolher entre cara ou coroa, enquanto que, com a moeda viciada, seria tolice reconhecida escolher coroa. Pelo mesmo princípio, tende a haver bem menos informações no fato de nos dizerem o resultado de uma determinada jogada da moeda viciada. Não é reduzida muita incerteza se se diz a alguém que a moeda caiu com cara virada para cima porque isto é o que se esperava todo o tempo. Na verdade, a informação proporcionada por uma jogada de "cara" pode ser computada como sendo de certa de 0,015 bit, comparando com um bit, se o jogo fosse justo. É verdade que existe muito mais informação no evento relativamente improvável de se receber a notícia que uma jogada produziu uma coroa — um total de 3,32 bits de informação, comparados com um bit, para uma coroa quando caras e coroas são igualmente prováveis — mas podemos esperar a ocorrência de uma coroa somente uma vez em cada dez jogadas. A quantidade *média* de informação disponível a partir da moeda viciada será de nove décimos do 0,015 bit de informação para cara e um décimo de 3,32 bits de informação para coroa, que, quando totalizado, é aproximadamente 0,35 bit. A diferença entre aquele bit de incerteza (ou informação) para a moeda de 50-50, e o 0,35 de bit para a moeda viciada de 90-10, é a redundância distributiva.

As informações anteriores de que cada bit de informação diminui pela metade o número de alternativas, e de que o número de bits de incerteza é o número de questões sim-não que teriam de ser formuladas e respondidas para eliminar todas as alternativas, sustentam-se somente quando todas as alternativas são igualmente prováveis. Se algumas alternativas são menos prováveis do que outras, então uma quantidade *média* de incerteza ou informação deve ser computada, levando-se em consideração tanto o número de alternativas quanto a probabilidade de cada uma. Uma vez que a incerteza e a informação estão em seus máximos quando as alternativas são igualmente prováveis, a incerteza média das situações onde isto não ocorre é, necessariamente, menor do que o máximo, e a redundância está presente.

A afirmação de que a incerteza das letras na linguagem inglesa é de 4,7 bits é perfeitamente verdadeira para qualquer situação envolvendo 26 alternativas igualmente prováveis — por exemplo, tirar uma letra de um chapéu contendo um exemplo de cada uma das 16 letras do alfabeto. Mas as letras da linguagem inglesa não ocorrem com igual freqüência; algumas delas, tais como *e, t, a, o, i, n, s,* ocorrem com uma freqüência muito maior do que outras. Na verdade, *e* ocorre cerca de 40 vezes mais freqüentemente do que a letra menos freqüente, *z*. Por causa desta desigualdade, a incerteza média das letras é algo menos que o máximo de 4,7 bits que ocorreria se as letras todas ocorressem com a mesma freqüência. A real incerteza das letras, considerando-se sua relativa freqüência é de 4,07 bits, a diferença de cerca de 6.3 bits sendo a redundância distributiva das letras em inglês, uma medição da informatividade prospectiva que é perdida porque as letras não ocorrem com a mesma freqüência. Se as letras fossem utilizadas com uma freqüência igual poderíamos adquirir os 4,07 bits de incerteza que as 26 letras realmente têm com um pouco mais de 16 letras. Poderíamos economizar cerca de nove letras, se pudéssemos encontrar um modo (e concordar) de utilizar as letras restantes com igual freqüência.

As palavras também apresentam uma redundância distributiva, em inglês. Uma das descobertas mais antigas e ainda menos compreendidas na psicologia experimental relaciona-se ao "efeito de freqüência das palavras", de que as palavras mais comuns da língua inglesa podem ser identificadas com base em menos informação visual do que as palavras menos freqüentes (Broadbent, 1967; Howes & Solomon, 1951). As computações da redundância distributiva das letras e palavras na língua inglesa estão contidas em Shannon (1951) e são discutidas em Cherry (1978) e Pierce (1961).

A *redundância seqüencial* existe quando a probabilidade de uma letra ou palavra ocorrer é restringida pela presença de letras ou palavras circundantes na mesma seqüência. Por exemplo, a probabilidade de que a letra H siga-se ao T nas palavras em inglês, não é de 1 em 26 (que seria o caso, se todas as letras tivessem uma chance igual de ocorrerem em qualquer posição), nem de cerca de 1 em 17 (levando-se em conta a redundância distributiva), mas cerca de 1 em 8 (uma vez que somente oito alternativas tendem a ocorrer acompanhando a letra T, em inglês, especificamente, R, H, A, E, I, O, U, e Y). Assim, a incerteza de qualquer letra que acompanhe T, em inglês, é somente de três bits (2^3 = 8). A incerteza média de todas as letras nas palavras inglesas é de cerca de 2-1/2 bits e uma possível incerteza de 4,07 bits (depois de permitir a redundância distributiva) é a *redundância seqüencial* das letras, nas palavras da língua inglesa. Uma média de 2-1/2 bits de incerteza significa que as letras nestas palavras têm uma probabilidade de cerca de 1 em 6, em vez de 1 em 26. Este número, naturalmente, é apenas uma *média*, computada com base em muitos leitores, muitas palavras e muitas posições de letras. Não existe um declínio progressivo na incerteza, de letra para letra, de esquerda para a direita, em todas as palavras. Uma palavra inglesa começando com q_, por exemplo, apresenta uma incerteza de zero sobre a próxima letra (assim como em português), que será u, uma incerteza de talvez quatro bits para as quatro vogais que podem acompanhar o u e depois, talvez, quatro bits de incerteza para a próxima letra, que poderia ser uma de cerca de uma dúzia de alternativas. Outras palavras apresentam diferentes padrões de incerteza, embora, em geral, a incerteza de qualquer letra decresça à medida que mais letras da palavra são conhecidas, não importando sua ordem. Por causa das restrições nos padrões ortográficos da língua inglesa — devidos, em parte, à maneira como as palavras são pronunciadas —, existe uma incerteza levemente maior no início de uma palavra do que em seu final, com uma incerteza levemente menor no meio da palavra (ver Bruner & O'Dowd, 1958).

A redundância ortográfica da palavra impressa, à qual referi-me, compreende tanto a redundância seqüencial quanto distributiva **para as letras** *dentro* das palavras, enquanto a redundância sintática (gramatical) e semântica (relativa ao significado) são principalmente redundâncias seqüenciais *entre* as palavras.

Teoria de Detecção de Sinais

Como eu disse neste capítulo, os observadores (sejam operadores de radar ou leitores) têm uma escolha entre a redução do número de seus erros absolutos enquanto aumentam os "deslizes" ou a aquisição de um número máximo de acertos, enquanto aumentam o número de "alarmes falsos". Na verdade, os observadores podem colocar-se em qualquer ponto ao longo de uma curva indo desde zero falsos alarmes (mas zero acertos), até 100% de acertos (mas um máximo de alarmes falsos). Esta curva é chamada de *característica operante do receptor*, ou curva ROC, e varia de acordo com cada indivíduo e situação. A qualquer momento, um observador pode escolher onde ser posicionado na curva ROC — o nível de critérios selecionado dependendo dos custos relativos dos acertos, falhas e falsos alarmes. Mas para mudar a curva ROC como um todo — para melhorar a taxa de acertos, deslizes e falsos alarmes — é necessária uma melhoria na clareza da situação (por exemplo, melhor iluminação) ou na capacidade do observador (por exemplo, mais habilidades). O encorajamento ou sucesso tem efeito de movimentar um observador para cima, em uma curva ROC, exatamente como a ansiedade movimentará o observador para baixo, mas somente uma alteração na habilidade — ou, por exemplo, um aumento na disponibilidade de informações não-visuais — mudará inteiramente a curva ROC.

Existe um interessante exemplo da capacidade do observador humano para penetrar no ruído e extrair sinais que levam em si informações, no que Cherry (1977) chama de *problema do coquetel*. O exemplo ilustra um ponto freqüentemente observado neste livro, de que o conhecimento anterior do perceptor contribui tanto para a compreensão. O problema é o seguinte: Como podem os ouvintes, em uma multidão de pessoas, todas falando em voz alta ao mesmo tempo, conseguir acompanhar o que uma pessoa está dizendo, e desligar de tudo o mais? O canal de comunicação para o ouvido de cada ouvinte está cheio de ruídos (literal e tecnicamente), mas, ainda assim, o indivíduo pode selecionar dentro do ruído a informação que vem apenas de uma fonte. E esta voz "selecionada" é a única ouvida — a menos que alguém mais diga algo particularmente interessante para a pessoa, tal como seu nome, em cujo caso é demonstrado que o ouvinte esteve realmente monitorando todas as conversas, todo o tempo, "ouvindo sem escutar". Ninguém, ainda, foi capaz de construir uma máquina que, utilizando o mesmo canal de comunicação, pudesse "desembaralhar" mais do que uma voz em determinado momento. Ainda assim, o receptor humano pode separar mensagens embaralhadas, e não porque vêm de diferentes vozes ou de direções diferentes (foi demonstrado, experimentalmente, que podemos acompanhar uma mensagem mesmo se sucessivas palavras são produzidas por vozes diferentes), mas acompanhando o sentido e sintaxe da mensagem à qual se presta atenção. Tal tarefa pode ser alcançada com sucesso somente se os ouvintes utilizam seu próprio conhecimento da linguagem para extrair uma mensagem a partir de todo o ruído irrelevante no qual está embebida.

Leituras Adicionais

Para a teoria da comunicação e teoria da informação em geral, ver Pierce (1961) e Cherry (1978). Attneave (1959) discute especificamente aplicações da teoria da informação à psicologia. Miller (1964) publica novamente breves artigos práticos sobre a teoria da informação e teoria da detecção de sinais. Um texto psicológico introdutório que emprega os conceitos de ambos os domínios teóricos é o de Lindsay e Norman (1977). Garner (1962, 1974) também desenvolve as descrições psicológicas a partir de um ponto de vista de teoria da informação. Um artigo clássico sobre a teoria de detecção de sinais é o de Swets, Tanner e Birdsall (1961); em um nível mais popular, ver Swets (1973) e, mais tecnicamente, Pastore e Schreirer (1974).

Limitações da Teoria da Informação e da "Informação"

A primeira aplicação prática da teoria da informação estava em medir-se a eficiência dos sistemas de comunicação como as linhas telefônicas e transmissões radiofônicas. A medição estava relacionada à proporção das palavras emitidas pelo "transmissor" em uma extremidade de um canal de comunicação.que o "receptor", em outra extremidade, poderia identificar corretamente. A teoria da informação teve uma breve mas espetacular década de influência na psicologia, nos anos 50 e 60, principalmente devido à erudição de George Miller (1956), em um artigo que se referia aos limites da "capacidade humana para o processamento de informações". Para muitos psicólogos, esta era uma forma nova e sedutora de se falar sobre o cérebro.

A teoria da informação tornou-se importante em um período em que a leitura era considerada principalmente como uma questão de identificação de letras e palavras. O texto podia ser considerado como um transmissor, o leitor como um receptor, e o sistema visual como um canal de comunicação. A eficiência, ou "capacidade", deste canal podia ser computada a partir da proporção de letras e palavras que o leitor identificasse corretamente, sob várias condições. A perspectiva e técnicas eram úteis, teoricamente, e possibilitavam todos os tipos de comparações interessantes, como tentei indicar nas seções de abertura destas Notas. Esta perspectiva e técnicas ajudaram a demonstrar um modo quantificável — que o sistema visual apresenta limitações — que não se pode ver tudo que está na frente dos olhos. A teoria também ofereceu alguns conceitos úteis, notavelmente aquele sobre redundância.

Entretanto, a teoria da informação, em si mesma, apresenta severas limitações, como respeito aos textos e aos cérebros. Pode medir "informação" em seus próprios termos estreitos de redução de incerteza entre conjuntos conhecidos de alternativas, mas não pode fazer qualquer coisa sobre o "significado". Não pode dizer quão significativo é um texto, ou quanta compreensão pode haver no cérebro. Fora do laboratório de experiências, os leitores geralmente lêem para a obtenção do significado, em vez de aquisição de informações — ou obtêm sua informação contida no significado. E quando os leitores "recebem informações", esta não é, em geral, no sentido restrito da teoria da informação. Afirmações como "Existem mais de mil espécies de algas marrons" podem ser informativas, mas não existe modo de se dizer quanto da incerteza pode reduzir. A redundância em padrões ortográficos pode ser calculada, mas não a redundância em contos e histórias. A teoria da informação perde sua utilidade, uma vez que entremos na área da cabeça.

Além disso, a informação não parece ser a principal preocupação do cérebro (Smith, 1983a). O cérebro lida com a compreensão, em vez de com a informação. A informação torna-se conhecimento, quando entra no cérebro, parte da teoria interconectada do mundo na cabeça, ou permanece um fato isolado, na melhor das hipóteses, um significado potencial, como um fato em uma enciclopédia. A informação pode ser extraída da experiência, da mesma forma que as vitaminas são extraídas do alimento. Tenho, agora, uma certa preocupação com os termos "informação visual" e "informação não-visual", que citei na primeira edição deste livro. O primeiro termo pode ser apropriado para tarefas restritas ao reconhecimento de letras e palavras, mas, uma vez que ingressemos por trás dos globos oculares, no domínio "não-visual", então o "conhecimento" seria um termo melhor do que "informação". Introduzi sutilmente tal modificação no capítulo 1 da presente edição, embora, obviamente, pense que a distinção original ainda tenha alguma utilidade expositória.

Os problemas semânticos são compostos pelo fato de, em contraste com o sentido restrito no qual a palavra "informação" é empregada na teoria da informação, sua utilização geral é positivamente indiscriminada. Tudo é informação — o conteúdo de cada livro, jornal e programa de televisão, todo o currículo educacional, qualquer coisa em um computador, até mesmo os folhetos que nos chegam pelo correio.

Rosenblatt (1978), em sua distinção entre a leitura para obtenção de informação e a leitura para a experiência, não utiliza a palavra informação, nem no sentido restrito da teoria da informação, nem no sentido geral abrangente. Para ela, a informação significa "fatos". Talvez porque os termos "informação" e "experiência" têm tantas utilizações abrangentes, ela realmente utiliza termos bastante incomuns para o que deseja explicar. A leitura informacional é descrita, por ela, como *eferente,* significando "levando para fora" do texto, e à leitura alternativa ela chama de *estética,* implicando o envolvimento no texto através dos sentidos.

Na ciência cognitiva e no jargão da sistemática, a informação é sempre "processada", em vez de "compreendida". Quase tudo, agora, é um processo na literatura de pesquisa educacional — e nas críticas ao ensino, também. É raro se ler sobre leitura, escrita, compreensão, aprendizado ou ensino não adulterados, mas sempre sobre processo de leitura de escrita, processo de compreensão, de aprendizado e de ensino. E, de acordo com meu dicionário, a palavra "processo" apresenta amplas conotações mecânicas — envolve uma sucessão de ações ou operações em uma seqüência específica ou prescrita (muito semelhante à maneira pela qual um computador é programado). Entre os cientistas cognitivos, a leitura e compreensão são, na atualidade, "processamento de texto". A escrita é "processamento de palavras". O pensamento é "manutenção de idéias" ou organização do conhecimento". O processamento de informações não é mais algo feito apenas por computadores.

Talvez, para enfatizar a influência crescente dos modos baseados em computador de pensar-se, existem sinais de que a palavra "informação" está começando a ser substituída por "dados" (uma palavra no plural que, como "mídia" é comumente utilizada no singular). O conhecimento está se tornando "data-base", ou "baseado em dados" "Processo também pode estar perdendo terreno para "procedimentos", um termo da inteligência artificial, e mesmo para "instruções", que é a base para a operação dos computadores. Os "esquemas" e "cenários" que, supostamente (e metaforicamente) nossos cérebros contêm (capítulo 1), começam a ser vistos como procedimentos, em vez de como narrativas. O conhecimento "de procedimentos" é contrastado com o conhecimento "proposicional" (Anderson, 1980). Larsen (1986) até mesmo argumenta que existe, hoje, uma necessidade para a "alfabetização de procedimento", que não é a mesma coisa que "alfabetização por computador", mas uma capacidade para produzir e compreender seqüências de instruções para a organização do conhecimento.

Ciência Cognitiva

Referi-me, várias vezes, aos cientistas cognitivos — os teóricos e pesquisadores que se preocupam com os sintomas de conhecimento tanto dos humanos quanto dos computadores. Muitos cientistas cognitivos são psicólogos cognitivos ou psicolingüistas (que constumavam considerar o cérebro como algo único).

Mas, agora, compartilham idéias e linguagem com os especialistas em sistemas avançados de computador e inteligência artificial. Preocupam-se com os "sistemas" que podem organizar a informação e tomar decisões "racionais". Um importante cientista cognitivo, Roger Schank (1982), publicou um livro intitulado *Reading and Understanding: Teaching from the Perspective of Artificial Intelligence*. No livro, ele descreve como ensinou sua filha a ler, e como está ensinando os computadores a ler, por meio de procedimentos de passo-a-passo. A finalidade da leitura, ele afirma, é lembrar a informação do texto, o que o leitor consegue codificando as "representações de significados". A compreensão é importante para Schank porque facilita o relembrar. Dois outros cientistas cognitivos, Bransford e Stein (1984) baseiam suas "orientações para a melhoria do pensamento, aprendizado e criatividade" em "conhecimentos extraídos da inteligência artificial".

Um grande número de estudos sobre a compreensão (ou processos de compreensão), a partir de uma perspectiva de ciência cognitiva, está contida em um volume editado de Kieras e Just (1984). Olson, Duffy e Mack (1984), por exemplo, analisam o que chamam de "processos de compreensão de tempo real", onde tratam a compreensão como a capacidade do leitor para repetir o que está dito no texto (não o que o leitor pode sentir sobre este). A leitura junta-se à "base de conhecimentos" do leitor. Outros capítulos do mesmo volume descrevem as simulações por computador de leitura, ou de características superficiais da leitura, tais como extensão de tempo em que as fixações oculares mantêm-se sobre determinadas palavras.

Para discussões mais gerais sobre a ciência cognitiva, ver Anderson (1980), Simon (1980), Sternberg (1983) e Eysenck (1984) Mandler (1985) discute o tema a partir de um ponto de vista mais humanista. A presunção básica subjacente à abordagem da ciência cognitiva é, talvez, mais fortemente expressada por Goldstein e Papert (1977), que declaram que os seres humanos e computadores estão envolvidos na organização e utilização o conhecimento de modos similares. Acreditam que a inteligência artificial "transformará profundamente a teoria e prática da educação, não somente por causa de máquinas mais inteligentes, mas ajudando os estudantes a compreenderem seu próprio pensamento". Lawler e Yazdani (1987) em um volume editado relacionam a inteligência artificial à educação, e Friedman, Klivington e Peterson (1986) relacionam a ciência cognitiva e a educação com determinadas considerações à neurociência. Spiro, Bruce e Brewer (1980) consideram a contribuição da inteligência artificial à compreensão da leitura. Estudos mais gerais sobre a ascensão da ciência cognitiva são os de Gardner (1987) e Baars (1986). Ver também um estudo de Baars por Levin (1987).

Pode-se argumentar que a ciência cognitiva tornou-se um sistema de resposta ao estímulo behaviorista e elaborado, apesar do fato de chamar-se a si mesma de "cognitiva". Os indivíduos são percebidos como totalmente sob o controle de um ambiente, que é a fonte dos "dados" ou "informações", em vez de estímulos e contingências de reforço. Não existem intenções, emoções ou valores, exceto para o que algo fora do sistema colocou neste. Este não é o argumento que defendo, mas aquele do exponente principal do behaviorismo, B.F. Skinner (1985), que afirma que a única diferença entre a ciência cognitiva e sua própria teoria está na linguagem utilizada.

Existem críticos da ciência cognitiva entre os psicólogos cognitivos. Neisser (1983) debate a tentativa de Sternberg (1983) de decompor os estados mentais em partes, citando J. R. R. Tolkien: "Aquele que quebra algo para descobrir o que é abandonou a trilha da sabedoria". Neisser argumenta que os elementos da análise de Sternberg "não são elementos separados em qualquer processo mental genuíno; são mais como títulos para capítulos de um livro sobre como pensar". (Há uma resposta de Sternberg no jornal onde aparece a crítica de Neisser.) Em um importante artigo sobre a natureza semântica da leitura, Kolers e Roediger (1984) também afirmam que os "modelos de mente" de processamento de informações — cheios de pequenas caixas, processos e estágios — "não funcionam". Os modelos de processamento de informações tornam-se mais e mais elaborados, mas têm levado a pouco conhecimento acumulativo sobre como a informação flui através dos supostos sistemas de informações. Kolers e Roediger recomendam, em vez disso, estudar como a mente cria, transforma e manipula símbolos, transferindo esses modelos para novas ocasiões. Tomam a leitura como um exemplo específico — lembramos a maneira como compreendemos, e aquilo que compreendemos depende do que procuramos. Ver também Beers (1987).

Computadores

A discussão sobre a ciência cognitiva é inseparável da discussão sobre o relacionamento entre os computadores e o cérebro, um tópico complexo e filosófico. Os computadores não fazem qualquer coisa, a não ser que lhes seja ordenado o que e como fazer, de modo que não são como o cérebro humano, a menos que você acredite que é assim que os seres humanos são. Os computadores podem fazer coisas que nós não podemos — como calcular milhares de números primos, ou gerar esquemas elaborados — mas, ainda assim, estão seguindo instruções que os humanos lhes dão (ou instruções que os computadores desenvolvem como uma conseqüência de instruções anteriores dadas pelos humanos). E não existe garantia de que os procedimentos usados pelos computadores são aqueles utilizados pelo cérebro quando os humanos realizam cálculos matemáticos, ou pintam um quadro; quase certamente não são os mesmos. Um computador não possui planos e intenções, exceto aqueles que recebe. Não têm vontades, emoções ou valores. Estas características podem ser simuladas nos computadores, mas isto não lhes proporciona características humanas. Os computadores nascem com nada, nem mesmo necessidades. Não têm experiências. Não compreendem o sarcasmo, ironia ou afeição. Não compreendem *coisa alguma*. Programar um computador não é a mesma coisa que ensiná-lo, e ser programado não é a mesma coisa que aprender. Os computadores, diz-se, aprenderam, quando realizam algo diferentemente. Os seres humanos não se comportam, necessariamente, de modo diferente, como uma conseqüência do aprendizado, e podem mudar seu comportamento sem aprenderem qualquer coisa.

Entre os muitos argumentos veementes de que os computadores não podem proporcionar metáforas apropriadas ou modelos para o pensamento e comportamento humano, estão vários deles feitos por especialistas em computadores. Terry Winograd planejou um importante programa (chamado de SHRDLU) que possibilitava aos computadores fazer afirmações e responder questões sobre objetos e diferentes cores e forma, em cima de uma mesa. Mas os computadores, na verdade, não entendem nem mesmo aquele "mundo cuidadosamente restrito", diz Winograd (1981). Seus procedimentos são representações inadequadas do racioncínio. Dreyfus e Dreyfus (1986) sustentam que os computadores não podem ser "inteligentes" como os seres humanos porque não podem replicar a intuição. A "precisão lógica" não é o bastante. Os computadores não podem nem mesmo reconhecer padrões como os seres humanos, dizem Dreyfus e Dreyfus - e aconselham os educadores a não se envolverem com a inteligência artificial. Em um artigo densamente filosófico, intitulado "Tom Swift e sua avó jurídica", Fodor (1978) estabelece a razão pela qual os computadores não podem proporcionar uma teoria do que significa conhecer o significado de uma palavra. A linguagem natural não pode ser reduzida a uma linguagem de computador (ou a qualquer outra coisa - uma vez que você diga que um "solteirão" significa um "homem que não se casou", não há muito mais a ser dito). Não existem maneiras de se reduzir o "significado" para "procedimentos" ou "instruções". Boulding (1981) diz que o conhecimento humano não é como qualquer outro "sistema", seja uma biblioteca ou um computador, porque o conhecimento humano é inseparável do mundo no qual se localiza. Ver também Jones (1986) sobre a incapacidade dos computadores para construírem as realidades sociais que determinam o pensamento humano e Hausman (1985), sobre a questão relativa a se os computadores podem criar.

NOTAS AO CAPÍTULO 4
ENTRE O OLHO E O CÉREBRO

Visão e Informação

Para a visão em geral, Gregory (1966) é uma introdução breve, de fácil leitura e bem ilustrada. Gregory (1970), Oatley (1978) e Hochberg (1978) lidam mais tecnicamente com a natureza construtiva da percepção. Bronowski (1978) observa, de forma pitoresca, que não existe qualquer anãozinho no cérebro olhando para os quadros à frente dos olhos (ou ouvindo os sons da fala, transmitidos a partir dos ouvidos). Rock (1983) insiste em que a percepção é inteligente, e baseada em operações similares àquelas que caracterizam o pensamento. Existem vários textos de psicologia com uma base cognitiva para suas discussões da percepção visual, especialmente os de Neisser (1967), Lindsay e Norman (1977), Calfee (1975), e Nassaro (1975).

A descoberta da existência de um limite quanto à quantidade de impressão que pode ser identificada a qualquer momento, variando de acordo com a utilização que o leitor pode fazer da redundância, não é, exatamente, algo novo. A ilustração neste capítulo, sobre o quanto pode ser identificado a partir de um único olhar a uma fileira de letras ao acaso, palavras espalhadas também casualmente e seqüências significativas de palavras, deriva-se diretamente das pesquisas de Cattell (1885, republicado em 1947), e de Erdmann e Dodge (1898). As descrições de muitos estudos experimentais similares foram incluídas em um livro imensamente amplo e inteligente, por Huey (1908, republicado em 1967), que permanece relevante hoje, sendo o único estudo clássico na psicologia da leitura. Uma boa quantidade de pesquisas recentes sobre a percepção na leitura é, basicamente, a replicação de estudos anteriores com equipamentos mais sofisticados; nada foi demonstrado que os desacreditasse. Ainda assim, essa pesquisa pioneira foi negligenciada por psicólogos experimentais por quase meio século, e ainda é amplamente desconhecida na educação, em parte porque o behaviorismo inibiu os psicólogos a estudarem "os fenômenos mentais" e em parte porque as abordagens / sistemática" ou "operacionalizada" à instrução da leitura concentraram-se na decodificação e ataque às palavras — o extremo da "visão em túnel" —, às custas da compreensão.

Nem todos os achados de Cattell provaram ser facilmente replicáveis por pesquisadores contemporâneos. Baumann e Schneider (1979) descobriram que um grupo de 24 estudantes graduados podia identificar, a partir de uma exposição taquistoscópica única de 40 mseg 3,7 letras ao acaso ou 2,0 palavras não relacionadas umas às outras (9,3 letras), o que corresponde, razoavelmente, aos resultados relatados por Cattell, mas com um aumento menos dramático para 2,4 palavras (11,5 letras) para palavras em contexto. Entretanto, uma tabela mostrando os resultados médios de seus indivíduos mais capazes, medianos e inferiores, mostra que, enquanto existiam apenas diferenças relativamente ligeiras entre os três grupos nas condições de letras ao acaso e palavras não relacionadas umas às outras (meus cálculos mostram médias de 5,6, 5,0 e 4,0 letras ao acaso para os grupos superior, mediano e inferior, respectivamente, com 13,7, 11,4 e 9,7 para letras em palavras não relacionadas umas às outras), o grupo superior mostrou uma vantagem acentuada nas palavras em uma condição de contexto, uma média de 18,2 letras (cerca de 4 palavras), comparadas com 13,7 letras para o grupo mediano e 11.3 letras para o grupo inferior. Baumann e Schneider observam que os melhores indivíduos em seu estudo também cometiam a maior parte dos erros, especialmente nas condições de palavras, apoiando a visão de que a leitura fluente envolve o assumir riscos, a boa vontade para cometer erros. Esta disposição para arriscar-se é, naturalmente, uma variável difícil para se levar em consideração em investigações laboratoriais sobre a leitura, e pode ser responsável pela dificuldade de replicação dos estudos anteriores.

Outros pesquisadores contemporâneos, utilizando equipamentos sofisticados para abrirem ou estreitarem uma "janela", através da qual os indivíduos podem ler, mostram um "alcance perceptivo" de entre 21 e 31 caracteres (letras ou espaços) em uma única fixação, até 15 em cada lado do ponto de fixação (den Buurman, Roersma, & Gerrissen, 1981; McConkie & Rayner, 1975). Krueger (1975) resume um número de estudos mostrando que as letras, palavras e outras configurações visuais familiares, são identificadas mais rapidamente e com maior perfeição do que aquelas menos familiares.

Teoria da Informação e Leitura

A matemática da teoria da informação (Notas ao capítulo 3) pode ser aplicada aos achados de Cattell para mostrar que os leitores que identificam somente quatro ou cinco letras ao acaso, um par de palavras ao acaso, ou uma seqüência significativa de quatro ou cinco palavras, estão, a cada vez, processando a mesma quantidade de informação visual. As diferenças entre as três condições pode ser atribuída às variadas quantidades de informações não-visuais que os leitores são capazes de acrescentar, derivadas da redundância distributiva e seqüencial dentro das linhas escritas.

A condição de letras ao acaso sugere que o limite para um único olhar (o equivalente a um segundo de tempo de processameto) é de cerca de 25 bits de informação. O cálculo está baseado em um máximo de cinco identificações de letras de cerca de 5 bits de incerteza cada (2^5 bits = 32 alternativas). Em seqüências casuais de letras, naturalmente, não existe uma redundância distributiva ou seqüencial que um leitor possa utilizar. O fato de 25 bits ser, na verdade, um limite geral para a taxa de processamento de informações humano, foi defendido por Quastler (1956) a partir de estudos não apenas de letras e identificação de letras, mas do desempenho de pianistas e pessoas com uma incrível capacidade para cálculos mentais (ver também Pierce & Karlin, 1957).

Como é possível, então, identificar duas palavras casuais, consistindo na média de 4.5 letras cada, com apenas 25 bits de informação visual? Nove ou dez letras em cinco bits cada pareceriam necessitar de algo em torno de 50 bits. Mas, como observei nas Notas ao capítulo 3, por causa da redundância distributiva e seqüencial, a incerteza média das letras, pelo menos em *palavras* da língua inglesa é de cerca de 2 e meio bits cada (Shannon, 1951), transformando a incerteza média total para letras em duas palavras casuais em algo próximo do 25 bits. A partir de uma perspectiva equivalente, as palavras ao acaso, tomadas de um conjunto de 50.000 alternativas, apresentariam uma incerteza entre 15 e 16 bits cada ($2^{15} = 32.768$, $2^{16} = 65.536$), mas devido à redundância distributiva entre as palavras — e também provavelmente porque palavras incomuns tendem a não ser empregadas em estudos sobre a leitura — podemos possivelmente, outra vez, aceitar a estimativa de Shannon, de que a incerteza média das palavras em inglês sem as constrições sintáticas e semânticas (redundância seqüencial) é de cerca de 12 bits por palavra. Assim, se olharmos para a condição de palavras ao acaso a partir de uma perspectiva de incerteza de letras em palavras (cerca de 2 e meio bits por letra) ou a partir de um ponto de vista de incerteza quanto às palavras isoladas (cerca de 12 bits por palavras), o resultado ainda será o de que o leitor está fazendo uma identificação de cerca de 9 ou 10 letras ou duas palavras, com aproximadamente 25 bits de informação visual. O fato de tanto o número de letras identificadas quanto o ângulo efetivo de visão dobrarem, na condição de palavras ao acaso, comparadas com as quatro ou cinco letras que podem ser percebidas na condição de letra ao acaso, reflete a utilização que o leitor pode fazer da redundância. Em outras palavras, o observador na condição de palavra isolada contribui com o equivalente a 25 bits de informação não-visual, para possibilitar que duas vezes mais seja visto em um único olhar. Qualquer pessoa que não possuísse a informação não-visual relevante, teria que confiar somente na informação visual e, portanto, teria visto apenas a metade.

Em passagens significativas e gramaticais da língua inglesa ocorre um redundância seqüencial considerável entre as próprias palavras. Os falantes e autores não estão livres para escolherem qualquer palavra que desejem, sempre que os agradar, pelo menos não se esperam fazer sentido. A partir de análises estatísticas de longas passagens de texto, e também por uma técnica de "jogo de palpites", na qual as pessoas realmente eram solicitadas a dar palpites sobre letras e palavras, Shannon calculou que a incerteza média sobre *palavras* em seqüências significativas, era de cerca de sete bits (uma redução sobre palavras isoladas de cerca da metade), e que a incerteza média das *letras* em seqüências significativas era somente pouco maior do que um bit (novamente reduzindo pela metade a incerteza das letras em palavras isoladas). Nesta base, seria de se esperar que os observadores na condição de seqüências significativas de palavras vissem duas vezes mais, novamente, comparados com palavras isoladas, que é, naturalmente, o resultado experimental. Uma frase ou sentença de quatro ou cinco palavras pode ser vista em um olhar, um total de 20 letras ou mais. Isto é quatro vezes mais do que pode ser visto na condição de letras ao acaso, mas ainda com base na mesma quantidade de informação visual; quatro ou cinco letras ao acaso em cerca de cinco bits cada, ou 20 letras em uma seqüência significativa em apenas pouco mais de um bit cada. Colocado de outra maneira, quando lendo seqüências de palavras significativas em um texto, o leitor pode contribuir com pelo menos três partes da informação não-visual (na forma de conhecimento anterior da redundância) para uma parte de informação visual, de modo que pode ser percebido quatro vezes mais.

Para uma discussão mais detalhada sobre a argumentação precedente, ver Smith e Holmes (1971). Outros exames sobre a incerteza e redundância no inglês são incluídos em Garner (1962, 1974) e em Miller, Bruner e Postman (1954), o último utilizando "aproximações ao inglês" cuidadosamente construídas. McNeill e Lindig (1973) demonstram que o que os ouvintes percebem na linguagem falada também depende do quanto estão procurando: sons individuais, sílabas ou palavras inteiras.

A Taxa de Tomada de Decisões Visuais

Setenta anos após as demonstrações de um limite para o quanto pode ser visto em um único olhar, outros estudos taquistoscópicos mostraram que o limite não pode ser atribuído a qualquer restrição sobre a quantidade de informações visual que o olho pode coletar da página, nem porque os observadores esquecem as letras ou palavras que já foram identificados antes que possam relatá-las. Em vez disso, o afunilamento ocorre à medida que o cérebro trabalha para processar o que é, transitoriamente, uma quantidade considerável de informação visual crua, organizando a "visão" após os olhos terem cumprido sua tarefa. A tomada de decisão perceptiva toma tempo, e existe um limite para como informações visuais longas enviadas de volta pelos olhos permanecem disponíveis ao cérebro.

Os indivíduos na espécie de experiência taquistoscópica que descrevi, com freqüência sentem que viram potencialmente mais do que são capazes de relatar. A breve apresentação da informação visual deixa uma "imagem" vagamente definida que desaparece antes que os indivíduos sejam completamente capazes de atentar por ela. A validade desta observação foi estabelecida por uma técnica experimental chamada de *recordação parcial* (Sperling, 1960), na qual os indivíduos eram solicitados a relatar apenas quatro letras de uma apresentação de, talvez, 12 letras, de modo que o relato solicitado está bem dentro dos limites da memória de curto prazo (ver capítulo 5). Entretanto, os indivíduos não sabem *quais* são as quatro letras que devem relatar, até após a apresentação visual, de modo que devem trabalhar com a informação visual que permanece disponível ao cérebro após sua fonte ter sido removida da frente dos olhos. Por um lado, a técnica experimental evita qualquer complicação da memória, mantendo o relato solicitado em um pequeno número de itens, enquanto, ao mesmo tempo, testa se, de fato, os observadores têm informações sobre todos os 12 itens por um breve período, após o trabalho dos olhos ter sido completado.

A técnica experimental envolve a apresentação das 12 letras em três fileiras de quatro letras cada. Logo após a apresentação de 50 mseg terminar, soa uma campainha. O indivíduo já sabe que uma campainha aguda indica que as letras na fileira superior devem ser relatadas, uma campainha grave indica o relato da fileira inferior, enquanto um tom intermediário indica a linha do meio. Quando este método de recordação parcial é empregado, os indivíduos podem, normalmente, relatar as quatro letras exigidas, indicando que, por um breve período, pelo menos, têm acesso à informação visual crua de todas as 12 letras. O fato de os indivíduos poderem relatar quaisquer quatro letras, entretanto, não indica que identificaram todas as 12, mas simplesmente que têm tempo para identificar quatro, antes que a informação visual desapareça. Se a campainha indicadora é atrasada em mais de meio segundo, após o término da apresentação, o número de letras que pode ser relatado decresce dramaticamente. A "imagem" é uma informação visual não processada, que sofre um declínio quando cerca de quatro letras foram identificadas.

Outra evidência de que a informação visual permanece disponível em um "armazenamento sensorial" por cerca de um segundo, e de que todo aquele segundo é necessário se um máximo de quatro ou cinco letras devem ser identificadas, vem dos estudos sobre "mascaramento", descritos neste capítulo (por ex., Averbach & Coriell, 1961; Smith & Carey, 1966). Se um segundo arranjo visual é apresentado aos olhos antes que o cérebro tenha terminado de identificar o número máximo de letras que pode, do primeiro *input* de informação visual, então a quantidade reportada da primeira apresentação declina. O segundo *input* de informação visual apaga a informação da primeira apresentação.

Entretanto, pode ser tão perturbador para a leitura se a informação visual alcança o olho muito lentamente quanto se o faz com demasiada rapidez. Kolers e Katzman (1966), Newman (1966) e Pierce e Karlin (1957) mostraram uma taxa ótima de cerca de seis apresentações por segundo, para a recepção de informações visuais sobre letras ou palavras individuais; em taxas mais rápidas, o cérebro não pode reter a informação, e em velocidade mais lenta, tende a ocorrer uma perda maior de itens anteriores, através do esquecimento. Estes estudos, e os cálculos anteriores de Quastler (1956), tendem a apoiar a visão de que a taxa de "leitura normal", entre 200 e 300 palavras por minuto (Tinker, 1965; S. Taylor, 1971) é um número ótimo; a leitura mais lenta é mais do que ineficiente, é quase que certamente perturbadora para a compreensão.

Existe uma outra corrente histórica de evidências, levando à mesma conclusão de que a percepção é um processo de julgamento que toma tempo, com a quantidade de tempo necessário, dependendo do número de alternativas entre as quais o cérebro deve escolher. São os estudos de *tempos de reação*, ou da *latência* entre a apresentação da informação visual a um indivíduo e a resposta de identificação. A latência sempre aumenta com o número de alternativas dentro de uma categoria. Por exemplo, os indivíduos levam uma média de 410 mseg para darem nome a uma letra do alfabeto (dentro de 26 alternativas da língua inglesa), mas somente 180 mseg para dizerem se uma luz piscou (uma simples escolha de sim-não). De maneira interessante, palavras curtas podiam ser identificadas mais rapidamente (388 mseg) do que letras isoladas — e ninguém jamais explicou satisfatoriamente por que isto ocorria. Tomei estas estatísticas e resultados de uma seção longa e interessante sobre visão e movimentos oculares no compêndio de Woodworth e Schlosberg *Experimental Psychology* (1954); detalhes ainda mais básicos sobre os primeiros estudos sobre a leitura estão incluídos na edição original de Woodworth (1983).

Movimentos Oculares na Leitura

Estudos clássicos sobre a natureza dos movimentos oculares e mudança na taxa de fixação na leitura são relatados em Tinker (1951, 1958). S. Taylor, Frackenpohl e Pettee (1960) relatam a estabilização das taxas de fixação por volta da 4ª série. Llewellyn-Thomas (1962) discute os movimentos oculares dos leitores velozes, que tiram amostragens de informações visuais em uma área tão vasta de texto que livram-se das obrigações de moverem suas fixações ao longo das linhas de tipos e, em vez disso, movimentam seus olhos para cima e mesmo para baixo, em direção ao centro da página (sem, entretanto, aumentarem suas taxas de fixações). Estudos mais recentes sobre os movimentos oculares na leitura, envolvendo equipamentos sofisticados e teorias modernas, são proporcionados por Hochberg (1978), Rayner (1977, 1978), Just e Carpenter (1980) e Spragins, Lefton e Fisher (1976). Hochberg exerce influência entre um número de psicólogos experimentais, com seu desenvolvimento da visão de que a leitura é um processo altamente seletivo, à medida que o cérebro determina, de antemão, o melhor lugar onde uma fixação deve cair. De modo mais geral, e muito tecnicamente, Treisman (1969) argumenta que a percepção é mais eficiente quando o observador está em controle do que os olhos buscarão. Garner (1966) também resumiu um número de experiências, demonstrando a natureza seletiva da percepção.

Sob as condições de laboratório da maioria dos estudos experimentais sobre a "leitura", os indivíduos não têm controle de onde fixam seu olhar ou de quanto tempo as fixações devem durar. O experimentador toma estas decisões por eles. Em muitos estudos taquistoscópios e sobre movimentos oculares, os indivíduos nem mesmo são livres para moverem suas cabeças, que são imobilizadas por correias presas ao queixo ou mesmo algo parecido com arreios. Ainda assim, os movimentos de cabeça são uma parte inconspícua da leitura normal. Para evitarem as constrições aos movimentos de cabeças, alguns pesquisadores da leitura vão ao outro extremo, fornecendo aos indivíduos sob experiência capacetes equipados com dispositivos eletrônicos, que estes devem utilizar enquanto olham para uma tela de computador.

Poder-se-ia perguntar por que a taxa de fixação mais geral e mais eficiente na leitura parece estar em cerca de quatro fixações por segundo, quando a informação de um simples olhar persiste por um segundo ou mais, e pelo menos um segundo é necessário para a análise de toda informação que pode ser adquirida por uma única fixação. Por que os leitores normalmente se fixam em cada palavra — ou pelo menos em cada conteúdo de palavra (Just & Carpenter, 1980) —, quando podem ver quatro ou cinco palavras em um olhar? Não existe uma boa pesquisa para a resposta a esta questão, mas minha conjectura é a de que o cérebro está menos preocupado com capturar o último pedacinho de informação de cada fixação do que com receber um fluxo regular de informação visual selecionada, à medida que constrói uma compreensão coerente do texto. Obviamente, os leitores não estão simplesmente avançando de palavra para palavra. Devem já ter uma boa idéia de onde fixarem seu olhar, se este olhar cai principalmente sobre palavras de conteúdo. Potter (1984) mostra que as limitações sobre a velocidade dos movimentos oculares pode ser um fator na lentificação da leitura.

Vendo para Trás

Moyer e Newcomer (1977) argumentam e demonstram que as reversões não são causadas por déficits perceptivos, mas pela inexperiência com a direcionalidade.

Especialização Hemisférica

Um artigo básico sobre as diferenças funcionais nos hemisférios cerebrais, e sobre as conseqüências ocasionalmente bizarras de estarem superficialmente desconectados, é proporcionado por um dos primeiros pesquisadores da área, Sperry (1968). Ver também Gazzaniga (1970). Discussões mais recentes sobre o relacionamento entre os hemisférios e a linguagem estão incluídas em vários capítulos de Caplan (1980). Uma apresentação de fácil leitura sobre a natureza da assimetria hemisférica, acompanhada por algumas interessantes especulações sobre as origens da própria consciência, pode ser encontrada em Jaynes (1976, 1986). Estudos cuidadosos sobre pesquisas,

304 Compreendendo a Leitura

levando à conclusão de que a especialização hemisférica não deve ser considerada como uma explicação para as dificuldades de leitura em crianças, são relatados em Naylor (1980), Young e Ellis (1981) e no capítulo escrito por Bryden em Underwood (1978).

NOTAS AO CAPÍTULO 5
AFUNILAMENTO DA MEMÓRIA

Teorias da Memória

Uma das primeiras e mais coerentes tentativas para distinguir as características de memória de curto prazo e de longo prazo foi feita por Norman (1969), revisada e expandida em uma análise abrangente dos processos e conteúdos da memória (Norman, 1976). A perspectiva subjacente também se apresenta no texto de psicologia introdutória de Linday e Norman (1977). Um documento básico mais técnico é o de Baddeley e Patterson (1971), e existem estudos práticos feitos por Shiffrin (1975) e Schneider e Shiffrin (1977), que enfatizam particularmente o relacionamento entre a memória de curto prazo e a atenção. Existem, naturalmente, pontos de vista alternativos. Craik e Lockhart (1972; ver também Cermak & Craik, 1979) propuseram um modelo influente de *níveis de processamento,* argumentando que os diferentes "estágios" de curto e longo prazo da memória são, na verdade, reflexos de diferentes "níveis" ou "profundidades" nos quais o processamento é realizado. A partir deste ponto de vista, o processamento adicional necessário para a identificação de palavras, em vez de letras, ou significados em vez de palavras, é responsável por evidências freqüentemente utilizadas para explicar as teorias de estágio. Por outro lado, não está claro que a identificação de palavras é um nível mais profundo de percepção ou memória, ou que envolve mais processamento do que a identificação de letras; os efeitos da memória de curto prazo e a longo prazo podem ser encontrados tanto com letras ou com palavras. O argumento não é realmente sobre evidências, mas sobre a maneira como é mais praticamente interpretado.

Lewis (1979) também revisou criticamente a distinção de memória de curto prazo e a longo prazo, propondo que a maior parte do esquecimento é uma falha para a recuperação da informação, em vez de uma perda do armazenamento, e sugerindo, em vez disso, uma distinção de memória ativa e inativa, com a memória ativa sendo parte daquela inativa, maior (similar à minha figura 5.2). Uma visão algo diferente, de que a memória está fundamentada em *descrições* de variados graus de precisão e complexidade, é proposta por Norman e Bobrow (1979).

Tulving (1985a, 1985b) propôs a existência de *três* sistemas de memória diferentes, aos quais chama de *episódico, semântico e de procedimentos.*

Associa cada um com uma espécie diferente de consciência (ou ausência de consciência). O sistema básico de memória, de Tulving, é o de *procedimento;* é também o mais primitivo, o único que os animais apresentam. Também é o único dos três sistemas que pode ser completamente independente dos outros dois. As memórias de procedimento necessitam da ação manifesta para tornarem-se estabelecidas, e não estão acessíveis à consciência. Tulving chama esta condição de *anoética* (literalmente, "sem conhecimentos"). Jamais podemos estar conscientes do que sabemos, em matéria de procedimentos (exceto quando realmente fazemos algo, possivelmente na imaginação). Tal sistema de memória pode ser fundamental, mas não é trivial. É provavelmente o aspecto de nossa memória contendo as "regras" da linguagem, que não são aprendidas conscientemente (Krashen, 1985). A memória *semântica* de Tulving é um subconjunto dentro da memória de procedimentos, e torna possíveis as representações de estados do mundo não perceptivamente presentes (isto é, que podemos imaginar). A memória semântica inclui fatos — mas não em qualquer ordem particular. A maioria das pessoas, por exemplo, sabem que tanto John F. Kennedy e Charles de Gaulle estão mortos, mas não podem dizer, imediatamente, quem morreu primeiro. A memória semântica "descreve" eventos e situações para nós — traz à consciência. Tulving chama a isto de *noética.* Finalmente, a memória *episódica,* que jaz dentro do sistema semântico, é "autocognicente" ou *autonoética.* Ela é nossa consciência da ordem ou seqüência dos eventos, a única forma consciente de memória que inclui as relações temporais. Os primeiros documentos por Tulving e seus colegas, citando pesquisas que distinguem a memória episódica e a memória semântica, incluem Tulving e Thomson (1973) e Tulving e Watkins (1975). Ver também Friendly (1977).

Tulving enfatiza algo que poucos psicólogos cognitivos refutariam, atualmente, que a qualidade de uma determinada memória depende da maneira e das circunstâncias na qual foi originalmente aprendida. Kolers (1975) freqüentemente argumentava a favor de uma memória de "procedimento", também estudada experimentalmente por Masson e Sala (1978). Ver também Minsky (1980) e Anderson (1980).

Grandes pesquisas laboratoriais estão sendo feitas sobre a natureza dos reais processos cerebrais subjacentes à memória, mas muito mais resta ainda a ser feito, antes que haja uma completa compreensão ou, na verdade, uma idéia de como seria tal compreensão. Está claro que certas alterações bioquímicas ocorrem durante o aprendizado, quando as memórias são estabelecidas, e que as intervenções químicas podem, aparentemente, destruir a memória, e em algumas circunstâncias, possivelmente aumentá-la. Mas estes estudos não explicam como toda uma afirmação, tal como "Dia 4 de julho é o dia da Independência norte-americana" poderia ser representada na composição química do cérebro, muito menos como poderiam ser explicados seu significado e compreensão. Nem mesmo está claro como tais questões deveriam ser colocadas. Para um estudo abrangente recente sobre os mecanismos da memória no cérebro, incluindo argumentações a favor de possíveis localizações da memória de curto e longo prazo, além de conhecimento de procedimento e proposicional, ver Squire (1986). A partir de um ponto de vista educacional prático, é difícil ver como uma compreensão mais refinada (mas ainda muito grosseira) sobre as estruturas neurológicas e eventos químicos subjacentes à leitura poderiam melhorar a maneira como esta é ensinada.

Uma outra distinção freqüentemente extraída é entre a memória de *reconhecimento* e a de *reprodução*. Em geral, (mas nem sempre) é mais fácil reconhecer-se um rosto ou lugar (ou um objeto ou símbolo) do que desenhá-los. Reconhecemos ortografias corretas mais facilmente do que podemos produzi-las. Em qualquer idade, podemos compreender mais da linguagem do que podemos produzir por nós mesmos. Isto não deve ser tomado como implicando que temos dois tipos de memória inteiramente diferentes — que vamos a um "armazenamento" para o reconhecimento e a outro para a reprodução. Não é o caso de termos uma coleção de quadros (ou "imagens") no cérebro, à qual podemos recorrer para o reconhecimento. As imagens mentais, em si mesmas, devem ser construídas, e em geral podemos reconhecer rostos e outras coisas mais facilmente do que podemos imaginá-las. É provável que exista uma explicação simples — que geralmente necessitamos produzir menos detalhes para o reconhecimento do que para a reprodução. Para reconhecermos um rosto, ou mesmo uma palavra, podemos necessitar ver apenas uma parte deste, enquanto a reprodução significa que temos que gerar o rosto ou a palavra por inteiro, sem omissão ou erro. Por questões factuais, uma distinção similar freqüentemente é feita entre memórias de *reconhecimento* e *recordação*. Podemos ser capazes de concordar que um certo ator estrelou determinado filme, mas, ainda assim, sermos incapazes de lembrar o nome deste ator, se nos perguntarem quem era o astro do filme. Outra vez, é provavelmente mais complexo, congnitivamente, construir ou completar o que pensamos ser uma afirmação verdadeira do que tão-só reconhecermos esta afirmação como verdadeira quando é produzida por outra pessoa (ver Anderson, 1980).

A natureza e o papel da formação de imagens na memória é muito debatida. Pylyshyn (1973, 1979) rejeita vigorosamente qualquer sugestão de que as imagens podem ser armazenadas como quadros no cérebro, para a inspeção do "olho da mente". Kosslyn (1980) propõe que as imagens mentais podem ser representadas de duas maneiras. A primeira possivelmente é, na verdade, uma forma que pode ser visualizada mentalmente, mas isto é uma imaginação simplesmente transitória. Tais imagens não persistem. Ao contrário, devem ser construídas com base das representações "mais profundas" que não são quadros, mas mais como descrições (ou especificações) a partir das quais as imagens mentais podem ser construídas. Tudo isto é parte de uma noção mais geral do que o cérebro deve possuir sua própria linguagem, a fim de extrair sentido de cada aspecto do mundo. O significado de uma sentença não pode ser uma paráfrase desta sentença, porque, então, necessitaríamos do significado da paráfrase. Mas, de maneira similar, o significado de um quadro não pode ser outro quadro. Deve haver algo, possivelmente inexplicável para nós, intelectualmente, que nos possibilita entender qualquer coisa — ou sentir que a entendemos. A noção de que o cérebro possui sua própria linguagem é defendida a partir de um ponto de vista lingüístico, por Fodor (1979) e neurofisiologicamente por Pribram (1971).

A idéia de que a memória é construtiva, ou reconstrutiva, em vez de uma simples recordação de informações originais, também tem uma longa história na psicologia, com seu próprio clássico, por Bartlett (1932). Outros argumentos que apresentam a recordação por influência de perspectivas, de eventos passados, são oferecidos por Cofer (19733) e J. Mandler e Johnson (1977).

Klatzky (1980) proporciona uma instrução relativamente não técnica à área altamente técnica da memória, e existe um bom sumário em Calfee (1974), dentro de uma discussão sobre a leitura algo diferente da abordagem assumida por este livro. Para a organização ou conteúdos da memória, veja material descrito por G. Mandler (1967), bem como G. Mandler (1985). Para a estrutura ou conteúdos da memória, existem estudos práticos, bem como alguns pontos de vista idiossincrásicos em Puff (1977), Anderson e Bower (1973), e Crowder (1976). Em contraste, existe algo de muito fácil compreensão, escrito por Jenkins (1974), relatando sua conversão de uma visão tradicional *associacionista* da memória para uma abordagem cognitiva mais significativa, intitulado "Lembra-se daquela velha teoria sobre a memória? Bem, esqueça-a!". Para uma discussão geral sobre a memória infantil ver Kail (1979). Uma vez que memória — pelo menos o seu aspecto de longo prazo — e a teoria do mundo em nossa mente são descrições alternativas da mesma coisa, muitas das referências gerais nas Notas ao capítulo 1, sobre conhecimento e compreensão, aplicam-se também a este capítulo e podem ser consultadas.

"Entroncamento"

Os dois afunilamentos aparentes da memória — a capacidade limitada da memória de curto prazo e a entrada lenta da memória a longo prazo — podem ser evitados pela estratégia conhecida como *entroncamento*, ou organização da informação em uma unidade mais compacta (mais significativa). Por exemplo, é mais fácil reter e recordar a seqüência de dígitos 1491625364964 como os primeiros oito números quadrados, ou as letras JFMAMJJASOND como as iniciais dos meses do ano, do que tentar recordar qualquer seqüência de doze ou mais elementos não relacionados. Mas é um engano pensarmos que normalmente precebemos primeiro e encontramos depois; não lemos primeiro as letras c,a,v,a,l,o, para então a entroncarmos na palavra *cavalo*; nem primeiro percebemos um determinado nariz, olhos e lábios para depois entroncá-los na forma do rosto de um amigo. As pesquisas e ensino do entroncamento tendem a fazer as coisas de trás para a frente, começando com arranjos de elementos ostensivamente não relacionados, que o indivíduo deve, supostamente, agrupar de algum modo significativo. Na prática, o conhecimento anterior e a expectativa de um agrupamento maior leva à percepção dos elementos de uma maneira entroncada — se reconhecemos uma palavra, não vemos as letras individuais. O tamanho ou caráter de um entroncamento é determinado por aquilo que estamos procurando, em primeiro lugar (o tema de "níveis de processamento", novamente). A palavra "entroncamento" tornou-se algo como um modismo na educação, com alguns professores perguntando: "Como podemos ensinar as crianças a formarem entroncamentos?" ou mesmo "O que faço com uma criança que não sabe entroncar?". Mas o entroncamento não é algo que se aprende a fazer; é uma simples conseqüência do que você já sabe; se você pode reconhecer *cavalo* como uma palavra, não existe qualquer problema de entroncamento, antes de mais nada. O entroncamento também tem seu próprio texto clássico, na literatura psicológica, escrito com o tom sugerido por seu título: "O Mágico Número Sete, Mais ou Menos Dois" (Miller, 1956). Um outro texto de fácil leitura e bastante informativo sobre o mesmo tópico é o de Simon (1974).

Um impressionante relato de como um estudante universitário aumentou sua capacidade de memória de curto prazo de 7 para 79 dígitos, com 230 horas de prática em entroncamento ao longo do período de 20 meses, está contido em Ericsson, Chase e Falcon (1980).

Um meio comum e importante de entroncar é utilizar a formação de imagens, para recordar; existe uma literatura substancial, demonstrando o fato não surpreendente de que nossa recordação de sentenças particularmente gráficas que ouvimos ou lemos tende mais a estar relacionada a cenas que imaginamos a partir das decrições proporcionadas pelas palavras do que pelas próprias palavras (Barclay, 1973; Bransford & Franks, 1971; Bransford, Barclay & Franks, 1972, Sachs, 1974). Estes textos são relevantes para argumentações maiores de que o significado está além das palavras, em qualquer caso; sempre que possível, todos, incluindo as crianças, tendem a recordar o significado das palavras, não as próprias palavras. Mas enquanto recordamos algumas seqüências de palavras em termos dos quadros que estas conjuram, também recordarmos, com freqüência cenas ou quadros em termos de suas descrições. Recordamos uma cena de pássaros voando sobre uma cidade, mas não se eram pombos ou gaivotas, nem quantos eram estes pássaros. Não há nada de impressionante sobre nada disto: naturalmente tentamos recordar da maneira mais efetiva possível. Se uma cena é mais fácil de ser recordada, ou mais eficientemente relembrada, em termos de uma descrição, talvez porque estejamos interessados em determinadas coisas em vez de na cena como um todo, então a memorização ocorrerá de acordo com isto. Nossa recordação é influenciada não somente pela maneira como aprendemos ou percebemos, mas a maneira da memorização tenderá a refletir o modo mais provável no qual desejaremos recordar ou utilizar a informação no futuro. Para importantes discussões sobre o papel da formação de imagens na memória, ver Paivio (1971) e Brooks (1968), e para uma análise técnica do relacionamento das palavras com as imagens, ver Reid (1974).

Memória Infantil

Não existem evidências de que as crianças possuam uma memória mais fraca ou menos desenvolvida do que a dos adultos. Simon (1974) argumenta que as crianças têm a mesma capacidade de memória que os adultos, mas não realizam entroncamentos de modo tão eficiente; entretanto, existe, provavelmente, um bias adulto por trás da noção de entroncamento "eficiente", em primeiro lugar. Tendemos a realizar entroncamentos — ou a perceber e lembrar em unidades significativas ricas — com aquilo que nos é mais rico e significativo. A recordação de correntes de letras ou dígitos não relacionados, que é o teste pelo qual as crianças são consideradas como tendo memória inferior àquela dos adultos, não é a mais significativa das tarefas, em especial para as crianças. O número de dígitos que uma criança pode repetir após uma única audição aumenta de uma média de dois, aos 2 e meio" anos de idade, para seis, aos 10 anos (e oito para estudantes adultos). Mas em vez de se supor que a capacidade de memória das crianças cresce com seu peso e altura, pode-se argumentar que as crianças mais jovens possuem pouca experiência, e vêem pouco sentido na repetição de seqüências de números, em especial antes de se acostumarem ao uso do telefone. A capacidade de memória dos adultos pode ser magicamente aumentada se lhes são ensinados pequenos truques ou estratégias, por exemplo, para recordarem cadeias de números, não como dígitos individuais (2, 9, 4, 3, 7, 8...), mas como pares de dois dígitos (29, 43, 78...) Os adultos estão tão familiarizados com números de dois dígitos separados, como 2 e 9, podem ser entroncados em uma única unidade, 29. A prática melhora o desempenho em qualquer tarefa de memorização, mas não parece melhorar a memória além de uma habilidade particular em áreas ou atividades não relacionadas. O melhor auxílio para a memória, para qualquer pessoa em qualquer idade, é uma compreensão geral da estrutura e finalidade por trás da memorização necessária. Os jogadores de xadrez habilidosos podem recordar a configuração da maioria ou de todas as peças no tabuleiro após alguns olhares, enquanto o principiante pode lembrar-se da posição de apenas algumas peças — mas somente se as peças são arranjadas como parte de um jogo real. Se as peças são organizadas de modo casual, o jogador habilidoso não pode lembrar mais do que aquele inexperiente, porque, então, a experiência do jogador, de centenas de jogos e posições, não possui nenhuma relevância ou utilidade.

Baer e Wright (1975) argumentam que a memória infantil não é inferior à dos adultos, mas que as crianças *codificam* (ou organizam a memória) diferentemente. Huttenlocher e Burke (1976) referem-se à dificuldade adicional (menos experiência) das crianças na identificação de itens e em especial informação sobre ordem, em tarefas de memória. Paris e Carter (1973) relatam que as crianças utilizam a formação de imagens para a recordação de sentenças exatamente como os adultos (ver G. Olson, 1973). Hudson (1986) demonstra que os "eventos" compreendem o núcleo da memória infantil.

Recordação Fácil e Recordação Difícil

Como observado no capítulo, Mandler (1985) apontou que a recordação fluente "fácil" que o cérebro realiza tão eficientemente na maior parte do tempo — ele chama a isto de "rememoração" — tem sido amplamente negligenciada pela psicologia experimental. É devido, na verdade, a esta negligência que a memória, compreensão e aprendizado têm sido considerados amplamente como coisa difícil para se fazer, necessitando de instrução, prática e esforço. O problema é que os aspectos da memória, compreensão, aprendizado e pensamento que os psicólogos experimentais tendem a estudar *são* difíceis porque as exigências do planejamento experimental demandam controle de todas as variáveis. As variáveis mais difíceis para controlar são aquelas relacionadas às diferenças individuais, especialmente no interesse e conhecimento anterior. Não é de surpreender que quanto mais interesse e conhecimento temos sobre algo, mais fácil isto se torna para ser aprendido, compreendido, recordado e pensado. A solução experimental para tal imprevisibilidade tem sido conseguida, em geral, pela construção de tarefas que removam toda possibilidade de interesse e conhecimento anterior, com o emprego de materiais que não fazem sentido em situações bastante artificiais. Quando se exige que os indivíduos se dediquem a questões absurdas para a memória, ou que as recordem, eles geralmente têm fraco desempenho de maneiras muito previsíveis (o que se tornou a base da "Lei do Aprendizado", da psicologia). Infelizmente, os educadores que procuram por teorias nas quais possam basear as técnicas didáticas, tendem a se voltar para a psicologia, para o que são, essencialmente, teorias sobre o aprendizado, compreensão e recordação fáceis e difíceis. A questão é trazida à tona em um artigo intitulado *Como a Educação Apostou no Cavalo Errado* ("How Education Backed the Wrong Horse") (Smith, 1987b).

NOTAS AO CAPÍTULO 6
IDENTIFICAÇÃO DE LETRAS

Reconhecimento versus Identificação

G. Mandler (1980) faz uma distinção similar àquela feita neste capítulo sobre *identificação* (dar um nome a algo) e *reconhecimento* (decidir que algo é familiar). Ele propõe uma teoria geral de reconhecimento de palavras relevante ao capítulo 9 deste livro. Benton (1980) discute a impressionante habilidade humana para reconhecer padrões (neste caso, rostos) anos após talvez apenas um único olhar parcial.

Teorias de Reconhecimento de Padrões

Os problemas e teorias de reconhecimento de padrões são discutidos nos textos por Neisser (1967) e Lindsay e Eden (1968) e Selfridge e Neisser (1960). Selfridge propôs uma intrigante metáfora de "pandemônio", na qual cada analisador é considerado como um "demônio" procurando por sua própria característica particular, com o cérebro tomando decisões de identificação de letras baseado na altura dos gritos combinados de reconhecimento dos demônios coletivos para as letras particulares. Estudos mais recentes — com uma ênfase neurofisiológica substancial — são os de Marr (1982) e Spoehr e Lehmkuhle (1982). Pinker (1984) é um exame básico mas técnico das teorias contemporâneas de percepção visual, incluindo os modelos de gabarito, características e outros mais complexos. Pinker aponta que existem problemas com todas as teorias — um cavalo, por exemplo, seria visto como consistindo de muitas linhas e curvas para ser facilmente reconhecido apenas por "características", e, ainda assim, é inadequado dizer-se que um cavalo deve, portanto, ser reconhecido por partes corporais, tais como cascos, porque as próprias partes teriam que ser reconhecidas como características. A alternativa atual (empregando o jargão dos computadores, que pode, na verdade, estar mais próximo de uma representação de como o cérebro funciona), é basear-se em modelos "maciçamente paralelos", que procuram, ao mesmo tempo, por números de características e por inter-relacionamentos entre elas. Raramente reconhecido é que o conhecimento anterior e a expectativa devem ser igualmente maciços para apoiarem tais mecanismos perceptivos complexos. Por outro lado, talvez para mostrar que o reconhecimento de padrões não deveria ser complicado e mistificado fora de suas proporções, Blough (1982) mostrou que os pombos podem ser ensinados, facilmente, a distinguir as letras do alfabeto. Quando lhes era mostrada determinada letra em um lado de uma tela, eles tinham que distingui-la de duas alternativas incorretas em algum outro ponto da tela (bicando a alternativa correta). Os pombos, que estavam famintos, eram recompensados com três segundos de alimentação com grãos mistos para cada quatro respostas corretas sucessivas que davam em 2700 experiências de teste em quatro dias. Quando cometiam erros, os pássaros demonstravam a mesma confusão que os humanos, por exemplo, C-G-S, M-N-W, e D-O-Q.

Não é sugerido que nós possuímos analisadores visuais que funcionam unicamente para coletar informações sobre letras do alfabeto. A informação utilizada na identificação de letras é recebida de analisadores envolvidos em muitas atividades visuais, das quais aquelas relativas à leitura são apenas uma pequena parte. Os mesmos analisadores podem contribuir com informações sobre palavras, dígitos, formas geométricas, rostos, automóveis ou qualquer outro conjunto de categorias visuais, bem como para a apreensão do significado. O cérebro não faz uma variedade de utilizações especializadas de sistemas receptores muito gerais; assim, podem ser feitas afirmações sobre os analisadores "procurarem" por características alfabéticas sem a implicação de que um destino benigno "dotou" os seres humanos com a capacidade para ler o alfabeto. Todos nós temos uma "herança biológica" que nos possibilita falar e ler, andar de bicicleta e tocar piano, não por causa de algum planejamento genético específico, mas porque as linguagens falada e escrita, bicicletas e pianos, foram progressivamente desenvolvidas por e para os seres humanos, precisamente com o equipamento biológico com o qual os seres humanos vêm ao mundo.

Os leitores devem resistir às tentativas para imaginar quais poderiam ser as características ou testes particulares especificados em minha lista ilustrativa. Não devem tentar deduzir que característica deveria ser marcada (- no Teste 1 para "A" e + no Teste 1 para "B"). Os exemplos são bastante arbitrários e imaginários. Para uma tentativa para especificar possíveis características das letras, ver Gibson (1965).

Incidentalmente, é tão apropriado falar sobre características distintivas da fala quanto é referirmo-nos às características distintivas da linguagem escrita. Na verdade, o modelo de características para a identificação de letras foi desenvolvido na década de 60, inspirado por uma teoria de características da percepção da fala, publicada na década de 50 (Jakobson & Halle, 1956). Em ambas as teorias, uma representação física, acústica ou visual, é examinada para a verificação de características que determinam uma categorização particular e experiência perceptiva. O número de características físicas que necessitam ser discriminadas dependerá da incerteza do observador e de outras fontes de informação sobre a linguagem (redundância), que podem ser utilizadas.

Exatamente como os elementos básicos dos símbolos escritos ou impressos em uma página são considerados como características distintivas menores do que letras, também os elementos menores do que um único som são conceitualizados como características distintivas da fala. As características distintivas dos sons são geralmente consideradas como componentes do processo pelo qual um fonema é articulado, tal como se um som é ou não *vocalizado* (se as cordas vocais vibram para /b/, /d/, /g/, comparados com /p/, /t/, /k/), se o som é *nasal* (como /m/ e /n/), a duração do som, e a posição da língua. Cada característica distintiva é uma diferença significativa, e a discriminação de qualquer característica pode eliminar muitas alternativas no número total de possíveis sons (o conjunto de fonemas). Cada característica corta o conjunto de alternativas de um modo diferente, de maneira que, teoricamente, um total de apenas seis características distintivas poderia ser mais do que suficiente para distinguir entre 40 fonemas alternativos ($2^6 = 64$). Existem muitas analogias entre as características distintivas da palavra impressa e aquelas da fala. O número total de diferentes características, presume-se, é muito menor do que o conjunto de unidades que diferenciam (26 para letras do alfabeto inglês, cerca de 40 para os sons). O número de características sugeridas para os fonemas, em geral é de 12 ou 13 (observe novamente a redundância). Os fonemas podem ser confundidos da mesma maneira que as letras, e, quanto mais possibilidade dois sons têm de serem confundidos um com o outro, mais características distintivas presume-se que compartilham. Alguns sons, trais como /b/ e /d/, que provavelmente diferem em apenas uma característica, tendem mais a serem confundidos do que /b/ e /t/, que diferem em, talvez, duas, e /t/ e /v/, que podem diferir em três características. "Ban" e "Dan", que apresentam apenas uma única diferença de característica, tendem mais a serem confundidas do que "ban" e "tan", e muito mais do que "tan" e "van"; evidências experimentais sugerem que as presunções desta espécie são corretas (Miller & Nicely, 1955).

Muitas pessoas envolvidas com as complexidades da leitura, tendem a pensar que a identificação das palavras faladas é algo mais espontânea, instantânea e holística — quase como se os ouvidos detectassem palavras inteiras, em vez de ondas de sons padronizadas que o cérebro deve analisar e interpretar. Ainda assim, a percepção da fala não é menos complexa ou exige menos tempo do que a da leitura; o que ouvimos é o produto final de um procedimento de tomada de decisão que leva à identificação (categorização) de um som ou palavra ou significado, antes da experiência perceptiva. Raramente "ouvimos" palavras para depois identificá-las; a identificação deve preceder a audição, de outro modo, simplesmente ouvimos ruído. E não ouvimos características distintivas dos sons, não mais do que vemos características distintivas da escrita; a unidade que temos consciência de discriminar é determinada pelo senso que o cérebro é capaz de extrair, do tipo de questão que está formulando. Em geral, estamos conscientes somente do significado tanto da linguagem escrita quanto falada. Ocasionalmente, podemos atentar para determinadas palavras, mas apenas raramente e em circunstâncias especiais, estaremos conscientes dos fonemas da estrutura de superfície ou letras. As próprias características fogem completamente à nossa atenção.

Tornando a Identificação de Letras Mais Fácil

A identificação de letras, como a descrevi neste capítulo, não é a tarefa mais fácil para qualquer leitor. Pedir a alguém que identifique uma letra jogada ao acaso sobre uma tela ou mesmo escrita em um quadro-negro ou pedaço de papel é, na verdade, a tarefa mais difícil possível, devido a um constante tamanho de caractere, duração da exposição, claridade da visualização, etc. A tarefa é a mais difícil em circunstâncias físicas predeterminadas, porque não há redundância; determinada letra a ser identificada poderia ser qualquer uma de 26 alternativas no alfabeto, de modo que o observador requer um máximo de informação visual e não tem modos de conferir se, na verdade, uma identificação foi feita incorretamente. As letras são muito mais fáceis de identificar, e de aprender, quando vêm de um conjunto menor de alternativas, ou quando não são igualmente prováveis; em outras palavras, quando o observador pode fazer uso da redundância. Como apontado nas Notas ao capítulo 3, existe uma redução acentuada na incerteza geral de letras, se estas são selecionadas ao acaso do texto, em vez de extraídas de um conjunto de 26 alternativas com igual probabilidade. O observador pode fazer uso da redundância *distributiva* das letras do alfabeto se a letra em particular a ser identificada é tomada de um ponto pré-selecionado no livro, digamos, a terceira letra da quarta palavra da décima sétima linha da décima oitava página, em cujo caso a informação não-visual de que a letra tem 40 vezes mais probabilidade de ser *e* do que *z* pode ser usada, com todas as outras letras classificadas em uma posição intermediária. A redundância distributiva reduz a incerteza de 4,7 bits para 26 letras com igual probabilidade, para 4,07 bits, o equivalente a cerca de 17 alternativas igualmente prováveis, uma economia considerável mesmo sem a redundância seqüencial que se torna disponível a partir das outras letras ou palavras em uma seqüência. A redundância seqüencial das letras dentro de palavras da língua inglesa é enorme. Se todas as 26 letras do alfabeto pudessem ocorrer independentemente em cada posição de uma palavra de cinco letras, o número de palavras de cinco letras poderia ser de 26^5 = 11.881.376, comparadas com talvez 10.000 realmente existentes. E não somente é mais difícil para os observadores identificar letras sem os indicadores de redundância, isto é bem menos familiar, como uma atividade, uma vez que a redundância com a qual a linguagem está permeada é algo na qual cada usuário da linguagem investe.

    A identificação de letras ao acaso é tão estranha à leitura e de tão pouca relevância fora da literatura especializada da psicologia experimental que não encontro referências adicionais sobre o tópico suficientemente interessantes para incluir como leitura adicional, uma seção que deve permanecer inalterada em um ou dois capítulos, enquanto a discussão estiver em nível tão detalhado.

NOTAS AO CAPÍTULO 7
IDENTIFICAÇÃO DE PALAVRAS

Anderson e Dearborn (1952) incluem uma discussão básica sobre as presunções tradicionais subjacentes à maioria das teorias de identificação de palavras (ou, mais freqüentemente, teorias de ensino para a identificação de palavras) antes do desenvolvimento da visão de análise de características. Para discussões mais recentes sobre as pesquisas relativas ao reconhecimento de palavras, ver os três textos de "psicologia cognitiva" que já mencionei, Anderson (1984), Keiras e Just (1984) ou Eysenck (1984). Goodman (1982) faz algumas críticas gerais aos pesquisadores que se focalizam em palavras (ou letras), em suas análises sobre a leitura.

Identificação de Letras em Palavras

Existe um tipo de experiência que poderia, à primeira vista, parecer indicar que as palavras *não* são identificadas mais facilmente do que as letras, mas que, na verdade, proporciona uma demonstração adicional de que as palavras são realmente processadas em uma base de características com o leitor fazendo uso da redundância seqüencial. Um método experimental (Smith, 1969) envolve a projeção de letras ou palavras em uma intensidade tão baixa que quase não existe um contraste com a tela sobre a qual são mostradas; o contraste é lentamente aumentado, então, gradualmente tornando a informação visual mais e mais disponível até que os observadores sejam capazes de identificar a palavra. Sob este procedimento, os observadores não são restringidos pelo tempo ou limitações da memória, e podem escolher fazer identificações tanto de palavras quanto de letras, com a informação disponível em cada momento. Tipicamente identificam letras dentro de palavras antes de dizerem qual é a palavra inteira, embora toda a palavra possa ainda ser identificada antes que quaisquer de suas letras possa ser identificada isoladamente. Enquanto este achado não é consistente com a evidência clássica de que as palavras podem ser identificadas antes de qualquer de suas letras componentes em isolamento, ele torna claro que as palavras, na verdade, não são reconhecidas "como todos", mas pela análise de suas partes. A redundância seqüencial entre as características existentes dentro da configuração da palavra permite a identificação das letras com base em menos características do que seriam necessárias se fossem apresentadas isoladamente. Colocado de outra maneira, os conjuntos de critérios de características para as palavras não necessitam incluir informações suficientes em qualquer determinada posição para a única identificação de uma letra individual, se toda a redundância seqüencial fosse removida, mas quando a redundância seqüencial está presente, pode facilitar a identificação de uma ou mais letras mesmo antes que a palavra, como um todo, possa ser identificada. A letra *p* requer menos características para ser identificada se apresentada na seqüência *pai* do que se apresentada isoladamente, mesmo se o leitor identifica o *p* antes de *ai*. A informação adicional que possibilita que a identificação anterior de letras seja feita em palavras, está baseada na redundância ortográfica das palavras, reduzindo a incerteza das letras de cerca de quatro bits para menos de três (cerca de sete alternativas), como discutido nas Notas do Capítulo 3. Mesmo que um leitor não tivesse discriminado suficientes características na segunda e terceira posições da configuração *pai*, para identificar as letras *ai*, ainda existe alguma informação de características disponível por aquelas posições que, quando combinadas com a informação não-visual sobre a redundância de características dentro das palavras, permite a identificação da letra na primeira posição com base em mínima informação visual.

Existem outras evidências de que, embora as palavras sejam identificadas "como todos" no sentido de que a informação sobre características de todas as partes poderem ser levadas em consideração, para sua identificação, elas não são, de modo algum, identificadas com base na familiaridade de sua forma ou contorno. Os exemplos foram dados neste capítulo, sobre a facilidade com que configurações bastante estranhas como lEiTuRa seriam lidas. Passagens inteiras impressas nesta configuração peculiar podem ser lidas quase com a mesma rapidez que um texto normal (Smith, Lott & Cronnell, 1969). Na verdade, se o tamanho das letras maiúsculas é reduzido levemente, de modo que não interfiram com a discriminabilidade das letras maiúsculas, por exemplo lEiTuRa, então não existiria absolutamente qualquer diferença na velocidade na qual tais palavras e um texto normal seriam lidos. O resultado talvez não seja surpreendente, quando refletimos sobre a facilidade com que os leitores experientes podem fazer adaptações a formas bastante distorcidas de tipografia ou caligrafia. De fato, a facilidade com a qual podemos ler passagens de textos manuscritos quando as letras individuais e mesmo as palavras seriam indecifráveis é uma evidência adicional de que a leitura não depende da identificação de letras.

Obviamente, é uma supersimplificação falar sobre a "discriminabilidade" relativa de letras individuais do alfabeto ou presumir que as letras difíceis de serem identificadas quando isoladas devem ser difíceis de serem percebidas quando nas palavras. (Esta argumentação aplica-se em especial à questão da "reversão" de pares de letras com b e d, que são particularmente problemáticas para algumas crianças — e para os adultos em algumas circunstâncias e, agora, aparentemente, para os pombos. As reversões são consideradas especificamente no capítulo 4.) As características de critérios de letras não são fixas e imutáveis. A quantidade de informação visual necessária para identificar uma letra tem relativamente pouco a ver com as características físicas do estímulo real, mas depende muito mais da experiência do leitor e do contexto no qual as letras ocorrem. E precisamente o mesmo tipo de argumento aplica-se às palavras. As crianças que aprendem a ler freqüentemente identificam palavras no contexto que não podem identificar isoladamente (Pearson & Studt, 1975). É enganoso falar da capacidade de identificação de palavras das crianças em termos de seu "vocabulário visual" ou habilidades de trabalho com a palavra.

Existe uma extensa literatura técnica sobre a identificação de letras em palavras, incluindo Reicher (1969), Wheeler (1970), Meyer e Schvaneveldt (1971), Rumelhart e Siple (1974), Johnson (1975) e Cosky (1976). Silverman (1976) mostra que as palavras podem ser identificadas como unidades perceptivas integradas, uma observação também feita por Santa, Santa e E. Smith (1977). Brand (1971) mostra que as distinções podem ser feitas entre letras e dígitos sem a identificação de letras ou dígitos específicos (enfatizando o aspecto de características da identificação), e um artigo com subtítulo de "Não Procure e Achará" (*Seek not and ye shall find*) (Johnston e McClelland, 1974), descreve como as letras são, algumas vezes, mais facilmente identificadas em palavras se não são buscadas, especificamente. Um outro texto inteligentemente intitulado "A Floresta Antes das Árvores" (*Forest Before Trees*), escrito por Navon (1977), mostra que as letras dentro de configurações visuais maiores não perturbam a percepção das menores. Argumentações adicionais a favor da prioridade das palavras sobre as letras (e do significado sobre palavras individuais) estão em Kolers (1970) e F. Smith e Holmes (1971). Para um ponto de vista contrário, Massaro e Klitzke (1977) afirmam que as letras sempre têm uma função da identificação de palavras (embora ninguém argumente que a informação das letras não possa ser usada quando a palavra, como um todo, não pode ser reconhecida).

Em um par de artigos teóricos complexos e detalhados, McClelland e Rumelhart (1981) e Rumelhart e McClelland (1981), dois cientistas congnitivos, apresentam um modelo para "estruturas de processamento paralelo em movimento", por meio de detectores de características de letras que são diferencialmente ativados ou inibidos pela informação visual, dependendo do contexto em que as letras estão, palavras ou não-palavras. Esta combinação de jargão neurofisiológico e metodologia de computadores produziu um sistema de computador que eles afirmam ser capaz de identificar 1.200 palavras de quatro letras do mesmo modo que os humanos (com efeitos de freqüência de palavras e letras mais fáceis em palavras do que em não-palavras). Existe um resumo deste trabalho em uma estrutura conceitual algo mais ampla em McClelland (1985). Ver também Ellis (1984). Golden (1986), em um outro estudo recente, propõe um modelo de reconhecimento de palavras por análise de características *espacial,* sensível a letras em posições específicas, a interconexões entre letras e também à "redundância espacial". As palavras não precisam ser reconhecidas letra por letra, ele conclui — e construiu um modelo de computador baseado nestas suposições, que afirma poder desempenhar como os seres humanos em tarefas de identificação de letras, tanto em palavras quanto em não-palavras.

Haber e Haber (1981) mostram que o formato de uma palavra comum é, em geral, suficiente informação visual para a identificação única da palavra em um contexto significativo. Haber, Haber e Furlin (1983) mostraram que os estudantes universitários podiam utilizar a informação sobre extensão e forma para identificarem palavras perdidas em um contexto, cada tipo de indicador acrescentando cerca de 10% à probabilidade de uma identificação correta, e cada um destes indicadores interagindo com outros indícios contextuais.

Utilização da Redundância por Crianças

Não existem evidências de que as crianças precisam ser treinadas para procurarem ou utilizarem a redundância de qualquer mnaneira; na verdade, parte do argumento deste livro é que toda a percepção depende da utilização do conhecimento anterior e que a mais jovem das crianças demonstra capacidade para limitar a incerteza pela eliminação de alternativas improváveis de antemão. Estudos com jovens leitores decobriram uma capacidade para utilizar a redundância seqüencial muito precoce (Lott e Smith, 1970). As crianças da primeira série que haviam tido uma quantidade limitada de instrução para a leitura, na pré-escola, recebiam letras isoladas e em palavras simples de três letras, que podiam normalmente identificar com facilidade. As crianças mostraram-se capazes de identificar letras em palavras com menos informações visuais do que quando eram apresentadas isoladamentte. Para as crianças na quarta série, a diferença entre a informação sobre a qual as letras eram identificadas nas palavras e aquela sobre a qual as mesmas letras eram identificadas isoladamente, era igual àquela dos leitores experientes adultos, indicando que, pelo menos em relação a palavras familiares de três letras, os alunos da quarta série podiam fazer tanto uso da redundância seqüencial de características quanto os adultos. Krueger, Keen e Rublevich (1974) subseqüentemente confirmaram que as crianças da quarta série podem ser tão bons quanto os adultos, para fazerem uso da redundância entre seqüências de letras em palavras e não-palavras.

Redundância Distributiva Entre Palavras

A redundância seqüencial que existe entre as palavras no texto — que tem um papel crítico para tornar a leitura possível — é discutida em capítulos posteriores. Mas existe, também, uma redundância *distributiva* entre palavras, refletindo o fato óbvio de que algumas palavras são usadas com muito mais freqüência do que outras. A redundância distributiva das palavras em inglês não foi formalmente calculada, mas está provavelmente relacionada à incerteza teórica máxima de entre 15 e 16 bits para um conjunto de cerca de 50.000 alternativas e a incerteza real de 12 bits de palavras isoladas, computada por Shannon (1951) e discutida nas Notas ao capítulo 5. A redundância distributiva entre palavras complica os estudos experimentais de identificação de palavras, porque as palavras mais freqüentes em geral são identificadas com mais rapidez, mais acuradamente e com base em menos informações visuais do que as palavras menos freqüentes. A razão precisa para este "efeito de freqüência da palavra" é, ela própria, o assunto de um debate longo e inconclusivo na literatura técnica (Broadbent, 1967; Broadbent & Broadbent, 1975; Howes e Solomon, 1951). Ver também as referências a McClelland e Rumelhart, acima. A referência padrão para as freqüências relativas de palavras tem sido, há muito tempo, a lista de Thorndike e Lorge (1944), com uma complicação mais recente feita por Carroll, Davies e Richman (1971).

NOTAS AO CAPÍTULO 8, FONÉTICA E IDENTIFICAÇÃO MEDIADA DE PALAVRAS

A Relevância da Fonética

A análise que proporcionei sobre a relação entre a ortografia das palavras escritas e os sons da fala, é principalmente derivada do trabalho de um grupo de pesquisadores (Berdiansky, Cronnell & Koehler, 1969), associado com o Southwest Regional Laboratory (SWRL), um centro de desenvolvimento e pesquisas patrocinado pelo Governo Federal, na Califórnia. Os pesquisadores do SWRL têm-se esforçado não somente para analisar o labirinto de correspondências ortografia-sons na língua inglesa, baseados, em grande parte, no trabalho de Venezky (1967, 1970), mas também para elaborar programas didáticos para o ensino destas correspondências para as crianças tanto falantes nativos quanto outras, na expectativa de que isto os tornará melhores leitores e escritores. A história de 15 anos deste empreendimento está registrada em vários relatórios técnicos publicados pelo SWRL.

O quinquagésimo oitavo desta série de relatórios técnicos (Rhode & Cronnell, 1977), proporciona uma análise de um léxico de 10.000 palavras que estes pesquisadores consideram como sendo a base de um programa de habilidades para a comunicação da pré-escola até a sexta série. Desta vez, palavras de 3 ou mais sílabas estão incluídas, um total de 27% das 10.000. Noventa e nove unidades de grafema estão explicitadas, 77 relacionadas a 225 "regras" de correspondência ortografia-para-som e 22 para 32 "exceções". Oitenta das regras estão associadas em 48 unidades de grafema de consoantes, 111 com as seis primeiras vogais (a/e/i/o/u/y/) e 34 com 23 unidades vogais secunárias (ai/au/etc.).

O melhor que os computadores podem fazer, com o conhecimento absoluto de cada regra considerada como relevante (porque cada uma destas regras está programada dentro deles), é descrito em uma relação breve de novos itens no número de novembro de 1980 de *The Reading Teacher* (vol. 34, *2*, p. 159). Aparentemente, a "mais recente máquina de leitura" para os visualmente delibitados, pode empregar seu dispositivo de reconhecimento óptico de caracteres para transformar as letras impressas em "qualidade de fala relativamente natural", graças a uma pronúncia baseada em cerca de 1.000 regras linguísticas e 1.500 exceções a estas regras. E ainda não está explicado o que o dispositivo faz com os 200 ou mais *homógrafos* da língua inglesa, palavras comuns como *wind, woud, tear, read* e *live*, cuja pronúncia varia de acordo com seus significados, mas não de acordo com a ortografia

A relevância da instrução fonética é o tópico de um volume freqüentemente citado, escrito por Chall (1967), intitulado "Aprendendo a ler: O Grande Debate" (*Learning to Read: The Great Debate*), embora sua discussão seja mais sobre como a leitura é ensinada, em vez de aprendida, e as conclusões podem não ser consideradas como seguindo inevitavelmente as evidências apresentadas. Um vigoroso proponente inglês da "nova fonética", baseada na análise de Venezky e incluindo 396 correspondências ("todos os fatos necessários"), é Morris (1974, 1982). O ponto de vista alternativo de que a fonética interfere com a leitura é apresentado por Gooldman (1982); ver também Sebasta (1981). Carol Chomsky (1970), escrevendo extensivamente com base em sua própria experiência e a partir das teorias de Noam Chomsky (N. Chomsky & Halle, 1968), argumenta que a ortografia não representa tanto o som quanto a estrutura subjacente da linguagem. C. Chomsky (1971, 1979) recomenda uma precoce introdução à escrita, uma vez que esta pode ajudar os leitores principiantes a fazer sentido da instrução fonética. Esta visão não deve ser confundida com o argumento ocasional de que as crianças devem aprender fonética para aprender como ortografar corretamente. As crianças que soletram palavras da maneira como são pronunciadas, como a maioria faz, no início (Read, 1971), possuem uma fraca ortografia. A ortografia conforme regras não é uma estratégia eficiente para a ortografia das palavras mais comuns (Brown, 1970). Embora os indícios possam ser obtidos a partir de palavras conhecidas com significados similares, a principal exigência para a boa ortografia é *lembrar-se* das palavras individuais (Smith, 1982), uma exigência que não é relevante para a leitura e que pode, se obedecida, complicar o aprendizado da leitura. Gillooly (1973) argumenta que não existem justificativas para tentativas de se mudar a atual ortografia da língua inglesa, que, diz ele, aumenta a velocidade de leitura e está próxima ao ótimo, para o aprendizado da leitura.

A crença de que a fonética deve ser uma parte indispensável do aprendizado da leitura é curiosamente mantida por um número de pesquisadores, apesar de suas próprias demonstrações de sua dificuldade e limitada relevância para a leitura fluente — por exemplo, Smith e Kleiman (1979), em um artigo mostrando como as palavras são reconhecidas e compreendidas sem o auxílio das letras ou sons, Weaver e Shonkoff (1978) na demonstração das complexidades arbitrárias das regras silábicas, e Liberman e Shankweiler (1979) sobre a dificuldade que as crianças apresentam com a segmentação de fonemas. (As crianças podem ter dificuldades para reconhecer, por exemplo, que *bet* ("apostar") tem três fonemas, mas *best* ("melhor") quatro, embora possam facilmente ouvir e ver a diferença entre as palavras.) Todas estas dificuldades são, na verdade, *metalingüísticas* — não envolvem a própria linguagem (como um meio de expressão ou comunicação), mas a capacidade para falar abstratamente acerca da linguagem. Downing (1979) refere-se ao domínio de muitos aspectos metalingüísticos da leitura como "esclarecimento cognitivo", que ele parece considerar como um pré-requisito para o aprendizado da leitura, embora possa também ser visto simplesmente como familiaridade com o jargão de várias formas de instrução da leitura.

Uma pequena controvérsia, mas digna de nota, desenvolveu-se a partir de uma demonstração por Rozin, Poritsky e Sotsky (1971) de que os leitores fracos que deixaram de aprender através da instrução fonética convencional podiam obter sucesso quando os caracteres chineses para os significados de inglês eram substituídos pela ortografia inglesa. Após mostrarem claramente que os leitores podiam extrair significado diretamente de texto escrito, sem a mediação da fonética, os autores, de forma surpreendente, concluíram que a leitura seria melhor ensinada, portanto, por um método silábico. Gleitman e Rozin (1973a) elaboraram sobre esta noção de ensino de leitura através de sílabas, e responderam veementemente (Gleitman & Rozin, 1973b), quando K. Goodman (1973) comentou que a proposta destes parecia a ele um outro modo de se tornar o aprendizado da leitura algo difícil. Os últimos três artigos estão todos contidos em um exemplar vigoroso de *Reading Research Quarterly*. Sobre a relativa facilidade com a qual as crianças podem aprender a ler em uma linguagem escrita não-silábica, ver também Makita (1968, 1976) para pesquisas com crianças japonesas. Steinberg e Yamada (1978/1979) também discutem sobre os japoneses. Park e Arbuckle (1977) comparam os aspectos alfabéticos e ideográficos da Coréia, enquanto Liberman e Shankweiler (1979) observam que os aprendizes ainda têm problemas de leitura com textos servo-croatas, altamente fonéticos. Seidenburg (1985) demonstra que tanto no sistema chinês (logográfico) quanto de escrita inglesa, grandes números de palavras de alta freqüencia — ou palavras "familiares" — são reconhecidas "visualmente", de imediato, sem a mediação fonológica. Respostas mais lentas para palavras menos freqüentes são feitas somente por leitores mais lentos (que são, presumivelmente, menos experientes). Dunn-Rankin demonstrou que os leitores de inglês são capazes de identificar grandes números de lílabas "de vista". (Ele havia observado quão familiares certas combinações de três letras haviam-se tornado, quando seus olhos passavam pelas placas dos automóveis à sua frente, na auto-estrada.) Dunn-Rankin calculou que cerca de 1.500 sílabas eram responsáveis por 95% das palavras inglesas e "parecem apropriadas para representar os aspectos tanto visuais quanto fonéticos da fala". Obviamente, este não é um sistema a ser ensinado, embora seja necessário no curso da leitura. Dunn-Rankin também observa que os leitores experientes são flexíveis e adaptáveis na utilização de quaisquer indícios para a identificação de palavras, que estejam disponíveis. Fraisse (1984) observou que os leitores experientes podem, amiúde, dar nomes a palavras escritas projetadas rapidamente na tela, mais rapidamente do que podem identificar desenhos dos referentes daquelas palavras.

Recodificação Fonológica

McCusker, Hillinger e Bias (1981) proporcionam um estudo recente e técnico de pesquisas sobre a questão de se a *recodificação fonológica* (a identificação mediada de palavras escritas através dos sons representados por suas letras) é sempre um meio de identificação necessário ou mesmo alternativo. Para uma argumentação típica de que a identificação de palavras deve ser mediada através da identificação de letras e seus sons, ver Liberman e Shankweiler (1979). Mosberg (1979) criticamente revisa as pesquisas que afirmam que tal recodificação é feita "automaticamente". Glusko (1979) argumenta que mesmo as palavras estranhas ou sílabas que não fazem sentido são pronunciadas mais por analogia com palavras conhecidas com ortografias similares do que pelas regras de ortografia-som. A noção de que a fonética é principalmente útil para o descarte de alternativas improváveis ortograficamente em situações significativas onde os indícios contextuais eliminam a maioria da incerteza semântica e sintática de antemão é apoiada pela evidência de que as crianças que tentam, com sucesso, utilizar a fonética, olham primariamente para as primeiras letras das palavras (Marchbanks & Levin, 1965), que vêm a ser as mais informativas (Bruner & O'Dowd, 1958), e também onde a fonética (especialmente para consoantes) é menos confiável (Broerse & Zwaan, 1966).

Walters, Komada e Arbuckle (1985) proporcionam evidências experimentais de que a recodificação fonológica exerce uma parte muito pequena na leitura bem feita (que é desnecessária), a menos que existam demandas detalhadas da memória. Também demonstram que as palavras devem ser identificadas antes que lhes sejam dados os nomes. Outras evidências a favor da recodificação fonológica (ou fonêmica) *após* as palavras terem sido reconhecidas é revisada por Ellis (1984) e Besner, Davelaar, Alcott e Parry (1984). Steinberg, Harada, Tashiro e Harper (1980) descrevem o ensino da leitura a crianças surdas, obviamente, sem a decodificação para o som. As evidências obtidas com leitores surdos também são discutidas por Mattingly (1985), que ainda argumenta que leitores dotados de audição podem descobrir a pronúncia de palavras quando têm certeza quanto ao seu significado (a partir de um "léxico" interno), sem terem que decodificar os sons das letras. Baron (1973, 1979) demonstrou experimentalmente que a decodificação para o som não é necessária para a compreensão, e, contrariamente, Calfee, Arnold e Drun (1976) criticam a asserção freqüente, mas não documentada de que é possível que as crianças "decodifiquem", sem a presença da compreensão.

Um ponto de vista ostensivo de "duplo processo" afirma que os leitores identificam algumas palavras de imediato (ou "diretamente"), mas outras palavras pela decodificação através das letras. A diferença se transforma em uma questão de grau. Obviamente, todos os leitores devem empregar métodos alternativos de identificação de palavras estranhas. Ehri e Wilce (1985) tomam um ponto de vista oposto e argumentam que os leitores principiantes podem começar pela identificação de palavras inteiras de vista, mas vão de um "processamento de indicador visual" para "processamento de indício fonético", a fim de lerem números maiores de palavras. Portanto, argumentam, os leitores iniciantes devem ser familiarizados com as letras e seus sons, mesmo, talvez, antes de terem a oportunidade para lerem palavras. Poder-se-ia argumentar, entretanto, que a familiaridade de seus jovens leitores com as palavras é que possibilitou que tais leitores extraíssem um sentido da instrução que receberam sobre letras e sons. Para estudos sobre as teorias de duplo processo, ver Henderson (1984b) e também Baron e Strawson (1976).

O Alfabeto

A consideração sobre a complexidade e não-confiabilidade das correspondências ortografia-som (e o contrário) levam-me a concluir que o alfabeto pode ser exatamente tão enganador para os escritores quanto para os leitores, se sua finalidade primária é vista como representando na impressão os sons da linguagem falada. Em vez disso, imagino que a grande vantagem do alfabeto — e é uma vantagem imensa — para os leitores, escritores, professores e todos os tipos de administradores e burocratas, é que permite que se fale sobre as palavras escritas (Smith, 1982). O alfabeto oferece um modo altamente econômico de *descrever* e *ordenar* as características visuais das palavras. Tudo que se precisa saber são os nomes e aparências das letras e se podem descrever de forma única muitos milhares de palavras escritas, perguntando como devem ser pronunciadas (para os leitores) ou como devem ser visualmente representadas (para os escritores). O conhecimento de como *traçar* as letras do alfabeto permite que o escritor reproduza qualquer palavra em nossa língua de maneira legível, comparado com o conhecimento de milhares de formas completas de palavras necessárias para produzir-se um texto ideográfico. O fato de que as palavras alfabeticamente escritas podem ser construídas a partir de um número relativamente pequeno de caracteres individuais também tem uma grande vantagem econômica, a de tornar os teclados datilográficos possíveis, para máquinas de escrever, computadores e máquinas de impressão. E o fato de o alfabeto ser facilmente ordenado torna possível a existência de dicionários e todo o tipo de organização burocrática. O chinês Lin Yutang conseguiu compilar o primeiro dicionário prático de inglês-chinês, na década de 70, somente impondo, arbitrariamente, uma "ordem alfabética" sobre 33 formações básicas da escrita chinesa. O alfabeto é, principalmente, um instrumento de *controle* sob muitos pontos de vista. Interessantemente, umas das poucas vezes que a opinião pública da China foi capaz de modificar uma política nacional de Mao-Tse-Tung, foi quando ele tentou introduzir um alfabeto na escrita chinesa, baseado nas letras européias e russas (Barlow, 1981). O povo resistiu, com sucesso, a este decreto puramente administrativo com base no claro terreno lingüístico, de que a nova escrita evitaria que elas lessem os tradicionais e antigos escritos chineses.

Um livro clássico sobre os sistemas de escrita é o de Gelb (1963), embora reflita um tendência ocidental por dar unicamente aos gregos o crédito pela descoberta de um alfabeto. Também se pode fazer uma boa defesa do sistema de escrita independente e alfabética do sânscrito, elaborado em cerca de 3000 a.C. Tudo depende de fato de se querer dizer que um alfabeto deve ter símbolos de vogais que são separados mas iguais àqueles das consoantes. Ver também Vachek (1973). Taylor e Taylor (1983) e Henderson (1964b) apresentam discussões interessantes sobre os sistemas de escrita, em volumes gerais apresentando diferentes visões da leitura, a partir de minhas discussões. Outros trabalhos recentes sobre alfabetos e sistemas de escrita incluem Stevenson (1983) e Sampson (1985).

NOTAS AO CAPÍTULO 9
A IDENTIFICAÇÃO DO SIGNIFICADO

Efeitos do Contexto Significativo

A significância exerce claramente um papel substancial para a facilitação da identificação de palavras na leitura, reduzindo a incerteza destas palavras de pelo menos 12 bits (o equivalente a 4.096 alternativas equiprováveis) para palavras em isolamento, para menos de oito bits (256 alternativas), para palavras em um contexto (Notas ao capítulo 4). É realmente irrelevante falar sobre letras neste estágio — as letras não são, em geral, uma preocupação, quando um texto significativo é lido. Mas é interessante recordar-se, a partir da discussão do capítulo 4 sobre a experiência de Cattell (1885), que a incerteza das letras cai de 4.7 bits para escassamente um bit, quando o contexto é significativo, possibilitando que o cérebro perceba quatro vezes mais de uma linha impressa. Não somente duas vezes mais palavras podem ser identificadas em um único olhar, quando estão em um contexto significativo, superando assim os afunilamentos de processamento de informações e memória, mas os problemas de ambigüidade e o vão entre a estrutura de superfície e o significado são removidos pela eliminação anterior, a partir da consideração de alternativas improváveis. O contexto tem seus efeitos não porque existe, mas porque pode ser *significativo* e contribuir com informações que reduzem a incerteza das palavras individuais através da redundância seqüencial. O contexto coloca constrições sobre o que cada palavra individual poderia ser[1]. Estas constrições constituem a redundância seqüencial, utilizável somente se é refletida no conhecimento anterior, ou informação não-visual que o leitor pode trazer ao texto. É por isso que enfatizo que o contexto deve ser *significativo*, com todas as relativas conotações daquela palavra. Se um determinado contexto não é compreensível para o leitor, ou se por uma ou outra razão o leitor está relutante para tomar vantagem da redundância e reduzir a quantidade de informação visual necessária para qualquer aspecto da leitura, então o contexto até poderia ser absurdo, um arranjo casual de marcas impressas sobre a página.

O contexto significativo, como tenho utilizado o termo, exercita suas constrições sobre a ocorrência das palavras de duas maneiras, sintática e semântica. Estas são duas espécies de restrição sobre as palavras particulares que um autor pode selecionar — ou um leitor prever — a qualquer momento. (Existem outras constrições sobre os autores, tais como o conjunto limitado de palavras que um leitor poderia esperar compreender.) A escolha de palavras é sempre limitada por aquilo que queremos dizer (semântica) e como queremos dizer (sintaxe). Não tentei separar os efeitos da sintaxe e semântica nesta discussão pela simples razão de que não encontrei uma boa maneira de fazer isto. A análise teórica do capítulo 2 argumentou que as duas são inseparáveis; que, sem significado, é inútil falar sobre gramática. Treisman (1965) tentou desmembrar os dois experimentalmente e concluiu que, na linguagem normal, o componente sintático está subordinado ao semântico.

Não existe escassez de pesquisas demonstrando o poderoso efeito facilitador do contexto significativo na identificação de palavras. Na verdade, não existem evidências do contrário. Mas antes que eu comece a citar estas pesquisas, um ponto fundamental deve ser reiterado: *a leitura geralmente não envolve ou se baseia na identificação de palavras*. Tão banal quanto possa parecer, o ponto básico sobre contexto significativo é que ele torna o ler para a obtenção de sentido possível e a identificação de palavras desnecessária. O fato de que o contexto significativo torna as palavras individuais mais fáceis de serem identificadas é basicamente tão irrelevante como o fato de que as letras individuais são mais fáceis de serem idênticas em palavras; as evidências de pesquisas são meramente uma demonstração do efeito do contexto significativo. Mesmo quando a leitura em voz alta está envolvida, de modo que a identificação acurada das palavras é necessária, a apreensão anterior do significado é um pré-requisito importante.

---

[1] A presente preocupação é com o contexto da *linguagem*, o corpo de palavras em um texto. Mas, como delineado no capítulo 2, as palavras também podem ser restringidas por contextos *situacionais* mais gerais; por exemplo, existe um conjunto muito pequeno e altamente previsível de palavras alternativas prováveis de ocorrer em um tubo de creme dental. Também existe um importante contexto nas expectativas do receptor. Como Olson (1970) apontou, as palavras são selecionadas e tiram seu significado a partir do que o ouvinte ou leitor necessita saber.

A leitura em voz alta é difícil se a compreensão anterior é limitada, e se se dá prioridade à identificação de palavras haverá uma interferência com a compreensão (Howe & Singer, 1973). Sharkey e Mitchell (1985) mostram que o reconhecimento de palavras em contextos significativos é freqüentemente mínima e não muito previsível, especialmente quando o contexto é, ele próprio, um "script" previsível — quando é uma narrativa familiar, em outras palavras.

Levy (1978) relatou que a mudança da palavra, mas não do sentido da linguagem escrita, não afetava a tarefa da memória de curto prazo — os significados, não as palavras específicas, são retidos, sempre que possível, mesmo que por breves períodos. Algumas vezes, o contexto nos leva na direção errada, evidência, novamente, da potência do significado e previsão. Carpenter e Daneman (1981) dão vários exemplos de textos onde o contexto leva na direção errada, em vez de facilitar a compreensão, *Cinderella could not go to the ball. There were tears in her dress*".* Marcel (1978) até mesmo demonstra um efeito "subliminar" daquilo que chama de "leitura inconsciente" — com as pessoas obtendo informação quando não estão conscientes de que qualquer texto lhes foi apresentado (porque foi projetado muito rapidamente e "mascarado"). Mas, em certo sentido, toda a leitura, exceto a mais difícil e artificial, é "inconsciente"; podemos estar conscientes do que lemos, mas não do fato da leitura estar sendo feita.

Além do estudo realizado por Tulving e Gold (1963) utilizado neste capítulo, como um exemplo de como o contexto facilita a identificação de palavras, ver Morton (1964, 1969), Klein e Klein (1973) e Smith e Spoehr (1974). Morton (1982) delineia seu influente modelo "logogênico", que propõe que as palavras são representadas no cérebro de um modo acessível, em uma variedade de maneiras, por exemplo, através de seu som, ortografia, significado e função gramatical. Warrington e Shallice (1979) argumentam, a partir de premissas neurofisiológicas, que a "forma da palavra" tem direto acesso ao "sistema semântico" que se presume ser a fonte da significação. Para um resumo dos argumentos do presente capítulo e os três capítulos precedentes, ver Smith e Holmes (1971). Em estudos relacionados, demonstrando o efeito da significação, Rothkopf e Coatney (1974) mostram que a taxa de leitura é determinada pelas expectativas de informação do leitor no texto, e Rothkopf e Billington (1974) demonstram que a compreensão é melhorada quando as respostas a questões específicas são procuradas e encontradas. Smith e Kleiman (1979) resumem muitas experiências mostrando que um contexto precedente, "ativa, de alguma forma, o significado de uma possível próxima palavra"; Carpenter e Just (1975, 1977) examinam como a leitura normalmente envolve a integração de novas informações contextuais com aquilo que já se conhece (novamente demonstrando que o aprendizado e a compreensão são inseparáveis).

---

* "Cinderela não podia ir ao baile. Havia rasgões em seu vestido". Na frase original, *tears* significa tanto rasgões quanto "lágrimas". (N.T.)

Cohen (1970) e Neisser e Beller (1965) proporcionam demonstrações experimentais de que o significado pode ser procurado sem a identificação das palavras. Em tarefas envolvendo a procura através de listas de palavras, não foi gasto mais tempo encontrando-se um exemplo de uma categoria (tal como "qualquer flor"), do que para se encontrar uma palavra específica naquela categoria (tal como "margarida"). As tarefas de busca desta espécie requerem, basicamente, que se rejeitem itens irrelevantes na lista (muito semelhante ao modo como descartamos rapidamente os nomes que *não* estamos procurando em uma lista telefônica) e mostram que não é necessário identificar uma palavra especificamente, para decidir que ela não se ajusta a uma determinada categoria (conjunto de alternativas), na qual estamos interessados. Spragins, Lefton e Fisher (1976) demonstraram que o significado é tão prepotente que interferirá com uma busca na qual o significado é realmente irrelevante. Neisser (1967) apresenta uma discussão extensiva de tais tarefas de busca e da luz que lançam sobre a tomada de decisão visual; para um estudo mais recente ver Martin (1979). Em um estudo intitulado "Significado na Busca Visual", que *não é* sobre leitura, Potter (1975) relata que os observadores reconhecem quadros tão acuradamente e quase com a mesma rapidez quando tudo que sabem, de antemão, é seu "significado" (dado por um nome ou título, tal como "um barco") quanto quando já viram o próprio quadro. McNeill e Lindig (1973) mostram que o efeito do contexto existe com a linguagem falada exatamente como com a linguagem escrita (ver também Miller, Heise e Lichten, 1951)

A utilização da informação contextual para a identificação de palavras omitidas completamente do texto é a base do *teste de Cloze* (Taylor, 1957; Neville & Pugh, 1976-1977), freqüentemente empregado para estimar a compreensibilidade de uma passagem ou a compreensão de um leitor (embora seja, teoricamente impossível esperar que qualquer livro seja igualmente legível com a mesma facilidade para mais do que alguns leitores ou que resuma a capacidade de qualquer leitor em uma única marcação de acertos). O texto, em um teste de Cloze, tem palavras omitidas a certos intervalos regulares e sistemáticos, por exemplo:

Os ouvidos de uma mariposa estão localizados —— lados da —— parte traseira em —— constrição que separa o tórax —— abdômen. Cada ouvido é —— externamente visível como uma pequena ——, e dentro da cavidade está —— tímpano transparente.

Suponha que seis passagens desta espécie sejam apresentadas a 10 leitores, que são solicitados a preencherem tantos espaços quantos possam, marcando como uma resposta correta cada palpite que coincida com a palavra que realmente foi omitida de um espaço. Um modo de se interpretar uma alta marcação para um determinado espaço seria o de existirem muito poucas palavras alternativas que poderiam ser colocadas naquela posição — a incerteza é baixa. E a única razão para a incerteza ser baixa naquela posição é que a maioria das palavras alternativas foram eliminadas pela informação adquirida de outras partes da passagem, das palavras que não foram removidas. As passagens que apresentam um número relativamente grande de palavras omitidas corretamente preenchidas podem, portanto, ser consideradas como mais facilmente compreensíveis do que aquelas cujos espaços são mais dúbios; assim, este tipo de marcação é, algumas vezes, interpretado como uma medição da "inteligibilidade" ou "legibilidade" de uma passagem. Por outro lado, um leitor que consegue completar de modo correto um número relativamente grande de palavras omitidas, poderia ser considerado como aquele que é capaz de fazer maior uso da redundância na passagem e que, portanto, a compreende mais. O teste de Cloze demonstra que o significado não é algo que aparece subitamente quando lemos até o final de uma seqüência de palavras, nem se acumula, palavra por palavra, da esquerda para a direita, na página. Alguns indícios para cada palavra omitida no exemplo seriam perdidos, se todas as palavras vindo após a lacuna fossem removidas. Na verdade, uma boa estratégia, em qualquer ocasião, quando surgem dificuldades para a compreensão do texto impresso, é ler à frente, em vez de voltar imediatamente e reler qualquer coisa que tenha precedido a passagem problemática.

Aprendizes e Contexto

Vários estudos têm demonstrado a prontidão de crianças para fazerem uso do contexto em leituras para principiantes (se lhes é permitido fazer isto); por exemplo, Klein, Klein e Bertino (1975), Golinkoff (1975/76), e Doehring (1976); ver também McFarland e Rhodes (1978). Rosinski, Golinkoff e Kukish (1975) concluem que o significado é irresistível para as crianças; pode interferir com o desempenho em uma tarefa porque não conseguem ignorá-lo. Tais estudos também tendem a mostrar que a utilização do contexto e a capacidade para leitura crescem juntos. Esta correlação é freqüentemente atribuída ao fato de que os melhores leitores podem fazer maior uso do contexto; com menos freqüência, é considerada a possibilidade de que o uso do contexto faz melhor leitores. Para a relação entre a capacidade e utilização do contexto, ver também Clay e Imlach (1971) e Samuels, Begy e Chen (1975-1976). Para análise dos erros das crianças, o que K. Goodman chama de "janelas no processo de leitura", ver K. Goodman (1965,1969), Weber (1968) e Clay (1969). Estudos dos erros de leitura das crianças tendem a enfatizar o importante fato de que muitos dos erros, em especial aqueles feitos por melhores leitores, preservam o significado do contexto, e também que os erros que fazem uma diferença no significado são, em geral, corrigidos subseqüentemente pelas crianças que lêem para a obtenção do significado (e, portanto, não são erros que devam causar grandes preocupações). Crianças que lêem mais literalmente, talvez por causa de uma ênfase na "acuidade" durante a instrução, podem, entretanto, cometer erros absurdos sem terem consciência disso.

O paradigma de uma criança aprendendo a ler somente para a obtenção do significado, sem qualquer possibilidade de decodificação para o som, deve ser aquele de Helen Keller. Henderson (1976) relata o caso de uma criança surda que aprendeu a reconhecer 4.400 palavras impressas em nove meses, com seis anos de idade, relacionando-as aos sinais manuais em um contexto significativo, basicamente em resposta às próprias necessidades espontâneas da criança. Ewoldt (1981) demonstra que as crianças surdas lêem da mesma maneira que as crianças que possuem capacidade auditiva.

Movimentos Oculares

A ordem e locação particulares das fixações não é um guia confiável para como os leitores compreendem o texto, especialmente à medida que a taxa de leitura aumenta. (Da mesma forma, a maneira intermitente pela qual nosso olhar vagueia por uma sala não é particularmente sugestiva de uma percepção estável da sala, que o cérebro constrói.) Ainda assim, Just e Carpenter (1980) Proclamam a apresentação de uma nova teoria de leitura baseada em pontos de fixação. Rayner, Well, e Pollatsek (1980) demonstram que os olhos captam mais informações visuais à direita de uma fixação do que à esquerda. Para outras discussões sobre fixações e compreensão, ver Kolers (1976), Kieras e Just (1984), Just e Carpenter (1984), Rayner (1983) e Groner, McConkie e Menz (1985).

Subvocalização

Edfelt (1960) conclui que os bons leitores engajam-se menos na "fala silenciosa" do que os leitores fracos, e que um texto fácil resulta em menos subvocalização do que um outro, difícil (que, para mim, reflete o mesmo fato subjacente — todos os textos são difíceis para leitores fracos). Kleiman (1975), em um estudo cuidadosamente controlado, mostrou que a recodificação para a fala não era necessária para a compreensão de palavras individuais ("acesso léxico"), mas seria prática enquanto a "integração semântica" acontece, em outras palavras, quando pudesse haver uma demanda mais pesada sobre a memória de curto prazo. Baddeley, Elridge e Lewis (1981) argumentam que, enquanto a memória é auxiliada pela subvocalização, as exigências de articulação inapropriadas nas experiências podem perturbar a memória a curto prazo. Swanson (1984) também mostrou que a necessidade de uma subvocalização (que ele chama de "recodificação fonológica") aumenta, à medida que aumenta a carga sobre a memória, por exemplo, em face das "questões para a compreensão". A necessidade também é maior para os leitores jovens ou quando a leitura é difícil. Em qualquer caso, a compreensão deve ocorrer antes da recodificação fonológica; as palavras não podem ser subvocalizadas significativamente de outra forma. Pugh (1978) discute tanto a leitura em alta velocidade quanto a eliminação da subvocalização, e conclui que nenhuma das duas interfere na compreensão.

NOTAS AO CAPÍTULO 10
LENDO, ESCREVENDO E PENSANDO

Compreensão e Pensamento

A leitura e o pensamento são fundamentalmente inseparáveis, em especial quando a leitura é discutida ou pesquisada sob o título de compreensão. A compreensão poderia ser considerada como leitura, a partir de um ponto de vista do pensamento. Vygotsky (1978) definiu o pensamento como "ação internalizada" que também poderia ser considerado como uma definição" do *Harvard Educational Review*. Scribner e Cole (1978) argumentam que a alfabetização não muda a maneira básica pela qual as pessoas raciocinam. A visão contrária é amplamente mantida, por exemplo, por Olson (1977).

Em qualquer aspecto do pensamento, o que já sabemos — nosso "conhecimento anterior" —, é obviamente, um fator importante naquilo que podemos conseguir. Tierney e Cunninghan (1984) discutem a importância de se construir e "ativar" o conhecimento de fundo antes de lermos. Basicamente, isto é o senso comum — quanto mais sabemos acerca de um tópico antes de lermos, mais compreendemos. Mas existe um tom decididamente mecanicista sobre uma teorização que fala de provisão, utilização e ativação de qualquer aspecto do pensamento, o que, na prática, pode levar os professores a gastarem mais tempo na preparação para a leitura do que nela própria, embora a leitura seja uma importante fonte de conhecimento anterior. O conhecimento anterior pode, em certas ocasiões, ser prejudicial, se o texto afirma algo contrário àquilo que o leitor prevê (Alvermann, Smith & Readance, 1985), em especial se existem diferenças entre as perspectivas culturais do texto e a visão de mundo do leitor (Lipson, 1983, 1984).

Kimmel e MacGinitie (1984) mostraram que as crianças podem perseverar com hipóteses inapropriadas, enquanto lêem (e presumivelmente em outras circunstâncias). Isto não é necessariamente culpa dos leitores, entretanto. As crianças em geral conseguem lidar bem com parágrafos ou textos inteiros onde a "idéia central" está em seu início. Mas muitos textos escolares não são escritos desta maneira. Kimmel e MacGinitie mostram que os textos escolares freqüentemente começam com exemplos, analogias e mesmo refutações, e tornam seu ponto claro só no final. Nicholson e Imlach (1981) descobriram que o conhecimento anterior e o texto podiam competir um com o outro, quando as crianças deviam responder questões sobre sua leitura. As crianças deviam ser "assaltadas por qualquer palavra no parágrafo" — uma frase utilizada pela primeira vez em um importante artigo escrito por Thordike (1977). Baddeley, Logie, Nimmo-Smith e Brereton (1985) analisaram os "componentes" da leitura fluente, e descobriram os dois principiais fatores como sendo o vocabulário e a abrangência de memórias em funcionamento, ambos relacionados ao sentido que um leitor pode extrair de um texto. Paradoxalmente, O'Brien e Myers (1985) demonstraram que a dificuldade para a compreensão podia melhorar a recordação, uma vez que os leitores passavam mais tempo voltando atrás no texto. Confundir a compreensão desta maneira não é uma estratégia recomendada para melhorar a memória.

August, Flavell e Clift (1984) mostraram que leitores habilidosos da quinta série observavam inconsistências em estórias (a falta de uma página) mais freqüentemente do que os leitores menos capazes, o que pode indicar simplesmente que os melhores leitores têm mais experiência na leitura. A observação de inconsistências no sentido não interferia, necessariamente, com a recordação de detalhes. Beebe (1980) descobriu que os erros cometidos por leitores silenciosos reduziam tanto a compreensão quanto a memorização — a menos que os erros fossem corrigidos ou "semanticamente aceitáveis", em cujo caso tanto a compreensão quanto a memorização melhoravam. O estudo de Beebe mostra de maneira clara que a leitura é, primariamente, um esforço para se obter sentido. Juel e Holmes (1981) observaram que os leitores fracos passam menos tempo em palavras difíceis, quando lendo em silencio, do que quando lendo em voz alta, quando presumivelmente, as expectativas dos outros controla o modo como a leitura é feita. Comparando a leitura oral e silenciosa de sentenças, os autores notaram que os mesmos "processos cognitivos" estavam envolvidos; a leitura para obtenção do significado é importante em ambas.

A compreensão na leitura não ocorre, necessariamente, de imediato, ou subitamente. Samuels (1979) e O'Shea, Sindelar e O'Shea (1985) mostraram, não surpreendentemente, que a leitura do mesmo texto mais de uma vez melhora a fluência, compreensão e memória, em geral para "leitores fracos", ou para leitura de textos difíceis. O efeito é particularmente pronunciado se os leitores recebem sugestões para lerem para obtenção de significado, em vez de para a acuidade na leitura. Esta pesquisa enfatiza um importante ponto geral: em geral é mais efetivo ler um texto *rapidamente*, mais de uma vez, do que trabalhar--se ao longo dele lentamente, apenas uma vez. Uma "passada de olhos" inicial, ou até mesmo um folhear de páginas de um livro inteiro para a observação de páginas ocasionais, acrescenta algo ao conhecimento anterior e facilita os esforços subseqüentes para obter um sentido de todo o texto.

Baldwin, Peleg-Bruckner e McClintock (1985) conjecturaram se o "conhecimento anterior", em si, facilitava a leitura, ou se esta facilitação era atribuível ao interesse adicional que o conhecimento anterior provavelmente indica. Descobriram que, para alunos da sétima e oitava séries, os dois fatores eram individuais e aditivos. Não surpreendentemente, é melhor ter ambos do que ter interesse sem conhecimento ou apenas conhecimento sem interesse.

Uma criativa experiência de movimentos oculares, realizada por Just e Carpenter (1984) demonstra que os leitores podem recuperar rápida e acuradamente de seus erros. Quando confrontados com sentenças onde erros de interpretação quase certamente ocorreriam, os leitores realizavam movimentos oculares rápidos e regressivos diretamente para as palavras enganosas. Nas Notas ao capítulo 9 também estão contidas outras referências a estudos sobre movimentos oculares e "textos enganosos". Thompson (1981) defende a proposição de que a leitura em geral é uma atividade previsível, mas não de "testagem de hipóteses". A previsão reduz as alternativas (como argumentado neste livro), enquanto a testagem de hipóteses focaliza-se demasiadamente em uma única possibilidade. Para uma breve consideração a partir de um ponto de vista da leitura, ver Doehring e Aulls (1981).

Velocidade da Leitura

Carver (1985) critica os estudos que clamam demonstrar rápidas taxas de leitura. Ele afirma que a "compreensão" raramente é definida de forma adequada, ou medida em tais estudos, e sustenta que a menos que os leitores compreendam os pensamentos do autor em uma base de sentença-por-sentença (um procedimento para o qual ele dá o nome especial de *rauding*), então o "passar de olhos", em vez de leitura, está sendo realizado. A demonstração de *rauding* sob condições de laboratório envolve testes de memorização de detalhes que constituem-se em grandes imposições sobre a memória. Não é de surpreender que os sujeitos submetidos à experiência de Carver não consigam ir ao encontro de tal critério em velocidades de mais de 600 palavras por minuto. Mas pode-se argumentar que ninguém, lendo em circunstâncias normais, jamais tentaria lembrar os detalhes de cada sentença de um romance ou mesmo de uma carta comercial. Poucas pessoas conseguiriam ler um romance se esperassem ser testadas sobre os detalhes de cada sentença, a espécie de exigência "educacional" que freqüentemente torna os livros escolares e de leitura impossíveis de serem lidos por muitos estudantes. A incapacidade para lembrar detalhes não significa que um livro não foi compreendido, ou mesmo que cada sentença naquele livro não foi compreendida em seu devido tempo. O *rauding*, de Carver, seria uma leitura ineficiente na maioria das circunstâncias. Seus próprios estudos mostraram que os "leitores velozes" eram capazes de escrever um sumário adequado de 100 palavras de um texto de 6000 palavras após observá-lo por alguns minutos. A partir de um diferente ponto de vista, os pesquisadores britânicos Harding, Beech e Sneddon (1985) descobriram que a razão pela qual os leitores mais proficientes, dos cinco aos nove anos de idade, pareciam "processar grandes quantidades de informação" era que liam mais rapidamente e, portanto, tinham uma deficiência menor de memória. Potter (1984), utilizando uma técnica que envia palavras individuais em uma taxa controlada aos leitores (Forster, 1970), descobriu que estudantes universitários preferiam uma taxa de 360 palavras por minuto. Em 720 palavras por minuto, quase todas as palavras podiam ser lidas, mas as idéias "pareciam passar pela mente sem serem adequadamente retidas" — pelo menos, em uma base de sentença por sentença. Em uma taxa de 960 a 1680 palavras por minuto, a maioria dos observadores sentiam que não podiam ler a maior parte das palavras ou compreender sentenças individuais, embora pudessem demonstrar alguma compreensão. Potter, Kroll, Yachzel e Harris (1980) corroboraram que é a memória que consome tempo na leitura. O aumento da taxa de leitura de 180 para 600 palavras por minuto, deixava a compreensão inalterada, mas reduzida a memória para detalhes.

Compreensão e Contexto

Existem algumas pesquisas mostrando que os leitores fracos utilizam o contexto mais do que os leitores fluentes (Stanovich, 1980, 1981, 1986; Stanovich, Cunningham & Freeman, 1984; Perfetti & Roth, 1981; Perfetti, Goldman & Hogaboam, 1979). Estes resultados experimentais podem parecer contrários à posição defendida neste livro, de que os leitores fracos utilizam menos informação não-visual. A resolução deste aparente paradoxo é que, quando a leitura é difícil, todos os leitores *necessitam* mais contexto, e, como Thompson (1981) aponta, "bons e maus leitores" lendo o mesmo texto, não estão fazendo uma leitura equivalente — um está lendo um material fácil, e o outro, um difícil. Nas condições experimentais, os leitores fracos são forçados a confiarem no contexto e em toda outra fonte de auxílio disponível. Mas existe um fator relacionado. Os experimentadores, em geral aqueles com uma orientação para a ciência cognitiva, tipicamente definem "contexto" como poucas palavras na página, em cada lado de uma "palavra-chave" em situações constritas, que enfatizam a identificação de palavras ou a memória. Existe muito mais, relativamente à informação não-visual, do que palavras adjacentes na página. A informação não-visual inclui tudo relacionado ao conhecimento anterior de um leitor, mais a compreensão do texto *como um todo*. Na verdade, as palavras adjacentes na página devem ser consideradas com o *Informação visual* — não são "contexto", tanto quanto características a serem analisadas se a identificação individual de palavras é enfatizada e difícil. E quanto menos informação não-visual um leitor pode trazer ao texto, mais informação visual, na forma de características distintivas do texto, necessita ser identificada. Em tais circunstâncias, os leitores podem necessitar de características suplementares fora dos limites das palavras-chaves, a fim de identificarem aquelas palavras. Ao contrário, os leitores experimentados (ou leitores lendo textos "fáceis"), precisam atentar para menos características distintivas das palavras individuais ou das palavras em volta, à medida que lêem, como ilustrado na figura 1.3 do capítulo 1.

Stanovich chama esta visão de leitura *interativo-compensatória*, para indicar que os leitores "interagem" com os textos (o que é irrefutável) e que compensam as dificuldades locais que apresentam atentando mais aos detalhes circundantes. O ponto sobre a compensação está correto, mas somente em situações que se centralizam na identificação acurada de palavras, em vez de na leitura objetiva, com um significado. Também poderia ser argumentado que as crianças que não conseguem identificar determinadas palavras de vista em situações restritas experimentais ou instrucionais são forçadas a utilizar o contexto tanto quanto podem, uma vez que a fonética não funcionará para elas.

Nenhum dos estudos de "efeitos do contexto" demonstra que a leitura é, necessariamente, uma questão de identificação de uma palavra específica após a outra, embora os esquemas experimentais freqüentemente sugiram que esta é a presunção dos pesquisadores. Outros teóricos (incluindo eu mesmo) utilizam o termo muito mais amplamente, para incluir o texto como um todo, a finalidade do autor, e intenções e expectativas gerais do leitor. Uns poucos teóricos vão ainda além e incluem o "contexto social" da leitura, também, por exemplo, Harste, Woodward e Burke (1984); Heap (1980); e Iser (1978). Para recapitular a visão apresentada neste livro, as características de seqüências de letras são analisadas, mas as próprias letras não precisam ser identificadas quando o objetivo do leitor é a identificação de palavras. E as características de seqüências de palavras podem ser analisadas sem que as próprias palavras sejam identificadas, quando a finalidade da leitura é encontrar espécies específicas de sentido no texto. Os leitores podem ir direto ao significado no texto, por meio da previsão. A leitura não é uma questão de identificar palavra após palavra. Os olhos podem parecer focalizar-se em palavras individuais durante a leitura (Just & Carpenter, 1980), mas têm que estar focalizados em algum lugar. O ponto focal em particular não indica, necessariamente, que as palavras estão sendo identificadas uma de cada vez. Freebody e Anderson (1983) discutem o modelo interativo-compensatório de Stanovich, argumentando que a compreensão e o conhecimento anterior cancelam os fatores do texto. Mas acrescentam que nem sempre é fácil para os jovens leitores afastarem-se da identificação individual de palavras (se esta se tornou uma prática habitual), especialmente se existem problemas relacionados ao vocabulário, coesão do texto ou "disponibilidade de esquema" (o conhecimento anterior relevante).

Becker (1982) argumenta que os leitores habilidosos podem empregar duas "estratégias" alternativas: (1) identificar e tentar juntar o significado a partir de palavras sucessivas (a visão de baixo para cima) ou (2) serem "guiados pelo contexto", enfatizando o sentido da passagem. O último é mais um ponto de vista de cima para baixo — mas, tipicamente, ainda coloca o texto no domínio. O "contexto" é o texto circundante, não as finalidades e compreensão do leitor. Aaronson e Ferres (1984a) similarmente identificam duas estratégias de leitura.

Os estudos universitários poderiam empregar, tanto na leitura lenta quanto rápida: (1) uma "estratégia orientada para a estrutura", quando a leitura é feita para a retenção ou (2) uma "estratégia orientada para o significado", quando a leitura tem como objetivo a compreensão. No último caso, a "informação léxica e estrutural", relacionada principalmente com as palavras individuais, foi perdida. Os alunos da quinta série também poderiam empregar as duas estratégias, mas, mais freqüentemente, apresentariam a tendência para usá-las juntas tanto para memorização quanto para compreensão, indicando menos flexibilidade do que os leitores experientes.

Em muitos dos tipos de experiências que discuti, existe, freqüentemente, uma confusão entre *decodificar* (a fim de identificar uma palavra estranha, para dizer o que é) e aquilo que é chamado de *recodificação fonológica*, a fim de encontrar um significado para a palavra. A *recodificação fonológica* significa colocar uma palavra na forma da linguagem falada (embora silenciosamente), a fim de se ter "acesso ao léxico interno" e se obter um significado. A visão de recodificação fonológica considera a linguagem escrita como parasítica da fala, e diz, em efeito, que não podemos reconhecer o significado das palavras escritas pela sua aparência, mas que, em vez disso, devemos convertê-las na forma de linguagem falada para dar-lhes sentido a partir de seus sons. Infelizmente, alguns teóricos falam sobre a decodificação como se isto significasse, automaticamente, obter-se o significado, embora a recodificação fonológica fosse, então, um passo teórico adicional necessário. As palavras podem ser identificadas sem serem compreendidas. Por outro lado, a recodificação fonológica não envolve necessariamente a decodificação. É possível dar nome a uma palavra familiar e encontrar para ela um significado a partir de sua aparência como um todo, sem que se decodifiquem as letras ou sílabas. E a própria recodificação fonológica não é, de forma alguma, uma parte essencial da leitura. Como argumentado no capítulo 9, o significado pode ser trazido diretamente para a representação visual das palavras, sem qualquer representação na linguagem falada, como é, obviamente, o caso de homófomos como as palavras inglesas *their* e *there*, que têm sons idênticos mas cujo significado é facilmente diferenciado por sua aparência. Novamente, as experiências de decodificação e recodificação demonstram a ênfase desfavorável sobre as palavras, nas pesquisas sobre a leitura, que Goodman (1982) já havia apontado. A leitura não é, normalmente, uma questão de extrair e juntar o significado de palavras individuais, mas de trazer significados relevantes aos textos.

Outros Aspectos da Leitura

Margaret Meek Spencer (1987) enfatiza que a leitura sempre requer um texto, que é lido para determinada finalidade, uma consideração que, em sua opinião, é ignorada em livros que tratam da leitura em termos abstratos. Uma observação

336 Compreendendo a Leitura

similar é fortemente feita por Iser (1978), que diz que a leitura requer não somente um leitor, mas um contexto no qual a leitura está ocorrendo. Obviamente, os autores de livros-textos não podem especificar uma determinada situação, a cada vez que se referem a "leitura", mas está claro que a maneira pela qual a leitura transpira, em qualquer momento, depende da pessoa que lê, do texto que está sendo lido e de todas as circunstâncias da ocasião. Para um excelente estudo sobre a leitura como um processo construtivo, ainda atual após 20 anos, ver Ryan e Semmell (1969). Langer (1951) e Iser (1978) afirmam que o envolvimento de um leitor com a história é como o envolvimento em acontecimentos reais.

Benton (1979) identifica quatro características do "estado de leitura". São elas o ativo, criativo, único (ao indivíduo que está lendo) e cooperativo (entre o leitor e o autor). Para uma profunda compreensão de como as crianças percebem a narrativa, ver Meek (1982) e outros capítulos no mesmo volume. Para discussões gerais sobre a compreensão na leitura, ver Flood (1984) e J. Langer (1982a). Ao estudar o relatório do *U. S. National Assessment of Reading*, J. Langer (1982b) observou que os 100.000 estudantes examinados (com idade de 9, 13 e 17 anos) podiam compreender as passagens de leitura e formar julgamentos sobre elas, embora alguns tivessem dificuldades para elaborar ou explicar suas idéias. O problema, Langer imaginou, estava na ênfase sobre a "resposta certa", mesmo quando os estudantes eram convidados a dar suas próprias interpretações.

Torrance e Olson (1985) relatam que os bons leitores falam de modo mais complexo, e utilizam uma gama mais ampla de palavrass abstratas relacionadas ao pensamento e linguagem. Olson (1977) argumenta que a alfabetização torna as pessoas civilizadas.

Huey (1908) fala com tanto senso comum e científico sobre a leitura (apesar de algumas ansiedades algo ultrapassadas sobre a "higiene" de certos hábitos de leitura) que muitos teóricos, incluindo este autor, têm sido tentados a aclamá-lo como predecessor intelectual. Para histórias de pesquisas sobre a leitura e sobre a instrução desta, ver Nenezky (1977), Mathews (1966) e Davies (1973). Para pesquisas comparativas de abordagens à leitura em diferentes países, ver Downing (1973) e Gray (1956). A visão russa, muito "de fora para dentro", é proporcionada por Elkonin em Downing (1973), enquanto Sakamoto (1976) discute a leitura no Japão. Volumes editados cobrindo vários pontos de vista, incluem Singer e Ruddell (1976), Merritt (1976) e três volumes de Resnick e Weaver (1979). Existem vários capítulos sobre leitura em um compêndio internacional de linguagem editado em dois volumes, por Lenneberg e Lenneberg (1975). Para um compêndio geral sobre pesquisas de leitura, cobrindo uma variedade de pontos de vista, ver Downing e Leong (1982). Hochbeerg e Brooks (1976) discutem aspectos intencionais da leitura, enquanto Searte (1980) tem um artigo interessante, mas técnico, sobre a intenção e linguagem em geral.

Uma abordagem alternativa típica tanto à teoria quanto à instrução desta do presente volume é a de Venezky (1976), que afirma, explicitamente, no início de seu livro, que "a leitura é a tradução da escrita para uma forma de linguagem a partir da qual o leitor já é capaz de extrair significado", uma afirmativa para a qual, penso eu, não existem evidências e que é, provavelmente, intestável. Kavanagh e Mattingly (1972), LaBerge e Samuels (1977) e Reber e Scarborough (1977) apresentam coleções de documentos sobre vários aspectos da leitura e linguagem em geral, a maioria deles a partir de um ponto de vista de fora para dentro. Impressionante, entre estes textos, é um escrito por Gough (1972), intitulado "Um Segundo de Leitura" (*One Second of Reading*) — que é tanto do processo quanto é considerado. Gough afirma que a leitura deve progredir das letras para os sons, e destes para as palavras e, finalmente, para o significado, e apresenta um diagrama elaborado destes estágios. Mas as setas no gráfico de fluxo chegam a uma parada teórica completa na compreensão, que é relegada a uma área mística do cérebro, chamada TPWSGWTAU* (o lugar para onde vão as sentenças quando são compreendidas), presidida por um mágico chamado Merlin. Groff (1977) pleiteia a favor da fonética, a partir de um ponto de vista educacional.

Ler e Escrever

A maioria dos pesquisadores contemporâneos sobre a leitura presta alguma atenção também à escrita. Observam a maneira como os autores colaboram uns com os outros, ao que a leitura e escrita têm em comum, e também ao que o conhecimento da leitura e escrita contribuem, uma com a outra. Boas introduções a muitos destes tópicos são Nystrand (1986) e J. Langer e Smith-Burke (1982). Jensen (1984) reimprime um número de artigos publicados em *Language Arts* sobre a "conexão leitura/escrita".

Em um número de *Language Arts* dedicado ao mesmo tópico, Tierney e Pearson (1983) discutem a leitura e a escrita como atividades similarmente criativas de "composição", concluindo que "o que impulsiona a leitura e a escrita é... o desejo de extrair um sentido do que está acontecendo, de tornar as coisas coerentes". A discussão do contrato implícito entre os leitores e escritores, que possibilita que suas expectativas e intenções possam ir ao encontro das convenções do texto, é desenvolvida mais completamente, e mais a partir do ponto de vista do escritor, em F. Smith (1982). Tierney e LaZansky (1980) também se referem aos direitos e responsabilidades dos leitores e escritores como "uma concordância contratual". Eckhoff (1983) mostra como a leitura das crianças influencia o que estas escrevem. Se suas cartilhas continham "estórias" nas quais cada sentença estava em uma linha separada, as crianças escreviam

---

* Termo formado pela letra inicial das palavras da frase *The place where sentences go when they are understood* (o lugar para onde vão as sentenças quando são compreendidas). (N.T.)

suas próprias estórias da mesma maneira. Se sua leitura era mais rica e mais convencional, assim também era sua escrita. Calkins (1980) descobriu que as crianças aprendiam mais sobre pontuação a partir de suas leituras do que pela instrução, e utilizavam a pontuação como uma conseqüência. As crianças também adotavam as características de estilo dos textos que liam, tais como começarem sentenças com "E", ou terminá-las com "também". Para uma argumentação generalizada de que as crianças aprendem a escrever lendo, ver Smith (1983b). Stotsky (1983) documenta a maneira como os melhores leitores (mais experimentados) tendem a ser melhores escritores e a produzirem mais escritos "sintaticamente maduros". Também descobriu, entretanto, que os estudos que utilizavam a escrita como um exercício para melhorar a escrita, apresentavam pouco efeito sobre a leitura. Ela cita vários estudos mostrando que a leitura adicional pode ser tão boa, ou melhor, do que o estudo da gramática, para a melhoria da escrita. Jaggar, Carrara e Weiss (1986) também examinam a influência mútua da leitura das crianças e da escrita de narrativas; ver também Hansen, Newkirk e Graves (1985).

NOTAS AO CAPÍTULO 11
APRENDENDO SOBRE O MUNDO E
SOBRE A LINGUAGEM

Aprendizado da Linguagem

Importantes discussões sobre a maneira pela qual o significado é a base do aprendizado da linguagem incluem Bloom (1973), Halliday (1975) e Nelson (1973, 1974). Bloom, Rocissano e Hood (1976) elaboram sobre a contribuição dos diálogos entre adulto-criança para o aprendizado da linguagem, e Harper (1975) considera a maneira pela qual as crianças realmente controlam o comportamento dos adultos para fazerem o aprendizado possível. Bruner (1975, 1978) argumenta que a origem da linguagem nas crianças repousa em suas atividades conjuntas com os adultos, por exemplo, a partir dos quatro aos seis meses, elas começam a seguir as orientações dos olhares de seus pais (Scarfe & Bruner, 1975), bem como a mostrar sinais de obediência à noção de "esperar sua vez". Ver também Moerk (1977) e Moskowitz (1978). Tough (1974) também enfatiza que as crianças aprendem a linguagem através de sua utilização, não através da prescrição ou instrução.

Muitos pesquisadores têm observado a maneira como as mães ajudam seus bebês a aprenderem a linguagem, por exemplo, elaborando um significado através da utilização da linguagem (Ninio & Bruner, 1978). Shatz (1978) descreve a maneira como os bebês compreendem o que os adultos querem dizer antes de compreenderem o que realmente dizem — e, portanto, parecem saber mais do que realmente sabem. Clark e Hecht (1983) revisam as pesquisas, mostrando como a compreensão precede a produção da linguagem. Bridges, Sinha e Walkerdine (1981) demonstram como os bebês conseguem descobrir as intenções de suas mães, levando em consideração as circunstâncias nas quais suas mães estão falando, a fim de entenderem o que elas estão dizendo. Urwin (1982) descreve como a convergência do olhar torna-se a base para uma estrutura compartilhada de referência, e Wells e Nicholls (1985) consideram as atividades compartilhadas. Nelson (1985) propõe que as crianças aprendem principalmente através de seu envolvimento em eventos significativos com adultos. Para uma perspectiva semiótica, ver Bates (1979).

As crianças não aprendem a falar pela imitação, a menos que a imitação seja definida muito especificamente como a utilização deliberada de vocalizações adultas em ocasiões apropriadas, para alcançarem os mesmos fins que os adultos, quando as vocalizações são, na verdade, compreendidas. Para uma discussão adicional sobre a natureza ativa e significativa da imitação pelas crianças, e de sua utilidade como um instrumento de pesquisas, ver Bloom, Hood e Lightbown (1974) e Slobin e Welsh (1973). Certamente, os adultos não costumam emitir ruídos de bebês (no sentido infantil); ainda assim, as raízes da linguagem significativa pode ser detectada nestes ruídos emitidos pelos bebês (Weir, 1962). Krashen (1976) é um importante artigo sobre a natureza *inconsciente* do aprendizado da linguagem.

Sobre "metacognição" — ou saber se e como você sabe algo —, ver especialmente Flavell (1979) e A. Brown (1980, 1982). Flavell (1979) argumenta que as crianças não têm uma boa compreensão sobre objetivos ou tarefas, ações ou estratégias. Flavell, Speer, Green e August (1981) gravaram em fita crianças trabalhando em uma tarefa de construção com blocos e relataram que estas crianças não somente não entendiam a tarefa, mas também não entendiam que não estavam se comunicando umas com as outras de forma adequada. Mas, em um comentário sobre este estudo, na mesma monografia, Grover J. Whitehurst levanta a questão crítica sobre se falta às crianças a capacidade metacognitiva independente, ou se simplesmente lhes falta experiência. Brown (1980) estende sua análise para a utilização do tempo de estudo por bons e maus leitores, e sua relativa habilidade em tarefas como seleção de "idéias centrais". Novamente, a questão "habilidade versus experiência" deve ser levantada, mas Brown acredita que os estudantes mais velhos podem, de fato, beneficiarem-se com a compreensão do funcionamento de suas próprias memórias. Derry e Murphy (1986) revisam os esforços atuais para treinar as capacidades para o aprendizado de maneiras sistemáticas e concluem que "as habilidades de aprendizado executivo não podem ser treinadas facilmente ou apenas pela instrução direta, mas devem ser desenvolvidas gradualmente e serem tornadas automáticas em um período extenso de tempo".

Uma excelente introdução ao pensamento de Piaget sobre o aprendizado da linguagem pelas crianças, enfatizando que este aprendizado somente pode ser compreendido levando-se em consideração o que uma criança já sabe, está disponível em Sinclair (1970) e Sinclair-de-Zwart (1972). Referências gerais adicionais sobre o aprendizado da linguagem são dadas abaixo. Estudos importantes sobre as capacidades de aprendizado dos bebês, antes mesmo de prestarem atenção à linguagem, são descritos por T. Bower (1971, 1974), Fantz (1964, 1966), Kagan (1970) e Nelson (1985). No outro extremo, a importância da significância no aprendizado de uma segunda linguagem é discutida por McLaughlin (1977), Fillion, Smith e Swain (1976), e Krashen (1985).

Em termos mais gerais, a noção de que os mesmos princípios são subjacentes tanto à compreensão quanto ao aprendizado tem sido argumentada por Greeno (1974) e por Haviland e Clark (1974). Donaldson e Reid (1982) demonstram que as crianças são testadores de hipóteses e usuários de regras naturalmente, com um enorme impulso e imensa habilidade para extrair sentido do mundo e do que as pessoas dizem — em especial com o auxílio de outros. Ver também Donaldson (1982), com seu excelente livro sobre o pensamento e aprendizado infantil, no qual ela argumenta que as crianças podem raciocinar perfeitamente bem, se os aspectos "lógicos" das tarefas estão embutidos em contextos significativos.

Um trabalho clássico e controvertido sobre a base biológica do aprendizado da linguagem é o de Lenneberg (1967). Existem muitos textos sobre o desenvolvimento da linguagem em crianças, incluindo R. Brown (1973), Slobin (1979), Bloom (1970), Gleason (1985), Chukovsky (1968), Menyuk (1971) e dois livros com uma ênfase educacional, Cazden (1972) e Dale (1976). Miller (1977) é um livro pequeno e delicioso sobre a facilidade com a qual as crianças aprendem a linguagem e sobre a dificuldade que os adultos experimentam ao tentarem estudá-las fazendo isso. Existem também vários volumes editados contendo importantes capítulos originais, incluindo Collins (1979), Moore (1973), Olson (1980) e E. Smith e Miller (1966). Wood (1981) examina o desenvolvimento da comunicação tanto verbal quanto não-verbal em bebês, e em um volume editado, Golinkoff (1983) reúne proeminentes psicólogos, sociólogos, antropólogos e educadores para uma observação mais teórica sobre a transição da comunicação "pré-lingüística" para a comunicação lingüística. Bain (1983) é um volume avançado que examina muitos aspectos sociais do desenvolvimento da linguagem e comportamento em geral. A argumentação mais geral de que a compreensão e o aprendizado são inseparáveis está em Smith (1975), e uma discussão mais completa sobre as demonstrações, engajamento e sensibilidade encontra-se em Smith (1981a).

Vocabulário

Em um estudo intensivo, Carey (1978) estima que as crianças de seis anos de idade dominaram (até certo ponto) uma média de 14.000 palavras, observando que "este maciço crescimento do vocabulário parece ocorrer sem muito auxílio dos professores". De acordo com Carey, existe, primeiro, um "mapeamento rápido", quando uma criança formula uma hipótese para um provável significado geral para uma nova palavra. Um processo gradual de refinamento e adição de "conhecimento anterior" do significado ocorre em encontros sucessivos, com quatro a cinco encontros sendo necessários para que o aprendizado da palavra seja "completo". Uma presunção similar de aprendizado por incremento foi adotada por Nagy e Anderson (1984) e Nagy, Herman e Anderson (1985), que utilizou uma técnica sofisticada para estimar o crescimento do vocabulário de seus estudantes do primeiro grau. Eles concluíram que os estudantes estavam aprendendo uma média de 3000 palavras novas *a cada ano* — a maior parte pela leitura — independentemente de se a instrução direta de vocabulário foi proporcionada pelo professor. Eles estimaram que os alunos da quinta série podiam encontrar mais do que um milhão de palavras por ano, entre 15.000 e 55.000 das quais seriam desconhecidas. A partir de probabilidades derivadas empiricamente de que algo seria aprendido destas palavras estranhas em cada encontro, calcularam que um "estudante típico" aprenderia entre 1.500 e 8.250 palavras por ano, em uma média de 4.875 (ver também Herman, Anderson, Pearson & Nagy, 1987). Todos estes pesquisadores vêem a leitura como a fonte primária do desenvolvimento do vocabulário, e grandes limitações nos métodos de ensino baseados em listas de palavras e instrução direta.

As crianças das quais se exige que aprendam novas palavras específicas em contextos experimentais restritos — tipicamente palavras artificiais embutidas em meia dúzia de sentenças não relacionadas — geralmente consideram a tarefa difícil. McKeown (1985), por exemplo, exigiu que 30 estudantes da 5ª série imaginassem o significado de palavras artificiais em sentenças curtas como "Eating lunch is a *narp* thing to do", com *narp* não sendo realmente uma palavra, e descobriram que os bons leitores podiam realizar a tarefa, mas não os maus leitores (embora estes, presumivelmente, tivessem dificuldades para ler as sentenças, em primeiro lugar). Ela conclui que "o processo de aquisição de significado" é complexo e difícil, mesmo para leitores com alta capacidade. Mas este pode ser o caso do que poderia ser chamado de Falácia do Laboratório, que afirma que as crianças que têm dificuldades em um aprendizado artificialmente controlado (ou de compreensão ou memória), terão dificuldades similares em todas as situações. Schatz e Baldwin (1986) mostraram que os "indícios do contexto" não são, geralmente, previsores confiáveis do significado da palavra — não em situações experimentais, onde os textos são breves e montados de uma forma controlada. A abordagem mais naturalista de Nagy e Anderson e seus colegas, que recém citei, sugere uma conclusão diferente, embora a técnica de embutir palavras estranhas em contextos mínimos seja comum em laboratórios e salas de aula. Para o desenvolvimento do vocabulário de crianças da terceira série — estimado em cerca de 5.000 palavras por ano — ver M. Smith (1941). Ver também Anglin (1980).

O Aprendizado como um Evento Social

Vygotsky (1978) explica, sucintamente, a natureza social do aprendizado: "Cada função do desenvolvimento cultural da criança aparece duas vezes, em dois níveis. Primeiro, no social, e, mais tarde, no nível psicológico" (p. 57). Ele vê um entrelaçamento de processos "elementares" biológicos e funções socioculturais "superiores", imposto nem por algo interno nem externo, mas mediado sempre por um dialeto entre o indivíduo e a sociedade. Todas as funções "superiores", como a memória, atenção e percepção, desenvolvem-se das reais relações entre as pessoas, que se tornam internalizadas. "Para a criança pequena, pensar significa recordar; mas para o adolescente, recordar significa pensar". Existe uma "inteligência prática" antes da fala, mas a linguagem exerce um papel essencial no desenvolvimento das funções mentais superiores — possibilita que as crianças se tornem objetos de seu próprio comportamento. Brow e Ferrara (1985) examinam as teorias de Vygotsky cuidadosamente, observando que as crianças desempenham melhor, e também aprendem melhor com a assistência dos adultos, no nível *superior* de suas habilidades.

Walkerdine (1982) faz argumentações similares, em um contexto semiótico. Ela sustenta que a linguagem, pensamento e "contexto" não são sistemas separados, mas estão conjuntamente relacionados a uma necessidade básica humana para saber como os sinais de todas as espécies são interpretados. Em uma discussão complexa e sutil, Walkerdine (que tem algumas diferenças com Vygotsky) também propõe a centralidade da metáfora no pensamento e aprendizado infantil. Ver também Bridges, Sinha e Walkerdine (1981) sobre aprendizado através da linguagem. Urwin (1982) similarmente argumenta que o aprendizado reflete a interação social, com uma ênfase semiótica sobre a importância dos "sinais". Clark e Hecht (1983) observam a relação da compreensão, fala e aprendizado.

Motivação

O papel da motivação no aprendizado talvez precise ser esclarecido, em especial porque as crianças são freqüentemente culpadas por um fracasso de aprendizado, por causa de falta de motivação. Entretanto, o aprendizado com freqüência ocorre na ausência de uma motivação consciente, por exemplo, o crescimento do vocabulário sem qualquer esforço. E a presença da motivação não garante o aprendizado. Nós todos deixamos de aprender coisas para as quais estávamos altamente motivados, nas quais gastamos um esforço e tempo consideráveis. O aprendizado normalmente depende não do esforço, mas de demonstrações, colaboração, engajamento e sensibilidade, que discuti neste capítulo. O interesse e expectativa de aprendizado são melhores previsores do aprendizado do que a motivação manifesta. Na melhor das hipóteses, a motivação tem efeito benéfico de colocar os aprendizes em situações onde as demonstrações e colaborações tendem a ser encontradas. E, naturalmente, qualquer pessoa motivada para não aprender, ou que antecipa o fracasso, tende a descobrir sua expectativa preenchida.

Uma Perspectiva Alternativa

Existem, basicamente, das teorias psicológicas alternativas sobre o aprendizado, os extremos dos quais são diametralmente opostos. A visão *behaviorista* é a de que o aprendizado é uma *formação de hábito*, e que os únicos dados de importância são as circunstâncias observáveis nas quais os hábitos são estabelecidos. A visão *cognitiva* afirma que o aprendizado envolve a *aquisição do conhecimento*, e que o interessante é a maneira não-observável onde o conhecimento é estruturado e organizado pelo cérebro. O presente livro, obviamente, apresenta um enfoque cognitivo (mas não da ciência cognitiva).

O expoente mais famoso e contemporâneo do behaviorismo é B.F. Skinner; seu próprio nome tornou-se uma resposta condicionada para a caixa (ou, na verdade, uma gaiola) que ele inventou e na qual muitos dos princípios da teoria behaviorista têm sido analisados e elaborados. Na caixa de Skinner, o comportamento de camundongos, pombos, peixes, vermes e outros organismos vivos, é estudado e extrapolado com considerável facilidade, para descrever e mesmo explicar o comportamento dos seres humanos. Os behavioristas afirmam que todo comportamento pode ser compreendido — na terminologia de Skinner, "previsto e controlado" — em termos de *hábitos* estabelecidos pelo *reforço* de uma *resposta*, na presença de um determinado *estímulo*.

Uma resposta, de forma bem simples, é um comportamento observável; não uma idéia, uma previsão, emoção, ou memória — tudo isto não é observável e, portanto, na visão behaviorista são "ficções" —, mas um movimento explícito ou alteração física. Um estímulo, também bem simplesmente, é uma ocasião para uma resposta. Uma luz vermelha é um estímulo para a parada de um carro; as palavras "passe o sal, por favor", são o estímulo para que o sal seja passado; um bebê é um estímulo para um comportamento protetor e carinhoso, e a palavra impressa *gato* é um estímulo para a palavra falada "gato". O aprendizado é o estabelecimento, ou condicionamento, de um vínculo entre um determinado estímulo e resposta, o estabelecimento de um hábito. A real natureza do hábito é determinada por contingências E-R (estímulo-resposta). Se um pombo é condicionado a picar em um disco, quando uma luz vermelha acende-se, então o vínculo E-R será formado entre a luz vermelha e uma picada no disco.

O reforço determina se o condicionamento realmente acontecerá. Um determinado vínculo de E-R será estabelecido somente se o organismo em comportamento é reforçado de determinada maneira, enquanto respondendo na presença de um estímulo. O reforço positivo é qualquer coisa que aumente a probabilidade de que uma resposta aconteça novamente na presença de um estímulo particular; o reforço negativo reduz esta probabilidade. Na vida cotidiana, o reforço positivo está associado com recompensa, e o reforço negativo com punição. (Entretanto, existem diferenças entre a punição e o reforço negativo. O reforço negativo, tal como a retenção de uma recompensa, reduz a probabilidade de que um tipo de comportamento ocorra no futuro. O comportamento punido tende a recorrer tão logo a punição cesse, a remoção da punição é positivamente reforçadora.)

Após esta amostra de definição, seguem-se exemplos. Ofereço dois: um animal e outro humano. Imagine um camundongo em uma caixa equipada com um aparato de estímulo, resposta e reforço — uma caixa de Skinner, em outras palavras. Nesta caixa particular, existem dois estímulos: uma lâmpada vermelha e outra verde, e duas respostas disponíveis, na forma de alavancas que o camundongo pode pressionar, uma à esquerda e outra à direita. O aparelho de reforço é uma fenda por onde uma bolota de comida pode cair. Ignorando-se, por um momento, a questão de como o rato, em primeiro lugar, aprende a realizar os tipos certos de resposta, observaremos a aquisição de um hábito de E-R. O camundongo está em 85% de seu peso normal, de modo que não causa supresa que uma bolota de comida seja um reforço positivo. O camundongo empurra uma das alavancas quando nenhuma lâmpada está acesa, e nada ocorre. Uma lâmpada vermelha acende-se, mas ele empurra a alavanca "errada", e ainda nada ocorre. Eventualmente, o camundongo empurra a alavanca "correta" quando a lâmpada vermelha acende-se, e recebe reforço positivo, a recompensa de uma bolota de alimento. Mas se empurra a mesma alavanca quando a lâmpada verde acende-se, não há, obviamente, alimento. Logo, o camundogo está empurrado uma alavanca a cada vez que a lâmpada vermelha acende-se, e a outra alavanca para a lâmpada verde. Tal comportamento complexo discriminativo foi condicionado. Um comportamento similar pode ser condicionado de modo algo diferente, pelo reforço negativo, quando a resposta correta não é dada, por exemplo, com um leve choque elétrico.

O segundo exemplo revela uma criança em uma sala de aula também equipada com estímulo, resposta e reforço, mas não chamada de caixa de Skinner. O aparato de estímulo é chamado de professor, que faz perguntas, e o aparato de resposta é a voz da criança. A criança não está com seu peso em 85% do normal, mas também não será reforçada com bolotas de alimento.

O aparato de estímulo sustenta um cartão com a palavra *gato*, e a criança responde por meio de um olhar vazio para fora da janela. Não existe reforço. A criança responde com a palavra "cachorro". Também não há reforço. Eventualmente, a criança pronuncia a palavra "gato", e é reforçada: o professor sorri, ou diz "Certo", ou "Muito bom", ou "Vá para fora e brinque, agora", ou pára de se referir à criança, sarcasticamente, como um "gênio", ou faz alguma outra coisa reforçada por nossa definição operacional. Isto aumenta a probabilidade de a criança dizer "gato" quanto confrontada com a palavra impressa *gato*.

O processo de estabelecimento da espécie exata de comportamento que se deseja reforçar é conhecido como *moldagem*. O termo é apropriado; o comportamento é, literalmente, moldado por uma série de *aproximações sucessivas*. Considere, novamente, o camundongo a pressionar as alavancas, desde o momento em que um animal não treinado — "ingênuo", é o termo empregado — é colocado pela primeira vez na caixa. O experimentador, para mostrar ao camundongo como deve ser reforçado, deixa cair uma bolota de alimento pela fenda em uma bandeja de comida, e o camundongo come e fica à espera de mais. O próximo problema é fazer-se com que o rato focalize sua atenção na alavanca. Se o experimentador esperasse até que o camundongo realmente empurrasse a alavanca, poderia levar o dia inteiro. Em vez disto, o experimentador reforça o rato para uma aproximação, especificamente, entrando na extremidade da caixa na qual as alavancas estão situadas. Rapidamente, o camundongo "aprende"[1] que é reforçado somente naquela extremidade da gaiola, mas, já então, o experimentador dá o reforço apenas se o camundongo vem ao canto onde as alavancas estão. O animalzinho concentra sua atenção naquele canto particular e, inevitavelmente, bate contra uma das alavancas, para a qual novamente é reforçado. Tão logo o experimentador tenha feito com que o camundongo empurre a alavanca, começa o negócio a sério, de reforçá-lo somente quando empurrar a alavanca correta na hora exata. Todo o processo leva menos tempo para ser conseguido pelo experimentador-treinador do que para ser descrito. O treinamento de um camundongo ingênuo para pressionar alavancas de acordo com uma lâmpada ou som particular é uma demonstração de laboratório de cinco minutos. E, uma vez que a moldagem tenha sido obtida, o teste do treinamento e coleta de dados podem ser controlados automaticamente, com os circuitos programados organizando as contingências de E-R, de modo que cada movimento pelos animais condicionados seja inexoravelmente acompanhado de uma conseqüência predeterminada.

---

[1] Mesmo com a teoria behaviorista, existe uma tendência a colocar as descrições em palavras cognitivas do dia-a-dia, como "aprende", "pensa" e "decide", embora um behaviorista simplesmente dissesse que a probabilidade de uma determinada resposta é aumentada.

Por um processo associado, chamado de "*encadeamento*", seqüências bastante elaboradas de comportamento podem ser acumuladas, a partir de pequenos elementos. Como um exemplo bem trivial, os pombos podem ser treinados para jogar tênis de mesa. Tanto na moldagem como no encadeamento, o princípio subjacente é o mesmo, tornando bastante explícito na terminologia do experimentador behaviorista: primeiro, consegue-se que um comportamento determinado fique *sob controle*. Uma vez que seja estabelecido um sistema pelo qual um organismo responda a fim de receber reforço, o quadro de reforço pode ser adaptado para desenvolver o tipo de padrão de comportamento exigido. O que acontece quando o camundongo vai muito longe, em suas constantes bolotas de comida, ou quando um professor esgota suas recompensas para a criança? O impressionante é o que o real reforçador exerce apenas um papel menor no processo de condicionamento, uma vez que o comportamento tenha sido trazido sob controle. Na verdade, o condicionamento de um comportamento realmente complexo é conseguido na ausência de reforço. Uma vez que o reforço seja esperado, o experimentador trabalha com base na expectativa. A promessa longínqua de uma eventual recompensa é o reforçador mais efetivo de todos.

Em contraste com o ponto de vista behaviorista, os psicólogos cognitivos vêem os aprendizes humanos como seres discriminadores em busca de experiências e como indivíduos criativos que tomam decisões, em vez de como criaturas de hábitos. Na visão cognitiva, o reforço influencia o comportamento somente porque ele é informativo, proporciona *feedback* sobre as conseqüências do comportamento. As pessoas escalam montanhas para verem o que há do outro lado, não por força de hábito, e lêem por prazer, ou para encontrarem respostas a questões. As pessoas não permitem que suas experiências ou seu conhecimento sejam determinados para eles, pelo acaso ou inércia. Mesmo as crianças, como a discussão acerca do aprendizado da linguagem tentou mostrar, são seletivas e autodirecionadas em suas interações com o mundo.

Não pode haver uma resposta à questão sobre qual visão é "correta", a behaviorista ou cognitiva uma vez que a questão é inapropriada. Nenhum dos lados pode produzir dados que contradirão o outro: não existe qualquer experiência crítica que decida entre as duas (Dulany, 1974), uma vez que, basicamente, estão, ambas, tentando tornar as mesmas evidências explicáveis através de diferentes maneiras. A questão deveria ser: que teoria é a mais prática, qual lança mais luz sobre nossos esforços para compreendermos os vários aspectos do comportamento humano? Nenhuma teoria pode clamar o oferecimento de uma explicação completa para isso. Já fiz uma comparação das visões behaviorista e cognitiva da linguagem no capítulo 2.

Sugerir que a leitura é aprendida pelo reforço da resposta condicionada "gato", na presença do estímulo visual *gato*, parece-me deixar fora todos os temas interessantes, bem como muitos dos mais difíceis (F. Smith, 1979).

Neste artigo, também argumento que o behaviorismo é a teoria de aprendizado favorecida da *instrução programada,* porque fragmenta o aprendizado em pequenas unidades separadas, ganhando controle às custas do sentido. Como uma descrição de situações nas quais os pombos e mesmo as pessoas tendem, mais ou menos, a aprender, a relevância do behaviorismo pode ser vista mais facilmente. Mas, então, deve-se reconhecer que o reforço, para os humanos, é bem mais sutil do que pareceria ser com os animais. Como argumento neste capítulo, o aprendizado humano proporciona sua própria motivação e recompensa. O problema com reforçadores extrínsecos (ou irrelevantes), tais como recompensas em dinheiro, doces ou notas escolares, é que, enquanto podem, temporariamente, tornar o aprendizado mais provável, sua retirada é negativamente reforçadora e mesmo punitiva. Quando o reforçamento irrelevante é retirado, o aprendizado ou comportamento desejado torna-se menos provável, uma vez que não foi adquirido por si mesmo, em primeiro lugar (Levine & Fasnacht, 1984; Notz, 1974; Lepper, 1978). Para a visão do próprio Skinner sobre aprendizado e ensino, ver Skinner (1953, 1968) e para críticas adicionais, McKeachie (1974) e Dember (1974).

NOTAS AO CAPÍTULO 12
APRENDENDO A USAR A LINGUAGEM ESCRITA

Aprendendo a Ler

Algumas das pesquisas mais significativas e esclarecedoras sobre a compreensão em desenvolvimento das crianças, foram feitas não por educadores ou psicólogos — que tendem a observar os indivíduos isoladamente, ou em um relacionamento pessoal com o "conhecimento" — mas por sociólogos e antropólogos. O volume editado de Goelman, Oberg e Smith (1984) contém resumos e estudos de disciplinas e também delineia as metodologias prevalecentes. O principal método de pesquisa não é experimental, mas de observação. *Etnografia* é o termo técnico para tais pesquisas, também chamadas de "pesquisas naturalistas" e (por Yetta Goodman) de "observação infantil". Duas das principais descobertas destas pesquisas são as de que as crianças, em todas as culturas, desenvolvem compreensões para as formas da linguagem escrita antes de irem à escola, e que estas compreensões estão baseadas no significado e utilização. As pesquisas também mostram que o aprendizado sobre leitura não pode ser separado do aprendizado acerca da escrita. Como o título deste capítulo indica, o aprendizado da alfabetização envolve o aprendizado sobre como a linguagem escrita é utilizada.

As pesquisas também tornaram claro que as crianças não precisam ser economicamente privilegiadas ou serem recipientes de tipos especiais de apoio instrutivo a fim de aprenderem sobre a leitura e a escrita. Ferreiro

348 Compreendendo a Leitura

(1978, 1985), por exemplo, que demonstrou como crianças de três e quatro anos de idade adquirem conhecimento sobre as letras, palavras e sentenças, realizou muito de seu trabalho nas favelas da Cidade do México, com crianças cujos pais eram analfabetos. O fato de que os leitores precoces não tinham vantagens, também é esclarecido por M. Clark (1977), em seu livro clássico sobre *Jovens Leitores Fluentes* ("Young Fluent Readers"), muitos dos quais provinham de grandes famílias pobres e não eram "bons riscos" para a instrução da leitura na escola. Hall e Guthrie (1982) referem-se ao perigo da hipótese de que os grupos minoritários e os pobres utilizam a linguagem de maneiras que sistematicamente colocam suas crianças em desvantagem na escola. Uma hipótese alternativa poderia ser a de que certas abordagens à instrução colocam, sistematicamente, estas crianças em desvantagem. Goodman (1970) também apontou que as crianças não são ensinadas a ler pela mudança de seus dialetos ou sendo consideradas como deficientes em valores, fala ou atitudes, simplesmente porque são culturalmente diferentes.

O que as crianças aprendem e pensam sobre a alfabetização é amplamente determinado pelas práticas e atitudes das pessoas à sua volta (Heath, 1982a). Em um artigo que inclui uma lista prática de referências até 1982, Teale (1982) pergunta como as crianças tornam-se capazes de ler e escrever sem o treinamento formal, e conclui que "a interação social é a chave. O desenvolvimento natural da alfabetização baseia-se nas experiências das crianças com atividades de leitura e escrita, que são mediadas pelos adultos alfabetizados, irmãos mais velhos ou eventos no dia-a-dia das crianças".

Existe uma documentação extensiva sobre a impressionante capacidade das crianças para extraírem sentido da linguagem escrita sem a instrução formal, incluindo Goodman (1980), Hiebert (1981), Mason (1980) e Ylisto (1977). Descrições excelentes de crianças aprendendo a ler independentemente de instrução são proporcionadas por Bissex (1980), Clark (1976), Clay (1979) e Torrey (1979). A sensibilidade de crianças pequenas à linguagem em geral, e sua habilidade freqüentemente incansável para aprender a partir de demonstrações adultas significativas são discutidas e ilustradas em Gelman (1979). Para o que os professores podem aprender com as crianças que aprendem a ler cedo, ver Forester (1977), e também, Durkin (1966). Em um estudo dando muitos exemplos do aprendizado da alfabetização de crianças antes e durante o início da vida escolar, Harste, Woodward e Burke (1984) observam que, por volta dos três anos, as crianças presumem que a palavra impressa é significativamente um conhecimento adquirido da experiência, em vez de sê-lo pela instrução. McCartney e Nelson (1981) mostram que as crianças de três anos de idade utilizam "organizações de conhecimento baseadas em *scripts*" (suas próprias construções narrativas) para entenderem e recordarem estórias. "Alfabetização emergente" é um termo novo, empregado nos títulos de livros práticos escritos por Hall (1987) e Teale e Sulzby (1986).

Um delicioso e sensível artigo de noventa anos de idade, intitulado "Eleanor Aprende a Ler", de Harriett Iredell (1898, reimpresso em 1982), traça o progresso de uma criança através de uma sucessão de demandas "algo assim — Conte-me uma Estória. Leia-me uma estória. Onde está tal estória? Onde ela me conta sobre tal e tal coisas? O que diz aqui? Que palavra é esta?" Julie Jensen, que, como editora de *Language Arts*, redescobriu e introduziu o artigo de Iredell, observa que Eleanor aprendeu sem a multimídia, e *kits* de alfabetização graduados, controlados e individualizados, cartilhas com vocabulário controlado ou folhas de exercícios.

Lendo para as Crianças

Ler para as crianças é, freqüentemente, algo recomendado, embora nem sempre esteja claro o que, exatamente, se deve adquirir, pela prática. Obviamente, ler para as crianças pode torná-las interessadas nas estórias (ou no que quer que lhe seja lido) e também demonstrar interesse e utilidade que outras pessoas encontram na leitura. Mas a cada vez que uma criança ouve uma leitura também pode ser uma lição de leitura (e escrita), uma oportunidade para aprender mais sobre as convenções e finalidades da linguagem escrita. Teale (1981) revisa o que é conhecido — e o que não se conhece — sobre o fato de os pais lerem para seus filhos. Taylor e Strickland (1986) descrevem muitas sessões familiares de leitura de estórias e seus benefícios para as crianças. Durkin (1984) estudou 23 crianças negras de famílias pobres, de "inteligência média", que haviam freqüentemente sido transferidas de escolas, e que se tornaram "leitores bem sucedidos" (lendo acima do "nível da série", por volta da 5ª série). Ela descobriu que as crianças tinham pais calorosos, que gostavam de estórias e as liam para os filhos.

Heath e Thomas (1984) proporcionam um fascinante estudo de caso de uma mãe adolescente, desempregada e evadida da escola, com dois filhos (co-autora Charlene Thomas), ela própria aprendendo a ler ajudando seus filhos a aprenderem a ler. Heath (1985) contribui com um outro cativante estudo biográfico de uma mãe ajudando uma criança a aprender a ler e a pensar, descrevendo como ajudou sua própria filha de 18 anos a recuperar-se de ferimentos cranianos traumáticos após um acidente em uma escalada de montanha. Neste artigo, Heath enfatiza a importância de oportunidades para *falar sobre* assuntos de alfabetização, a fim de *se manter* a alfabetização. Uma outra de suas muitas contribuições inteligentes é um artigo intitulado "O que nenhuma estória-para-dormir significa" (Heath, 1982b). Taylor (1983) descreve como as crianças aprendem a ler e a escrever dentro de suas famílias.

Em termos mais gerais, Wells (1981, 1985) examina o relacionamento entre "atividades relacionadas à pré-escola e o sucesso na escola", observando também a importância de se falar sobre o que é lido e escrito. Ele também discute o relacionamento entre as práticas de leitura dos pais e as idéias dos filhos sobre alfabetização e subseqüente sucesso na escola. Novamente, Vygotsky (1978) torna-se relevante, com sua concepção de uma "zona de desenvolvimento por proximidade", onde as crianças fazem coisas com a assistência de outros, que logo poderão fazer por si mesmas.

Alfabetização e Escolarização

O fato de as crianças freqüentemente aprenderem tanto antes de ingressarem na escola, e de que as influências culturais são tão importantes, não libera as escolas da responsabilidade ou proporciona uma justificativa conveniente para os fracassos na instrução. Se as crianças não receberam um apoio ambiental adequado para o ingresso na alfabetização, então as escolas devem proporcioná-lo. As pesquisas etnográficas mostram claramente as condições colaboradoras, sob as quais o aprendizado da leitura e escrita ocorre. Se os pais não lêem para seus filhos, é ainda mais importante que os professores o façam.

Sulzby (1985) discute como as crianças de escolas maternais algumas com apenas 4 anos e meio, começam a fazer sentido das estórias, comentando sobre figuras até contarem uma estória que ganha mais e mais fidelidade para com o texto. Sempre existia uma estória por trás dos comentários das crianças — e suas versões da estória sempre faziam sentido. McMahon (1983) mostrou que até mesmo as crianças da primeira série têm pouca dificuldade — e sentem prazer — em coordenar um texto para o qual estão olhando e uma voz gravada em fita, que lê o texto. Para uma revisão geral, baseada em pesquisas, de muitos aspectos da alfabetização na escola, ver o volume editado por Raphael (1986).

A inteligência jamais foi descoberta como sendo um fator importante no aprendizado da leitura, embora esta pareça contribuir significativamente para a inteligência. Stanovich, Cunningham e Freeman (1984) descobriram apenas um baixo relacionamento entre a inteligência e a capacidade de leitura das crianças da primeira série. A correlação era mais alta por volta da quinta série, e os pesquisadores atribuíram o aumento a uma "causação recíproca". Também descobriram que as crianças que aprendiam rapidamente a ler, liam bem por toda a vida, indicando a importância de evitar obstáculos, irrelevâncias e confusões nas primeiras experiências de uma criança com a alfabetização.

A influência da instrução sobre o comportamento infantil tem sido bem documentada. As pesquisas sobre como as crianças aprendem a ler raramente deixam de ser contaminadas pela influência que a instrução anterior já apresenta sobre elas. Barr (1972, 1974) escreveu textos clássicos sobre o efeito da instrução sobre a leitura das crianças. Dowing e Oliver (1973-74),

Neltzer e Herse (1969), e Jenkins, Bausel e Jenkins (1972) relatam os efeitos da instrução precoce de leitura sobre as crianças. Holdaway (1976) comenta sobre a importância da autocorreção para crianças que estão aprendendo a ler e sob risco de que algumas técnicas didáticas lhes tire esta responsabilidade. Eckhoff (1983) foi citado no capítulo anterior, para demonstrar que o que as crianças lêem é revelado em seus escritos. Juel e Roper/Schneider (1985) relatam que o que as crianças lêem também se mostra em como lêem. Em particular, textos formados por palavras regulares "decodificáveis" produziam crianças cuja principal estratégia na leitura era sondar as palavras desconhecidas. DeFord (1981) chega a uma conclusão similar.

MacGinitie e MacGinitie (1986) argumentam que uma ênfase sobre a "mecânica" nas séries escolares iniciais ensina os estudantes a não lerem, e observam uma desenfatização sobre a escrita extensa, literatura e "leitura de conteúdo rico", no segundo grau. Quando os estudantes têm dificuldades com um texto, os professores respondem (ou pedem que outros estudantes respondam), em vez de levarem o aluno de volta ao texto. Em uma análise cuidadosa e extensa sobre as práticas de ensino britânicas, Hull (1985) mostra como a linguagem escrita e falada, utilizada na instrução da leitura, e em áreas de conteúdo de todas as séries, é, com freqüência, completamente incompreensível para os estudantes. Ele é particularmente severo quando as questões de exames ou do livro-texto incluem palavras e frases que os estudantes não compreendem (por causa de sua ambigüidade ou definições vagas) e então são feitas queixas de que os estudantes não sabem ler. O livro de Hull é publicado na Inglaterra. Sua utilização ocasional de anglicismos como "escola inferior" (final do primeiro grau) e "sexta forma" (décima segunda série) ilustrarão, para os professores norte-americanos, seu ponto de que não se precisa ser ignorante ou incapacitado para o aprendizado para confundir-se com as utilizações desconhecidas ou estranhas de palavras comuns. MacGinitie (1984), em um artigo intitulado "Digestibilidade da leitura como uma solução somente aumenta o problema", relata que as tentativas para "simplificar" textos fazendo com que se conformem a fórmulas que restringem a extensão de palavras e sentenças, podem tornar a leitura ainda mais difícil. Pearson (1974, 1975) observa que a compreensibilidade não é melhorada nos primeiros livros de leitura pela fragmentação das sentenças e redução da complexidade gramatical, algo também dito de outra maneira por Shuy (1981) e por Gourley (1978). Furness e Graves (1980) demonstram experimentalmente que a ênfase sobre a acuidade (nas leituras orais) pode, na verdade, reduzir a compreensão, exatamente como uma ênfase sobre a ortografia correta inibirá a escrita das crianças. Paradoxalmente, ambas as ênfases resultam em menos aprendizado do que se supõe ser o objeto da correção. As crianças que relutam em cometer erros, raramente se aventurarão além do que já sabem. Hiebert (1983) lança um olhar crítico sobre o agrupamentto de habilidades.

Moore (1983) e Heath (1983) discutem os métodos naturalistas de avaliação, na instrução da leitura. Mayher e Brause (1986) propõem que a testagem pode, freqüentemente, debilitar a educação da linguagem, através das pressões sobre as crianças e controle dos professores, enquanto não está intimamente relacionada com o aprendizado da leitura e da escrita.

Salmon e Claire (1984) realizaram um estudo de dois anos sobre quatro escolas secundárias da Inglaterra, descobrindo que a colaboração na sala de aula, tanto social quanto no "aprendizado", entre professores e entre os alunos, resultava em melhor compreensão do currículo pelos estudantes.

Mikulechy (1982) comparou a leitura escolar que supostamente deveria preparar os alunos para uma profissão, e a leitura em várias ocupações. Descobriu que os estudantes liam menos e com menor competência do que a maioria dos trabalhadores em seus empregos, embora os estudantes lessem freqüentemente um material mais fácil e em menor profundidade.

Os livros são freqüentemente superestimados nas pesquisas e na prática. Os livros não têm propriedades únicas ou essenciais para o aprendizado da alfabetização, e nem sempre são os textos mais fáceis de serem lidos. Os jornais e revistas freqüentemente comtêm materiais que podem atrair a atenção das crianças menores, dependendo de seus interesses e estado de ânimo. Krashen (1987) revisa a pesquisa sobre gibis, mostrando que podem ser materiais altamente produtivos para o desenvolvimento dos interesses e capacidade na leitura, e também que os gibis freqüentemente têm ricos vocabulários e conteúdo conceitual.

Professores e Programas

Chall (1967) já foi citado por seu estudo influente sobre os métodos didáticos, levando-a a uma conclusão de decodificação programática surpreendente, e Samuels (1976 e LaBerge & Samuels, 1974) argumentou, consistentemente, a favor de uma abordagem de "sub-habilidades" à instrução, baseada na noção de que a decodificação é uma parte central da leitura, embora torne--se tão rápida e automática que não é, de fato, detectável de qualquer maneira. Atkinson (1974) exemplifica a visão não incomum de que os computadores podem ensinar as crianças a ler, embora os objetivos estejam tipicamente limitados e a teoria de leitura subjacente a tais programas seja raramente evidente ou adequada. Jonathan Anderson (1984) analisou os equipamentos de computador disponíveis comercialmente para a linguagem e leitura nos Estados Unidos, Inglaterra e Austrália, e concluiu que até 95% está ligado com exercícios e atividades administradas pelo computador. Carroll e Chall (1975) editaram um relatório do Comitê Sobre Leitura do Instituto Nacional de Educação dos Estados Unidos, discutindo as pesquisas que estavam disponíveis ou clamavam tomar vantagem da moderna tecnologia para a produção de uma alfabetização universal. Em um estudo do livro de Carroll e Chall, D. Olson (1975) observa que nenhum dos pesquisadores que colaboraram inquiriam sobre a presunção subjacente de que a tecnologia poderia erradicar o analfabetismo. Eisner (1982) critica a idéia de que técnicas melhoradas e avaliação mais restrita aumentarão o aprendizado. Para uma discussão geral sobre como a instrução da linguagem pode ser fragmentada até o absurdo, ver Shannon (1983, 1986) e F. Smith (1981b, 1986).

Uma discussão breve mais razoável e mais digerível sobre as escolhas na instrução da leitura é proporcionada por Williams (1979), embora ela tenda a ver o oposto de uma abordagem fonética como "palavra como um todo", que não é perspectiva da maioria das pessoas opostas aos exercícios fonéticos, e presta pouca atenção à significação. Na verdade, o exercício com cartões de palavras e listas de palavras sem sentido podem ser confusos e enganosos da mesma maneira, para as crianças. Um outro importante e recente artigo sobre a instrução é Durkin (1981). K. Goodman fez, várias vezes, acirrados contra-ataques às críticas duras à "decodificação", contra Gleitman e Rozin, em dois números de *Reading Research Quarterly,* em 1973, e contra Monsethal no mesmo jornal, em 1976/77. Goodman também esclarece os seus e muitos pontos de vista com respeito a tais teorias "interativas" como as de Rumelhart (1977) em K. Goodman (1981) e, de forma mais geral e vigorosamente, em K. Goodman (1979).

"Linguagem como um todo" é a filosofia instrutiva que reflete mais consistentemente a visão de que o significado e a "linguagem natural" são a base do aprendizado da alfabetização. (A abordagem torna-se distorcida, quando os editores anunciam que estão produzindo "materiais sobre a linguagem como um todo", uma contradição de termos.) Kenneth e Yetta Goodman são os teóricos mais intimamente identificados com a origem e desenvolvimento da abordagem de linguagem como um todo. Muitos grupos TAWL (professores que aplicam a linguagem como um todo) têm sido estabelecidos, em especial nos Estados Unidos e Canadá. Para discussões sobre o ensino da linguagem como um todo e sua filosofia subjacente, ver Goodman (1986a). Newman (1985), Taylor, Blum e Logsdon (1986). Gunderson e Shapiro (1987), e Morrow e Weinstein (1986). Goodman resume a visão de linguagem como um todo:

"Muitas tradições escolares parecem ter, na verdade, refreado o desenvolvimento da linguagem. Em nosso zelo para torná-lo fácil, fizemo-lo difícil... principalmente rompendo a linguagem (natural) em pequenos, mas abstratos, pedacinhos. Tomamos a linguagem e a transformamos em palavras, sílabas e sons isolados. Infelizmente, também postergamos sua finalidade natural — a comunicação do significado — e a transformamos em um conjunto de abstrações, não relacionadas com as necessidades e experiências das crianças que tentamos ajudar (1986a, p. 7)."

Ver também Goodman (1986b), para sua visão de leitores básicos.

O movimento de linguagem como um todo, e a teoria de pesquisas que o fundamentam, nem sempre são valorizados como mereceriam. *Becoming a Nation of Readers,* o relatório da Comissão sobre Leitura da Academia Nacional de Educação (Anderson, Hiebert, Scott & Wilkinson, 1985), foi castigado da seguinte maneira pelo editor do *International Reading Association's Annual Review of Reading Research* (Weintraub, 1986):

"Não existem garantias de que o grande nome seja sinônimo de qualidade. Mesmo quando bem patrocinados e mantidos por um comitê de primeira linha, um estudo supostamente abrangente pode ser estreitamente baseado, consideravelmente menos do que abrangente e com preferência em sua seleção do que é incluído e excluído... Devo admitir que um corpo de literatura muito seletivo foi incluído e alguma pesquisa algo crítica excluída."

Para aspectos de alfabetização e aprendizado, ver Ong (19822), Levine (1986), bem como vários capítulos em Olson, Torrance e Hildyard (1985). Margaret Meek Speencer (Meek, 1982; 1984) é esclarecedor sobre aspectos sociais da instrução da literatura, e também sobre o lugar da literatura no ensino de leitura às crianças. Ver também Meek, Armstrong, Austerfield, Graham e Plackett (1983), com relação a uma luta nem sempre encorajadora e bem sucedida no auxílio do ensino da leitura a adolescentes. Atwell (1987) também examina o ensino da leitura e escrita a adolescentes. Para artigos baseados no conceito de Yetta Goodman de "observação de crianças" (mais formalmente os professores como pesquisadores), ver Jaggar e Smith-Burke (1985). Um excelente compêndio de recentes pesquisas sobre a leitura e escrita (chamado de "Compreensão e Composição" é Squire (1987). Hedley e Baratta (1985) contêm importantes artigos sobre a leitura, aprendizado e pensamento em geral, incluindo pesquisas etnográficas. Tuman (1987) examina as atitudes sociais com relação à instrução de leitura e escrita.

Entre os pontos de vista alternativos, não mencionados até aqui, ver Ehri e Wilce (1985), também Gough e Hillinger (1980), que chegam a afirmar que aprender-se a ler é um ato não-natural (referindo-se especificamente à sua própria visão de que os leitores iniciantes devem aprender a confiar nos relacionamentos letra-som, para a identificação de palavras). Por outro lado, Krashen (1985) examina as evidências e argumentos de que tanto a linguagem falada quanto a escrita são aprendidas somente pela compreensão. Ele Também examina os bloqueios emocionais que podem atravancar tal aprendizado. Em "Aprendendo a Ler aos Quarenta e Oito Anos", Yatvin (1982) compartilha conhecimentos obtidos em esforços tardio para aprender a ler a língua hebraica.

Jornais importantes relacionados às pesquisas sobre leitura são o *Reading Research Quarterly,* da International Reading Association e o *Language Arts,* do Conselho Nacional Norte-Americano de Professores de Inglês (National Council of Teachers of English). Volumes anuais significativos são o *Annual Review of Reading Research,* da International Reading Association, e os livros anuais da National Reading Conference (Conferência Nacional Norte-Americana de Leitura) (por exemplo, Niles & Lalik, 1985).

Consciência Metalingüística

As notas ao capítulo anterior incluíam referências relacionadas ao papel geral da metacognição no aprendizado — a consciência dos próprios processos de pensamento. A consciência metalingüística é a metacognição relacionada especificamente aos assuntos lingüísticos, particularmente (no caso da leitura e escrita) à natureza da linguagem escrita. Não está claro se tal consciência exerce um papel importante no aprendizado, ou se, na verdade, tal consciência pode ocorrer até que o aprendizado tenha já ocorrido. É difícil ver como termos como "letra", "palavra" e "sentença" podem ter qualquer significado, para qualquer pessoa que não possa ler. Muitas pessoas capazes de conversar fluentemente não podem dizer a diferença entre substantivos e verbos, ou sentenças ativas e passivas, sem mencionar a verbalização das complexidades das gramáticas transformacionais e as convenções de coesão. Ainda assim, alguns teóricos não somente acham que a compreensão metalingüística é essencial para o aprendizado da leitura, mas definem este aprendizado em termos de tal compreensão. Masson (1979), por exemplo, em um artigo intitulado "Quando as Crianças Começam a Ler?", associa a leitura com a descoberta de que as letras são padrões discrimináveis, relacionados aos sons. Dowing (1970) descobriu que as palavras "palavra" e "som" eram pouco compreendidas por crianças de cinco anos de idade, que pensavam, por exemplo, que "peixe e batata" podiam ser uma só palavra e que a palavra "som" podia ser utilizada para uma variedade de ruídos (o que, naturalmente, é verdade, em circunstâncias normais). Uma implicação da confusão desta espécie poderia ser a de que o tempo gasto para falar sobre a leitura, em vez de ajudar as crianças a ler, é desperdiçado. Dowing, Ollila, e Oliver (1975) descobriram, sem que isto nos cause grande surpresa, que existiriam diferenças culturais nos "conceitos" infantis de leitura e escrita. Descobriram que 72 crianças de pré-escola índias sabiam menos do que 922 crianças não índias sobre a "linguagem técnica da alfabetização". A diferença é, obviamente, atribuível a diferenças (embora não necessariamente defeitos) na experiência, em vez de na instrução. Os autores utilizam uma linguagem avaliadora típica, mas infeliz, para tais diferenças, criticando que "os conceitos das crianças índias, das funções comunicativas da leitura e escrita, eram significativamente imaturos" e "sua percepção de fonemas era significativamente menos bem desenvolvida".
    Em sua introdução a um livro sobre lingüística, Downing e Valtin (1985), observam:
    "Durante a década de 70, houve um rápido aumento na metacognição e metalingüística... Para os educadores, estes desenvolvimentos representaram

um arranjo brilhante de novas idéias que prometiam lançar luz sobre os processos de pensamento infantis no aprendizado da leitura:... Entretanto, a variedade de abordagens teóricas independentes e suas terminologias associadas têm sido algo confusas."

No mesmo volume, Downing (1985) argumenta que a leitura pode ser dividida em sub-habilidades que requerem o treinamento deliberado e "consciência de tarefa", enquanto Ehri (1985) enfatiza a instrução ortográfica como uma maneira de se fazer com que as crianças sejam conscientizadas sobre a relação entre as palavras que escutam e aquelas que vêem. Os teóricos metacognitivos e metalingüístticos tipicamente enfatizam as relações do som e ortografia na leitura em vez do significado. Também enfatizam o papel das *estratégias* cognitivas.

A. Brown (1982), por exemplo, discute as "estratégias auto-regulatórias" que contribuem para "aprender como aprender, a partir da leitura", incluindo previsão, planejamento, verificação e monitoramento do conhecimento das próprias habilidades. As estratégias metacognitivas na leitura também são discutidas extensivamente em Forrest-Pressley e Waller (1984). Brown cita uma documentação extensiva de que os melhores leitores são mais eficientes e efetivos em tais tarefas, embora exista sempre o problema da galinha e do ovo, ou seja, se a competência produz melhores leitores ou se os leitores experientes naturalmente adquirem mais competência. Ela relata sua noção de "habilidades autocríticas" para aspectos da teoria de socialização de Vygotsky (1978) — que a colaboração proporciona a crítica e outros recursos cognitivos que são, então, internalizados. A falta de tal colaboração é algumas vezes atribuída a "lares desprivilegiados", por exemplo, por Feuerstein, Jensen, Hoffman e Rand (1985), que afirmam que tais crianças de antecedentes não tão vantajosos sofrem de "privação de mediação". A própria Brown contrasta as crianças "desprivilegiadas" com aquelas da classe média, em competências metacognitivas. Entretanto, ela também observa que os professores tratam os bons e os maus leitores diferentemente. Shannon (1985, 1985) revisou uma enorme quantidade de pesquisas indicando que as crianças em idade escolar que são identificadas como maus leitores, ou que tendem a ser maus leitores, realizam menos leituras, menos leituras interessantes, mais leituras difíceis, mais exercícios e recebem menos assistência do que as outras crianças. Hiebert (1983) observou as conseqüências do agrupamento de habilidades e também descobriu que os leitores mais hábeis obtêm a leitura mais significativa com uma ênfase no significado, enquanto os outros recebem uma maior ênfase sobre a acuidade (que, naturalmente, torna a leitura mais difícil). Ver também Stanovich (1986) sobre o "efeito Matthew" (de que os ricos ficam mais ricos) na leitura. Stanovich reconhece que a principal razão para os bons leitores tornarem-se ainda melhores é o tratamento diferencial que recebem na escola (mas, como alguém que crê, como Bough e Hillinger (1980) que a leitura é um "ato não natural", ele favorece o "choque cirúrgico" de uma instrução de habilidade específica para as crianças com problemas). A instrução metacognitiva tende a tornar-se uma questão de mais questões em seqüências prestabelecidas, ou mais exercícios, antes que a leitura realmente comece, de acordo com Langer (1982, 1982b).

Evidências adicionais de que os professores obtêm de volta o que ensinam são proporcionadas por Mosenthal (1983), que descobriu que os professores que se concentravam em um único texto e respostas corretas, obtinham respostas, dos alunos, que mostravam poucos sinais de conhecimento anterior ou outras leituras. Os professores que encorajavam um pensamento mais abrangente obtinham respostas mais extensas e reflexivas. Ver também Allingston (1980) sobre a maneira pela qual os professores fazem interrupções durante a leitura oral nas séries primárias. Anderson, Mason e Shirey (1984) observam os "grupos de leitura" das séries primárias e concluem que "existe uma cornucópia de evidências que poderiam ser citadas como apoiando uma ênfase sobre o significado, no grupo de leitura", comparado com a ênfase sobre a leitura oral acurada. O artigo é um esquema conciso e de fácil leitura sobre as pesquisas gerais e educacionais que apóiam a visão de que as pessoas aprendem e recordam mais, quando as condições exigem que entendam o material. Os autores chamam a isto de "a lei do processamento significativo".

Dislexia e Deficiências no Aprendizado

Não existe fim para a colocação de culpa pelo fracasso de as crianças aprenderem a ler. Guthrie (1973) oferece uma das muitas análises sobre os vários sistemas para a caracterização das deficiências das crianças que parecem incapazes de capitalizar os recursos disponíveis à moderna pedagogia sobre a leitura. Tais crianças são freqüentemente rotuladas como "incapazes para o aprendizado", um diagnóstico vigorosamente criticado por Glenn (1975) e Hart (1976). Serafica e Sigel (1970) observam que algumas crianças "incapazes para o aprendizado" possuem uma discriminação visual superior à dos leitores normais.

Staller (1982) revisa as pesquisas sobre a relação entre a debilidade neurológica e a incapacidade para a leitura, e conclui que ainda não é possível relacionar-se o comportamento disléxico a correlatos neurológicos específicos. Berninger e Colwell (1985) estudaram 241 crianças com idades entre 6 e 12 anos, identificadas como não apresentando problemas, como tendo um possível problema ou um problema definido de leitura — e não puderam encontrar um apoio para a utilização de medidas neurodesenvolvimentais e educacionais no diagnóstico de incapacidades específicas para o aprendizado. Dorman (1985) critica as pesquisas que definem ou diagnosticam a dislexia, uma vez que não existe uma concordância sobre o que constituiria uma evidência neurológica de disfunção neurológica em relação à leitura. Ele conclui que "a insistência sobre a inclusão de disfunção [do sistema nervoso central] na definição e diagnóstico de dislexia, parece estar colocando o carro na frente dos bois, no sentido de que a base neurológica de qualquer ou de todos os distúrbios de leitura permanece hipotética". Lipson e Wixson (1986) também revisam as pesquisas sobre a incapacidade para a leitura e concluem que esta deve "afastar-se das buscas por fatores causativos dentro do leitor, em direção à especificação das condições sob as quais diferentes leitores podem aprender e certamente o farão". Em vez de aceitar explicações de déficits para os problemas de leitura, Wong (1982) propõe fatores metacognitivos, tais como um automonitoramento e auto-questionamento inadequados (em outras palavras, atenção ao significado do que é lido). Calfee (1983) diz que a dislexia deveria ser visualizada como um problema de desenvolvimento da mente (isto é, da experiência), em vez de como uma doença cerebral. Vellutino (1987) não encontrou evidências de que a dislexia seja provocada por um déficit visual, nem que apóiem a remediação baseada em exercícios para melhorar a percepção visual. Ele acrescenta: "De qualquer modo, não se sabe o suficiente sobre como o cérebro funciona para permitir que qualquer pessoa planeje atividades que teriam um efeito direto e positivo sobre as funções neurológicas responsáveis por processos básicos tais como percepção visual, transferência de modalidades cruzadas e memória em série". Em vez disso, ele recomenda uma boa quantidade de leitura assistida.

Johnston (1985) examinou três estudos de casos de incapacidade para a leitura em adultos e descobriu "sentimentos sufocantes de inadequação e confusão", ansiedade, utilização racional e irracional de estratégias de auto-derrotismo, motivações conflitantes, além de atribuições inapropriadas de causa e culpa, tudo podendo ser traçado de volta às primeiras experiências dos indivíduos com a leitura. Clay (1979) sugere que as crianças se tornam leitores fracassados porque aprendem coisas erradas. Downing (1977) argumenta que a sociedade cria incapacidades para a leitura, por exemplo, pelo estabelecimento artificial de "períodos críticos" para o aprendizado e através de expectativas inapropriadas e estereótipos. Graham (1980) mostra que os leitores "incapacitados para a leitura" podem ter as mesmas habilidades para o reconhecimento de palavras que as crianças bem sucedidas. Em um exame cuidadoso de 30 anos de pesquisas sobre o fracasso para a leitura, Hamill e McNutt (1981) não puderam encontrar qualquer relação quanto à inteligência, habilidades percentuais ou motoras, raciocínio ou mesmo fatores afetivos, e somente uma correlação marginal com a habilidade para a linguagem falada. Patterson (1981) revisa as abordagens neuropsicológicas para a leitura, de uma forma generalizada.

As conseqüências do fracasso para a leitura raramente são enfatizadas de forma adequada. Reichardt (1977) fala de crianças "fingindo-se de mortas ou fugindo" de situações de leitura, de reações defensivas entre "estudantes deficientes quanto à leitura" cujas respostas fisiológicas a esta variavam desde a completa apatia até a hipertensão. Mais geralmente, Seligman (1975) discute a "depressão aprendida" (provocada por uma falta de controle sobre os fracassos) e "preguiça aprendida" (provocada por falta de controle sobre as recompensas), ambas conseqüências de situações onde o aprendiz não apresenta controle e compreensão.

A despeito de todas as conjecturas, não nos deve surpreender que ninguém tenha, na verdade, conseguido encontrar um centro específico de leitura ou sistema, na arquitetura do cérebro. A alfabetização não existe como um fenômeno cultural por um tempo suficiente para que o cérebro desenvolva processos especializados de leitura. Poder-se-ia sugerir áreas do cérebro dedicadas ao andar de bicicleta ou à costura, com a mesma facilidade e falta de provas. Sabe-se, por cerca de 100 anos, que um lado do cérebro (nove vezes em dez o lado esquerdo) é essencial para a produção e compreensão da linguagem (exceto em bebês, cujos cérebros são muito mais instáveis). Mas esta assimetria não significa que somente um lado do cérebro está envolvido na linguagem. Todas as atividades do pensamento envolvem o cérebro por inteiro. Diferentes pessoas têm, obviamente, diferentes preferências — algumas gostam de ouvir música e outras de olhar quadros — mas isto não significa que lhes faltem partes ao cérebro. Olhar quadros, ouvir música e ler e escrever, envolvem experiência, conhecimento e emoções, e não podem ser restringidos a uma área do cérebro. É uma interpretação ingênua das pesquisas neurológicas, de linguagem e aprendizado, imaginar que a leitura possa ser aprendida com o lado esquerdo ou direito do cérebro. Somente poderiam, existir incapacidades específicas para a leitura, se existissem habilidades específicas de aprendizado — e ninguém jamais sugeriu quais poderiam ser estas habilidades.

GLOSSÁRIO

Esta relação não tenta definir as palavras como seria feito em um dicionário, mas indica a maneira como certos termos são empregados neste livro. Os números entre parênteses indicam o capítulo no qual um termo foi utilizado pela primeira vez ou discutido primeiramente. Os termos em itálico aparecem em algum outro lugar do glossário.

Aprendizado: a modificação ou elaboração de *estrutura cognitiva*, especificamente, o estabelecimento de novas ou revisadas *categorias cognitivas*, *inter-relacionamentos de categorias*, ou *listas de características* (11).

Capacidade do canal: limite para a quantidade de *informação* que pode passar através de qualquer parte de um sistema de processamento de informações (3).

Características, análise de: uma teoria de reconhecimento de padrões propondo que as configurações visuais, tais como dígitos, letras ou palavras são identificadas pela análise de *características distintivas* e por sua alocação a *listas de características*: contrasta com a *teoria do gabarito* (6).

Categorias cognitivas: decisões anteriores para tratar alguns aspectos da experiência como sendo iguais, ainda que diferentes de outros aspectos da experiência: o esquema em constante desenvolvimento de *estrutura cognitiva* (1).

Categorias interrelacionamentos: as várias maneiras nas quais as *categorias cognitivas* podem ser combinadas como uma base para a *previsão* ou ação. (1)

Cenário: uma representação mental generalizada de padrões convencionais de comportamento em situações específicas. Ver também *Esquema* (1).

Cognição: uma determinada organização do conhecimento no cérebro, ou o processo de organização de tal conhecimento (1).
Ver *estrutura cognitiva*.

Cognitiva, ciência: uma área de preocupação comum à psicologia, lingüística, e o planejamento de sistemas de computadores, relacionada à maneira na qual o conhecimento pode ser adquirido, armazenado, resgatado e utilizado (prefácio).

Cognitiva, estrutura: a totalidade de organização de conhecimento do cérebro; tudo que um indivíduo conhece (ou acredita) sobre o mundo. Compreende as *categorias cognitivas, listas de características e inter-relacionamentos de categorias*. Também chamada de *memória a longo prazo e teoria do mundo na cabeça* (1).

Compreensão: a interpretação da experiência; o relacionamento de novas informações àquilo que já se sabe; o formular *questões cognitivas* e ser capaz de encontrar respostas para elas; um estado, a ausência de confusão (1).

Conhecimento de procedimento: conhecimento de seqüências integradas de comportamento; ver também *conhecimento proposicional, conhecimento de evento* (1).

Conhecimento proposicional: o conhecimento na forma de afirmações internalizadas (tais como "fatos", provérbios, fórmulas); também chamado de *conhecimento declarativo* (como oposto ao *conhecimento de procedimento* (1).

Conjunto de critérios: um conjunto de *características distintivas* dentro de uma *lista de características,* que permite que uma *identificação* seja feita, com base em mínima informação a partir de um determinado conjunto de alternativas (7).

Constrição: a exclusão ou probabilidade reduzida de certas alternativas: o mecanismo de *redundância* (3).

Contexto: o ambiente, físico ou lingüístico, no qual as palavras ocorrem e que coloca constrições sobre a gama de alternativas para o que estas palavras poderiam ser (2).

Contexto, linguagem dependente do: linguagem falada ou escrita coerente dentro de si mesma e não relacionada à situação física concomitante na qual ocorre (2).

Convenções: formas arbitrárias ou acidentais de comportamento tornadas significativas pela mútua compreensão de si e respeito por seu uso e implicações (2).

Correspondência ortografia-som: a co-ocorrência de uma determinada letra ou grupo de letras em uma palavra escrita e o presumível som da mesma parte da palavra na fala (8).

Declarativo, conhecimento: Ver *conhecimento proposicional* (1).
Decodificação para som: a visão de que a leitura é obtida pela transformação da palavra impressa em fala real ou subvocalizada (implícita), através do exercício de *correspondência ortografia-son*. Ver também *recodificação fonológica* (8).
Demonstrações: exibições, por pessoas ou artefatos, de como algo é feito (11).
Discurso, estrutura do: convenções relacionadas à organização da linguagem, por exemplo, revezamento e interupção na fala, e confecção de parágrafos e repetição em textos (2).
Distintivas, características: *diferenças significativas* entre padrões visuais (ou acústicos), que são diferenças que fazem uma diferença. Para a leitura, qualquer aspecto de *informação visual* que permita que sejam feitas distinções entre as letras alternativas, palavras ou significados (1, 3, 6). Ver também *listas de características*.
Distributiva, redundância: redução da *incerteza* porque as alternativas não são igualmente prováveis (6,7). Pode existir em letras ou palavras (e se os maneirismos individuais são suficientemente conhecidos, expressões). Ver também *redundância de características*.
Eferente, leitura: leitura feita principalmente para a informação; em contraste à *leitura estética* (3).
Engajamento: a interação de um cérebro com uma *demonstração*; o ato de se aprender (11).
Especificação: um esboço em constante mutação na mente de um leitor (ou escritos) sobre a estrutura e conteúdo de um texto; a base da *previsão*, na leitura (6).
Esquema: Uma representação mental generalizada de padrões complexos de comportamentos ou eventos; também chamados de *schema*, plural, *schemata*. Ver também *cenário, script, conhecimento do evento* (1).
Estrutura de superfície: as propriedades físicas da linguagem, para a leitura - *informação visual* (2).
Etnográficas, pesquisas: observação do comportamento em contextos naturais; pesquisa não-intrusiva; também chamada de "pesquisa naturalista"; em contraste com a experimentação controlada (12).
Evento, conhecimento do: representações mentais hipotetizadas de padrões de comportamento em eventos específicos; agrupamentos de expectativas relacionadas. Ver *Esquema* (1).
Expectativas: ver *Previsão*.
Feedback: informação que permite a decisão quanto ao fato de uma hipótese estar certa ou errada (apropriada ou inapropriada), no *aprendizado* (11).
Fixação: a pausa para a seleção de *informação visual* à medida que o olhar cai em um local do texto entre os *movimentos sacádicos* (4).
Fonema: uma das 40 classes discrimináveis de *diferenças significativas*

consistindo de sons da fala, na língua inglesa. (Outras línguas têm diferentes conjuntos de aproximadamente o mesmo número de fonemas.) (8).

Fonética: o estudo científico da estrutura sonora da fala: nada tem a ver com a leitura (8) Ver *fônica*.

Fônica: instrução da leitura baseada na presunção de que a leitura é a decodificação para som e exige o aprendizado das *correspondências ortografia-som* (8). Algumas vezes incorretamente chamada de *fonética*.

Funcional, equivalência: especificação da mesma *categoria cognitiva* por duas ou mais *listas de características* (7).

Grafema: uma letra do alfabeto, uma das 26 alternativas na língua inglesa (23 na língua portuguesa) (8).

Gramática: Ver *sintaxe*.

Hipótese: uma modificação experimental da estrutura cognitiva (*categorias cognitivas, listas de características* ou *inter-relacionamentos de categorias*) que é testada como uma base para o *aprendizado* (11).

Identificação: na leitura, uma decisão cognitiva entre letra, palavra ou significado em suas alternativas, baseada na análise de *informação visual* selecionada no texto impresso (6-9).

Imediata, identificação de palavras: a *identificação* de uma palavra à primeira vista, sem *informação* de uma outra pessoa e sem a *identificação* anterior de letras ou combinações de letras dentro da palavra (7).

Imediato, identificação do significado: a *compreensão* da linguagem sem a identificação anterior de palavras (9).

Incerteza: a quantidade de *informação* necessária para tomar-se uma decisão de *identificação*, determinada pelo número de decisões alternativas que poderiam ser feitas, a probabilidade percebida de cada alternativa, e o *nível de critério* do indivíduo para a tomada da decisão (3).

Informação: qualquer propriedade do ambiente físico que reduza a *incerteza*, eliminando ou reduzindo a probabilidade de alternativas dentre as quais um observador deve decidir (3).

Informação não-visual: conhecimento anterior "por detrás dos olhos", que reduz a *incerteza* de antemão, permitindo que as decisões sobre *identificação* sejam feitas com menos *informação visual* (4).

Informação visual: na leitura, a *informação* que está disponível ao cérebro através dos olhos, na *estrutura de superfície*, por exemplo, a partir das impressões na página (4).

Inteligência artificial: o estudo dos sistemas eletrônicos ou mecânicos elaborados para simular a linguagem e pensamento humanos (prefácio).

Leitura estética: leitura feita principalmente para a experiência: contrastando com a *leitura eferente* (3).

Léxico: um armazenamento mental hipopético de conhecimento sobre palavras, incluindo seus sons, ortografia e significado. Ver *léxico, acesso ao, logogenia* (2).

Léxico, acesso ao: uma metáfora derivada da sistemática para fazer sentido das palavras na leitura ou fala, através da referência a um *léxico* interno (2).
Lista de características: uma especificação cognitiva ou "conjunto de regras" para combinações particulares de *características distintivas* que permitirão a *identificação,* na leitura (6).
Logogenia: uma construção teórica para todo o conhecimento que um indivíduo tem acerca do mundo; uma entrada no *léxico* interno (2).
Mediada, identificação de palavras: uma alternativa menos eficiente para a *identificação imediata de palavras* a partir de letras ou combinações de letras dentro da palavra (8).
Mediada, identificação, do significado: uma alternativa inferior para a *identificação imediata de significado,* tentando extrair significado pela identificação anterior das palavras (9).
Memória: Ver *sensorial, armazenamento, memória de curto prazo, e memória a longo prazo.*
Memória a longo prazo: a totalidade do conhecimento e crenças de um indivíduo sobre o mundo, incluindo sumários de experiências passadas no mundo e modos de interagir com elas (5).
Memória de curto prazo: o conteúdo limitado e constantemente em mudança daquilo a que se atenta em determinado momento (5).
Metacognição: pensamento acerca dos próprios pensamentos, compreensão ou aprendizado (1).
Metalinguagem: linguagem sobre a linguagem (2).
Metalingüística, consciência: compreensão da metalinguagem, notavelmente da maneira como os apectos da linguagem falada e escrita podem ser discutidos na instrução da leitura (12).
Nível, critério de: a quantidade de informação da qual um indivíduo necessita para tomar uma determinada decisão, variando de acordo com a incerteza perceptível da situação e o risco percebido de se cometer um erro (3).
Ortografia: o arranjo das letras em palavras (8).
Previsão: a eliminação anterior de alternativas improváveis; o conjunto restante de alternativas dentre as quais uma decisão de *identificação* será extraída (na leitura) a partir de *informações visuais* selecionadas, no texto impresso (1).
Problema do gato e do cão: o fato de as *características distintivas* não poderem ser explicitamente ensinadas mas necessitarem ser aprendidas pela testagem de *hipóteses* (11).
Profunda, estrutura: o aspecto significativo da linguagem; a interpretação da *estrutura de superfície* (2).
Psicolingüística: uma área de preocupação comum na psicologia e lingüística, que estuda como os indivíduos aprendem e utilizam a linguagem.

Questões cognitivas: a informação específica procurada pelo cérebro para tomar uma decisão entre alternativas: o alcance de uma *previsão* (1).

Recodificação fonológica: transformação das palavras escritas em sons, a fim de se compreender seus significados (oposta ao entendimento direto das palavras escritas) (8).

Redundância: *informação* que está disponível em mais de uma fonte. Na leitura, pode estar presente na *informação visual* do texto impresso, na *ortografia, sintaxe, significado,* ou na combinação destas fontes. A redundância pode ser *distributiva* ou *seqüencial*. Deve sempre refletir *informação não visual*; o conhecimento anterior, por parte do leitor, permite que a redundância seja utilizada (3).

Redundância de características: na leitura, a *redundância* entre as *características distintivas* da palavra impressa como uma conseqüência das constrições sobre a ocorrência de letras ou palavras (6,7).

Redundância seqüencial: a redução da *incerteza*, atribuível a *constrições* sobre o número de alternativas prováveis no *contexto* (7,9); pode existir entre letras ou palavras e como conseqüência das expectativas de ou leitor ou ouvinte. Ver também *redundância de características*.

Regressão: um movimento ocular (sacádico) da direita para a esquerda ao longo de uma linha ou de baixo para cima em uma página (4).

Ruído: um sinal que não transmite em si qualquer informação (3).

Sacádicos, movimentos: movimento dos olhos à medida que o olhar move-se de uma *fixação* para outra, na leitura (4).

Script: uma representação mental generalizada do comportamento convencional em ocasiões específicas (1)

Semântica: o aspecto significativo da linguagem; o estudo deste aspecto (2).

Sensibilidade: o estado prévio do aprendizado, do cérebro; prontidão para o *engajamento*: ausência de expectativa de que o aprendizado não ocorra (11).

Sensorial, armazenamento: na visão, a retenção muito breve de *informação visual* enquanto são feitas decisões de *identificação*; também chamado de *imagem visual* (5).

Significado: um termo relativo: a interpretação que um leitor coloca sobre o texto (a resposta a uma *questão cognitiva)*. Alternativamente, a interpretação que um autor ou terceira parte espera que um leitor coloque sobre seu texto. As conseqüências da *compreensão* (1).

Significância: na leitura, um texto que é relevante para as finalidades de um leitor, suas *expectativas e compreensão*.

Significativa, diferença: uma diferença nas propriedades físicas de um evento que forma a base de uma decisão de *identificação* (6).

Sintaxe: a maneira pela qual as palavras são organizadas em uma linguagem significativa: também chamada de "gramática" (2).

Situação, linguagem dependente da: linguagem falada ou escrita referindo-se à situação física concomitante na qual ocorre ou tornando-se significativa por esta (2).

Taquistoscópio: um projetor ou outro dispositivo visual com um obturador ou timer que controla a apresentação de *informação* visual por breves períodos de tempo (4).

Teoria: na ciência, um sumário da experiência passada de um cientista, a base para a interpretação de novas experiências e para a previsão de futuros eventos (1).

Teoria do gabarito: uma teoria de reconhecimento de padrão que afirma que configurações visuais, tais como letras, palavras ou dígitos podem ser identificados pela comparação com representações pré-armazenadas, ou gabaritos, no cérebro: contrasta com a *análise por características* (6).

Teoria do mundo na cabeça: a *teoria* sobre o cérebro; também conhecida como *estrutura cognitiva* e memória a longo prazo (1).

Texto: um exemplo significativo (ou potencialmente significativo) da linguagem escrita: pode ir desde uma palavra até um livro inteiro.

Transformacional, gramática: parte da teoria do mundo na cabeça de cada usuário da linguagem; a ponte entre a *estrutura profunda* e a *estrutura de superfície*.

Visual, imagem: Ver *sensorial, armazenamento*.

BIBLIOGRAFIA

Aaronson, Doris, and Steven Ferres, Reading Strategies for children and adults: Some empirical evidence, *Journal of Verbal Learning and Verbal Behavior*, 1984a, *23,* 189-220.
Aaronson, Doris, e Steven Ferres, The word-by-word reading paradigm: An experimental and theoretical approach, in D. E. Kieras, e M. A. Just (eds.), *New Methods in Reading Comprehension Research* (Hillsdale, NJ: Erlbaum Associates, 1984b).
Allingston, R., Teacher interruption behavior during primary-grade oral reading. *Jornal of Educational Psychology,* 1980, *72,* 3, 371-387.
Alvermann, Donna E., Lynn, C. Smith e John E. Readance. Prior knowledge activation and the comprehension of compatible e incompatible text, *Reading Research Quarterly,* 1985, *20,* 4, 420-436.
Anderson, I. H. e W. F. Dearborn, *The Psychology of Teaching Reading* (New York: Ronald, 1952).
Anderson, John, R., *Cognitive Psychology and Its Implications* (San Francisco: Freeman, 1980).
Anderson, John, R., e Gordon H. Bower, *Human Associative Memory* (Wahington, O DC: Winston, 1973).
Anderson, Jonathan, The computer as tutor, tutee, tool in reading and language. *Reading,* 1984, *18,* 2, 67-78.
Anderson, Richard, C., Elfrieda H. Hiebert, Judith A. Scott, e Ian A. G. Wilkinson, *Becoming a Nation of Readers: The Report of the Commission on Reading* (Washington, DC: National Academy of Education, 1985).
Anderson, Richard C., Jana M. Mason, e Larry Shirey. The reading group:

An experimental investigation of a labyrinth. *Reading Research Quarterly,* 1984, *20,* 1, 6-38.

Anderson, Richard C., e Andrew Ortony, On putting apples into bottles: A problem in polysemy, *Cognitive Psychology,* 1975, *7,* 167-180.

Anderson, Richard, C., e Pearson, P. David, A schema-theoretic view of basic processes in reading comprehension, in P. David Pearson (ed.), *Handbook of Reading Research* (Nova Iorque: Longman, 1984).

Anderson, Richard C., e J. W. Pichert, Recall of previously unrecallable information following a shift in perspective. *Jornal of Verbal Learning and Verbal Behavior,* 1978, *17,* 1-12.

Anderson, Richard C., R. E. Reynolds, D. L. Schallert, e T. E. Goetz, Frameworks for understanding discourse, *American Educational Research Journal,* 1977, *14,* 367-381.

Anglin, Jeremy, Acquiring linguistic skills: A study of sentence construction in preschool children, in D. R. Olson (ed.) *The Social Foundations of Language* (Nova Iorque: Norton, 1980).

Applebee, Arthur N., A sense of story, *Theory Into Practice,* 1977, *16,* 342-347.

Armbruster, Bonnie B., e T. H. Anderson, Content area Textbooks, in Richard C. Anderson, Jean Osborn e Robert J. Tierney (eds.) *Learning to Read in American Schools: Basal Readers and Content Texts* (Hillsdale, NJ: Lawrence Erlbaum Associates, 1986).

Atkinson, Richard, C., Teaching children to read using a computer, *American Psychologist,* 1974, *29,* 169-178.

Attneave, Fred, *Applications of Information Theory to Psychology* (Nova Iorque: Holt, Rinehart and Winston, 1959).

Attneave, Fred, How do you know? *American Psychologist,* 1974, *29,* 493-499.

Atwell, Nancie, *In the Middle: Writing, Reading and Learning with Adolescents* (Upper Montclair, NJ: Boynton/Cook, 1987).

August, Diane, L., John B. Flavell e Renee Clift, Comparison of comprehension monitoring of skilles and less skilled readers. *Reading Research Quarterly,* 1984, *20,* 1, 39-53.

Averbach, E., e A. S. Coriell, Short-term memory in vision. *Bell Systems Technical Journal,* 1961, *40,* 309-328.

Baars, Bernard, J.: *The Cognitive Revolution in Psychology* (Nova Iorque: Guilford, 1986).

Baddeley, A. D., M., Eldridge, e V. J. Lewis. The role of subvocalisation in reading. *Quarterly Journal of Experimental Psychology,* 1981, *33A,* 439-454.

Baddeley, A. D., e K. Patterson, The relation between long-term and short-term memory, *British Medical Bulletin,* 1971, *27,* 3, 237-242.

Baddeley, Alan, Robert Logie, Ian Nimmo-Smith, e Neil Brereton, Components of fluent reading, *Journal Memory and Language,* 1985, *24,* 1, 119-131.

Baer, Donald M., e John C. Wright, Developmental psychology, in Mark A. Rosenzweig e Lyman W. Porter (eds). *Annual Review of Psychology,* 1975, *25,* 1-82.

Bain, Bruce, (ed.), *The Sociogenesis of Language and Human Conduct* (Nova Iorque: Plenum, 1983).

Baldwin, R. Scott, e James M. Coady, Psycholinguistic approaches to a theory of punctuation, *Journal of Reading Behavior,* 1978, *10,* 363-375.

Baldwin, R. Scott, Ziva Peleg-Bruckner e Ann H. McClintock, Effects of topic interest and prior knowledge on reading comprehension. *Reading Research Quarterly,* 1985, *20,* 4, 497-504.

Barclay, J. R., The role of comprehension in remembering sentences. *Cognitive Psychology,* 1973, 4, 229-252.

Barlow, John A., Mass line leadership and thought reform in China, *American Psychologist,* 1981, *36,* 3, 300-309.

Baron, Jonathan, Orthographic and word-specific mechanisms in children's reading of words, *Child Development,* 1979, *50,* 60-72.

Baron, Jonathan, e C. Strawson, Use of orthographic and word-specific knowledge in reading words aloud, *Journal of Experimental Psychology: Human Perception and Performance,* 1976, *2,* 386-393.

Barr, Rebecca, C., The influence of instructional conditions on word recognition errors, *Reading Research Quarterly,* 1972, *7,* 509-529.

Barr, Rebecca C., The effects of instruction on pupil reading strategies. *Reading Research Quarterly,* 1974, *10,* 555-582.

Barr, Rebecca, Commemtary: Studying classroom reading instruction, *Reading Research Quarterly,* 1986, *21,* 3, 231-236.

Bartlett, Frederick, C., *Remmembering: A study in Experimmetal and Social Psychology* (Londres: Cambridge University Press, 1932).

Bates, Elizabeth, *Language and Context* (Nova Iorque: Academic Press, 1976).

Bates, Elizabeth, *The Emergence of Symbols: Cognition and Communication in Infancy* (Nova Iorque: Academic Press, 1979).

Baumann, James, F., e Karen Wilson Schneider, *Apprehension span of adult fluent readers: A clarification of J. M. Cattell's classic research on letter and word perception,* Madison, Wisconsin Research and Development Center for Individualized Schooling Teaching Report, nº 520, 1979.

Back, Isabel, L., Margarret, G. McKeown, Richard C. Omanson, e Martha T. Pople, Improving the comprehensibility of stories: The effects of revisions that improve coherence. *Reading Research Quarterly,* 1984, *19,* 3, 263-277.

Becker, Curtis, A., The development of semantic context effects: Two processes or two strategies? *Reading Research Quarterly,* 1982, *17,* 4, 482-502.
Beebe, Mona J., The effects of different types of substitution miscues on reading. *Reading Research Quarterly,* 1980, *15,* 3, 324-336.
Beers, Terry, Commentary: Schema-theoretic models of reading: Humanizing the machins. *Reading Research Quarterly,* 1987, *22,* 3, 369-377.
Benton, Arthur, L., The neuropsychology of facial recognition. *American Psychologist,* 1980, *35,* 2, 176-186.
Benton, Michael, Children's responses to stories, *Children's Literature in Education,* 1979, *10,* 2, 68-85.
Berdiansky, Betty, Bruce Cronnell, e John A. Koehler, *Spelling-Sound Relations and Primary Form-Class Descriptions for Speech-Comprehension Vocabularies of 6-9 Year-Olds,* Southwest Regional Laboratory for Educational Research and Development, Tchnical Report, n° 15, 1969.
Berninger, Virginia, Wise e Sarah O. Colwell, Relationships between neurodevelopmental and educational fundings in children aged 6 to 12 years. *Pediatrics,* 1985, *75,* 697-702.
Besner, D., E. Davelaar, D. Alcott, e P. Parry, Wholistic reading of alphabetic print: Evidence from the DDM and the FBI in Henderson, Leslie (ed.), *Orthographies and Reading: Perspectives from Cognitive Psychology, Neuropsychology, and Linguistics* (Hillsdale, NJ: Lawrence Erlbaum Associates, 1986).
Beveridge, Michael (ed.) *Children Thinking Through Language,* (Londres: Arnold, 1982).
Bissex, Glenda, L., *Gnys at Wrk: A Child Learns to Write and Read* (Cambridge, MA: Harvard University Press, 1988).
Black, Alison, Paul Freeman, e Philip N. Johnson-Laird, Plausibility and the comprehension of text, *British Journal of Psychology,* 1986, *77,* 1, 51-62.
Bloom, Lois, *Language Development: From and function in Emerging Grammars* (Cambridge, MA: MIT Press, 1970).
Bloom, Lois, *One Word at a Time: The Use of Single Word Utterances Before Syntax* (The Hague: Mouton, 1973).
Bloom, Lois, Lois Hood, e Patsy Lighthown, Imitation in language development: If, when and why. *Cognitive Psychology,* 1974, *6,* 380-420.
Bloom, Lois, Lorraine Rocissano, e Lois Hood, Adult-Child discourse: Developmental interaction between information processing and linguistic knowledge, *Cognitive Psychology,* 1976, *8,* 521-552.
Blough, Donald S., Pigeon perception of letters of the alphabet. *Science,* 1982, *218,* 397-398.
Bouling, Kenneth, E., Human Knowledge as a special system. *Behavioral Science,* 1981, *26,* 93-102.

Bower, Gordon, H., Experiments on story understanding and recall, *Quarterly Journal of Experimental Psychology*, 1976, *28*, 511-534.

Bower, Gordon, H., John B. Black e Terrence J. Turner, Scprits in memory for text, *Cognitive Psychology*, 1979, *11*, 177-220.

Bower, Thomas, G. R., The object in the world of the infant. *Scientific American*, 1971, *225*, 30-47.

Bower, Thomas G. R., *Development in Infancy* (San Francisco: Freeman, 1974).

Brand, II., Classification without identification in visual search. *Quarterly Journal of Experimental Psychology*, 1971, *23*, 178-186.

Bransford, John, D., J. R. Barclay, e Jeffrey J. Franks, Sentence meaning: A construtivist vs. interpretive approach, *Cognitive Psychology*, 1972, *3*, 193-209.

Bransford, John D., e Jeffrey J. Franks, The abstraction of linguistic ideas. *Cognitive Psychology*, 1971, *2*, 331, 350.

Bransford, John D., e Barry S. Stein, *The Ideal Problem Solver: A Guide for Improving Thinking, Learding and Creativity* (Nova Iorque: Freeman, 1986).

Bransford, John D., Barry S. Stein, e Nancy J. Vye, Helping students learn how to learn from written texts, in M. H. Singer (ed.) *Competent Reader, Disabled Reader: Research and Application* (Hillsdale, NJ: Lawrence Erlbaum Associates, 1982).

Bridges, Allayne, Chris Sinha, e Valerie Walkerdine. The development of comprehension, in Gordon Wells, *Learning Through Interaction: The Study of Language Development* (Cambridge, Cambridge University Press, 1981).

Britton, Bruce K., e John B. Black (eds.) *Understanding Expository Text* (Hillsdale, NJ: Lawrence Erlbaum Associates, 1985).

Broadbent, Donald E., The word-frequency effect and response bias. *Psychological Review*, 1967, *74*, 1-15.

Broadbent, Donald E., e Margaret H. P. Broadbent. Some further data concerning the word frequency effect. *Journal of Experimental Psychology (General)* 1975, *104*, 297-308.

Broerse, A. C., e E. J. Zwaan, The information value of initial letters in the identification of words, *Journal of Verbal Learning and Verbal Behavior*, 1966, *5*, 441-446.

Bronowski, Jacob, *The Origins of Knowledge and Imagination* (Princeton NJ: Yale University Press, 1978).

Brooks, Lee, Spatial and verbal components of the act of recall. *Canadian Journal of Psychology*, 1968, *22*, 349-368.

Brown, Ann L., Metacognitive development and reading, in Rand C. Spiro, Bertram C. Bruce, e William F. Brewar, *Theoretical Issues in Reading Comprehension: Perspectives from Cognitive Psychology, Linguistcs,*

Artificial Intelligence, and Education (Hillsdale, NJ: Lawrence Erlbaum Associates, 1980).

Brown, Ann L., Learning how to learn from reading, in Langer, Judith A., e M. Trika Smith-Burke (eds.), *Reader Meets Author/Bridging the Gap* (Newark, DE: International Reading Association, 1982).

Brown, Ann L., e Roberta A. Ferrara, Diagnosing zones of proximal development, in J. S. Wertsch (ed.) *Culture, Communication and Development* (Nova Iorque: Cambridge University Press, 1985).

Brown, H. D., Categories of spelling difficulty in speakers of English as a first and second language, *Journal of Verbal Learning and Verbal Behavior*, 1970, 9, 232-236.

Brown, Roger, *A First Language: The Early Stages* (Cambridge, MA: Harvard University Press, 1973).

Brown, Roger and David McNeill, The "tip of the tongue" phenomenon. *Journal of Verbal Learning and Verbal Behavior*, 1966, 5, 4, 325-337.

Bruner, Jerome S., On perceptual readiness, *Psychological Review*, 1957, 64, 123-152.

Bruner, Jerome S., *Beyond the information given* (collected papers) (Nova Iorque: Norton, 1973).

Bruner, Jerome S., The Ontogenesis of speach acts, *Journal of Child Language*, 1975, 2, 1-19.

Bruner, Jerome, S., Acquiring the uses of language, *Canadian Journal of Psychology*, 1978, 32, 204-218.

Bruner, Jerome S., *Actual Minds, Possible Worlds* (Cambridge, MA: Harvard University Press, 1986).

Bruner, Jerome S., e D. O'Dowd, A note on the informativeness of parts of words, *Language and Speech*, 1958, 1, 98-101.

Butler, Christopher, S., *Systemic Linguistic* (Londres: Batsford, 1985).

Calfee, Robert C., *Human Experimental Psychology* (Nova Iorque: Holt, Rinehart and Winston, 1975).

Calfee, Robert, The mind of the dyslexic. In Elinor Linn Hartwing (ed.) *Annuals of Dyslexia*, vol. 33, (Baltimore, MD: Orton Dyslexia Society, 1983).

Calfee, Robert C., Memory and cognitive skills, in reading acquisition, in Drake D. Duane and Margaret B. Rawson (eds.) *Reading, Perception and Language* (Baltimore: York Press, 1974).

Calfee, Robert C., Richard Arnold, e Priscila Drum, Review of *The Psychology of Reading* (por Eleanor Gigson e Harry Levin), in *Proceedings of the National Academy of Education*, 1976, 3, 1-80.

Calkins, Lucy, When Children Want to Punctuate: Basic Skills Belong in Context. *Language Arts*, 1980, 57, 567-573.

Caplan, David (ed.) *Biological Studies of Mental Processes* (Cambridge, MA: MIT Press, 1980).

Carey, Susan: The child as word learner, in M. Halle, J. Breslin e George A. Miller (Eds.) *Linguisttic Theory and Psychological Reality* (Cambridge, MA: MIT press, 1978).

Carpenter, Patricia M., e Meredyth Daneman, Lexical retrieval and error resovery in reading: A model based on eye fixations, *Journal of Verbal Learning and Verbal Behavior*, 1981, *20*, 137-160.

Carpenter, Patriciaa A., e Marcel A. Just, Sentence Comprehension: A psycholinguistic processing model of verification. *Psychological Review*, 1975, *82*, 45-73.

Carpenter, Patricia, A., e Marcel A. Just, Integrative processes in comprehension, in David LaBerge e S. Jay Samuels (eds.) *Basic Processes in Reading: Perception and Comprehension* (Hillsdale, NJ: Lawrence Erlbaum Associates, 1977).

Carroll, John B., e Jeanne S. Chall (eds.) *Toward a Literate Society* (Nova Iorque: McGraw-Hill, 1975).

Carroll, John B., Peter Daviers, e Barry Richman, *The American Heritage Word Frequency Book* (Boston: Houghton Mifflin, 1971).

Carroll, John B., e R. D. Freedle (eds.) *Language Comprehension and the Acquisition of Knowledge* (Washington, DC: Winston, 1972).

Carver, Ron, How good are some of the world's best readers? *Reading Research Quarterly*, 1985, *20*, 4, 389-419.

Cattell, James McKeen, Ueber die Ziet der Erknnung und Benennung von Schriftzeichen, Bildern und Farber, *Philosophische Studien*, 1885, *2*, 635-650; traduzido e reimpresso em A. T. Poffenberger, (ed.) *James McKeen Cattell, Man of Science, 1860-1944* (Vol. 1) (Lancaster, PA: Science Press, 1947).

Cazden, Courtney B., *Child Language and Education* (Nova Iorque: Holt, Rinehart e Winston, 1972).

Cermak, Leird S., e Fergus I. M. (eds.) *Levels of Processing in Human Memory* (Hillsdale, NJ: Lawrence Erlbaum Associates, 1979).

Chafe, Wallace, L., *Meaning and the Structure of Language* (Chicago: University of Chicago Press, 1970).

Chall, Jeanne S., *Learning to Read: The Great Debate* (Nova Iorque: McGraw-Hill, 1967).

Cherry, Colin, *On Human Communication* (3ª ed.) (Cambridge, MA: MIT Press, 1978).

Chomsky, Carol, Reading, writing and phonology, *Harvard Educational Review*, 1970, *40*, 2, 287-309.

Chomsky, Carol, Write first, read later, *Childhood Education*, 1971, *47*, 6, 296-299.

Chomsky, Carol, Approaching spelling through invented spelling, in Lauren B. Resnick e Phyllis A. Weaver (eds.) *Theory and Practice of Early Reading* (Hillsdale, NJ: Laurence Erlbaum Associates, 1979).

Chomsky, Noam. *Syntatic Structures* (The Hague: Mouton, 1957).
Chomsky, Noam, Review of *Verbal Learning* (por B. F. Skinner), *Language,* 1959, *35,* 26-58.
Chomsky, Noam, *Aspects of the Theory of Syntex* (Cambridge, MA: MIT Press, 1965).
Chomsky, Noam, *Language and Mind* (Nova Iorque, Harcourt, 1972).
Chomsky, Noam, *Reflections on Languaye* (Nova Iorque, Pantheon, 1975.)
Chomsky, Noam, e Morris Halle, *Sound Pattern of English* (Nova Iorque: Harper & Row, 1968).
Chukovsky, Kornei (tr. Miriam Morton), *From Two to Five* (Berkeley: University of California Press, 1968).
Clark, Eve V., e Barbara Frant Hecht, Comprehension, production and Language acquisition, *Annual Review of Psychology,* 1983, *34,* 325-349.
Clark, Herbert H., e Eve V. Clark, *Psychology and Language* (Nova Iorque: Harcourt Brace Jovanovich, 1976).
Clark, Margaret, M., *Young Fluent Readers* (Londres: Heinemann Educational Books, 1976).
Clay, Marie M., Reading errors and self-correction beehavior. *British Journal of Educational Psychology,* 1969, *39,* 1, 49-56.
Clay, Marie, M., Theoretical research and instructional change: A case study, in Lauren B. Resnick e Phyllis A. Weaver (eds.) *Theory and Practice of Early Reading* (Hillsdale, NJ: Lawrence Erlbaum, Associates, 1979).
Clay, Marie M. e Robert H. Imlach, Juncture, pitch and stress and reading behavior variables, *Journal of Verbal Learning and Verbal Behavior,* 1971, *10,* 133-139.
Cofer, Charles N., Constructive processes in memory. *American Scientist,* 1973, *61,* 5, 537-543.
Cohen, Gillian, Search times for combinations of visual, phonemic and semantic targets in reading pross, *Perception and Psychophysics,* 1970, *8,* 58, 370-372.
Collins, W. Andrew (ed.) *Children's Language and Communication: The Minnesota Symposia on Child Psychology* (Vol. 22) (Hillsdale, NJ: Lawrence Erlbaum Associates, 1979).
Cosky, Michael, J.: The role of letter recognition in word recognition, *Memory and Cognition,* 1976, *4,* 2, 207-214.
Craik, Fergus I. M., e Roberts S. Lockhart, Levels of processing: A framework for memory research, *Journal of Verbal Learning and Verbal Behavior* 1972, *11,* 671-684.
Crismore, Avon (ed.) *Landscapes: A States-of-the-Art Assessment of Reading Comprehension Research, 1975-1984* (Bloomington, IN: Indiana University Language Education Dept., 1985).
Crowder, Robert G., *Principles of Learning and Memory* (Hillsdale, NJ: Laurence Erlbaum Associates, 1976).

Culler, Jonathan, *The Pursuit of Signs: Semiotics, Literature, Deconstruction* (Ithaca, NY: Cornell University Press, 1981).
Dale, Philip S., *Language Development: Structure and Function* (Nova Iorque: Holt, Rinehart e Winston, 1976).
Davies, W. J. Frank, *Teaching Reading in Early England* (Londres: Ptman, 1973).
de Beaugrande, Robert, *Text, Discourse, and Process. Toward a Multidisciplinary Science of Texts. Advances in Discourse Processes Vol. 4* (Norwood, NJ: Ablex, 1980).
de Beaugrande, Robert, Desing criteria for process models of reading. *Reading Research Quarterly*, 1981, *16*, 2, 261-315.
de Beaugrande, Robert, e P. Bressler, *Introduction to Text Linguistics* (Nova Iorque: Longman, 1981).
Deely, John, *Introducing Semiotic* (Bloomington: Indiana University Press, 1982).
DeFord, Diane, E., Literacy: Reading, writing and other essentials, *Language Arts*, 1981, *58*, 5, 652-658.
Dember, William N., Motivation and the cognitive revolution. *American Psychologist*, 1974, *29*, 3, 161-168.
den Buurman, Rudy, Theo Roersema e Jack F. Gerrison, Eye movements and the perceptual span in reading. *Reading Research Quarterly*, 1981, *16*, 2, 227-235.
Derry, Sharon, J., e Debra A. Murphy, Designing systems that learning ability: From theory to practice. *Review of Educational Research*, 1986, *56*, 1, 1-39.
Dishner, Ernest, K., Thomas W. Bean, e John E. Readence (eds.), *Reading in the Content Areas: Improving Classroom Instruction* (Dubuque, IA: Kendall/Hunt, 1981).
Doehring, Donald G., Acquisition of rapid reading responses, *Monographs of the Society for Research in Child Development*, 1976, *41*, 2, nº 165.
Doehring, Donald, e Mark Aulls, Implications of Neisser's cognitive theory for models of reading acquisition. *Reading/Canada/Lecture*, 1981, *1*, 1, 48-52.
Doggett, David, e Larry G. Richards, A reexamination of the effects of word lenght on recognition tresholds, *American Journal of Psychology*, 1975, *88*, 583-594.
Donaldson, Margaret, *Children's Minds* (Glasgow: Fontana/Collina, 1978).
Donaldson, Margaret, e Jessie Reid, Language skills and reading: A developmental perspective. In A. Hendry (ed.) *Teaching Reading: The Key Issues* (Londres: Heinemann Educational Books, 1982).
Dorman, Casey, Defining and diagnosing dyslexia: Are we putting the cart before the horse? *Reading Research Quarterly*, 1985, *26*, 4, 505-508.

Douglas, Mary (ed.) *Rules and Meanings: The Anthropology of Everyday knowledge* (Harmondsworth: Penguin, 1968).
Downing, John, Children's concepts of language in learning to read. *Educational Research,* 1970, *12,* 106-112.
Downing, John (ed.) *Comparative Reading* (Nova Iorque: Macmillan, 1973).
Downing, John. How society creates reading disability. *Elementary School Journal,* 1977, 77, 274-279.
Downing, John, *Reading and Reasoning* (Nova Iorque: Springer-Verlag, 1979).
Downing, John, Task-awareness in the development of reading skills, in John Downing and Renate Valtin (eds.). *Language Awareness and Learning to Read* (Nova Iorque: Springer-Verlag, 1985).
Downing, John, a Che Kan Leong, *Psychology of Reading* (Nova Iorque: Macmillan, 1982).
Downing, John e Peter Oliver, The child's conception of "a word". *Reading Research Quarterly,* 1973-74, *4,* 9/4, 568-582.
Downing, John, Lloyd, Ollila, e Peter Oliver, Cultural differences in children's concepts of reading and writing. *British Journal of Educational Psychology,* 175, *45,* 312-316.
Downing, John e Renate Valtin (eds.) *Language Awareness and Learning to Read* (Nova Iorque: Springer-Verlag, 1985).
Dreyfus, Hubert, L., Stuart E. Dreyfus, *Mond Over Machine* (Nova Iorque: The Fre Press, 1986).
Dulany, Don E. On the support of cognitive theory in opposition to behevior theory: A methodological problem, in Walter B. Wainer e David S. Palermo (eds). *Cognition and the Symbolic Process* (Hillsdale, NJ: Lawrence Erlbaum Associates, 1974).
Dunn-Rankin, Peter, The similarity of lower case letters of the English alphabet, *Journal of Verbal Learning and Verbal Behavior,* 1968, *7,* 990-995.
Dunn-Rankin, Peter, Perceptual characteristics of words, in R. Groner, G. W. McConkie, e C. Menz (ed.). *Eye Movemente and Human Information Processing* (North-Holland: Elsevier Science, 1985).
Durkin, Dolores, *Children Who Read Early* (Nova Iorque: Teachers College, Press, 1966).
Durkin, Dolores, What is the value of the new interest in reading comprehension? *Language Arts,* 1981, *58,* 1, 23-43.
Durkin, Dolores, Poor black children who are successful readers: An investigation. *Urbanh Education,* 1984, *19,* 53-76.
Eckhoff, Barbara, How reading affects children's writing. *Language Arts,* 1983, *60,* 5, 607-616.
Eco, Umberto, *Semiotics and the Philosophy of Language* (Bloomington, IN: Indiana University Press, 1985).
Edfeldt, A. W. *Silent Speech and Silent Reading* (Chicago: University of Chicago Press, 1960).

Ehri, Linnea, C., How Orthography alters spoken language competencies in children learning to read and spell, in J. Downing, e R. Valtin (eds) *Language Awareness and Learning to Read* (Nova Iorque: Springer-Verlag, 1985).

Ehri, Linnea C., e Lee S. Wilce, Movement into reading: Is the first stage of printed word learning visual ou phonetic? *Reading Research Quarterly* 1985, *20*, 2, 163-179.

Eisner, Elliot, *Cognition and Curriculum: A Basis for Deciding What to Teach* (Nova Iorque: Longman, 1982).

Ellis, Andrew, W., *Reading, Writing and Dyslexia: A Cognitive Analysis* (Londres, Lawrence Erlbaum Associates, 1984).

Erdmann, B., e R. Dodge, *Psychologische Untersuchungen weber das Lesen auf Experimenteller Grundlage* (Halle: Niemeyer, 1898).

Ericsson, K., Anders, William G. Chase e Steve Falcon, Acquisition of a memory skill, *Science*, 1980, *208*, 1181-1182.

Ewoldt, Garolyn, A psycholinguistic descripiton of selected deaf children reading in sing language, *Reading Research Quarterly*, 1981, *17*, 1, 58-89.

Eysenck, Michael, W. *A Handbook of Cognitive Psychology* (Hillsdale, NJ: Lawrence Erlbaum Associates, 1986).

Fantz, Robert L., Visual experience in infants: Decreased attention to familiar patterns relative to ones, *Science*, 1964, *146*, 668-670.

Fantz, Robert L., Pattern discrimination and selective attention in A. H. Kidd, e Jeanne L. Rivoire (eds). *Perceptual Development in Children* (Nova Iorque: International Universities Press, 1966).

Ferreiro, Emilia, What is written in a written sentence? A developmental answer, *Journal of Education*, 1978, *160*, 4, 25-39.

Ferreiro, Emilia, Literacy development: A psychogenetic perspective, in D. R. Olson, N. Torrance, e A. Hildyard, (eds.) *Literacy, Language and Learning: The Nature and Consequences of Reading and Writing* (Cambridge, MA: Cambridge University Press, 1985).

Ferreiro, Emilia, e Ana Teberosky, *Literacy Schooling* (Exeter, NH: Heinemann Educational Books, 1982).

Feuerstein, Reuben, Mogens Jensen Mildred B. Hoffman e Yaacov Rand, Instrummental enrichment: An intervention program for structural cognitive modifiability, in Judith W. Segal, Susan F. Chipman e R. Glaser (eds.) *Thinking and Learning Skills, Vol. 1: Relating Instruction to Research* (Hillsdale, NJ: Lawrence Erlbaum Associates, 1985).

Fillion, Bryant, Frank Smith, e Meerrill Swain, Language "basics" for language teachers: Towards a set of universal considerations. *Language Arts*, 1976, *53*, 7, 740-745.

Fillmore, Charles J., The case for case, in Emmon Bach and Robert J. Harms (eds) *Universals in Linguistic Theory* (Nova Iorque: Holt, Rinehart e Winston, 1968).

Fillmore, Charles J., e D. Terrance Langedoen (eds.). *Studies in Linguistic Semantics* (Nova Iorque, Holt, Rinehart and Winston, 1971).
Flavell, John H., Metacognition and cognitive monitoring, *American Psychologist,* 1979, *34,* 10, 906-911.
Flavell, John H., James Ramsey Speer, Frances L. Green Diane L. August, The development of comprehension monitoring and knowledge about communication, *Monographs of the Society for Research in Child Development,* 1981, *46,* 5, 192.
Flood, James, Introduction to Understanding Reading Comprehension, in J. Flood (ed.) *Understanding Reading Comprehension* (Newark, DE: International Reading Association, 1984).
Fodor, Janet Dean, *Semantics* (Nova Iorque: Crowell, 1977).
Fodor, Jerry A., Tom Swift and his procedural grandmonther. *Cognition,* 1978, *6,* 229-247.
Fodor, Jerry A., *The Language of Thought* (Cambridge, MA: Harvard University Oress, 1979).
Fodor, Jerry A., M. F. Garrett, E. Walker, e C. H. Parkes, Against definitions, *Cognition,* 1980, *8,* 263-367.
Forester, Anne D., What teachers can learn from natural readers, *Reading Teacher,* 1977, *31,* 160-166.
Forrest-Pressley, Donna-Lynn, e T. Gary Waller, *Cognition, Matacognition and Reading* (Nova Iorque: Springer-Verlag, 1984).
Forster, Kenneth I., Visual perception of rapidly presented word sequences of carying complexity, *Perception and Psychophysics,* 1970, *8,* 215-221.
Fraisse, Paul, Perceptual processing of words and drawings, in Victor Sarris and Allen Parducci (eds.) *Perspectives in Psychological Experimentation: Toward the Year 2000* (Hillsdale, NJ: Lawrence Erlbaumm Associates, 1984).
Fredericksen, C. H. Representing logical and semantic structure of knowledge acquired from discourse. *Cognitive Psychology,* 1975, 7, 371-458.
Freebody, Peter, e R. C. Anderson, Effects of vocabulary difficulty, text cohesion, and sohema availability on reading comprehension, *Reading Reasearch Quarterly,* 1983, *18,* 3, 277-294.
Freire, Paulo, *Pedagogy of the Oppressed* (Nova Iorque, Herder and Herder, 1972).
Friedman, Sarah L., Kennetth A. Klivington, e Rita W. Peterson (eds.) *The Brain, Cognition and Education* (Orlando, FL: Academic Press, 1986).
Friendly, Michael L., In search of the M-gram: The structure of organization in free recall, *Cognitive Psychology,* 1977, *9,* 188-249.
Fries, Charles, C., *Teaching and Learning English as a Foreign Language* (Ann Arbor: University of Michigan Press, 1945).
Fromkin, Victoria e Robert Rodman, *An Introducion to Language* (Nova Iorque: Holt, Rinehart e Winston, 1983).

Furness, David W., e Michael F. Graves, Effects of stressing oral reading accuracy on comprehension, *Reading Psychology,* 1980, *2,* 1, 8-14.
Gardner, Howard, *Frames of Mind* (Nova Iorque: Basic Books, 1987).
Gardner, Howard, *The Mind's New Science* (New York: Basic Books, 1987).
Gardner, Wendell, R., *Uncertainty and Structure as Psychological Concepts* (Nova Iorque: Wiley, 1962).
Garner, Wendell, R., To perceive is to know, *American Psychologist,* 1966, *21,* 1, 11-19.
Garner, Wendell, R., Good patterns have few alternatives. *American Scientist,* 1970, *58,* 32-42.
Garner, Wendell, R., *The Processing of Information and Structure* (Hillsdale NJ: Lawrence Erlbaum Associates, 1974).
Gazzaniga, M. S. *The Bisected Brain* (Nova Iorque: Appleton, 1970).
Gelb, J. *A Study of Writing* (Chicago: University of Chicago Press, 1963).
Gellatly, Augus (ed.) *The Skillful Mind* (Milton Keynes, Inglaterra: Open University, 1986).
Gelman, Rochel, Preschool thought, *American Psychologist,* 1979, *34,* 10, 900-905.
Geyer, John, J., Perceptual Systems in reading: The prediction of a temporal eye-voice span constant, in H. K. Smith (ed.) *Perception and Reading* (Newark, DE: International Reading Association, 1968).
Gibbs, Raymond, W. Jr., Literal meaning and psychological theory, *Cognitive Science,* 1984, *8,* 275-304.
Gobson, Eleanor J., Learning to read. *Science,* 1965, 148, 3673, 1066-1072.
Gibson, Eleanor, J., e Harry Levin, *The Pssychology of Reading* (Cambridge, MA: MIT Press, 1975).
Gilhooly, K., J., *Thinking: Directed, Undirected and Creative* (Londres: Academic Press, 1982).
Gillooly, W. B., The influence of writing system characteristics on learning to read, *Reading Research Quarterly,* 1973, *8,* 2, 167-199.
Glaser, Robert, Education and thinking: The role of knowledge, *American Psychologist,* 1984, *39,* 2, 93-104.
Gleason, Jean Berko (ed) *The Development of Language* (Colombus, OH: Merrill, 1985).
Gleitman, Lila R., e Paul Rozin, Teaching reading by use of a syllabary, *Reading Research Quarterly,* 1973(a), *8,* 4, 447-483.
Gleitman, Lila R., e Paul Rozin, Phoenician go home? (A Response to Goodman), *Reading Research Quarterly,* 1973 (b) *8,* 6, 494-501.
Glenn, Hugh W., The myth of the label "learning disabled child". *Elementary School Journal,* 1975, *75,* 6, 357-361.
Glucksberg, S., e J. H. Danks, *Experimental Psycholinguistics: An Introduction* (Hillsdale, NJ: Lawrence Erlbaum Associates, 1975).

Glusko, Robert J., The organization and activation of orthographic knowledge in reading aloud, *Journal of Experimental Psychology (Human Perception and Performance)*, 1979, 5, 674-691.

Glynn, Shown M., e Drances J. DiVesta, Control of prose processing via instructional and typographical cues, *Journal of Education Psychology*, 1979, 71, 5, 595-603.

Goelman, Hillel, Antoinette Oberg, e Frank Smith (eds.), *Awakening to Literacy* (Portsmouth, NH: Heinemann Educational Books, 1984).

Golden, Joanne M., e John T. Guthrie, Convergence and divergence in reader response to literature, *Reading Research Quarterly*, 1986, 21, 4, 408-421.

Golden, Richard, M., As developmental neural model of visual word perception. *Cognitive Science*, 1986, 10, 3, 241-276.

Goldstein, Ira, e Seymour Papert, Artificial intelligence, language and the study of knowledge. *Cognitive Science*, 1977, 1, 84-123.

Golinkoff, Roberta Michnick, A compatison of reading comprehension processes in good and poor readers. *Reading Research Quarterly*, 1975-76, 11, 623-659.

Golinkoff, Roberta Michnick (ed.) *The Transition from Prelinguistic to Linguistic Communication* (Hillsdale, NJ: Lawrence Erlbaum Associates, 1983).

Goodman, Kenneth, S., A linguistic study of cues and miscues in reading. *Elementary English*, 1965, 42, 639-643.

Goodman, Kenneth, S., Reading: A psycholinguistic guessing game. *Journal of the Reading Specialist*, 1967, 16, 126-135.

Goodman, Kenneth S., Analysis of oral reading miscues: Applied psycholinguistics, *Reading Research Quarterly*, 1969, 5, 1, 9-38.

Goodman, Kenneth S., Dialett rejection and reading: A response. *Reading Research Quarterly*, 1970, 5, 6, 600-603.

Goodman, Kenneth S., The 13th easy way to make learning to read difficult, *Reading Research Quarterly*, 1973, 8, 4, 484-493.

Goodman, Kenneth S., The know-more and the knownothing movements in reading: A personal response, *Language Arts*, 1979, 56, 6, 657-663.

Goodman, Kenneth, S., Letter to the editors, *Reading Research Quarterly*, 1981, 16, 3, 477-478.

Goodman, Kenneth S., *Language and Literacy: The Selected Writings of Kenneth S. Goodman* (Frederick Goolsch, ed.). Vol. 1: *Process, Theory Research*, Vol. 2: *Reading, Language and the Classroom Teacher* (Boston: Rutledge and Kegan Paul, 1982).

Godman, Kenneth S., *What's Whole in Whole Language* (Richmond Hill, ON: Scholastic, 1986a).

Goodman, Kenneth S., (for the National Council of Teachers of English Reading Commision), Basal readers: A call action. *Language Arts*, 1986b, 63, 4, 358-363.

Goodman, Yetta M., *The roots of literacy* (editado por Malcolm P. Douglass), *Proceedings, Claremont Reading Conference, 44th Annual Yearbook*, Claremont, CA, 1980.

Goody, Jack e Ian Watt, The consequences of literacy, in P. P. Gigliolo (ed.), *Language and Social Context* (Londres: Penguin, 1972).

Gough, Philip, B., One second of reading, in James F. Kavanagh e Ignatius G. Mattingly (eds.), *Language by Ear and by Eye* (Cambridge, MA: MIT Press, 1972).

Gough, Philip B., e M. L. Hillinger, Learning to read: An unnatural act, *Bulletin of the Orton Society*, 1980, *30*, 180-196.

Gourley, Judith, W., This basal is easy to read or is it?, *The Reading Teacher*, 1978, *32*, 174-182.

Graham, Steven, Word recognition skills of leearning disabled children and average students, *Reading Psychology*, 1980, *2*, 1, 23-33.

Gray, William S., *The Teaching of Reading and Writing: An International Survey* (Paris: UNESCO, 1956).

Greene, Judith, *Psycholinguistics: Chomsky and Psychology* (Londres: Penguin 1972).

Greeno, James G., Learning and comprehension, in Lee W Gregg (ed.), *Knowledge and Congnition* (Hillsdale, NJ: Lawrence Erlbaum Associates, 1974).

Gregory, Michael, and Susanne Carroll, *Language and Situation* (Londres: Routledge, Kegan and Paul, 1978).

Gregory, R. L., *Eye and Brain: The Psychology of Seeing* (Nova Iorque: McGraw-Hill, 1966).

Gregory, R. L., *The Intelligent Eye* (Nova Iorque: McGraw-Hill, 1970).

Grimes, Joseph, E., *The Thread of Discourse* (The Haguie: Mouton, 1975).

Groff, Patrick, The new anti-phonics, *Elementary School Journal*, 1977, *77*, 323-332.

Groner. R., George W. McConkie, e C. Menz (eds.) *Eye Movements and Human Information Processing* (North-Holland: Elsevier Science, 1985).

Gunderson, Lee e Jon Shapiro, Some finding on whole language instruction, *Reading-Canada-Lecture*, 1987, *5*, 1, 22-6.

Guthrie, John, T., Models of reading disability, *Journal of Educational Psychology*, 1973, *65*, 9-18.

Haber, Lyn R., Ralph N. Haber e Baren R. Furlin, Word lenght and word shape as sources of information in reading, *Reading Research Quarterly*, 1983, *18*, 2, 165-189.

Haber, Ralph, N., e Lyn R. Haber, The shape of a word can specify its meaning. *Reading Research Quarterly*, 1981, *16*, 3, 334-345.

Hall, Nigel, *The Emergence of Literacy*, (Sevenoaks, Kent, UK: Hodder and Stoughton, 1987).

Hall, William, S., e Larry F. Guthrie, Situational differences in the use of

language, in Langer, Judith A., e M. Trika Smith-Burke (eds.), *Reader Meets Author/Bridging the Gap* (Newark, DE: International Reading Association, 1982).
Halliday, Michael, A. K., Language function and language structure, in John Lyons (ed.), *New Horizonts in Linguistic* (Londres: Penguin, 1970).
Halliday, Michael, A. K., *Explorations in the Functions of Language* (Londres, Arnold, 1973).
Halliday, Michael A. K., *Learning How to Mean: Explorations in the Development of Language* (London: Arnold, 1975).
Halliday, Michael, A. K., *An Introduction to Functional Grammar* (Baltimore, MD: Arnold, 1985).
Halliday, Michael, A. K., e Ruqaya Hasan, *Cohesion in English* (Londres: Longman, 1976).
Hamill, Donald D., e Gaye McNutt, *The Correlates of Reading* (Austin, TX: Pro-Ed, 1981).
Hansen, Jane, Thomas Newkirk, e Donald Graves, *Breaking Ground: Teachers Relate - Reading and Writing in the Elementary School* (Portsmouth, NH: Heinamann Educational Books, 1985).
Harding, Leonora M., John R. Beech, e William Sneddon, The changing pattern of reading errors and reading style from 5 to 11 years of age, *British Journal of Educational Psychology,* 1985, *55,* 65-52.
Hardyck, C. D., e L. F. Petrinovich, Subvocal apeech and comprehension level as a function of the difficulty level of reading material, *Journal of Verbal Learning and Verbal Behavior,* 1970, *9,* 657-652.
Harper, Lawrence, V., The scope of offspring effects: from caregiver to culture, *Psychological Bulletin,* 1975, *82,* 5, 784-801.
Harste, Jerome C., e Diane Stepheens, *Toward Pratical Theory: A State of Pratice Assessment of Reading Comprehension Instruction* (Bloomington, IN: Language Education Department, Inidiana University, 1985).
Harste, Jerome. C., Virginia A. Woodward, e Carolyn L. Burke, *Language Stories and Literacy Lessons* (Portsmouth, NH: Heinemann Educational Books, 1984).
Hart, Leslie A., Misconceptions about learning disabilities, *National Elemantary Principal,* 1976, *56,* 1, 54-57.
Hausman, Carl R., Can computers create? *Interchange,* 1985, *16,* 1, 27-37.
Havelock, Eric A., *Origins of Western Literacy* (Toronto: Ontario Institute for Studies in Education, 1976).
Haviland, Susan E., e Herbert H. Clark, What's new? Acquiring new information as a process in comprehension. *Journal of Verbal Learning and Verbal Behavior,* 1974, *13,* 512-521.
Heap, James, What counts as reading: Limits to certainty in assessment, *Curriculum Inquiry,* 1980, *10,* 265-292.

Heath, Shirley Brice, *Ways With Worde* (Cambridge, MA: Cambridge University Press, 1982a).
Heath, Shirley Brice, What no bedtime story menas: Narrative skills at home and school, *Language in Society,* 1982b, *11,* 49-76.
Heath, Shirley Brice, Research currents: A lot of talk about nothing, *Language Arts,* 1983 *60,* 4, 999-1007.
Heath, Shirley Brice, Being literate in America: A sociohistorical perspective, in Jerome A. Niles and Rosary V. Lalik (eds.), *Issues in Literacy: A Research Perspective* (Rochester, NI: National Reading Conference, 34th Yearbook, 1985).
Heath, Shirley Brice, e Charlene Thomas, The achievement of pre-school literacy for mother and child, in H. Goelman, A. A. Oberg, e F. Smith (eds.) *Awakening to Literacy* (Exeter, NH: Heineman, 1984).
Heckenmueller, E. G. Stabilization of the retinal image: A review of method, effects and theory, *Psychological Review,* 1965, *633,* 157-169.
Hedley, Carolyn, e Anthony N. Baratta (eds.) *COntexts of Reading* (Borwood, NJ: Ablex, 1985).
Henderson, John, M., Learning to read: A case study of a deaf child, *American Annuals of the Deaf,* 1976, *121,* 502-506.
Henderson, Leslie, Writing systems and reading processes, in L. Henderson (ed.), *Orthographies and Reading: Perspectives from Cognitives Psychology, Neuropsychology, and Linguistics* (Hillsdale, NJ: Lawrence Erlbaum Associates, 1984a).
Henderson, Leslie (ed.), *Orthographies and Reading: Perspectives from Cognitive Psychology, Neuropsychology and Linguistics* (Hillsdale, NJ: Lawrence Erlbaum Associates, 1984b).
Herman, Patricia A., Richard C. Anderson, P. David Pearson, e William E. Nagy, Incidental acquisition of word meaning from exposition with varied text features. *Reading Research Quarterly,* 1987, *22,* 3, 263-284.
Hiebert, Elfrieda, H., Developmental patterns and interrelationship of preschool children's print awareness. *Reading Research Quarterly,* 1983, *18,* 231-255.
Hiebert, Elfrieda, H., An examination of ability grouping for reading instruction. *Reading Research Quartely.* 1983, *18,* 231-255.
Hochberg, Julian E., *Perception* (2ª ed.) (Englewood Cliffs, NJ: Prentice-Hall, 1978).
Hochberg, Julian E. e Virginia Brooks, Reading as intentional behavior, in H. Singer e Robert B. Ruddell, *Theoretical Models and Processes of Reading* (2ª ed.), (Newark. DE: International Reading Association, 1976).
Holdaway, Don, Self-evaluation and reading developement in John E. Merritt (ed.), *New Horizons in Reading* (Newark, DE: International Reading Association, 1976).

Howe, M. J. A., e Linda Singer, Presentation variables and student's activities in meaningful learning, *British Journal of Educational Psychology*, 1975, *45*, 52-61.

Howes, D. H. e R. L. Solomon, Visual duration threshold as a function of word-probability, *Journal of Experimental Psychology*, 1951, *41*, 401-410.

Hudson, Judith A., Memories are made of thus, in Katherine Nelson, *Event Knowledge* (Hillsdale, NJ: Lawrence Erlbaum Associates, 1986).

Huey, Edmund Burke, *The Psychology and Pedagogy of Reading* (Nova Iorque: Macmillan, 1908; reimpresso Cambridge, MA: MIT Press, 1968).

Hull, Robert, *The Language Gap: How Classroom Dialogue Fails* (Londres, Methuen, 1985).

Huttenlocher, Janeellen e Deborah Burke, Why does memory span increase with age? *Cognitive Psychology*, 1976, *8*, 1, 1-31.

Iredell, Harriett, Eleanor learns to read. *Education*, 1898, *19*, reimpresso in *Language Arts*, 1982, *59*, 7, 668-671.

Iser, Wolfgang, *The Art of Reading: A Theory od Aesthetic Response* (Londres: Routledge e Kegan Paul, 1978).

Jaggar, Angela M., Donna H. Carrara e Sara E. Weiss, The influence of reading on children's narrative writing (and vice versa) *Language Arts*, 1986, *63*, 3, 292-300.

Jaggar, Angela e M. Trika Smith-Burke, (eds.) *Observing the Language Learner* (Newark, NJ: International Reading Association, 1985).

Jakobson, Roman, e Morris Halle, *Fundamentals of Language* (The Hague: Mouton, 1956).

Jaynes, Julian, *The Origins of Consciousness in the Breakdown of the Bicameral Mind* (Boston: Hougton Mifflin, 1976).

Jaynes, Julian. Consciousness and the voices of the mind. *Canadian Psychology*, 1986, *27*, 2, 128-140.

Jenkins, James J., Remember that old theory of memory? Well, forgeet it; *American Psychologist*, 1974, *29*, 11, 785-795.

Jenkins, J. R., R. B. Bausel e L. M. Jenkins. Comparison of letter name and letter sound training as transfer variables. *American Educational Research Journal*, 1972, *9*, 75-86.

Jensen, Julie M. (ed.), *Composing and Comprehending* (Urbana, IL: National Conference on Research in English, 1984).

Johnson, Neal F., On the function of letters in word identification: Some data and a preliminary model. *Journal of Verbal Learning and Verbal Behavior*, 1975, *14*, 1, 17-29.

Johnson-Laird, Philip, Procedural semantics and mental models, in J. Mechler, Edward C. T. Malker, e M. Garrett (eds.) *Perspectives on Mental Representation* (Hillsdale, NJ: Lawrence Erlbaum Associates, 1982).

Johnston, J. C. and J. L. McClelland, Perception of letters in words: Seek not and ye shall find, *Science*, 1974, *184*, 1192-1193.

Johnston, Peter, H., Understanding reading disability: A case study approach. *Harvard Educational Revieew*, 1985, *55*, 2, 153-177.

Jones, Edward, E., Interpreting interpersonal behavior: the effects of expectancies. *Science*, 1986, *234*, 41-46.

Juel, Connie, e Betty Holmes, Oral and silent reading of sentences. *Reading Research Quarterly*, 1981, *15*, 545-568.

Juel, Connie, e Diana Roper/Schneider, The influence of basal readers on first grade reading, *Reading Research Quarterly*, 1985, *20*, 2, 134-152.

Just, Marcel Adam e Patricia A. Carpenter (eds.), *Cognitive Processes in Comprehension* (Hillsdale, NJ: Lawrence Erllbaum Associates, 1977).

Just, Marcel Adam e Patricia A. Carpenter, A theory of reading: From eye fixations to comprehension, *Psychological Review*, 1980, *87*, 6, 329-354.

Just, Marcel Adam, e Patricia A. Carpenter, Using eye fixations to study reading comprehension. In D. E. Kieras, e M. A. Just (eds.), *New Methods of Reading Comprehension Research*, (Hillsdale, NJ: Lawrence Erlbaum Associates, 1984).

Kagan. Jerome, The determinants of attention in the infant. *American Scientist*, 1970, *58*, 298-306.

Kail, Robert, *The Development of Memory in Children* (San Francisco: Freeman, 1979).

Katz, Jerrold, J., Chomsky on meaning, *Language*, 1980, *56*, 1, 1-41.

Kavanagh, James F., e Ignatius G. Mattingly (eds.) *Language by Ear and by Eye*, (Cambridge, MÃ: MIT Press, 1972).

Kieras, David, E. e Marcel A. Just (eds.) *New Methods in Reading Comprehension Research* (Hillsdale, NJ: Lawrence Erlbaum Associates, 1984).

Kimmel, Susan, e Walter H. MacGinitie, Identifying children who use a persevative text processing strategy, *Reading Research Quarterly*, 1984, *10*, 2, 162-172.

Klahr, D. Chase, W. G., e E. A. Lovelace, Structure and process in alphabetic retrieval. *Journal of Experimental Psychology: Learning, Memory and Cognition*, 1983, *9*, 462-277.

Klatzky, Roberta L., *Human Memory: Structures and Processes* (2^a ed.), (San Francisco: Freeman, 1980).

Kleeiman, Gary, M., Speech recoding in reading. *Journal of Verbal Learning and Verbal Behavior*, 1975, *14*, 323-339.

Kleim, Gary A., e Helen Altman Klein, Word identification as a function of contextual information, *American Journal of Psychology*, 1973, *86*, 2, 399-406.

Klein, Helen Altman, Gary A. Klein e Mary Bertino, Utilization of context for word identification in children, *Journal of Experimental Psychology*, 1974, *17*, 79-86.

Kintsch. Walter, *The Representation of Meaming in Memory* (Hillsdale, NJ: Lawrence Erlbaum Associates, 1974).
Kintsch, Walter e T. A. van Dijk, Recalling and summarizing stories. *Language*, 1975, *40*, 98-116.
Kintsch, Walter, e T. A. van Dijk, Towards a model of text comprehension and production, *Psychologic Review*, 1978, *85*, 363-394.
Kolers, Paul A., Reading and talking bilingually, *American Journal of Psychology*, 1966, *79*, 357-376.
Kolers, Paul A., Reading is only incidentally visual, in Kenneth S. Goodman e James T. Fleming (eds.), *Psycholinguistics and the Technology of Reading* (Newark, DE: International Reading Association, 1967).
Kolers, Paul A., Three stages of reading, in Harry Levin e Joanna P. Williams (eds.), *Basic Studies on Reading*, (Nova Iorque: Basic Books, 1970).
Kolers, Paul A., Specificity of operations in sentence recognition, *Cognitive Psychology*, 1975, *7*, 289-306.
Kolers, Paul A., Buswell's discoveries, in R. A. Monty e J. W. Senders (eds.) *Eye Movements and Psychological Processes* (Hillsdale, NJ: Lawrence Erlbaum Associates, 1976).
Kolers, Paul A., e M. Eden (eds.) *Recognizing Patterns: Studies in Living and Automatic Systems* (Cambridge, MA: MIT Press, 1968).
Kolers, Paul A., e M. T. Katzman, Naming sequentially presented letters and words, *Language and Speech,* 1966, *9*, 2, 84-95.
Kolers, Paul A., e Henry L. Roedger, III, Procedure of Mind, *Journal of Verbal Learninf and Verbal Behavior*, 1984, *23*, 425-449.
Kosslyn, Stephen, M., *Image and Mind* (Cambridge, MA: Harvard University Press, 1980).
Krashen, Stephen D., Formal and informal linguistic environments in language acquisition and language learning, *TESOL Quarterly,* 1976, *10*, 157-168.
Krashen, Stephen, D., *Inquiries and Insights* (Hayward, CA: Alemany Press, 1985).
Krashen, Stephen D., *Comics Book Reading and Language Development* (Victoria, British Columbia: Abel Press, 1987).
Krueger, Lester E., Familiarity effects in visual information processing. *Psychological Bulletin*, 1975, *82*, 6, 949-974.
Krueger, Lester, E., Robert H. Keen, e Bella Rublevich, Letter search through words and nonwords by adults and fourth-grade children, *Journal of Experimental Psychology*, 1974, *102*, 55, 845-849.
Kuhn, Thomas, *The Structure of Scientific Revolutions* (Chicago: University of Chicago Press, 1970).
Kutas, Marta e Steven A. Hillyard, Reading senseless sentences: Brain potentials reflect semantic anomoly, *Science,* 1980, *207*, 203-204.

LaBerge, David, e S. Jay Samuels, Towards a theory of automatic information processing in reading, *Cognitive Psychology,* 1974, *6,* 293-323.
LaBerge, David, e S. Jay Samuels, (eds.) *Basic Processes in Reading: Perception and Comprehension* (Hillsdale, NJ: Lawrence Erlbaum Associates, 1977).
Lakoff, George, *Women, Fire, and Dangerous Things: What Categories Reveal Abouut the Mind* (Chigaco: University of Chicago Press, 1987).
Langer, Judith, A., From theory to practice: A prereading plan, *Journal of Reading,* 1981, *25,* 152-156.
Langer, Judith A., Facilitating text processing: The elaboration of prior knowledge, in J. A. Langer, e M. T. Smith-Burke (eds.) *Reader Meets Author/Bridging the Gap* (Newark, DE: International Reading Association, 1982a).
Langer, Judith, A., Reading, thinking, writing... and teaching, *Language Arts,* 1982b, *59,* 336-341.
Langer, Judith A., e M. Trika Smith-Burke (eds.) *Reader Meets Author/Bridging the Gap* (Newark, DE: International Reading Association, 1982).
Langer, Suzanne K., *Philosophy in a New Key* (Cambridge, MA: Harvard University Press, 1951).
Larsen, Steen, FD., Procedural thinking, programming and computer use, in E. Hollnagel, G. Mancini, e D. Woods (eds.) *Intelligent Decision Aids in Process Environments* (Berlin: Springer Verlag, 1986).
Lawler, R. W. e M. Mazdani (eds.) *Artificial Intelligence and Education (Vol. 1). Learning Environments and Tutoring Systems* (Norwood, NJ: Ablex, 1987).
Lenneberg, Eric H., *Biological Foundations of Language* (Nova Iorque: Wiley, 1967).
Lenneberg, Eric H., e Elizabeth Lenneberg (eds.) *Foundations of Language Development: A Multidisciplinary Approach,* 2º vol. (Nova Iorque: Academic Press, 1975).
Lepper, Mark R. (eds.). *The Hidden Cost of Reward* (Hillsdale, NJ: Lawrence Erlbaum Associates, 1978).
Levin, Harry, Successions in psychology (review of Bernard J. Baars, *The Cognitive Revolution in Psychology) Science* 1987, *236,* 1683-1684.
Levine, Frederic M. e Geraldine Fasnacht, Token rewards may lead to token learning, *American Psychologist,* 1974, *29,* 816-820.
Levine. K., *The Social Context of Literacy* (Londres: Routledge and Kegal Paul, 1986).
Levy, Betty Ann, Speech analysis during sentence processing: Reading and listening. *Visible Language,* 1978, *12,* 81-102.
Lewis, Donald J., Psychobiology of active and inactive memory, *Psychological Bulletin,* 1979, *86,* 1054-1083.
Liben, Lynn S., *Piaget and the Foundations of Knowledge* (Hillsdale, NJ: Lawrence Erlbaum Associates, 1983).

Liberman, Alvin M., F. S. Cooper, D. F. Shankweiler, e M. Studdert-Kennedy, Perception of the sppech code, *Psychological Review* 1957, *54*, 358-3368.

Liberman, Isabelle Y., e Donald Shankweiler, Speech, the alphabet and teaching to read, in Lauren B. Resnik e Phyllis A. Weaver (eds.) *Theory and Practice of Early Reading* (Vol. 2) (Hillsdale, NJ: LAwrence Erlbaum, Associates, 1979).

Liberman, Philip, *The Biology and Evolution of Language* (Cambridge, MA: Harvard University Press, 1984).

Lindsay, Peter H. e Donald A. Norman, *Human Information Processing* (2ª ed.,) (Nova Iorque: Academic Press, 1977).

Lipson, Marjorie Y., The influence of religious affiliation on children's memory for text information, *Reading Research Quarterly,* 1983, *18,* 4, 448-457.

Lipson, Marjorie Y., Some unexpected issues in prior knowledge and comprehension, *The Reading Teacher,* 1984, *37*, 760-764.

Lipson, Marjorie Y., e Karen K. Wixson, Reading disability research: An interactionist perspective, *Review of Educational Research,* 1986, *56*, 1, 111-136.

Llewellyn-Thomas, E. Eye movements in speech reading, in *Speed Reading: Practices and Procedures,* nº 10 (Newark, DE: University of Delaware Reading Study Center, 1962).

Lott, Deborah e Frank Smith, Knowledge of intra-word redundancy by beginning readers, *Psychonomic Science,* 1970, 19, 6, 343-344.

Lyons. John, *Semantics,* 2 vols. (Cambridge University Press, 1977).

MacGinitie, Walter H., Readability as a solution adds to the problem, in Richard C. Anderson, Jean Osborn e Robert J. Tierney (eds.), *Learning to Read in American Schools: Basal Readers and Content Texts* (Hillsdale, NJ: Lawrence Erlbaum Associates, 1984).

MacGinitie, Walter H., e Ruth K. MacGinitie, Teaching students not to read, in S. de Castel. A. Luke, e K. Egan (eds.) *Literacy, Society and Schooling* (Cambridge, MA: Cambridge University Press, 1986).

Mackworth, Norman H., Visual Noise causes tunnel vision. *Psychonomic Science,* 1965, 3, 67-68.

Macnamara, John, Cognitive basis of language learning in infants, *Psychological Review,* 1972, *79*, 1, 1-13.

Magee, Bryan. *Popper* (Londres: Fontana, 1973).

Makita, Kiyoshi, The rarity of reading disability in Japense children. *American Journal of Orthopsychiatry,* 1968, *38*, 4, 599-614.

Makita, Kiyoshi, Reading disability and the writing system, in J. E. Merritt (ed.) *New Horizons in Reading* (Newark, DE: International Reading Association, 1976).

Mandler, George, Organization and memory, in K. W. Spence e J. T. Spence (eds.) *The Psychology of Learning and Motivation* (vol.1) (Nova Iorque: Academic Press, 1967).

Mandler, George, Recognizing: The judgement of previous occurence, *Psychological Review*, 1980, *87*, 3, 252-271.

Mandler, George, *Cognitive Psychology: An Essay in Cognitive Science* (Hillsdale, NJ: Lawrence Erlbaum Associates, 1985).

Mandler, Jean Matter, A code in the node: the use of a story schema in retrieval, *Discourse Processes*, 1978, *1*, 14-35.

Mandler, Jean Matter, *Stories, Scripts and Scenes: Aspects of Schema Theory* (Hillsdale, NJ: Lawrence Erlbaum Associates, 1984).

Mandler, Jean Matter, e Marsha S. Goodman. On the psychological validity of story structure, *Journal of Verbal Learning and Verbal Behavior*, 1982, *21*, 507-523.

Mandler, Jean Matter, e N. S. Johnson, Remembrace of things parsed: Story structure and recall, *Cognitive Psychology*, 1977, *9*, 111-151.

Marcel, Tony, Unconscious reading: Experiments on people who do not know that they are reading, *Visible Language*, 1978, *12*, 4, 391-404.

Marchbanks, Gabrielle, e Harry Levin, Cues by which children recognize words, *Journal of Educational Psychology*, 1965, *56*, 2, 57-61.

Marr, David, *Vision* (San Francisco: Freeman, 1982).

Marshall, John C. e F. Newcombe, Syntatic and semantic errors in paralexia. *Neuropsychologia*, 1966, *4*, 169-176.

Martin, Maryanne, Top-down processing and target search in reading, *Perceptual and Motor Skills*, 1979, *48*, 467-470.

Mason, Jana, M., When do children begin to read? An exploration of four-year-old children's letter and word reading competencies. *Reading Research Quarterly*, 1980, *15*, 2, 203-227.

Massaro, Dominic, W., *Experimental Psychology and Information Processing* (Skokie, IL: Rand McNally, 1975).

Massaro, Dominic W., e David Klitzke, Letters are functional in word identification, *Memory and Cognition*, 1977, *5*, 292-298.

Masson, Michael E. J. e Linda S. Sala, Interactive processes in sentence comprehension and recognition, *Cognitive Psychology*, 1978, *10*, 244-270.

Mathews, M. M., *Teaching to Read: Historically Considered* (Chicago: University of Chicago Press, 1966).

Mattingly, Ignatius G., Reading, linguistic awareness, and language acquisiton, in J. Downing e R. Valtin (eds.) *Language Awareness and Learning to Read* (Nova Iorque: Springer-Verlag, 1985).

Mayher, John S. e Rita S. Brause, Learning through teaching: Is testing crippling integrated language education? *Language Arts*, 1986, *63*, 4, **390-396.**

Mayor, Barbara M. e Anthony K. Pugh (eds.) *Language, Communication and Education* (Londres, Croom Helm, 1987).
McCartney, K., e Katerine Nelson, Children's use of scripts in story recall, *Discourse Processes,* 1981, *4,* 59-70.
McClelland, James L., Putting knowledge in its place: A scheme for programming parallel processing structures on the fly, *Cognitive Science,* 1985, *9,* 1, 113-146.
McClelland, James L. e David E. Rumelhart, An interactive activation model of context effects in letter perception: Part I. An account of basic findings. *Psychological Review,* 1981, *88,* 3765-407.
McConkie, George W., e Keith Rayner, The span of the effective stimulus during a fixation in reading. *Perception and Psychophysics,* 1975, *17,* 578-586.
McCusker, Leo X., Michael L. Hillinger, e Randolph G. Bias, Phonological recoding and reading, *Psychological Bulletin,* 1981, *89,* 2, 217.
McFarland, Carl E. Jr., e Deborah H. Rhodes, Memory for meaning in skilled and unskilled readers, *Journal of Experimental Child Psychology,* 1978, *25,* 199-206.
McGee, Lea M., Awareness of text structure: Effects on children's recall of expository text, *Reading Research Quarterly,* 1982, *17,* 4, 581-590.
McKeachie, W. J. The decline and fall of the laws of learning. *Educational Researcher,* 1974, *3,* 3, 7-11.
McKeown, Margaret, G., The acquisition of word meaning from context by children of high and low ability, *Reading Research Quarterly,* 1985, *20,* 4, 482-496.
McLaughlin, Barry, Secong-language learning in children, *Psychological Review,* 1977, *84,* 3, 438-459.
McMahon, Margaret, L., Development of reading-while-listening skills in the primary grades, *Reading Research Quarterly,* 1983, *19,* 1, 38-52.
McNeill, David, Developmental psycholinguistics, in F. Smith e G. A. Miller (eds.) *The Genesis of Language* (Cambridge, MA: MIT Press, 1967).
McNeill, David, *The Acquisition of Language: The Study of Developmental Psycholinguistics* (Nova Iorque: Harper & Row, 1970).
McNeill, David, So you think gestures are nonverbal?, *Psychological Review,* 1985, *92,* 3, 350-371.
McNeill, David e Karen Lindig, The perceptual reality of phonemes, syllables, words and sentences, *Journal of Verbal Learning and Verbal Behavior,* 1973, *12,* 4, 419-430.
McPeck, John E., *Critical Thinking and Education* (Oxford: Martin Robertson, 1981).
Meek, Margaret, *Learning to Read* (Londres: Bodley Head, 1982).
Meek, Margaret, Speaking of shifters, in M. Meek a Jane Miller (eds.), *Chang-*

ing English: Essays for Harold Rosen (Londres: Heinemann Educacional Books, 1984).
Meek, Margaret, Stephen Armstrong, Vicky Austerfield, Judith Graham, e Elizabeth Plackett, *Achieving Literacy: Longitudinal Studies of Adolescents Learning to Read* (Londres: Routledgee and Kegan Paul, 1983).
Meltzer, Nancy S., e Robert Herse, The boundaries of written words as seen by first graders, *Journal of Reading Behavior*, 1969, 1, 3-14.
Menyuk, Paula, *The Acquisition and Development of Language* (Englewood Cliffs, NJ: Prentice-Hall, 1971).
Merritt, John E. (ed.), *New Horizons in Reading* (Newark, DE: International Reading Association, 1976).
Meyer, Bonnie, J. F., Prose analysis: Purposes, procedures, and problems, in B. K. Britton and J. B. Black (eds.) *Understanding Expository Text* (Hillsdale, NJ: Lawrence Erlbaum, Associates, 1985).
Meyer, David E., e Roger W. Schvaneveldt, Facilitation in recognizing pairs of words: Evidence of a dependente between retrieval operations, *Journal of Experimental Psychology*, 1971, 90, 227-234.
Michotte, A., *La Perception de la Causalité* (Louvain: Institut Supérieur de Philosophie, 1946).
Mikulecky, Larry, Job literacy: The relationship between school preparation and workplace actuality. *Reading Research Quarterly*, 1982, 17, 3, 400-419.
Miller, George, A., *Language and Communication* (Nova Iorque, McGraw-Hill, 1951).
Miller, George A., The magical number seven, plus or minus two: Some limits on our capacity for processing information, *Psychological Review*, 1956, 63, 81-92.
Miller, George, A., (ed.) *Mathematics and Psychology* (Nova Iorque: Wiley, 1964).
Miller, George A., Some preliminaries to psycholinguistics, *American Psychologist*, 1965, 20, 15-20.
Miller, George A., *Spontaneous Apprentices: Children and Language* (Nova Iorque: Seabury, 1977).
Miller, George, A., Jerome S. Bruner e Leo Postman, Familiarity of letter sequences and tachistoscopic identification, *Journal of Genetic Psychology*, 1954, 50, 129-139.
Miller, George A., Eugene Galanter, e Karl H. Pribram, *Plans and the Structure of Behavior* (Nova Iorque: Holt, Rinehart and Winstton, 1960).
Miller, George, A. G. A. Heise, e W. Lichten, The intelligibility of speech as a function of the context of the test materials. *Journal of Experimental Psychology*, 1951, 41, 329-335.
Miller, George A., e Philip N. Johnson-Laird, *Language and Perception* (Cambridge, MA: The Belknap Press of Harvard University Press, 1975).

Miller, George A., e Patricia E. Nicely, An annalysis of perceptual confusions among some English consonants, *Journal of the Acoustical Society of America*, 1955, *27*, 338-353.

Minsky, Marvin, K-lines: A theory of memory. *Cognitives Science*, 1980, *4*, 117-133.

Moerk, Ernest, L., *Pragmatic and Semantic Aspects of Early Language Development* (Baltimore, MD: University Park Press, 1977).

Moore, David W., A case for naturalistic assessment of reading comprehension, *Language Arts*, 1983, *60*, 4, 957-969.

Moore, Timothy, E. (ed.) *Cognitive Development and the Acquisition of Language* (Nova Iorque: Academic Press, 1973).

Morris, Charles. *Signs, Language and Behavior* (Nova Iorque: Prentice-Hall, 1946).

Morris, Joyce M., *Language in Action* (Londres: Macmillan Education, 1974).

Morris, Joyce, M., New phonics for initial literacy. *Australian Journal of Reading*, 1982, *5*, 2, 52-60.

Morrow, Lesley Mandel, e Carol Simon Weinstein, Encouraging voluntary reading: The impact of a literature program on children's use of library centers. *Reading Research Quarterly*, 1986, *21*, 3, 330-346.

Morton, John, The effects of context on the visual duration threshold for words, *British Journal of Psychology*, 1964, *55*, 2, 165-180.

Morton, John, Interaction of information in word recognition, *Psychological Review*, 1969, *76*, 2, 165-178.

Morton, John, Disintegrating the lexicon: An information-processing approach, in Jacques Mehler, Edward G. T. Walker, e Merril Garrett, *Perspectives on Mental Representation* (Hillsdale, NJ: Lawrence Erlbaum Associates, 1982).

Mosberg, Ludwing, A response: Comments on Language by Eye and by Ear, in Frank B. Murray, e John J. Pukulski (eds.), *The Acquisition of Reading: Cognitive, Linguistic and Perceptual Prerequisites* (Baltimore, MD: University Park Press, 1978).

Mosenthal, Peter, The influence of social situation on children's classroom comprehension of text, *Elementary School Journal*, 1983, *8*, 5, 537-547.

Moskowitz, Breyner Arlene, The acquisition of language, *Scientific American*, 1978, 12, 92-108.

Moyer, Sandra B. e Phillis L. Newcomer, Reversals in reading diagnosis and remediation, *Exceptional Children*, 1977, *43*, 424-429.

Nagy, William, E., e Richard C. Anderson, The number of words in printed school English, *Reading Research Quarterly*, 1984, *19*, 304-330.

Nagy, William E. Patricia A. Herman, e Richard C. Anderson, Learning words from context, *Reading Research Quarterly*, 1985, *20*, 233-253.

Navon, David, Forest before tress: The precedence of global features in visual perception, *Cognitive Psychology*, 1977, *9*, 353-383.

Naylor, Hilary, reading disability and lateral asymmetry: an information-processing analysis, *Psycholoquial Bulletin*, 1980, *87*, 3, 531-545.

Neisser, Ulric, *Cognitive Psychology* (Nova Iorque: Appleton, 1967).

Neisser, Ulric, *Cognition and Reality* (San Francisco, Freeman, 1977).

Neisser, Ulric, Components of intelligence or steps in routine procedures? *Cognition*, 1983, *16*, 189-197.

Neisser, Ulric, e H. K. Beller, Searching through word lists, *British Journal of Psychology*, 1965, *56*, 349-358.

Nelson, Katherine, Structure and strategy in learning to talk, *Monographs of the Society for Research in Child Development*, 1973, *38*, 149.

Nelson, Katherine, Concept, word and sentence: Interrelations in acquisition and development, *Psycological Review*, 1974, *81*, 4, 267-285.

Nelson, Katherine, *Marking Sense: Development of Meaning in Early Childhood* (Nova Iorque: Academic Press, 1985).

Nelson, Katherine, *Event Knowledge* (Hillsdale, NJ: Laerence Erlbaum Associates, 1986).

Neville, Mary H. e A. K. Pugh, Context in reading and listening: Variations in approach to Cloze tasks, *Reading Research Quarterly*, 1976-77, *12*, 1, 13-31.

Newman, Edwing B., Speed of reading when the span of letters is restricted. *American Journal of Psychology*, 1966, *79*, 272-278.

Newman, Judith M. (ed.) *Whole Language: Theory and Use* (Portsmouth, NH: Heinemann Educational Books, 1985).

Newman, Judith M., Online: Using a database in the classroom, *Language Arts*, 1986, *63*, 3, 315-319.

Newson, John, e Elizabeth Newson, Intersubjectivity and the transmission of culture: On the social origins of symbolic functioning, *Bulletin of the Bristish Psychological Society*, 1975, *28*, 437-446.

Nicholson, Tom, e Robert Imlach, Where do their answers come from? A study of the inferences which children make when answering questions about narrative stories, *Journal of Reading Behavior*, 1981, *13*, 2, 111-129.

Niles, Jerome A., e Rosary V. Lalik (eds.), *Isues in Literacy: A Research Perpective* (Rochester, NI: National Reading Conference, 34th Yearbook, 1985).

Ninio, A., e Jerome S. Bruner, The achievement and antecedents of labelling. *Journal of Child Language*, 1978, 5, 5-15.

Nisbett, Richard e., e Timothy DeCamp Wilson, Telling more than we can know: verbal reports on mental processes, *Psychological Review*, 1977, *84*, 3, 231-259.

Norman, Donald A., *Memory and Attention: An Introduction to Human Information Processing* (Nova Iorque: Wiley, 1969; 2ª ed., 1976).

Norman, Donald A., e Daniel G. Bobrow, Descriptions: An intermediate stage in memory retrieval, *Cognitive Psychology*, 1979, *11*, 107-123.
Norman, Donald A. e David E Rumelhart, *Explorations in Cognition* (San Francisco: Freeman, 1975).
Notz, William W., Work motivation and the negative effects of extrinsic rewards, *American Psychologist*, 1975, *30*, 9, 884-891.
Nystrand, Martin, *The Structure of Writen Communication* (Orlando, FL: Academic Press, 1986).
Oatley, Keith, *Perceptions and Representations: The Theoretical Bases of Brain Research and Psychology* (Nova Iorque: The Free Press, 1978).
O'Brien, Edward J., e Jerome L. Myers, When comprehension difficulty improves memory for text, *Journal of Experimental Psychology: Learning, Memory and Cognition*, 1985, *11*, 1, 12-21.
Olson, David R., Language and thought: Aspects of a cognitive theory of semantics, *Psychological Review*, 1970, *77*, 257-273.
Olson, David, R., Review of *Towards a Literate Society* (editado por J. B. Carroll e J. Chall), in *Preceedings of the National Academy of Education*, 1975, *2*, 109-178.
Olson, David R., From utterance to text: The bias of language in speech and writing, *Harvard Educational Review*, 1977, *47*, 3, 257-281.
Olson, David R. (ed.) *The Social Foundations of Language and Thought* (Nova Iorque: Norton, 1980).
Olson, David R., Nancy Torrance e Angella Hildyard (eds.), *Literacy, Language and Learning: The Nature and Conssequences of Reading and Writing* (Cambridge, MA: Cambridge University Press, 1985).
Olson, Gary M., Memory development and language acquisiton, in T. E. Moore (ed.), *Cognitive Development and the Acquisition of Language* (Nova Iorque, Academic Press, 1973).
Olson Gary M., Susan A. Duffy e R. L. Mack, Thinking-out-loud as a method for studying real-time comprehension processes, in D. E. Kieras e M. A. Just (eds.). *New Methods in Reading Comprehension Research* (Hillsdale, NJ: Lawrence Erlbaum Associates, 1984).
Ong, Walter, J., *Orality and Literacy: The Technologizion of Word* (Londres: Methuen, 1982).
Ortony, Andrew (ed.), *Metaphor and Thought* (Cambridge MA: Cambridge University Press, 1979).
O'Shea, Lawrence J., Paul T. Sindelar, e Dorothy J. O'Shea, The effects of repeated readings and attentional cues on reading fluency and comprehension, *Journal of Reading Behavior*, 1985, *17*, 2, 129-142.
Paivio, Allan, *Imagery and Verbal Processes* (Nova Iorque: Holt, Rinehart and Winston, 1971).
Palmer, F. R., *Semantics: A New Outline* (Cambridge, MA: Cambridge University Press, 1976).

Paris, S. G. e A. Y. Carter, Semantics and constructive aspects of sentence memory in children, *Developmental Psychology*, 1973, *9*, 109-113.

Park, Soji, e Tannis, Y., Arbuckle, Ideograms vs. alphabets: Effects of script on memory in 'biscriptal' Korean subjects, *Journal of Experimental Psychology (Human Learning and Memory)*, 1977, *33*, 631-642.

Pastore, R. E., e C. J. Scheirer, Signal detection theory: Considerations for general application, *Psychological Bulletin*, 1974, *81*, 12, 945-958.

Patterson, Karalyn, E., Neuropsychological approaches to the study of reading. *British Journal of Psychology*, 1981, 72, 151-174.

Pearson, P. David, The effects of grammatical complexity on children's comprehension, recall and conception of certain semantic relations. *Reading Research Quarterly*, 1974-75, *10*, 155-192.

Pearson, P. David e Alice Studt, Effects of word frequency and contextual richness on children's word identification abilities, *Journal of Educational Psychology*, 1975, *67*, 1, 89-95.

Peirce, Charles, S. *Collected Papers* (Cambidge, MA: Harvard University Press, 1931-1958).

Perfetti, Charles, A., Psychosemantics, Some cognitive aspects of structural meaning, *Psychological Bulletin*, 1972, *78*, 4, 241-259.

Perfetti, Charles, A. S. R. Goldman, e T. W. Hogaboam, Reading Skill and the identification of word in discourse context. *Memory and Cognition*, 1979, 4, 273-282.

Perfetti, Charles A., e S. Roth, Some of the interactive processes in reading and their role in reading skill, in A. M. Lesgod and C. A. Perfetti (eds.), *Interactive Processes in Reading* (Hillsdale, NJ: Lawrence Erlbaum, Associates, 1981).

Philips, John L. Jr., *Piaget's Theory: A Primer* (San Francisco: Freeman, 1980).

Piaget, Jean, *The Construction of Reality in the Child* (Nova Iorque: Basic Nooks, 1954).

Piaget, Jean, e Barbel Inhelder, *The Psychology of the Child* (Nova Iorque: Basic Books, 1969).

Piattelli-Palmarini, Massimo, *Language and Learning: The Debate Between Jean Piaget and Noam Chomsky* (Cambridge, MA: Harvard University Press, 1980).

Pierce, J. R., *Symbols, Signals and Noise: The Nature and Process of Communication* (Nova Iorque: Harper & Row, 1961).

Pierce, J. R. e J. E. Karlin, Reading rates and the information rate of a human channel, *Bell Systems Journal*, 1957, *36*, 497-516.

Pillsbury, W. B. A study in apperception, *American Journal of Psychology*, 1897, *8*, 315-393.

Pinker, Steven, Visual cognition: An introduction, *Cognition,* 1984, *18,* 1-63.
Piper, David, Teaching story grammar: Some reasons for caution, *Canadian Journal of English Language Arts,* 1987, *10,* 1, 30-37.
Polanyi, Michael, *The Tacit Dimension* (Garden City, NY: Doubleday, 1966).
Popper, Karl, R., *Objective Knowledge: An Evolutionary Approach* (Oxford: Clarendon Press, 1973).
Popper, Karl, R., *Unended Quest: An Inttelectual Autobiography* (Londres: Frontana/Collins, 1976).
Potter, Mary C., Meaning in visual search, *Science,* 1975, *187,* 965-966.
Potter, Mary C., Rapid serial visual presentation (RSVP): A method for studying language processing, in D. E. Kieras, e M. A. Just (eds.). *New Methods in Reading Comprehension Research* (Hillsdale, NJ: Lawrence Erlbaum, Associates, 1984).
Potter, Mary C., J. F. Kroll B. Yachzel, e C. Harris, Comprehension and memory in rapid sequential reading, in R. Nickerson (ed.) *Attention and Performance VIII* (Hillsdale, NJ: Lawrence Erlbaum Associates, 1980) .
Pribam, Karl, H., *Languages of the Brain* (Englewood, NJ: Prentice-Hall, 1971).
Pritchard, R. M., Stabilized images on the retina, *Scientific American,* 1961, *204,* 6, 72-78.
Puff, Richard C. (ed.) *Memory Organization and Structures* (Nova Iorque: Academic Press, 1977).
Pugh, Anthony K., *Silent Reading* (London: Heinemann Educational Books, 1978).
Pylyshyn, Z. W., What the mind's eye tells the mind's brain: A critique of mental imagery, *Psychological Bulletin,* 1973, *80,* 1-24.
Pylyshyn, Z. W., Imagery theory: Not mysterious, just wrong, *Behavior and Brain Sciences,* 1979, *2,* 561-563.
Quastler, Henry, Studies of human channel capacity, in Colin Cherry (ed.), *Information Theory* (Londres: Butterworths, 1956).
Raphael, Taffy E. (ed.) *The Context of School-Based Literacy* (Nova Iorque: Random House, 1986).
Rayner, Keith, Visual attention in reading: Eye movements reflect cognitive processes. *Memory and Cognition,* 1977, *5,* 4433-449.
Rayner, Keith, Eye movements in reading and information processing, *Psychological Bulletin,* 1978, *85,* 618-660.
Rayner, Keith (ed.) *Eye Movements in Reading* (Nova Iorque: Academic Press, 1983).
Rayner, Keith, A. D. Well, e A. Pollatsek, Asymmetry of the effective visual field in reading, *Perception and Psychophysics,* 1980, *27,* 537-544.
Read, Charles, Pre-school children's knowledge of English phonology, *Harvard Educational Review,* 1971, *41,* 1, 1-34.

Reber, A. S., e D. Scarborough (eds.) *Toward a Psychology of Reading* (Hillsdale, NJ: Lawrence Erlbaum Associates, 1977).

Reder, Lynne, M., The role of elaboration in the comprehension and retention of prose: A critical review, *Review of Educational Research*, 1980, *50*, 1, 5-53.

Reichardt, Konrad W., Paying dead or running away - defense mechanisms during reading, *Journal of Reading*, 1977, *20*, 706-711.

Reicher, G. M., Perceptual recognition as a function of meaningfulness of stimulus material, *Journal of Experimental Psychology*, 1969, *81*, 275-280.

Reid, L., Starling, Towards a grammar of the image. *Psychological Bulletin*, 1974, *81*, 6, 319-334.

Resnick, Lauren B., e Phyllis A. Weaver (eds.) *Theory and Practice of Early Reading*, 3 vols. (Hillsdale, NJ: Lawrence Erlbaum Associates, 1979).

Restle, F., Theory of serial pattern learning. *Psychological Review*, 1970, *77*, 481-495.

Rhode, Mary, e Bruce Cronnell, *Compilation of a communication skill lexicon coded with linguistic information*, Los Alamitos, CA: Southwest Regional Laboratory for Educational Research and Development Technical Report, nº 58, 1977.

Rock, Irvin, *The Logic of Perception* (Cambridge, MA: MIT Press, 1983).

Rosch, Eleanor e B. B. Lloyd, *Cognition and Categorization* (Hillsdale, NJ: Lawrence Erilbaum Associates, 1978).

Rosen, Harold, The importance of story, *Language Arts*, 1986, *63*, 3, 226-237.

Rosenberg, Steven, e Herbert A. Simon, Modelling semantic memory: Effects of presenting semantic information in different modalities. *Cognitive Psychology*, 1977, *9*, 293-325.

Rosenblatt, Louise, M., *The Reader: The Text: The Poem* (Carbondale, IL: Southern Illinois University Press, 1978).

Rosenblatt, Louise, M., "What facts does this poem tech you?" *Language Arts*, 1980, *57*, 4, 386-394.

Rosinski, Richard R., Roberta Michnick Golinkoff, e Karen S. Kukish, Automatic semantic processing in a picture-word interference task, *Child Development*, 1975, *46*, 1, *247-253*.

Rothkopf, Ernst Z., e M. J. Billington, Indirect review and priming through questions, *Journal of Educational Psychology*, 1974, *66*, 5, 669-679.

Rothkopf, Ernst Z. e Richard P. Coatney, Effects of readability of context passages on subsequent inspection rates, *Journal of Applied Psychology*, 1974, *59*, 6, 679-682.

Rotman, Brian, *Jean Piaget: Psychologist of the Real* (Ithaca, NY: Cornell University Press, 1977).

Rozin, Paul Susan Poritsky, e Raina Sotsky. American Children with reading problems can easily learn to read represented by chinese characters, *Science*, 1971, *171*, 1264-1267.

Rumelhart, David, Schemata: The building blocks of cognition, in R. C. Spiro, B. C. Bruce, e W. F. Brewer (eds.), *Theoretical Ussues in Reading Comprehension: Perspectives from Cognitive Psychology, Linguistics, Artificial Intelligence and Education* (Hillsdale, NJ: Lawrence Erlbaum Associates, 1980).

Rumelhart, David E. e James L. McClelland, An interactive activation model of context effects in letter perception: Part II. The contextual enhancement effect and some tests and extensions of the model, *Psychological Review*, 1981, *89*, 60-94.

Rumelhart, David E., e Andrew Ortony, The representation of knowledge in memory, in Richard C. Anderson, Rand J. Spiro, e William E. Montague (eds.) *Schooling and the Acquisition of Knowledge* (Hillsdale, NJ: Lawrence Erlbaum Associates, 1977).

Rumelhart, David E., e Patricia Siple, Process of recognizing tachistoscopically presented words. *Psychological Review*, 1974, *81*, 99-118.

Ryan, Ellen Bouchard, e Melvyn I. Semmel, Reading as a constructive language process, *Reading Research Quarterly*, 1969, *5*, 1, 59-83.

Sachs, Jacqueline S., Memory in reading and listening to discourse, *Memory and Cognition*, 1974, *2*, 1A, 95-100.

Sadowski, Mark, An exploratory study of the relationships between reported imagery and the comprehension and recall of a story. *Reading Research Quarterly*, 1983, *19*, 1, 110-121.

Sakamoto, Takahiko, Writing systems in Japan, in John E. Merritt (ed.) *New Horizons in Reading* (Newark, DE: International Reading Association, 1976).

Salmon, Phillida e Hilary Claire, Classroom Collaboration (Londres: Routledge and Kegan Paul, 1984).

Sampson, Geoffrey, *Writing Systems: A Linguistic Introduction* (Stanford, CA: Stanford University Press, 1985).

Samuels, S. Jay, Letter-name versus letter-sound knowledge in lerning to read. *Reading Teacher*, 1971, *24*, 604-608.

Samuels, S. Jay, Automatic decoding and reading comprehension, *Language Arts*, 1976, *53*, 323-325.

Samuels S. Jay, The method of repeated readings, *The Reading Teacher*, 1979, *32*, 403-408.

Samuels S. Jay, Gerald Begy, e Chau Ching Chen, Comparison of word recognition speed and strategies of less skilled and more highly skilled readers, *Reading Research Quarterly*, 1975-76, *1*, 11(1), 72-86.

Santa, John L., Carol Santa, e Edward E. Smith, Units of word recognition: Evidence for the use of multiple units, *Perception and Psychophysics*, 1977, *22*, 285-591.

Scarfe, M., e Jerome S. Bruner, The capacity for joint visual attention in the infant, *Nature*, 1975, *25*, 265-266.

Schank, Roger B., What's a schemaa anyway? Review of Roy O. Freedle (ed.), *New Directions in Discourse Processing* (vol. 2) (Norwood, NJ: Ablex, 1979), *Contemporary Psychology*, 1980, *25*, 10, 814-816.

Schank, Roger B., *Reading and Understanding: Teaching from the Perspective of Artificial Intelligence* (Hillsdale NJ: Lawrence Erlbaum Associates, 1982).

Schank, Roger B. e R. Abelson, *Scripts, Plans, Goals, and Understanding* (Hillsdale, NJ: Lawrence Erlbaum Associates, 1977).

Schatz, Elinore Kress, e R. Scott Baldwin, Context cues are unreliable predictors of word meaning, *Reading Research Quarterly,*186, *21,*4, 439-454.

Schneider, Walter, e Richard M. Shiffrin, Controlled and automatic human information processing: 1. Detection, search, and attention, *Psychological Review*, 1977, 84, 1, 1-66

Scribner, Sylvia, e Michael Cole, Literacy without schooling: Testing for intellectual effects, *Harvard Educational Review* 1978, *48*, 4.

Searle, John R., The intentionality of intention and action. *Cognitive Science*, 1980, *4*, 47-70.

Sebasta, Sam, Why Rudolph can't read, *Language Arts*, 1981, *5*, 545-548.

Seidenberg, Mark S., The time course of phonological code activation in two writing systems, *Cognition*, 1985, *19*, 1-30.

Selfridge, Oliver, e Ulric Neisser, Pattern recognition by machine. Scientific American, 1960, *203*, 2, 60-68.

Seligman, Martin E. P., *Helplessneess: On Depression, Development and Death* (San Francisco, Freeman, 1975).

Serafica, F. C. e I. E. Sigel, Styles of categorization and reading disability, *Journal of Reading Behavior*, 1970, *2*, 105-115.

Shallice, Tim, e Elizabeth K. Warrington, Word recognition in a phonemic dyslexic patient. *Quarterly Journal of Experimental Psychology*, 1975, *27*, 187-199.

Shannon, Claude, E., Prediction and entropy of printed English, *Bell Systems Technical Journal*, 1951, *30*, 50-64.

Shannon, Patrick, The use of commercial reading materials in American elementary schools, *Reading Research Quarterly*, 1983, *19*, 1, 68-85.

Shannon, Patrick, Mastery learning in reading and the control of the teachers and students, *Language Arts*, 1984, *61*, 5, 484-493.

Shannon, Patrick, Reading instruction and social class, *Language Arts*, 1985, *62*, 6, 604-613.

Shannon, Patrick, Teacher's and administrator's thoughts on changes in reading instruction within a merit pay program based on test scores, *Reading Research Quarterly*, 1986, *21*, 1, 20-35.

Sharkey, Noel E., e D. C. Mitchell, Word recognition in a functional context: The use of scripts in reading, *Journal of Memory and Language*, 1985, *24*, 2, 253-270.

Shatz, Marilyn, On the development of communicative understandings: An early strategy for interpreting and respondind to messages, *Cognitive Psychology*, 1978, *10*, 271-301.

Shiffrin, Richard M., Locus and role of attention in memory systems, in P. M. A. Rabitt and S. Dornic (eds.) *Attention and Performance V* (Nova Iorque: Academic Press, 1975).

Shuy, Roger W., Four misconceptions about clarity and simplicity. *Language Arts*, 1981, 58, 3, 557-561.

Silverman, Wayne P., Can 'words' be processed as integrated units? *Perception and Psychophysics*, 1976, *20*, 2, 143-152.

Simon, Herbert A., How big is a chunk? *Science*, 1974, *183*, 482-488.

Simon, H.A., Cognitive science: The newest science of the artificial. *Cognitive Science*, 1980, *4*, 33-46.

Sinclair, Hermina, The transition from sensory-motor behavior to symbolic activity, *Interchange*, 1970, *1*, 3, 119-126.

Sinclair-de-Zwart, Hermina, Language acquisition and cognitive development, in John B. Carroll, e R. O. Freedle (eds.), *Cognitive Development and the Acquisition of Language* (Washington, DC: Winston, 1972).

Singer, Harry, Learning to read and skilled reading: Multiple systems interacting within and between the reader and the text, in J. Downing e R. Valtin (eds.) *Language Awareness and Learning to Read* (Nova Iorque: Springer-Verlag, 1985).

Singer, Harry, e Robert B. Ruddell (eds.), *Theoretical Models and Processes of Reading* (2ª ed.) (Newark, DE: International Reading Association, 1976).

Skinner, B. F., *Science and Human Behavior* (Nova Iorque: Macmillan, 1963).

Skinner, B. F. *Verbal Behavior* (Nova Iorque, Appleton, 1957).

Skinner, B. F., *The Technology of Teaching* (Nova Iorque, Appleton, 1968).

Skinner, B. F., Cognitive science and behaviorism, *British Journal of Psychology*, 1985, *76*, 3, 291-301.

Slater, Wayne H., Revising inconsiderate elementary school expository text: Effects on comprehension and recall, in J. A. Niles e Rosary V. Lalik (eds.) *Issues of Literacy: A Research Perspective* (Rochester, NY: National Reading Conference, 34th Yearbook, 1985).

Slobin, Dan I., *Psycholinguistics* (2ª ed.) (Glenview, IL: Scott Foresman, 1979).

Slobin, Dan I., e C. A. Welsh, Elicited imitation as a research tool in developmental psycholinguistics, in Charles A. Ferguson e Dan I. Slobin (eds.) *Reading in Child Language Acquisition* (Nova Iorque: Holt, Rinehart e Winston, 1973).

Smith, Edward E., e Glenn M. Kleiman, Word recognition: Theoretical issues and instructional hints, in Lauren B. Resnik e Phyllis A. Weaverr (eds.). *Theory and Practice of Early Reading* (vol. 2) (Hillsdale, NJ: Lawrence Erlbaum Associaates, 1979).

Smith, Edward E., Edward J. Shoben, e Lance J. Rips, Structure and process in semantic memory: A featural model forr semantic decisions. *Psychological Review*, 1974, *81*, 3, 214-241.

Smith, Edward E. e Kathryn T. Spoehr, The perception of printed English: A theoretical perspective, in B. H. Kantowitz (ed.) *Human Information Processing: Tutorials in Performance and Cognition* (Hillsdale, NJ: Lawrence Erlbaum Associates, 1974).

Smith, Frank, The use of featural dependencies across letters in the visual identification of words, *Journal of Verbal Learning and Verbal Behavior*, 1969, *8*, 215-218.

Smith, Frank, *Comprehension and Learning* (Nova Iorque: Holt, Rinehart and Winstton, 1975).

Smith, Frank, Learning to read by reading. A brief case study: *Language Arts*, 1976, *53*, 3, 297-299.

Smith, Frank, Making sense of reading - and of reading instruction. *Harvard Educational Review*, 1977 (a), *47*, 3, 386-395.

Smith, Frank, The uses of language, *Language Arts*, 1977 (b), *54*, 6, 638-644.

Smith, Frank, Conflicting approaches to reading research and instruction, in Auren B. Resnick, e Phyllis A. Weaver (eds.) *Theory and Practice of Early Reading* (Vol. 2) (Hillsdale, NJ: Lawrence Erlbaum Associates, 1979).

Smith, Franck, Demonstrations, engagement and sensitivity: A revised approach to language learning, *Language Arts*, 1981a, *58*, 1, 103-112.

Smith, Frank, Demonstrations, engagement and sensitivity (2): The choice between people and programss, *Language Arts*, 1981b, *58*, 6, 634-642.

Smith, Frank, *Writing and the Writer* (Nova Iorque: Holt, Rinehart, and Winston, 1982); (Londres, Heinemann, Educational Books, 1982).

Smith, Frank, *Essays into Literacy* (Portsmouth, NH: Heinemann Educational Books, 1983a).

Smith, Frank, Reading like a writer, *Language Arts*, 1983b, *60*, 5, 557-567.

Smith, Frank, *Insult to Intelligence* (Nova Iorque: Arbor House, 1986).

Smith, Frank, *Joining the Literacy Club* (Portsmouth, NH: Heinemann Educational Books, 1987a).

Smith, Frank, *How Educational Backed the Wrong Horse* (Victoria, British Columbia: Abel Press, 1987b; reimpresso in Smith, 1987a).

Smith, Frank, e Peter Carey, Temporal factors in visual information processing, *Canadian Journal of Psychology*, 1966, *20*, 3, 337-342.

Smith, Frank, e Kenneth S. Goodman, On the psycholinguistic method of teaching reading. *Elementary School Journal,* 1971, 177-181.

Smith, Frank, Deborah Lott, e Bruce Cronnell, The effect of type size and case alternation on word identification, *American Journal of Psychology,* 1969, *82,* 2, 248-253.

Smith, Frank, e Deborah Lott Hokmes, The independence of letter, word and meaning identificatrion in reading, *Reading Research Quarterly,* 1971, 6, 3, 394-415.

Smith, Frank, e George A. Miller (eds.), *The Genesis of Language* (Cambridge, MA: MIT Press, 1966).

Smith Mary K., Measurement of the size of general English vocabulary through the elementary grades and high school, *Genetic Psychology Monographs,* 1941, *24,* 311-345.

Sperling, George, The informatic available in brief visual presentations. *Psychological Monographs,* 1960, *74,* 11, Todo o nº 498.

Spencer, Margaret Meek, *How Texts Teach What Readers Learn* (Victoria, British Columbia, Abel Press, 1987).

Sperry, R. W. Hemisphere disconnection and unity in conscious awareness. *American Psycholigist,* 1968, *23,* 723-733.

Spiro, Rand J., Bertram, C. Bruce, e William F. Brewer (eds.) *Theoretical Issues in Reading Comprehension. Perspectives from Cognitive Psychology, Linguistics, Artificial Intelligence, and Education* (Hillsdale, NJ: Lawrence Erlbaum Associates, 1980).

Spoehr, K. T., e S. W. Lehmkuhle, Visual information Processing (San Francisco: Freeman, 1982).

Spragins, Anne B., Lester A. Lefton, e Dennis F. Fisher, Eye movements while reading and searching spatially transformed text: A developmental examination, *Memory and Cognition,* 1976, *4,* 1, 36-42.

Squire, James R. (ed.). *The Dynamics of Language Learning* (Urbana, IL: National Conference on Research in Enghish; 1987).

Squire, Larry S., Mechanisms of memory, *Science,* 1986, *232,* 1612-1619.

Staller, Joshua, Neurological correlates of reading failure, in Martin H. Singer (ed.), *Competent Reader, Disabled Reader: Research and Application* (Hillsdale, NJ: Lawrence Erlbaum Associates, 1982).

Stanovich, Keith E., Toward an interactive-compensatory model of individual differences in the development of reading fluency, *Reading Research Quarterly,* 1980, *15,* 32-71.

Stanovich, Keith E., Attentional and automatic context effects in reading, in A. M. Lesgold e C. A. Perfetti (eds.), *Interactive Processes in Reading* (Hillsdale, NJ: Lawrence Erlbaum Associates, 1981).

Stanovich, Keith, E., Matthew effects in reading: Some consequences of individual differences in the acquisition of literacy, *Reading Research Quarterly,* 1986, *21,* 4, 360-407.

Stanovich, Keith E., Anne E. Cunningham, e Dorothy J. Freeman, Intelligence, cognitive skills and early reading progress, *Reading Research Quarterly*, 1984, *19*, 3, 278-303.

Stein, Nancy, L., e C. G. Glenn, An analysis of story comprehension in elementary school children, in R. R. Freedle (ed.) *New Directions in Discourse Processing* (Vol. 2) (Norwood, NJ: Ablex, 1979).

Steinberg, Danny, *Laguage, Mind and the World* (Nova Iorque: Longman, 1982).

Steinberg, Danny D., M. Harada, M. Tashiro, e H. Harper, Acquiring written language, as a first language by deaf children. *Working Papers in Linguistics*, 1980, *12*, 3, University of Hawaii.

Steinberg, Danny, e Jun Yamada, Are whole word *kanji* easier to learn than syllable *Kana? Reading Research Quarterly*, 1978-79, *14*, 4, 88-89.

Sternberg, Robert., Components of human intelligence, *Cognition*, 1983, 15, 1-48.

Sternberg, Robert J., Human intelligence: The model is the message, *Science*, 1985, *230*, 4730, 1111-1118.

Stevenson, V. (ed.), Words: *The Evolution of Writen Languages* (Londres: Methuen, 1983).

Stotsky, Sandra, Research on reading/writing relationships: A synthesis and suggested directions, *Language Arts*, 1983, *60*, 627-642.

Stubbs, Michael, *Discourse Analysis: The Sociolinguistic Analysis of Natural Language* (Oxford: Blackwell, 1982).

Sulzby, Elizabeth, Children's emergent reading of favorite story books: A development study, *Reading Research Quarterly*, 1985, *20*, 4, 458-481.

Swanson, H. Lee, Phonological recoding and suppression effects in children's sentence comprehension, *Reading Research Quarterly*, 1984, *19*, 4, 393-403.

Swets, John, A., The receiver operating characteristic in psychology, *Science*, 1973, *182*, 990-1000.

Swets, John, A., W. P. Tanner Jr., e T. G. Birdsall, Decision processes in perception, *Psychological Review*, 1961, *68*, 301-320.

Tannen, Deborah, Oral and literate strategies in spoken and written narrative, *Language*, 1982a, *58*, 1-21.

Tannen, Deborah, *Spoken and Written Language: Exploring Orality and Literacy* (Norwood, NJ: Ablex, 1982b).

Taylor, Denny, *Family Literacy, Young Children Learning to Read and Write* (Exeter, NH: Heinemann Educational Books, 1983).

Taylor Denny, e Dorothy S. Strickland, *Family Storybook Reading* (Exeter, NH: Heinemann Educational Books, 1986).

Taylor, Insup, *Introduction to Psycholinguistics* (Nova Iorque: Holt, Rinehart e Winston, 1976).

Taylor, Insup, e M. Martin Taylor, *The Psychology of Reading* (Nova Iorque, Academic Press, 1983).

Taylor, Nancy, E., Irene H. Blum, e David M. Logsdon. The development of written language awareness: Environmental aspects and program characteristics, *Reading Research Quarterly*, 1986, *21*, 2, 132-149.

Taylor, Stanford E., *The Dynamic Activity of Reading: A Model of the Process* (Huntington, NY: Educational Developmental Laboratories, Inc., Bulletin nº 9, 1971).

Taylor, Stanford, E., Helen Franckenpohl e James L. Pette, *Grade Level Norms for the Components of the Fundamental Reading Skill* (Huntington, NY: Educational Developmental Laboreatories, Inc., Bulletin nº 3, 1960).

Taylor, W. L., "Cloze" readability scores as indices of individual differences in comprehension and aptitude, *Journal of Applied Psychology*, 1957, *41*, 19-26.

Teale, William H., Parents reading to their children? What we know and need to know, *Language Arts*, 1981, *58*, 8, 902-912.

Teale, William H., Toward a theory of know children learn to read and write naturally, *Language Arts*, 1982, *59*, 6, 555-570.

Teale, William H., e Elizabeth Sulzby, *Emergent Literacy* (Norwood, NJ: Ablex, 1986).

Thompson, G. Brian, Toward a theoretical account of individual differences in the acquisition of reading skill, *Reading Research Quarterly*, 1981, *15*, 4, 596-599.

Thorndike, E., Reading as reasoning: A study of mistakes in paragraph reading, *Journal of Educational Psychology*, 1977, *9*, 77-110.

Thorndike, E. L., e I. Lorge, *The Teacher's Word Book of 30.000 Words* (Nova Iorque: Teachers College, 1944).

Tierney, Robert J. e J. W. Cunningham, Research on teaching reading comprehension, in P. D. Pearson (ed.), *The Handbook of Reading Research* (Nova Iorque: Longman, 1984).

Tierney, Robert J., e Jill LaZansky, The rights and responsabilities of readers and writers: A contractual agreement, *Language Arts*, 1980, *67*, 6, 606-613.

Tierney, Robert J. e James Mosenthal, Discourse comprehension and production: Analyzing text structure and cohesion, in J. A. Langer e M. Trika Smith-Burke (eds.), *Reader Meets Author/Bridging the Gap* (Newark, DE: International Reading Association, 1982).

Tierney, Robert J. e P. David Pearson, Toward a composing model of reading. *Language Arts*, 1983, *60*, 5, 568-580.

Tinker, Miles A., Fixation pause duration in reading, *Journal of Educational Research*, 1951, *44*, 471-479.

Tinker, Miles A., Recent studies of eye movements in reading, *Psychological Bulletin,* 1958, *54,* 215-231.
Tinker, Miles A., *Bases for Effective Reading* (Minneapolis: University of Minnesota Press, 1965).
Torrance, Nancy, e David R. Olson, Oral and literate competencies in early school years, in David R. Olson, Nancy Torrance, e Angela Hildyard (eds.), *Literacy, Language and Learning: The Nature and Consequences of Reading and Writing* (Cambridge, MA: Cambridge University Press, 1985).
Torrey, Jane W., Learning to read without a teacher: A case study: *Elementary English,* 1969, *46,* 550-556.
Torrey, Jane W., Reading that comes naturally: The early reader, in T. G. Walker, e G. E. Mackinnon (eds.), *Reading Research: Advances in Theory and Practice* (Vol. 1) (Nova Iorque: Academic Press, 1979).
Tough, Joan, Children's use of language, *Educational Review* (Birmingham University, 1974), *26,* 3, 166-179.
Treisman, Anne M., Strategies and models of selective attention, *Psychological Review,* 1969, *76,* 3, 282-299.
Tulving, Endel, How many memory systems are there? *American Psychologist,* 1985a, *40,* 385-398.
Tulving, Endel, Memory and consciousness, *Canadian Journal of Psychology,* 1985b, *25,* 1-12.
Tulving, Endel, e Cecille Gold, Stimulus information and contextual information as determinants of tachistoscopic recognition of words, *Journal of Experimental Psychology,* 1963, *66,* 319-327.
Tulving, Endel, e Donald M. Thonsom, Encoding sspecificity and retrieval processes in episodic memory, *Psychological Review,* 1973, *80,* 5, 352-373.
Tulving, Endel e Michael J. Watkins, Structure of memory traces, *Psychological Review,* 1975, *82,* 4, 261-275.
Tuman, Myron, C. *A Preface to Literacy: An Inquiry into Pedagogy, Pratice and Progress* (Tuscaloosa: University of Alabama Press, 1987).
Underwood, Geoffrey (ed), *Strategies of Information Processing* (Londres: Academic Press, 1978).
Urwin, Cathy, The contribution of nonvisual information systems and language to knowing oneself, in Michael Beveridge (ed.), *Children Thinking Through Language* (Londres; Arnold, 1982).
Vachek, J. *Written Language* (The Hague: Mouton, 1973).
van Dijk, Teun A., *Macrostructures: An Interdisciplinary Study of Global Structures in Discourse, Interaction and Cognition* (Hillsdale, NJ: Lawrence Erlbaum Associates, 1980).
van Dongen, Richard, Children's narrative thought, at home and at school, *Language Arts,* 1987, *64,* 1, 79-87.

Vellutino, Frank, R. Dyslexia, *Scientific American,* 1987, *256,* 3, 34-41.
Venezky, Richard L., English ortography: Its graphical structure and its relation to sound, *Reading Research Quarterly,* 1967, *2,* 75-106.
Venezky, Richard L., *The Structure of English Orthography* (The Hague: Mouton, 1970).
Venezky, Richard, L., *Theoretical and Experimental Base for Teaching Reading* (The Hague: Mouton, 1976).
Venezky, Richard L., Research on reading process: A historical perspective. *American Psychologist,* 1977, *32,* 339-345.
Vygotsky, Lev S., *Language and Thought* (Cambridge, MA: MIT Press, 1962).
Vygotsky, Lev S., *Mind in Society: The Development of Higher Psychological Processes* (Cambridge, MA: Harvard University Press, 1978).
Walker, CArol H. e Bonnie J. F. Meyer, Integrating information from text: an evaluation of current theories, *Review of Educational Research,* 1980, *50,* 421-437.
Walkerdine, Valerie, From context to text: A psychosemiotic approach to abstract thought, in M. Beveridge (ed.), *Children Thinking Through Language* (Londres: Arnold, 1982).
Walters, Gloria S., Melvin, K. Komoda, e Tannis Y. Arbuckle, The effects of concurrent tasks on reading: Implications for phonological recoding. *Journal of Memory and Language,* 1985, *24,* 1, 27-45.
Wanner, Eric, e Lila Gleeitman (ed.) *Language Acquisition: The State of the Art* (Cambridge, MA: Cambridge University Press, 1982).
Warrington, Elizabeth K, e Tim Shallice, Semantic access dyslexia, *Brain,* 1979, *102,* 43-63.
Weaver, Phyllis, e Fredi Shonkoff, *Research Within Reach* (Washington DC: National Institute of Education, 1978).
Weber, Rose-Marie, The study of oral reading erros: A survey of the literature, *Reading Research Quarterly,* 1968, *4,* 96-119.
Weintraub, Sam, The fuzzy area of literature review, in Sam Weintraub, Helen K. Smith, Nancy L. Roser, Walter J. Moore, Michael W. Kibby, Kathleen S. Jongsma, e Peter L. Fisher (ed) *Summary of Investigations Relating to Reading, July, 1, 1984 to June 30, 1985* (Newark, DE: International Reading Association, 1986).
Weir, Ruth H., *Language in the Crib* (The Hague: Mouton, 1962).
Wells, Gordon, *Learning Through Interaction: The Study of Language Development* (Cambridge, MA: Cambridge University Press 1981).
Wells, Gordon, Preschool literacy-related activities and success in school, in D. R. Olson, N. Torrance, e A. Hildyard (eds.) *Literacy, Language and Learning: The Nature and Consequences of Reading and Writing* (Cambrridge, MA: Cambridge University Press, 1985).

Welis, Gordon, e J. Nicholls. *Language and Learning: An Interactional Perspective* (Lewes, UK: Falmer, 1985).
Wheeler, D. D., Processes in word recognition, *Cognitive Psychology*, 1970, *1*, 59-85.
Whorf, B. L. *Language, Thought and Reality* (Cambridge, MA: MIT Press, 1956).
Wildman, Daniel, e Martin Kling, Semantic, syntactic and spatial anticipation in reading, *Reading Research Quarterly*, 1978-79, *14*, 2. 128-164.
Wilkinson, Andrew M (ed.) The context of language, *Educational Reviews*, 1971, *23*, 33.
Williams, Joanna, Reading instruction today, *American Psychologist*, 1979, *34*, 10, 917-922.
Winograd, Terry, What does it mean to understand language?, in Donald A. Norman (ed.), *Perspectives on Cognitive Science* (Norwood, NJ: Ablex, 1981).
Wong, Bernice Y. L. Understanding learning disabled students reading problems: Contributions from cognitive psychology, *Topics in Learning and Learning Disabilities*, 1982, 43-50.
Wood, Barbara S., *Children and Communication* (Englewood Cliffs, NJ: Prentice-Hall, 1981).
Woodworth, Robert S., *Experimental Psychology* (Nova Iorque: Holt, 1938).
Woodworth, Robert S., e H. Schlosberg, *Experimental Psychology* (Nova Iorque, Holt, Rinehart e Winston, 1954).
Yates, Jack, The content of awareness is a model of the world, *Psychological Review*, 1985, *92*, 2, 249-284.
Yatvin, Joanne, Learning to read at forty-eight. *Language Arts*, 1982, *59*, 8, 822-828.
Ylisto, Ingrid, P., Early reading responses of young Finnish Children. *The Reading Teacher*, 1977, *31*, 167-172.
Young, Andrew W., e Andrew W. Ellis, Asymmetry of cerebral hemispheric function in normal and poor readers. *Psychological Bulletin*, 1981, *89*, 1, 183-190.
Zipf, Paul, *Semantic Analysis* (Ithaca: NY: Cornell University Press, 1960).

ÍNDICE DE AUTORES

A

Aaronson, D., 334
Abelson, R., 268
Alcott, D., 322
Allingston, R., 357
Alvermann, D. E., 330
Anderson, I. H., 315
Anderson, John R., 196, 211, 263, 266, 267, 272, 277, 282, 293, 294, 305, 306, 315, 341, 353, 357
Anderson, Jonathan, 352
Anderson, R. C., 334
Anderson, T. H., 280-281
Anglin, J., 341
Applebee, A. N., 282
Arbuckle, T. Y., 322
Arbuckle, T. Y. 321
Armbruster, B. B., 280-281
Armstrong, S., 353
Arnold, R., 322
Atkinson, R. C., 352
Attneave, F., 265, 291
Atwell, N., 353
August, D. L., 331, 339
Aulls, M., 332

Austerfield, V., 353
Averbach, E., 301

B

Baars, B. J., 294
Baddeley, A. D. 304, 330, 331
Baer, D. M., 309
Bain, B., 340
Baldwin, R. S., 273, 331, 341
Baratta, A. N., 353
Barclay, J. R., 307-308
Barlow, J. A., 323
Baron, J., 323
Barr, R. C., 260, 261, 350
Bartlett, F. C., 22, 62, 268, 306, 329
Bates, E., 278, 339
Baumann, J. F., 297
Bausel, R. B., 350
Beck, I. L., 280-281
Becker, C. A., 334
Beebe, M.J., 331
Beech, J. R., 332
Beers, T., 282, 295
Begy, G., 329
Beller, H. K., 326

Benton, A. L., 311
Benton, M., 335
Berdianski, B., 167, 318-319
Berninger, V. W., 357
Bertino, M., 327-328
Besner, D., 322
Beveridgen, M., 278
Bias, R. G., 277
Billington, M. J., 282
Birdsall, T. G., 291
Bissex, G. L., 348
Black, A., 269
Black, J. B., 280, 282
Bloom, L., 329, 339, 340
Blough, D. S., 311
Blum, I. H., 353
Bobrow, D. G., 304
Boulding, K. E., 266, 296
Bower, G. H., 268, 277, 306
Bower, T., 340
Brand, H., 317
Bransford, J. D., 270, 294, 307
Brause, R. S., 351
Brereton, N., 331
Brewer, W. F., 294
Bridges, A., 339, 342
Britton, B. K., 280-281
Broadbent, D. E., 266, 288, 318-319
Broadbent, M. H. P., 318-319
Broerse, A. C., 322
Bronowksi, J., 296
Brooks, L., 307-308
Brooks, V., 336
Brown, A. L., 339, 342, 355
Brown, H. D., 320
Brown, R., 117, 220, 277, 340
Bruce, B. C., 294
Bruner, J. S., 146, 266, 270, 289, 299, 322, 339
Burke, C. L., 279, 334, 348
Burke, D., 309
Butler, C. S., 278

C

Calfee, R. C., 296, 306, 322, 258
Calkins, L. 337

Caplan, D., 303
Carey, P., 301
Carey, S., 340
Carpenter, P. A., 211, 268, 302, 303, 325, 329, 334
Carrara, D. H., 337
Carroll, J. B., 277, 318, 352
Carroll, S., 273
Carter, A. Y., 309
Carver, R., 332
Cattell, J. Mck., 181, 297, 324
Cazden, C. B., 340
Cermak, L. S., 304
Chafe, W. L., 277, 278
Chall, J. S., 320, 352
Chase, W. G., 269
Chase, W. G., 307
Chen, C. C., 329
Cherry, C., 288, 291
Chomsky, C., 320
Chomsky, N., 46, 248, 273, 278, 320
Claire, H., 351
Clark, E. V., 278
Clark H. H., 278, 340
Clark, M., 249, 342, 339, 348
Clay, M. M., 329, 348, 358
Clift, R., 331
Coady, J. M., 273
Coatney, R. P., 326
Cofer, C. N., 306
Cohen, G., 326
Cole, M., 330
Collins, W. A., 340
Colwell, S. O., 357
Cooper, F. S., 283
Coriell, A. S., 301
Cosky, M. J., 317
Craik, F. I. M., 304
Crismore, A., 261
Cronnell, B., 155, 167, 315, 318
Crowder, R. G., 306
Culler, J., 279
Cunningham, A. E., 333, 350
Cunningham, J. W., 330

D

Dale, P. S., 340
Daly, K. L., 264
Daneman, M., 325
Danks, J. H., 278
Davelaar, E., 322
Davies, P., 318
Davies, W. J. F., 336
de Beaugrande, R., 279, 280
Dearborn, W. F., 315
Deely, J., 279
DeFord, D. E., 264, 350
Dember, W. N., 346
den Buurman, R., 297
Derry, S. J., 339
DiVesta, F. J., 267
Dodge, R., 297
Doehring, D. G., 327, 332
Doggett, D., 318
Donaldson, M., 340
Dorman, C., 357
Douglas, M., 273
Downing, J., 67, 247, 321, 336, 350, 354
Dressler, P., 280
Dreyfus, H. L., 296
Dreyfus, S. E., 296
Drum, P., 322
Duffy, S. A., 294
Dulany, D. E., 345
Dunn-Rankin, P., 321
Durkin, D., 282, 348, 349, 352

E

Eckhoff, B., 337, 350
Eco, U., 279
Eden, M., 311
Edfelt, A. W., 329
Ehri, L. C., 323, 353, 355
Eisner, E., 280, 352
Eldridge, M., 330
Ellis, A. W., 303
Ellis, A. W., 318, 322
Erdmann, B., 297
Ericsson, K. A., 307

Ewoldt, C., 329
Eysenck, M. W., 266, 294, 315

F

Falcon, S., 307
Fantz, R. L., 340
Fasnacht, G., 346
Feeman, D. J., 333, 350
Ferrara, R. A., 342
Ferreiro, E., 254, 348
Ferres, S., 334
Feuerstein, R., 355
Fillion, B., 340
Fillmore, C. J., 277
Fisher, D. F., 302, 326
Flavell, J. H., 266, 331, 339
Flood, J., 335
Fodor, J. A., 272, 278, 296, 306
Forester, A. D., 348
Forrest-Pressley, D-L., 355
Forster, K. I., 333
Frackenpohl, H., 302
Fraisse, P., 322
Franks, J. J., 307
Fredericksen, C. H., 282
Freebody, P., 334
Freedle, R. O., 277
Freeman, P., 269
Freire, P., 249
Friedman, S. L., 294
Friendly, M. L., 305
Fries, C. C., 45, 285
Fromkin, V., 278
Furlin, K. R., 318
Furness, D. W., 351

G

Galanter, E., 265
Gardner, H., 266, 294
Garner, W. R., 266, 291, 299, 302
Garrett, M. F., 272
Gazzaniga, M. S., 303
Gelb, J., 324
Gellatly, A., 270
Gelman, R., 348

Gerrison, J. F., 297
Geyer, J. J., 285
Gibbs, R. W., 272
Gibson, E. J., 285, 312
Gilhooly, K. J., 270
Gillooly, W. B., 320
Gleason, J. B., 340
Gleitman, L. R., 278, 321, 352
Glenn, C. G., 268, 282
Glen, H. W., 357
Glucksberg, S., 278
Glusko, R. J., 322
Glynn, S. M., 267
Goelman, H., 254, 346
Goetz, T. E., 267
Golden, J. M., 272
Golden, R. M., 318
Goldman, S. R., 333
Goldstein, I., 294
Golinkoff, R. M., 327, 340
Goodman, K. S., 183, 259, 315, 320, 321, 329, 335, 348, 352, 353
Goodman, M. S., 282
Goodman, Y. M., 346, 352, 353
Goody, J., 58, 278
Gough, P. B., 336, 353, 357
Gourley, J. W., 351
Graham, J., 353
Graham, S., 358
Graves, D., 377
Graves, M. F., 351
Gray, W. S., 336
Green, F. L., 339
Greene, J., 275
Gregory, R. L., 273, 296
Grimes, J. E., 277, 282
Groff, P., 337
Groner, R., 329
Gunderson, L., 353
Guthrie, J. T., 272, 348, 357

H

Haber, L. R., 318
Haber, R. N., 318
Hall, N., 348
Hall, W. S., 348
Halle, M., 312, 320
Halliday, M. A. K., 273, 278, 280, 337
Hamill, D. D., 358
Hansen, J., 337
Harada, M., 322
Harding, L. M. 332
Hardyck, C. D., 191
Harper, H., 322
Harper, L. V., 339
Harris, C., 333
Harris, P., 261
Harste, J. C., 261, 264, 279, 334, 348
Hart, L. A., 357
Hasan, R., 273
Hausman, C. R., 296
Havelock, E. A., 58, 278
Haviland, S. E., 340
Heap, J., 334
Heath, S. B., 348, 349, 351
Hecht, B. F., 339, 342
Heckenmueller, E. G., 98
Hedley, C., 353
Heise, G. A., 326
Henderson, J. M., 329
Henderson, L., 323, 324
Herman, P. A., 196, 341
Herse, R., 350
Hiebert, E. H., 211, 263, 348, 351, 355
Hildyard, A., 272, 353
Hillinger, M. L., 322, 353, 357
Hillyard, S. A., 267
Hochberg, J. E., 296, 302, 336
Hoffman, M. B., 355
Hogaboam, T. W., 333
Holdaway, D., 350
Holmes, B., 331
Holmes, D. L., 317, 299, 326
Hood, L., 337
Howe, M. J. A., 325
Howes, D. H., 288, 318
Hudson, J. A., 309
Huey, E. B., 297, 336
Hull, R., 351
Huttenlocher, J., 309

I

Imlach, R. H., 329, 331
Inhelder, B., 265
Iredell, H., 348
Iser, W., 335

J

Jaggar, A. M., 337, 353
Jakobson, R. 312
Jaynes, J., 303
Jenkins, J. J., 306
Jenkins, J. R., 350
Jenkins, L. M., 350
Jensen, J. M., 337
Jensen, M., 355
Johnson, N. F., 317
Johnson, N. S., 268, 282, 306
Johnson-Laird, P. N., 266, 269, 278
Johnston, J. C., 317
Johnston, P. H., 358
Jones, E. E., 295
Juel, C., 331, 350
Just, M. A., 211, 261, 266, 294, 302, 303, 315, 326, 329, 332, 334

K

Kagan, J., 340
Kail, R., 307
Karlin, J. E., 298, 302
Katz, J. J., 275
Katzman, M. T., 301
Kavanagh, J. F., 336
Keen, R. H., 318
Kieras, D. E., 261, 294, 315, 329
Kimmel, S., 330
Kintsch, W., 265, 280
Klahr, D., 269
Klatzky, R. L., 306
Kleiman, G. M., 265, 326, 329
Klein, G. A., 327
Klein, H. A., 327
Kling, M., 266
Klitzke, D., 317
Klivington, K. A., 294

Koehler, J. A., 167, 318
Kolers, P. A., 184, 272, 295, 301, 305, 311, 317, 329
Komoda, M. K., 322
Kosslyn, S. M., 306
Krashen, S. D., 305, 339, 340, 351, 354
Kroll, J. F., 333
Krueger, L. E., 297, 318
Kuhn, T., 263
Kukish, K. S., 327
Kutas, M., 267

L

LaBerge, D., 336, 352
Lakoff, G., 267, 278
Lalik, R. V., 354
Langendoen, D. T., 277
Langer, J. A., 336, 337, 357
Langer, S. K., 335
Larsen, S. F., 293
Lawler, R. W., 294
LaZanski, J., 337
Lefton, L. A., 302, 326
Lehmkuhle, S. W., 311
Lenneberg, Elizabeth, 336
Lenneberg, Eric H., 336, 340
Leong, C. K., 248, 336
Lepper, M. R., 346
Levin, H., 285, 322
Levine, F. M., 346
Levine, K., 242
Levy, B. A., 325
Lewis, D. J., 304
Lewis, V. J., 330
Liben, L. S., 265
Liberman, A. M., 283
Liberman, I. Y., 321, 322
Lichten, W., 326
Lieberman, P., 278
Lightbown, P., 339
Lindig, K., 299, 326
Lindsay, P. H., 291, 296, 304, 311
Lipson, M. Y., 330, 257
Llewellyn-Thomas, E., 302
Lloyd, B. B., 267
Lockhart, R. S., 304

Índice de Autores 413

Logie, R., 331
Logsdon, D. M., 354
Lorge, I., 318
Lott (Holmes), D., 155, 315, 318
Lovelace, E. A., 269
Lyons, J., 278

M

MacGinitie, R., 350
MacGinitie, W. H., 282, 330, 351
Mack, R. L., 294
Mackworth, N. H., 93
Macnamara, J., 221
Magee, B., 265
Makita, K., 321
Mandler, G. 124, 266, 294, 309
Mandler, J. M., 266, 268, 282, 306
Marcel, T., 325
Marchbanks, G., 322
Marr, D., 311
Marshall, J. C., 185
Martin, M., 326
Mason, J. M., 348, 354, 357
Massaro, D. W., 296, 317
Masson, M. E. J., 305
Mathews, M. M., 336
Mattingly, I. G., 322, 336
Mayher, J. S., 351
Mayor, B. M., 278
MaCartney, K., 348
MaClelland, J. L., 317, 318, 319
McClintock, A. H., 331
McConkie, G. W., 329
McCusker, L. X., 322
McFarland, C. E., 327
McGee, L. M., 283
McKeachie, W. J., 346
MaKeown, M. G., 280, 341
McLaughlin, B., 340
McMahon, M. L., 350
McNeill, D., 117, 193, 220, 272, 299, 326
McNutt, G., 358
McPeck, J., 266
Meek (Spencer), M., 335, 353
Meltzer, N. S., 350

Menz, C., 329
Merritt, J. E., 336
Meyer, B. J. F., 280, 281
Meyer, D. E., 265, 317
Michotte, A., 215, 269
Mikulecky, L., 351
Miller, G. A., 146, 233, 265, 266, 285, 291, 292, 296, 299, 307, 313, 326, 340
Minsky, M., 268, 305
Mitchell, D. C., 325
Moerk, E. L., 339
Moore, D. W., 351
Moore, T. E., 340
Morris, C., 279
Morris, J. M., 320
Morrow, L. M., 353
Morton, J., 326
Mosberg, L., 322
Mosenthal, J., 280
Mosenthal, P., 352, 357
Moskowitz, B. A., 339
Moyer, S. B., 303
Murphy, D. A., 339
Myers, J. L., 331

N

Nagy, W. E., 196, 341
Navon, D., 317
Naylor, H., 303
Neisser, U., 266, 294, 296, 326, 332
Nelson, K., 31, 269, 337, 340, 348
Neville, M. H., 326
Newcombe, F., 185
Newcomer, P. L., 303
Newkirk, T., 339
Newman, E. B., 302
Newman, J. M., 353
Newson, E., 221
Newson, J., 221
Nicely, P. E., 313
Nicholls, J., 339
Nicholson, T., 331
Niles, J. A., 354
Nimmo-Smith, I., 331
Ninio, A., 339

Nisbett, R. E., 267
Norman, D. A., 265, 266, 291, 296, 304, 311
Notz, W. W., 346
Nystrand, M., 279, 337

O

O'Brien, E. J., 331
O'Dowd, D., 289, 322
O'Shea, D. J., 331
O'Shea, L. J., 331
Oatley, K., 296
Oberg, A. A., 254, 346
Oliver, P., 248, 350, 354
Ollila, L., 354
Olson, D. R., 58, 272, 278, 330, 336, 340, 352
Olson, G. M., 294, 309
Omanson, R. C., 280
Ong, W. J., 242
Ortony, A., 268, 272, 278

P

Paivio, A., 307
Palmer, F. R., 277
Papert, S., 294
Paris, S. G., 309
Park, S., 321
Parkes, C. H., 272
Parry, P., 322
Pastore, R. E., 291
Patterson, K. E., 304, 358
Pearson, P. D., 282, 317, 337, 341, 351
Peirce, C. S., 279
Peleg-Bruckner, Z., 331
Perfetti, C. A., 277, 333
Peterson, R. W., 294
Petrinovich, L. F., 191
Pettee, J. L., 302
Phillips, J. L., 265
Piaget, J., 264, 265
Pichert, J. W., 267
Pierce, J. R., 288, 291, 298, 302
Pillsbury, W. B., 146
Pinker, S., 311

Piper, D., 282
Plackett, E., 353
Polanyi, M., 267
Pollatsek, A., 329
Pople, M. T., 280
Popper, K. R., 265
Poritsky, S., 321
Postman, L., 148, 299
Potter, M. C., 269, 303, 326, 333
Primbram, K. H., 265, 306
Pritchard, R. M., 98
Puff, R. C., 306
Pugh, A. K., 278, 326, 330
Pylyshyn, Z. W., 306

Q

Quastler, H., 298, 302

R

Rand, Y., 355
Raphael, T. E., 350
Rayner, K., 297, 302, 329
Read, C., 320
Readance, J. E., 330
Reber, A. S., 336
Reder, L. M., 282
Reichardt, K. W., 358
Reicher, G. M., 317
Reid, J., 340
Reid, L. S., 307
Resnick, L. B., 336
Restle, F., 269
Reynolds, R. E., 257
Rhode, M., 318
Rhodes, D. H., 327
Richards, L. G., 318
Richman, B., 319
Rips, L. J., 265
Rocissano, L., 337
Rock, I., 296
Rodman, R., 278
Roediger, H. L., 295
Roersman, T., 297
Roper/Schneider, D., 350
Rosch, E., 267

Índice de Autores 415

Rosen, H., 269
Rosenberg, S., 272
Rosenblatt, L. M., 68, 81, 293
Rosinski, R. R., 327
Roth, S., 333
Rothkopf, E. Z., 326
Rotman, B., 365
Rozin, P., 352
Rublevich, B., 318
Ruddell, R. R., 336
Rumelhart, D. E., 265, 268, 318, 352
Ryan, E. B., 335

S

Sachs, J. S., 307
Sadowsky, M., 269
Sakamoto, T., 336
Sala, L. S., 305
Salmon, P., 351
Sampson, G., 324
Samuels, S. J., 248, 329, 331, 336, 352
Santa, C., 317
Santa, J. L. 317
Scarborough, D., 336
Scarfe, M., 339
Schallert, D. L., 267
Schank, R. B., 268, 294
Schatz, E. K., 341
Scheirer, C. J., 291
Schlosberg, H., 302
Schneider, K. W., 297
Schneider, W., 304
Schvaneveldt, R. W., 265, 317
Scott, J. A., 263, 353
Scott, J. J., 211
Scribner, S., 330
Searle, J. R., 336
Sebasta, S., 320
Seidenburg, M. S., 321
Selfridge, O., 311
Seligman, M. E. P., 358
Semmell, M. I., 335
Serafica, F. C., 357
Shallice, T., 326
Shankweiler, D. F., 283, 321, 322
Shannon, C. E., 288, 289, 298, 318

Shannon, P., 352, 355
Shapiro, J., 353
Sharkey, N. E., 325
Shatz, M., 339
Shiffrin, R. M., 304
Shirey, L., 357
Shoben, E. J., 265
Shonkoff, F., 321
Shuy, R. W., 351
Sigal, I. E., 357
Silverman, W. P., 317
Simmel, 330
Simon, H. A., 272, 294, 307, 308
Sinclair, H., 340
Sinclair-de-Zwart, H., 340
Sindelar, P. T., 331
Singer, H., 336
Singer, L., 325
Sinha, C., 339, 342
Siple, P., 317
Skinner, B. F., 278, 295, 332, 346
Slater, W. H., 282
Slobin, D. I., 277, 278, 339, 340
Smith, E. E., 265, 317, 321, 326
Smith, F., 155, 212, 233, 241, 246, 254,
    258, 259, 260, 266, 273, 278, 292,
    299, 301, 309, 315, 317, 318, 320,
    323, 326, 337, 340, 346, 352
Smith, L. C., 330
Smith, M., 341
Smith, M-T., 264
Smith-Burke, M. T., 337, 353
Sneddon, W., 332
Solomon, R. L., 288, 318
Sotsky, R., 321
Speer, J. R., 339
Spencer, M. Meek 255, 335
Sperling, G., 301
Sperry, R. W., 303
Spiro, R. J., 294
Spoehr, K. T., 311, 326
Spragins, A. B., 302, 326
Squire, L. S., 305, 353, 357
Stanovich, K. E., 211, 333, 350, 355
Stein, B. S., 270, 294

Stein, N. L., 268, 282
Steinberg, D. M., 278, 321, 322
Stephens, D., 261
Sternberg, R. J., 270, 294
Stevenson, V., 324
Stotsky, S., 337
Strawson, C., 323
Strickland, D. S., 349
Stubbs, M., 280
Studdert-Kennedy, M., 283
Studt, A., 317
Sulzby, E., 348, 350
Swain, M., 340
Swanson, H. L., 330
Swets, J. A., 291

T

Tannen, D., 272
Tanner, W. P., 291
Tashiro, M., 322
Taylor, D., 349
Taylor, I., 278, 325
Taylor, N. E., 353
Taylor, S. E., 302
Taylor, W. L., 326
Teale, W. H., 348, 349
Teberosky, A., 254
Terry, P., 261
Thomas, C., 349
Thompson, G. B., 332, 333
Thomson, D. M., 305
Thorndike, E., 331
Thorndike, E. L., 160, 318
Tierney, R. J., 280, 330, 337
Tinker, M. A., 302
Torrance, N., 272, 336, 353
Torrey, J. W., 255, 348
Tough, J., 339
Treisman, A. M., 325
Tulving, E., 188, 304, 305, 326
Tuman, M. C., 353
Turner, T. J., 282

U

Umderwood, G., 303

Urwin, C., 337, 342

V

Vachek, J., 272, 324
Valtin, R., 355
van Dijk, T. A., 280
van Dongen, R., 269
Vellutino, F. R., 358
Venezky, R. L., 318, 336
Vye, N. J., 270
Vygotsky, L. S., 234, 266, 270, 278, 330, 349

W

Walker, C. H., 282
Walker, E., 272
Walkerdine, V., 339, 342
Waller, T. G., 355
Walters, G. S., 322
Wanner, E., 278
Warrington, E. K., 185, 326
Watkins, M. J., 305
Watts, I., 278
Weaver, P. A., 321, 336
Weber, R-M., 329
Weinstein, C. S., 353
Weintraub, S., 353
Weir, R. H., 339
Weiss, S. E., 337
Well, A. D., 329
Wells, G., 339, 349
Welsh, C. A., 339
Wheeler, D. D., 317
Whorf, B. L., 29
Wilce, L. S., 323, 353
Wildman, D., 266
Wilkinson, A. M., 278
Wilkinson, I. A. G., 211, 263, 353
Williams, J., 352
Wilson, T. D., 267
Winograd, T., 296
Wixson, K. K., 357
Wong, B. Y. L., 358
Wood, B. S., 340
Woodward, V. A., 279, 334, 348

Woodworth, R. S., 302
Wright, J. C., 309

Y

Yachzel, B., 333
Yamada, J., 321
Yates, J., 266
Yatvin, J., 354

Yazdani, M., 294
Ylisto, I. P., 348
Young, A. W., 303

Z

Zipf, P., 285
Zwaan, E. J., 322

ÍNDICE REMISSIVO

A

Acertos, 79
Alfabeto, 164-167, 249-250
  reconhecimento, 130
  utilidade, 172
Ambíguas, figuras, 26-27
Ambigüidade das palavras, *ver* Palavras
Apreensão, 185-186, *ver também* Compreensão
Aprendizado, 136-137
  categorias, 224
  como evento social, 231, 342
  condições do, 226-232
  convenções, 237
  da'leitura, 209, 236, 327, 346-347
    e autores, 267-268
    Insights, 239-244
    melhor idade, 249-250
    primeiros passos, 249-252
  dificuldades, 234. *Ver também* Dislexia
  e compreensão, 21, 219, 233
  e leitura, 211-213
  identificação de palavras, 156-159
  identificação do significado, 193-195
  identificação mediada de palavras,
    estratégias, 177-179
  para utilização da linguagem escrita, 236-257
  pela experiência, 218-219, 229
  por outras pessoas, 233-235
  relacionamentos letra-som, 238
  riscos e recompensas, 226
  sobre a linguagem, 219-224
  sobre o mundo, 216-219
Artificial, inteligência, 293
Auditivo, sistema, 70

B

Bebês, 23, 337-340
Behaviorista, visão, 342-347

C

Características, 312
  de letras, 190, 141-142
  de palavras, 190, 148-150
Características, análise, 312-314
  de letras, 131-137, 139-142
  de palavras, 148-156
Categorias, 138, 323

Índice Remissivo 419

aprendizado, 224
interrelacionamentos, 28, 224
na estrutura cognitiva, 24
regras, 28, 138
Cérebro
hemisfério dominante, 106-110, 303
"Cérebros gêmeos", 103-110
Chinesa, escrita, 172, 184-186, 321, 323
Chomsky, N., 273-277. *Ver também* Gramática transformacional
Cloze, teste de, 326-328
Clubes, 212-213. *Ver também* Falada, Clube da Linguagem; Alfabetização, Clube da,
Coesão, 63, 279
Cognitiva, ciência, 272, 293, 295
e behaviorismo, 294-295
e pensamento, 37
Cognitiva estrutura, 21-36
Cognitivo, esclarecimento, 248 *Ver também* Consciência metalingüística
Colaboração, 234
Conhecimento, 293
estrutura do, 24-32. *Ver também* Evento, conhecimento do; Conhecimento anterior
Compreensão, 21-40, 190, 206
da linguagem, 49-50
de textos, 59-62
e aprendizado, 21, 219, 233
e contexto, 333-335
e convenções, 63-65
e formação de imagens, 269
e incerteza, 185-188
e informação, 72-75
e instrução, 193-194
e leitura, 199
e organização do texto, 280-282
e pensamento, 330-332
e previsão, 35-36, 48-50
relatividade do, 73-74
teorias, 264-266. *Ver também* Significado, Identificação do,
Computadores
e ciência cognitiva, 294-295
e instrução, 245-246
e linguagem, 47-48

e teorias, 265
Confusões, 140-141, 146
Constâncias, 90-91
Contexto, efeitos, 327-329, 333
Contexto, linguagem dependente do, 55-59
Convenções, 206, 237, 242, 272
da linguagem, 62-66
Comunicação, modelo de, 81
Correspondência letra-som
aprendizado, 238
Crianças
e aprendizado, 217-224
e aprendizado da leitura, 247-248
e compreensão, 220-221
e leitura, 183, 346-352
e memória, 114
e significado, 193-205
Critérios, 77-78
Critérios, conjuntos de, 135, 138, 224
e identificação de palavras, 151-153
Cruzada, lateralidade, *ver* Cérebro, dominância hemisférica
Curto prazo, memória de, 114-116

D

"De cima para baixo", teoria, 258
Decisão, tomada de, 70-72, 79-80, 82-83
visual, 84-110
Decodificação, 334-335
De dentro para fora, teoria,
Demonstrações, 227, 234
Discurso, análise, 279
Discurso, estruturas do, 59-60
Dislexia, 251-252. *Ver também* Leitura, dificuldades de.
Distintivas, características, 131-137
da fala, 312-314
das letras, 141-142
das palavras, 148-153
do significado, 190
e redundância, 153-154

E

Ecleticismo, 261-263

Eferente, leitura, 293
Emoções, 198-213
Engajamento, 228-229
Ensaio, 115, 193
Ensino da leitura, 246-257
Entroncamento, 307-308
Erros, 73-74, 183-186, 238
   na leitura, 121, 331
   por pacientes com lesão cerebral, 185-186
Escrever, 204
Escrita, linguagem, 239, 272, 279
   em contraste com linguagem falada, 53-55
Especificação, 187
   de textos, 208
Esquemas, 29-32, 124, 268
Estabilizadas, imagens, 98
Estética, leitura, 293
Estruturas. Ver Esquemas
Etnografia, 346-347
Evento, conhecimento do, 30-31, 269
Experiência, 199-200, 293
   e aprendizado, 211
   e informação, 80-83
Experimental, realismo, 267

F

Falada, clube da linguagem, 233-235
Falada, linguagem, 242
   características distintivas, 312
   em contraste com linguagem escrita, 53
Falsos alarmes, 102-103
Fatos, 74
Feedback, 135-136
Fixações, 98-101, 211, 303
   taxa de, 100-101
Fluente, leitura, 209-211
Focal, previsão, 202-205
Fonemas, 321
   definidos, 270-271
Fônica, 241, 249, 318, 336
   eficiência, 167-170
Fonológica, consciência, 211
Fonológico, registro, 322, 334
Funcional, equivalência, 133-134, 284

   das letras, 135-136, 138
   de palavras, 154-155
Funcional, gramática, 278

G

Gabarito, combinação por, 130-131
Gênero, esquemas de, 30, 59-60
Geradora, semântica, 276-277
Global, previsão, 202-205
Grafemas, definição, 284
Grafemas, unidades de, 167-170
Gramática, 46-48
   convenções, 63
   os três tipos de, 51-53

H

Habilidades, 31
Histórias, gramática da, 60, 282
Histórias, 214, 243

I

Identificação
   das palavras faladas, 313-314
   em contraste com o reconhecimento, 127-128
Ideográfica, escrita, 172-173
Idioma (expressão idiomatica), 63
Ignorar, 194-195
Imagens, 269, 307-308
Incerteza, 69-70, 178
   cálculo da, 285
   do jogo de cartas, 71
   e compreensão, 185
Inferência, 37
Informação, 68-83
   cálculo, 285-287
   definição, 70-72
   e experiência, 80-83
   a leitura, 298-300
   e redundância das letras, 315
   limites à utilidade, 77-80
   relatividade da, 74-75
Informação, metáfora da transmissão da, 81, 291-293

Insights dos leitores, 239-244
Instrução, 350
  e compreensão, 193-194
  métodos, 244-245
Intenções dos escritores, 204-207
Interação, teorias sobre, 259, 333-334

J

Japonesa, escrita, 321

L

Legibilidade, 327-328
Leis do aprendizado, 309
Leitura
  características, 17-18
  conseqüências, 211-213
  definições, 199
  "deve ser rápida", 101-102
  "deve ser seletiva", 102-103
  dificuldade, 16, 51, 86, 103; ver também Dislexia
  e aprendizado, 68
  e cérebro, 103-110
  e computadores, 129-130
  e conhecimento anterior, 102-103
  e escrita, 202-213, 337
  e informação, 68, 81
  e linguagem falada, 336
  e memória, 124-125
  em voz alta, 191-193; ver também Subvocalização
  e pensamento, 37, 212-215
  estratégias, 334
  fluente, e dificuldades, 209-211
  início, 60, 183
  para crianças, 255, 349
  pesquisas, 302, 332
  prontidão, 251
  resumida, 198-201
  silenciosa, 191-193; ver também Subvocalização
  teorias, 16-17, 336
Letra, identificação, 92-93, 127-143
  confusões, 103-105
  e redundância, 313-315

nas palavras, 315-318
por pombos, 311-312
Letras, teoria de agrupamento, 147
Letra-por-letra, teoria, 146
Linguagem, 41-67
  aprendizado, 337-341
  base biológica, 340
  e cérebro, 107-110
  e significado, 42-53
  transparência, 191-192
Linguagem como um todo, 259, 352
Lingüísticas, teorias, 272-278
Longo prazo, memória, 116-119
  dinâmica, 124

M

Mãos, movimentos das, 99-100
Mascaramento, 95-96
Mediada, identificação de palavras, 173-179
Mediado, identificação do sentido, 156, 162, 181, 194
  estratégias, 173-179
  por analogia, 174-178
Memória, 111-126, 214
  fácil e difícil, 124-125
  infantil, 307-308
  para textos, 60-62
  sem afunilamentos, 122-126
  superando limitações, 118-126, 307
  teorias, 304-307
Mentais, modelos, 278
Metacognição, 39-40, 270, 339
Metacognitiva, consciência, 248
Metalinguagem, 65-67
Metalingüística, consciência, 248-354
Morfemas, definição, 284-285
Motivação, 229, 238, 342
Mundo como um todo, teoria do, 145

N

Não-visual, informação, 85-87, 103-105, 236, 292
  e leitura, 188-190
  "intercâmbio", 85

Narrador, cérebro, 269
Narrativa, 214
Naturalista, pesquisa, 259

O

Olhar, convergência, 221, 339
Olhos, 90-91
  e cérebro, 84-101. *Ver também* Visão;
    Visual, sistema
  olhos, movimentos, 96-101, 329, 332
  na leitura, 302-303
Olho-voz, abrangência, 49-50, 285
Óptico, nervo, 90
Ortografia, 76, 147, 164, 184
  e significado, 171
  reforma, 169-170
Ortografia-som, correspondências, 164, 241
Ortográfica, informação, 153. *Ver também* Ortografia

P

Padrões, reconhecimento de
  teorias, 128-130, 311-314
Palavra, identificação, 92, 144, 210
  teorias de, 144-149, 315
Palavras, 190
  ambiguidade, 33, 43, 196
  artefato da escrita, 44
  definição, 158-159
  e significado, 45
  freqüência, 285
Palavras, identificação imediata de, 145-146, 148
Palpites, 174
Pensamento, 35-40, 212, 270
  e compreensão, 330
Percepção
  do texto, 187
  visual, 26, 84-98
Pesquisas, 244-245, 260
  naturalistas, 259
Piaget, J., 340
Plausibilidade, 269
Poder, 214

Pragmática, 29
"Preparação do terreno",
Previsão, 32, 35-36, 47-50, 146, 266
  e convenções, 64-66, 206
  e intenções 206
  e leitura, 60-61
  e significado, 193
  global e focal, 202-205
Procedimento, conhecimento. *Ver também* Esquemas
Procedimento, semântica de, 278
Problema do cão e gato, 156, 217, 237
Problema do coquetel, 291
Problema, solução de, 37
Professores, 352
Profunda, estrutura, 42-53, 270-272, 276-277. *Ver também* Transformacional, gramática,
Proposições, 29, 280
Psicolingüística, 258

R

Raciocínio, 37
Receptor, características operantes do, 289-291
Reconhecimento
  de objetos, 23
  em contraste com a identificação, 127-128, 311
Recordação, fácil e difícil, 309
Redundância, 75, 135, 152, 188
  cálculo, 286-287
  distributivo, 318
  e conhecimento anterior, 77-78
  e crianças, 318
  e palavras, 320
  seqüencial, 153-158
  tipos (ortográfica, semântica, sintática, visual), 76-77
Registro, 64-65
Regras
  para afiliação a categorias, 26-27
  e exceções, 164-170
Regressões, 99-101
Rememoração, 124, 309
Reversões, *ver* Ver para trás

Riscos, 226, 238
Ruído, 73-74

S

Sacádicos, movimentos, 98-101
"Saltar", 173
Sânscrito, 324
Semântica, 29
Semiótica, 29, 62, 279, 339, 342
Sensibilidade, 229, 234
Sensorial, armazenamento, 95, 113, 301
Significado, 42-50, 190, 239, 272, 296
  e fala, 220
  e fônica, 176-177
  e leitura, 181-186, 324-328
  e memória, 120
  e ortografia, 171-173
Significado, identificação, 92, 180-197
  sem identificação de palavras, 326
Significado, identificação imediata, 180-181
Significativas, diferenças, 129
Sílabas, 174, 309
Sinais, teoria de detecção de, 79, 289
Sintaxe, 29, 274
Sistêmica, gramática, 278
Situação, linguagem dependente da, 55-59, 239, 279
Skinner, B. F., 343
Social, contexto, 334
Subvocalização, 191, 270, 329
Superfície, estrutura de, 42, 187, 270

T

Taquistoscópio, 91-94, 189, 297

Tédio, 225
Televisão, 255
Teoria do mundo, 22-24, 217
Testes, 252-253
Textos, 187, 242, 279, 335
  função dos, 82
  organização, 59-61
  e compreensão, 280
Transformacional, gramática, 51-53, 247, 273
Tremores, 96-97

V

Ver
  para trás, 103-104. *Ver também* Visão
Visão
  episódica, 96-101
  limitações, 296
  "toma tempo", 94
Visão em túnel, 93, 111-115, 141
Visual, informação, 85, 94, 103, 140, 187, 292
  "intercâmbio", 85
Visual, percepção, 92, 129, 139
Visual, sistema, 84, 296
  limitações, 87-89
  neurologia, 89
Vocabulário, 160, 249, 340
  aprendizado, 218, 238
  e leitura, 196

Z

Zona de desenvolvimento por proximidade, 234, 349

Impressão e acabamento:
E-mail: edelbra@edelbra.com.br
Fone/Fax: (54) 321-1744

Filmes fornecidos pelo Editor.